内生的経済成長論 I

［第2版］

R. J. バロー／X. サラ-イ-マーティン
大住圭介 訳

九州大学出版会

ECONOMIC GROWTH, Second edition
by Robert J. Barro & Xavier Sala-i-Martin
Copyright © 2004 by Massachusetts Institute of Technology
Japanese edition copyright © 2006
by Kyushu University Press
This translation published by arrangement with The MIT Press
through The English Agency (Japan) Ltd.

はしがき

　インド経済をインドネシア経済あるいはエジプト経済のように成長させるために，インド政府が採用しうる方策は存在しているか。存在しているならば，正確に言って，それは「何」か。存在していないならば，そのような状態にとどめている「インドの特質」は何か。この問題に関連している人々の厚生の結果は驚異的なものである。ひとたび，このような問題について考察を始めると，他のいかなるものについても考えることが困難になる（Lucas［1988］）[1]。

　経済学者達は，経済成長がある意味で重要だという認識を常に持っていた。しかし，経済成長の研究は，学問の核心部分では，1960年代後半以後衰退していった。それから，約20年の時の経過の後，1980年代の後半に，この研究は再び活気に満ちた研究領域になってきた。
　新たな研究は長期経済成長の決定に関するモデルによって開始された。この研究領域は今日では内生的成長論と言われている。他の最近の研究では，以前の新古典派の成長モデルを，特に，諸経済の間の収束性の実証的含意を

---

[1]　ルーカスによるこれらの示唆に富む文章は，成長論の文献において，引用回数の多いものになっている。したがって，ルーカスがアイデアを執筆している間でさえ，インドがインドネシアやエジプトよりも急速に成長を開始していたということは皮肉である（しかもめったに言及されてはいない）。1960年から1980年までの一人当たりGDPの成長率はエジプトでは（年率で）3.2％，インドネシアでは3.9％，インドでは1.5％であった。それに対して，1980年から2000年にかけては，一人当たりGDPの成長率はエジプトでは（年率で）1.8％，インドネシアでは3.5％，インドでは3.6％であった。したがって，インド政府はルーカスの異議に対処したようにみえるが，エジプトは躊躇していたといえる。

より一層豊富にするように拡張している．本書では，新しい結果と，1950年代から2000年代初期にかけて行われた主要な研究の説明を統合する試みがなされている．本書の議論では，理論の実証的含意が取り扱われ，データと実証結果に対する理論上の仮説の関係が強調されている．理論と実証的研究の結合が経済成長に関する継続中の研究についての最も興味深い側面である．

序章では，研究の動機が示され，成長過程における幾つかの主要な実証的規則性が明らかにされ，最近の成長理論の簡単な歴史的経過が述べられている．第1章と第2章では，1950年代におけるソロー＝スワン・モデルから，1960年代におけるキャス＝クープマンス・モデル（およびラムゼイ・モデルの改訂版），さらに最近の理論的彫琢までの新古典派成長モデルが取り扱われている．第3章では，開放経済と家計の有限時間視野のモデルに加えて，政府部門を導入し，投資の調整費用を考慮できるように幾つかの拡張がなされている．第4章と第5章では，再生可能な生産要素に関する収穫一定性に依拠する内生的成長理論が議論されている．第6章〜第8章では，バラエティの拡大，製品の品質の向上，知識の拡散を含んで，技術進歩と R&D に関する最近のモデルが展開されている．第9章では移住，出産，労働・余暇の選択問題を含んで，労働供給と人口の内生的決定の問題が考察されている．第10章では，成長会計の要点が検討され，成長会計のフレームワークの内生的成長モデルへの応用が述べられている．第11章では，合衆国の諸州，ヨーロッパと日本の諸地域を含んで，各国の地域に関する実証分析が行われている．第12章では，1960年から2000年までの各国の広範なパネルデータについて，経済成長に関する実証的帰結が論じられている．

本書（第2版）は経済学専攻の大学院1年次レベルのテキストとして執筆された．広範に使用された第1版はマクロ経済学，経済成長論，経済発展論の大学院のコースで成功を収めた．本書のほとんどの章には，型通りの練習問題から示唆に富むモデルの拡張にわたる（学生を指導する）種々の問題が含まれている．数学の水準としては，微分方程式と動的最適化が含まれている．これらのトピックスは本書の最後にある数学付論で議論されている．この程度の数学に余裕のある学部学生に対しては，本書は上級の選択コースと

して適しているであろう。第1版は，世界中で，この水準で使用された。
下記の方々から有益なコメントを頂いた。記して感謝の意を表したい。

Daron Acemoglu, Philippe Aghion, Minna S. Andersen, Marios Angeletos, Elsa V. Artadi, Abhijit Banerjee, Paulo Barelli, Gary Becker, Olivier Blanchard, Juan Braun, Francesco Caselli, Paul Cashin, Daniel Cohen, Irwin Collier, Diego Comin, Michael Connolly, Michelle Connolly, Ana Corbacho, Vivek Dehejia, Marcelo Delajara, Gernot Doppelhoffer, Paul Evans, Rosa Fernandez, Monica Fuentes-Neira, Xavier Gabaix, Oded Galor, Victor Gomes Silva, Zvi Griliches, Gene Grossman, Christian Groth, Laila Haider, Elhanan Helpman, Toshi Ichida, Dale Jorgenson, Ken Judd, Jinill Kim, Michael Kremer, Phil Lane, Stephen Lin, Norman Loayza, Greg Mankiw, Kiminori Matsuyama, Sanket Mohapatra, Casey Mulligan, Kevin M. Murphy, Marco Neuhaus, Renger van Nieuwkoop, Sylvia Noin-McDavid, Joan O'Connell, Salvador Ortigueira, Lluis Parera, Pietro Peretto, Torsten Persson, Danny Quah, Climent Quintana, Rodney Ramchandran, Jordan Rappaport, Sergio Rebelo, Joan Ribas, Paul Romer, Joan Rossello, Michael Sarel, Etsuro Shioji, Chris Sims, B. Anna Sjögren, Nancy Stokey, Gustavo Suarez, Robert Tamura, Silvana Tenreyro, Merritt Tilney, Aaron Tornell, Nuri Ucar, Jaume Ventura, Martin Weitzman, Arthur Woll, and Alwyn Young.

目　次

はしがき ………………………………………………………………… iii

序　章 ……………………………………………………………… 1
- 0.1　成長の重要性 …………………………………………………… 1
- 0.2　世界の所得分布 ………………………………………………… 9
- 0.3　経済成長についての実証的規則性 …………………………… 15
- 0.4　現代成長理論の簡単な歴史的経過 …………………………… 21
- 0.5　第2版の要点 …………………………………………………… 27

第1章　外生的貯蓄率を伴う成長モデル（ソロー=スワン・モデル） …… 31
- 1.1　基本的な構造 …………………………………………………… 31
- 1.2　ソロー=スワンの新古典派成長モデル ……………………… 36
  - 1.2.1　新古典派生産関数　36
  - 1.2.2　ソロー=スワン・モデルの基本方程式　41
  - 1.2.3　市　場　43
  - 1.2.4　持続状態　46
  - 1.2.5　資本蓄積の黄金律と動学的非効率性　47
  - 1.2.6　移行動学　51
  - 1.2.7　移行過程における投入物の価格の動き　54
  - 1.2.8　政策実験　56
  - 1.2.9　例：コブ=ダグラス型生産関数　58
  - 1.2.10　絶対的収束性と条件付き収束性　60

1.2.11　一人当たり所得の収束性と分散の程度　67
　　1.2.12　技術進歩　70
　　1.2.13　収束速度の数量的測定　75
　1.3　内生的成長モデル ……………………………………………… 82
　　1.3.1　新古典派理論の理論的な不十分性　82
　　1.3.2　AK モデル　85
　　1.3.3　移行動学を伴う内生的成長　89
　　1.3.4　一定の代替の弾力性を持つ生産関数　91
　1.4　他の生産関数（他の成長理論） ………………………………… 96
　　1.4.1　レオンティエフ型生産関数とハロッド=ドーマーの議論　96
　　1.4.2　貧困のワナを伴う成長モデル　100
　1.5　付論：種々の命題の証明 ……………………………………… 104
　　1.5.1　新古典派的生産関数において各投入物が生産に不可欠であることの証明　104
　　1.5.2　ソロー=スワン・モデルにおける収束係数の性質　106
　　1.5.3　技術進歩が労働増加的でなければならないということの証明　106
　　1.5.4　CES 型生産関数の性質　109
　問　　題 ……………………………………………………………… 110
　訳　　注 ……………………………………………………………… 114

第2章　消費者の最適化を伴う成長モデル（ラムゼイ・モデル） … 121

　2.1　家　　計 ………………………………………………………… 122
　　2.1.1　モデルの設定　122
　　2.1.2　一階条件　128
　2.2　企　　業 ………………………………………………………… 134
　2.3　均　　衡 ………………………………………………………… 137
　2.4　代替的な状況 …………………………………………………… 139
　2.5　持続状態 ………………………………………………………… 140

- 2.6 移行動学 ……………………………………………………144
  - 2.6.1 位相図　144
  - 2.6.2 横断性条件の重要性　147
  - 2.6.3 安定軌道の形状　148
  - 2.6.4 貯蓄率の動き　150
  - 2.6.5 資本ストックの経路と産出量の経路　155
  - 2.6.6 収束速度　156
  - 2.6.7 異種類の家計のケース　166
- 2.7 時間選好率の非一定性 ……………………………………169
  - 2.7.1 コミットメントのもとでの帰結　172
  - 2.7.2 コミットメントが存在しない場合の帰結：対数効用関数のケース　173
  - 2.7.3 人口成長と技術進歩　180
  - 2.7.4 等弾力的な効用関数のもとでの帰結　181
  - 2.7.5 コミットメントの程度　183
- 2.8 付論2A：ラムゼイ・モデルの対数線型化 ………………184
- 2.9 付論2B：非可逆的投資 ……………………………………186
- 2.10 付論2C：貯蓄率の動き ……………………………………188
- 2.11 付論2D：経済が $\hat{k}(0)<\hat{k}^*$ から出発する場合, $\gamma_{\hat{k}}$ は単調に減少するということの証明 ……………190
- 問　題 …………………………………………………………193
- 訳　注 …………………………………………………………197

第3章　ラムゼイ・モデルの拡張 …………………………203

- 3.1 政　府 …………………………………………………………203
  - 3.1.1 ラムゼイ・モデルの修整　203
  - 3.1.2 種々の税率の効果　207
  - 3.1.3 政府購入の効果　209
- 3.2 投資の調整費用 ………………………………………………215

3.2.1　企業の行動　215
　　3.2.2　所与の利子率のもとでの均衡　219
　　3.2.3　固定的貯蓄率を持っている閉鎖経済における均衡　224
3.3　開放型のラムゼイ・モデル ……………………………………226
　　3.3.1　モデルの設定　227
　　3.3.2　小国経済における資本ストックと産出量の動き　229
　　3.3.3　小国における消費と資産の動き　230
　　3.3.4　世界均衡　232
3.4　国際的な信用に関する制約を持つ世界経済 ……………………233
　　3.4.1　物的資本と人的資本を持っているモデルの設定　234
　　3.4.2　閉鎖経済　235
　　3.4.3　開放経済　236
3.5　選好パラメータの可変性 ………………………………………249
3.6　有限時間視野を持っているモデルにおける経済成長 …………251
　　3.6.1　有限時間視野のモデルにおける選択問題　251
　　3.6.2　閉鎖経済のもとでの有限時間視野モデル　257
　　3.6.3　開放経済のもとでの有限時間視野モデル　261
3.7　幾つかの結論 ……………………………………………………264
3.8　付論：オーヴァーラッピング・ゼネレーションズ・モデル ……266
　　3.8.1　家　計　266
　　3.8.2　企　業　269
　　3.8.3　均　衡　269
　問　題 ………………………………………………………………280
　訳　注 ………………………………………………………………284

第4章　一部門内生的成長モデル ……………………………………291

4.1　AK モデル ………………………………………………………292
　　4.1.1　家計の行動　292
　　4.1.2　企業の行動　293

    4.1.3 均　　衡　293
    4.1.4 移行動学　295
    4.1.5 位相図　297
    4.1.6 成長率の決定要因　297
  4.2 物的資本と人的資本を持っている一部門モデル …………299
  4.3 ラーニング・バイ・ドゥーイングと知識のスピル・オーヴァー
     を伴うモデル ……………………………………………………301
    4.3.1 技　　術　301
    4.3.2 均　　衡　306
    4.3.3 パレート非最適性と政策的含意　306
    4.3.4 コブ=ダグラス型のケース　308
    4.3.5 規模の効果　309
  4.4 公共サービスと内生的成長 ……………………………………312
    4.4.1 公共財のモデル　312
    4.4.2 混雑モデル　316
  4.5 移行動学と内生的成長 …………………………………………319
    4.5.1 コブ=ダグラス型の生産関数のケース　320
    4.5.2 CES型の生産関数のケース　325
  4.6 結　　語 …………………………………………………………327
  4.7 付論：一部門モデルにおける内生的成長 ……………………328
  問　　題 ………………………………………………………………332
  訳　　注 ………………………………………………………………335

第5章　二部門内生的成長モデル (特に人的資本の役割に注意して) …339
  5.1 物的資本と人的資本を持っている一部門モデル ……………340
    5.1.1 基本モデル　340
    5.1.2 粗投資の非負性の制約条件　344
  5.2 生産と教育の異なる生産技術 …………………………………350
    5.2.1 生産の二部門モデル　350

5.2.2　宇沢=ルーカス・モデル　　355
　　5.2.3　一般化された宇沢=ルーカス・モデル　　375
　　5.2.4　逆の要素集約度を持っているモデル　　377
5.3　内生的成長のための条件 …………………………………378
5.4　諸結果の要約 ……………………………………………382
5.5　付論5Ａ：一部門モデルにおける粗投資に不等号の制約条件が
　　　　　　存在しているケースの移行動学 …………………383
5.6　付論5Ｂ：宇沢=ルーカス・モデルにおける解 …………387
5.7　付論5Ｃ：逆の要素集約度を持っているモデル …………393
問　　題 ………………………………………………………396
訳　　注 ………………………………………………………399

第6章　技術進歩：製品のバラエティ拡大モデル …………407

6.1　製品のバラエティを持つ基準モデル ……………………408
　　6.1.1　最終財の生産者　　408
　　6.1.2　研究企業　　412
　　6.1.3　家　計　　420
　　6.1.4　一般均衡　　421
　　6.1.5　成長率の決定要因　　423
　　6.1.6　パレート最適性　　424
　　6.1.7　規模の効果とＲ＆Ｄの費用　　428
　　6.1.8　逓増的なＲ＆Ｄコスト　　431
6.2　独占力の低下と競争 ……………………………………434
6.3　技術進歩に関するローマー・モデル ……………………440
6.4　結　語 ……………………………………………………444
問　　題 ………………………………………………………445
訳　　注 ………………………………………………………447

［第Ⅱ巻目次］

第7章　技術進歩：クオリティ・ラダーのシュンペーター・モデル

第8章　技術の拡散

第9章　労働供給と人口

第10章　成長会計

第11章　地域データ・セットの実証分析

第12章　クロス・セクションによる各国の実証分析

数理的方法に関する付論

参考文献

索引

序　章

0.1　成長の重要性

　経済成長の重要性について考察するために，まずアメリカ合衆国の経済の長期的パフォーマンスを検討することにしよう。アメリカ合衆国では，一人当たり実質国内総生産（GDP）は，1870年の3,340ドルから2000年における33,330ドルへと，およそ10倍程の成長を示している（ドル表示の数値はすべて1996年のドルで測られている）。一人当たり実質 GDP のこの増加は年率で1.8パーセントの成長率に相応している。このような成長に関するパフォーマンスによって，アメリカ合衆国では，2000年において，（約40万人の人口のみから構成されるルクセンブルクに次いで）世界で第2位の水準の一人当たり GDP がもたらされた[1]。

　長期間にわたって複利的に計算される時の成長率の僅かばかりの差異がどのような結果をもたらすかを理解するために，アメリカ合衆国が年率で実際の成長率よりも1パーセント・ポイントだけ低い0.8パーセントで1870年以後成長した場合，2000年にどのようなポジションにいるかを計算してみることにしよう。年率で0.8パーセントという成長率は長期的に（1900年から1987年にかけて）インド（年率で0.64パーセント），パキスタン（年率で0.88パーセント），およびフィリピン（年率で0.86パーセント）におい

---

[1]　GDP に関する長期データの出所は Maddison（1991）であり，第12章で議論されている。最近のデータの出所は Heston, Summers, and Aten（2002）であり，それも第12章で議論されている。

て実現された成長率に近い値である。アメリカ合衆国が1870年に一人当たり実質GDP 3,340ドルから出発し，その後，130年間にわたって，年率で0.8パーセントの率で成長したとすると，2000年には，一人当たり実質GDPは9,450ドルになっているであろう。これは1870年の額の2.8倍であり，2000年の実現値33,330ドルの28パーセントにすぎないものである。このケースでは，2000年において，アメリカ合衆国は世界で第2位にランクされるのではなく，データが入手可能な150ヵ国のうちの45位にランクされていたであろう。別の表現をすると，成長率が年率でちょうど1パーセント・ポイントだけ低かったとすると，2000年におけるアメリカ合衆国の一人当たり実質GDPはメキシコやポーランドの水準に近似していたであろう。

他方，アメリカ合衆国の一人当たり実質GDPが，1870年以後，実際の値より年率で1パーセント・ポイントだけ高めの数値である2.8パーセントの年率で成長したと想定してみることにしよう。この高めの成長率は，長期的に，日本（1890年から1990年にかけて年率で2.95パーセント）および台湾（1900年から1987年にかけて年率で2.75パーセント）において実現された成長率に近似している。再び，アメリカ合衆国が1870年に一人当たり実質GDP 3,340ドルから出発し，その後130年間2.8パーセントの率で成長したとすると，2000年には一人当たり実質GDPは127,000ドルになっていたであろう。この値は1870年の値の38倍であり，33,330ドルという2000年の実現値の3.8倍である。127,000ドルという一人当たり実質GDPはいかなる国もかつて歴史的に経験したことがないような水準であり，実際，実現不可能であろう。（おそらく1870年において，人々は33,330ドルという値についても同様に考えていたであろう。）1.8パーセントというアメリカ合衆国の長期的な成長率が毎年継続したとしても，合衆国は2074年までに127,000ドルという一人当たり実質GDPの額に到達することはないと言うことができる。

さて，1世紀にわたって，一人当たり実質GDPの水準を比較してみると，20倍の上昇がもたらされている。たとえば，1990年における日本の一人当たり実質GDPは1890年の水準のおよそ20倍である。一方，ある期を

0.1 成長の重要性

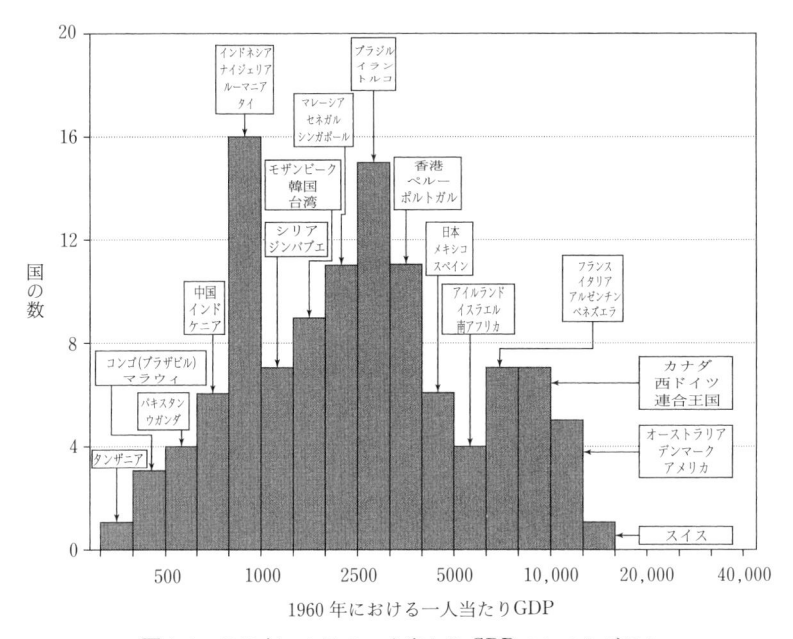

図 0.1 1960年における一人当たりGDPのヒストグラム

113ヵ国のデータは，Summers and Heston (1991) および Heston, Summers, and Aten (2002) で述べられている Penn World Tables（バージョン 6.1）からの調整値である購買力平価（PPP）である。各グループ内の代表的な国が列記されている。

所与として，各国間の一人当たり実質GDPの水準を比較してみると，それ以上の倍数の差異が存在している。図0.1は1960年における（利用可能なデータを持っている）113ヵ国の一人当たり実質GDPの対数値のヒストグラムである。平均値は3,390ドル（1996年のUSドルによる）の一人当たり実質GDPに対応している。一人当たり実質GDPの対数値の標準偏差（一人当たり実質GDPの比例的な散らばりに関する尺度）は0.89である。この数値によって，平均値のまわりの1標準偏差バンドには，平均値の0.41倍から2.5倍の領域が含まれることになる。スイスの14,980ドルという一人当たり実質GDPの最高値はタンザニアの381ドルという最低値の39倍である。

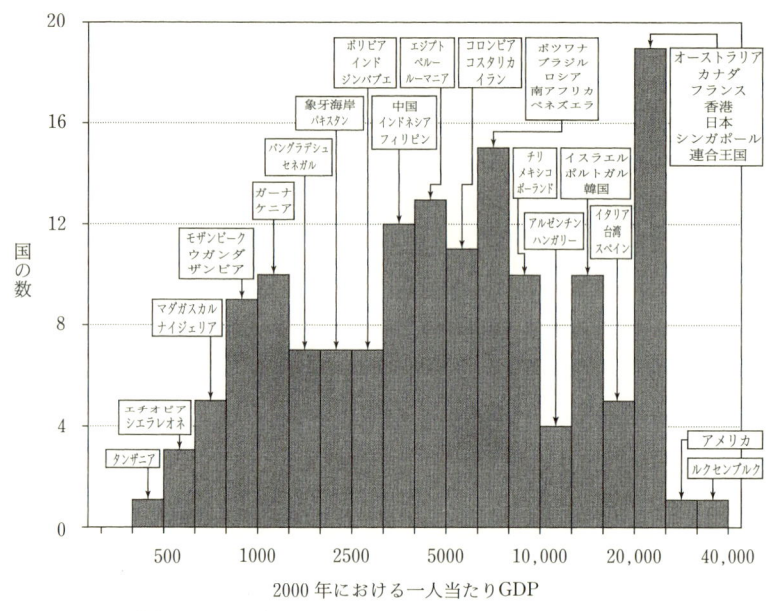

図 0.2 2000 年における一人当たり GDP のヒストグラム

150ヵ国のデータの出所は図 0.1 での注記と同じである. 各グループの代表的な国が列記されている.

　アメリカ合衆国の数値は 12,270 ドルであり, 第 2 位であった. 一人当たり実質 GDP の各領域について, 代表的な国の数値が示されている. 図では, 高所得国には OECD とアルゼンチン, ベネズエラのようなラテンアメリカの若干の国が含まれている. ほとんどのラテンアメリカの国は, 一人当たり GDP の中位の領域に位置している. 最貧国はアフリカとアジアの国から構成されている. しかし, 幾つかのアジアの国は一人当たり GDP の中位の領域に位置している.

　図 0.2 では, 150ヵ国について, 2000 年における類似のヒストグラムが示されている. このケースでは, 一人当たり実質 GDP の平均値は 8,490 ドルである. これは 1960 年の値の 2.5 倍である. 2000 年における一人当たり実質 GDP の対数値に関する標準偏差は 1.12 である. このことから, 1 標準

偏差バンドには平均値の 0.33 倍から 3.1 倍のものが含まれることになる。したがって，一人当たり実質 GDP に関する比例的な分散の程度は 1960 年から 2000 年にかけて上昇したことになる。2000 年の最高値 43,990 ドル（ルクセンブルク）は最低値 482 ドル（タンザニア）の 91 倍である。コンゴ共和国（前ザイール）が最貧国であると思われるが，2000 年のデータは利用できなかった。人口が少ないのでルクセンブルクを無視し，第 2 位のアメリカ合衆国の 33,330 ドルとタンザニアの一人当たり GDP と比較すると，較差は 69 倍である。図 0.2 でも，一人当たり GDP の各領域内の代表的な国が示されている。前と同様に，OECD 諸国が高所得グループを占めている。幾つかの東アジアの国もこのグループに属している。それ以外のアジアの国々は，ほとんどのラテンアメリカの国と同様に，一人当たり GDP の中位のクラスに属している。2000 年の最低位の階層はサブ・サハランのアフリカ諸国によって占められている。

　2000 年における一人当たり GDP の較差を理解するために，図 0.2 で示されている最貧国タンザニアの状況を考えてみることにしよう。タンザニアが年率で 1.8 パーセントという長期的な合衆国の成長率で成長したとすると，2000 年における合衆国の一人当たり実質 GDP 水準に到達するには 235 年ほどかかることになる。タンザニアが年率で 2.75 パーセントという長期的な日本の成長率で成長したとしても，それでも必要とされる期間は 154 年である。

　必要なデータが存在する 112 ヵ国については，1960 年から 2000 年までの一人当たり実質 GDP の平均成長率は年率で（合衆国の長期成長率とほぼ同率の）1.8 パーセントであり，標準偏差は 1.7 であった[2]。図 0.3 では，これらの成長率に関するヒストグラムが示されている。成長率の範囲はコンゴ共和国の年率 −3.2 パーセントから台湾の年率 6.4 パーセントに及んでいる。データの欠落がなければ，最低の成長率の国はおそらくイラクであろう。このような一人当たり実質 GDP の成長率の 40 年間の違いによって生

---

[2] これらの統計にはコンゴ共和国が含まれている。データは 1960 年から 1995 年までのものである。

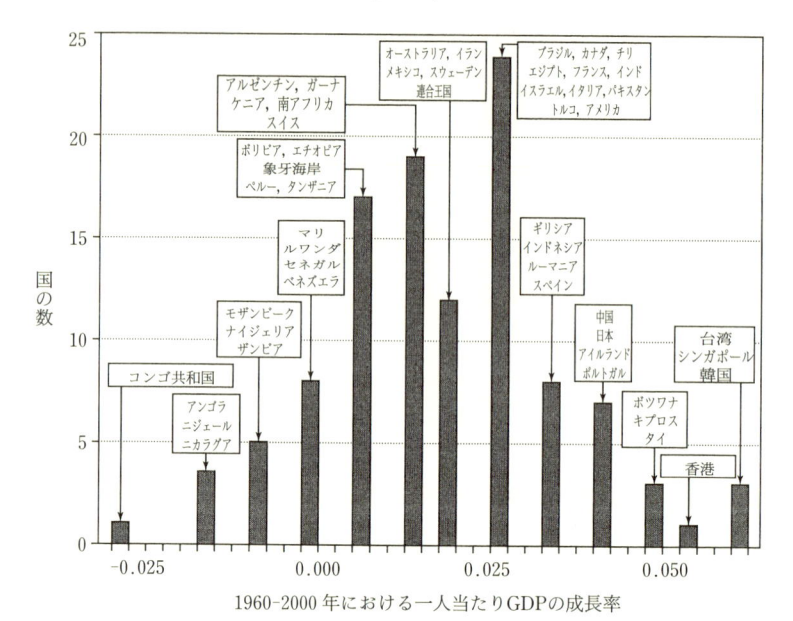

図0.3 1960年から2000年までの一人当たりGDPの成長率のヒストグラム

図0.1と図0.2において1960年と2000年について示された一人当たりGDPの額にもとづいて，112ヵ国の成長率の計算が行われている。コンゴ共和国（前ザイール）については，成長率は1960年から1995年までの期間に関するものである。西ドイツは（1960年に関する）図0.1には含まれているが（ドイツの統合によってもたらされたデータ上の問題のため）図0.3では除外されている唯一の国である。各グループの代表的な国が示されている。

活水準に非常に大きな影響がもたらされることになる。台湾では，一人当たり実質GDPは1960年における1,430ドル（113ヵ国のうちの76位）から2000年における18,730ドル（150ヵ国のうちの24位）へと13倍ほど増加している。他方，コンゴ共和国では，一人当たり実質GDPは1960年における980ドル（113ヵ国中の93位）から1995年における320ドルへと0.3倍に減少している。データの欠落がなければ，2000年におけるこの国の一人当たりGDPは最低になっているであろう。

他の若干の国でも，1960年から2000年にかけて，台湾とほとんど同じくらいの成長率がもたらされている。年率5パーセント以上の成長率がもたら

されている国としては，6.2 パーセントのシンガポール，5.9 パーセントの韓国，5.4 パーセントの香港，5.1 パーセントのボツワナがあげられる。これらの国では，40 年間にわたって，一人当たり実質 GDP が少なくとも 7 倍増加したことになる。ほんの少し低い成長率がもたらされている国としては，4.6 パーセントの成長率のタイとキプロス，4.3 パーセントの中国，（主として 1970 年代に高成長を達成した）4.2 パーセントの日本，4.1 パーセントのアイルランドがある。図 0.3 では，（ブラジルとチリを含む）ラテンアメリカの若干の国と（インドネシア，インド，パキスタン，トルコを含む）アジアの多数の国に加えて，多くの他の OECD 諸国が，次の高成長グループに属している。アメリカ合衆国の成長率は 2.5 パーセントであり，40 位にランクされている。

最低の成長のケースとして，コンゴ共和国とは別に 16 ヵ国において 1960 年から 2000 年にかけて一人当たり実質 GDP のマイナスの成長率がもたらされている。（欠落したデータがないならば実際には広範囲になるであろう。）国々を，最低の成長率の国から順にリストアップすると，次のようになる。中央アフリカ共和国，ニジェール，アンゴラ，ニカラグア，モザンビーク，マダガスカル，ナイジェリア，ザンビア，チャド，コモロ，ベネズエラ，セネガル，ルワンダ，トーゴ，ブルンジ，マリ。したがって，ニカラグアとベネズエラを除いて，低成長グループは主として，サブ・サハランアフリカ諸国によって占められているということができる。データが入手可能なサブ・サハランの 38 ヵ国では，1960 年から 2000 年にかけて平均成長率は年率でほんの 0.6 パーセントであった。すなわち，サブ・サハランのアフリカにおける典型的な国では，一人当たり実質 GDP は 40 年間でわずかに 1.3 倍ほど増加したにすぎなかった。アフリカの成長率のすぐ上位に位置する国として，ボリビア，ペルー，アルゼンチンを含むラテンアメリカの若干の低成長国があげられる。

地域的な成長経験の大雑把な一般化として，サブ・サハランのアフリカは 1960 年に相対的に貧しい状態から出発し，しかも，低成長率であった。したがって，2000 年でも最貧地域にとどまっているということができる。多くのケースで，アジアはアフリカよりもほんの少しだけ恵まれた状態から出

発したが，急速な成長を達成し，ほとんどの場合，中位グループに属することになった。ラテンアメリカは中位から高位のクラスから出発し，平均より若干低めの成長を達成し，その結果，アジアと同様に中位のクラスに属することになった。最後に，OECD諸国は1960年に最高位のクラスから出発し，中位あるいは良好な成長を達成し，その結果，以前と同様に，最高位のクラスにとどまっている。

　生活水準の点で，諸国間に非常に大きな違いがある理由を理解するには（図0.1および図0.2），なぜ各国が長期的成長率についてそのような顕著な差異を経験しているかを理解しなければならない（図0.3）。成長率におけるほんの僅かな違いであっても，それが40年以上累積されると，（主としてマクロ経済学者の関心のほとんどを占めてきた幾つかのタイプの）短期の景気変動よりも，生活水準に対してより大きな影響がもたらされるであろう。言い換えると，ごく僅かでも長期的成長率に影響を及ぼすような政府の政策オプションについて学ぶことができるならば，反循環的政策や微調整の試みに関する過去のマクロ経済分析によって提示されてきたいかなる施策よりも，より一層生活水準の改善に寄与することができるであろう。（本書の主題であ

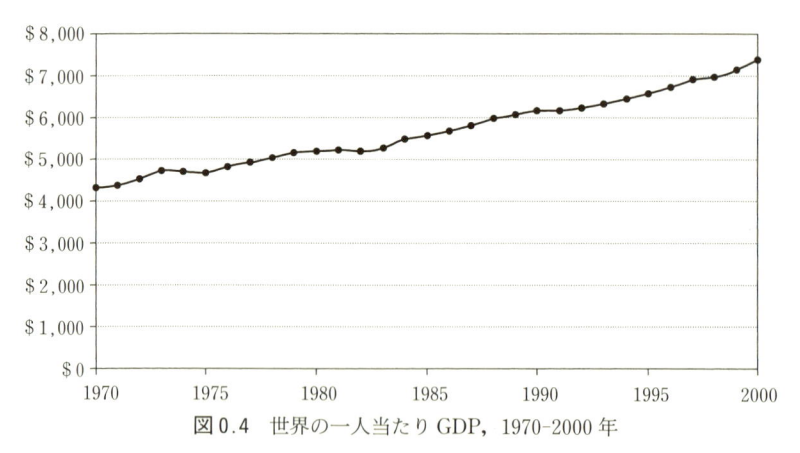

図0.4　世界の一人当たりGDP，1970-2000年

世界の一人当たりGDPは126ヵ国のGDPの総額（ソビエト連邦崩壊後は139ヵ国のGDPの総額）を総人口で除した値である。126ヵ国のデータは，Sala-i-Martin（2003a）で使用されたものであり，世界の人口の95パーセントを説明している。

0.2 世界の所得分布

本書では，集計的経済成長に関する理論的および実証的な決定要因に焦点があてられるが，成長は個人の厚生と重要な関連性を持っていることを記憶に留めておくべきである。実際，集計的成長は個人の所得水準に影響を及ぼす最も重要な単一の要素であろう。したがって，集計的経済成長の決定要因を理解することは，世界における個人の生活水準を上昇させる方法を理解する，それゆえ，世界の貧困を軽減する方法を理解する鍵である。

図 0.4 では，1970 年から 2000 年までの世界の一人当たり GDP の動きが示されている[3]。地球上の平均的な個人が長期的に裕福になってきていることは明白である。しかし，過去 30 年間にわたって平均成長率がプラスであったからといって，すべての個人の所得が増加したということにはならない。特に，そのことによって，最貧の状態にある個人の所得が上昇したということも，所得が一定の貧困ライン（たとえば，世界銀行によって定義されているように，1 日 1 ドル）以下にある個人の人数が減少したということにはならない[4]。実際，経済成長に伴って不平等が増す場合，世界では一人当たり GDP がプラスであることと，貧困ライン以下の個人の人数が増加していることが同時に観察されている可能性がある。成長が貧困にいかなる影響を及ぼすかをみるために，Sala-i-Martin（2003 a）は個人の所得の世界における分布を推計している。それを行うために，1970 年から 2000 年の間の毎年度について，各国のミクロ・サーベイと集計的な GDP データを組み合わせている[5]。1970 年の結果は図 0.5 に描かれている。水平軸には，（対数値で）所得水準が示され，垂直軸には人数が示されている。実線は個々の国の

---

[3] Sala-i-Martin（2003 a, 2003 b）では，**世界**は 126 ヵ国によって近似されている（1989 年におけるソビエト連邦の崩壊以後は 139 ヵ国）。これらの 126 ヵ国の個人は世界人口のおよそ 95 パーセントを構成している。世界の一人当たり GDP は，Heston, Summers, and Aten（2002）における個々の国のデータを加算し，世界の人口で割ることによって推計されている。

所得分布に対応している。たとえば，（世界で最大の人口を持つ国である）中国では，分布の相当の割合が1日1ドルライン以下であることに注意しよう。このことは，インドおよび多数の小国についても成立している。このパターンは，分布のうちに1日1ドルライン以下の部分をほとんど持たないアメリカ合衆国，日本，ソ連のような国の状況と対照的である。図0.5における太い実線は個々の分布すべての積分である。したがって，この線は1970年における世界の所得分布に対応している。前の議論と同様に，世界の人口の相当の部分は貧困の状態であった（すなわち，1日1ドルよりも低い所得水準であった）。

図0.6では，2000年のそれに対応する分布が示されている。1970年の分布と2000年の分布を比較すると，幾つかの興味深い点を指摘することができる。第1に，世界の所得の分布が右方にシフトしている。このシフトは一人当たりGDPの累積的な成長に対応している。第2に，世界的な所得の進展の基礎には，世界のほとんどの国の所得の上昇が存在していることを指摘できる。ほとんどの国は一人当たりGDPを増加させており，その結果，右方にシフトしている。第3に，幾つかの国，特に中国については，分布の分散の程度はこの期間で上昇している。換言すると，幾つかの大きな国では，

---

4) 真の貧困ラインの研究は長い歴史を持っているが，現在の1日1ドルラインは世界銀行（1990）まで遡ることができる。当初，世界銀行は1985年価格で貧困ラインを1日1ドルと定義していた。世界銀行独自の定義は後で1993年のドルで1日1.08ドルに変更されたけれども（1985年の1ドルは1993年の1.08ドルに相応しているわけではないことに注意しよう），本書では，1985年価格での1日1ドルという当初の定義を使用する。1985年価格での1日1ドル（1年では365ドル）は世界の所得分布を構成するために使用されたHeston, Summers, and Aten (2002)のデータの基準年次である1996年価格では，495ドルになる。Bhalla (2002)に従って，Sala-i-Martin (2003 a)は，富裕層の過少申告によってもたらされるバイアスを修正するために15パーセントだけ高めにこの貧困ラインを修正している。この修正によって，我々の1日1ドル貧困ラインは1996年のドル表示で年570ドル（1日1.5ドル）を表している。

5) Sala-i-Martin (2003 b)では，個人消費支出が1日1ドルより少ない人数が推計されている類似の分布を構成している。所得ではなく消費を使用することは世界銀行と国連のような国際機関で使用されている**絶対的貧困**という概念に適合している。しかし，個人消費は公的サービスと貯蓄を反映していないという欠点を持っている。

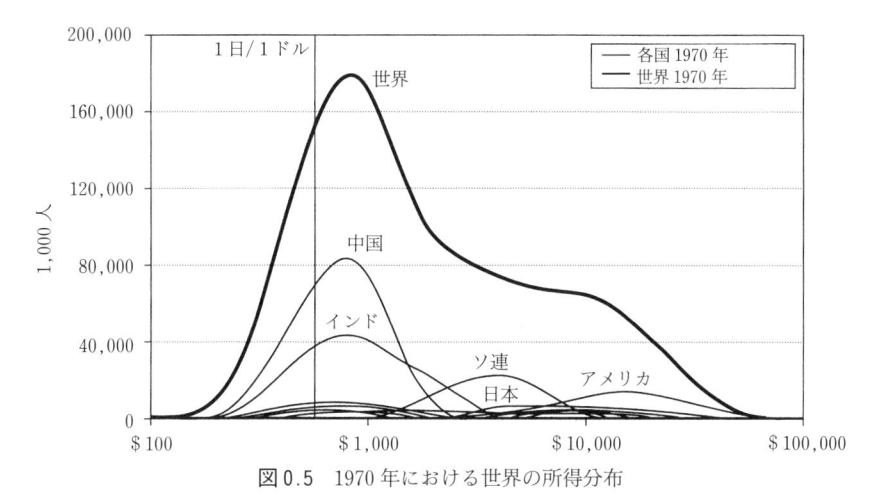

図 0.5　1970 年における世界の所得分布

所得水準は（対数値で）水平軸に描かれており，人数は垂直軸に示されている。細字の曲線は各国の所得分布に対応している。太字の曲線は個々の国の分布の和であり，世界の所得分布に対応している。垂直の線は（1985 年価格での１日１ドルに対応している）貧困ラインである。
出所：Sala-i-Martin（2003 a）。

所得の不平等は拡大している。第 4 に，幾つかの国における不平等の拡大は一人当たりの集計的成長を相殺する程ではなかった。その結果，所得が貧困ラインを下回る世界人口の比率は劇的に減少した。

　貧困ライン以下で暮らしている世界の人口の正確な比率は Sala-i-Martin（2003 a）によって推計された分布から算出可能である[6]。図 0.7 で示されている貧困率は 1/3 に低下している。1970 年には，世界人口の 20 パーセントが貧困の状態にあったが，2000 年には，ほんの 7 パーセントの者が貧困の状態に留まっている[7]。1970 年と 1978 年の間では，人口は貧困率の低下を相殺する以上に増加した。実際，Sala-i-Martin（2003 a）によると，その期

---

[6] 世界銀行，国連，および多くの個々の研究者は所得ではなく，消費によって貧困の定義をしている。Sala-i-Martin（2003 b）は消費を使って貧困率と人数の推計を行っている。所得の代わりに消費を使用し，同一の貧困ラインを使用する場合には，明らかに，貧困率は高くなるけれども，消費による貧困の動きは本書で提示されている所得についての貧困の動きに類似している。

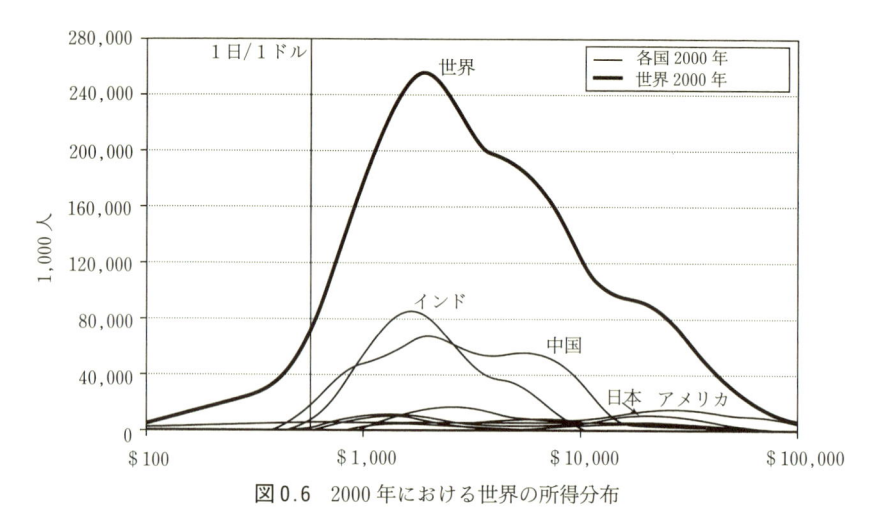

図 0.6　2000 年における世界の所得分布

所得水準は（対数値で）水平軸に描かれており，人数は垂直軸に示されている。細字の曲線は各国の所得分布に対応している。太字の曲線は個々の国の分布の和であり，世界の所得分布に対応している。垂直の線は（1985 年価格での 1 日 1 ドルに対応している）貧困ラインである。
出所：Sala-i-Martin (2003 a)。

間，貧困の状態にある総数は 2,000 万人だけ増加している。しかし，1978 年以後，1 日 1 ドルの閾値を下回る所得層の総数は 3 億人以上減少している。この期間，総人口が 16 億人以上増加したことを斟酌すると，この結果はいっそう顕著である。

　経済成長が過去 30 年間にわたって世界の貧困率および人数を実質的に減少させたということは明白である。上述されたように，これは当然の結果ではない。すなわち，集計的成長に伴って所得の不平等の実質的な拡大が生じていた場合，所得分布の平均値が上昇するが，分布のうちで規定貧困閾値以下の割合も上昇するということはありうる。Sala-i-Martin (2003 a) は，このことは理論的には可能だが，過去 30 年間にわたって世界ではこのように

---

7) Sala-i-Martin (2003 a) は 1970 年，1980 年，1990 年，2000 年の累積分布関数（CDF）も提示している。これらの CDF を使用すると，どのような貧困ラインを採用するかに関係なく，貧困率が劇的に低下したことを指摘できる。したがって，集計的成長が貧困を低下させたという結論は全く頑健である。

図0.7 世界の貧困率

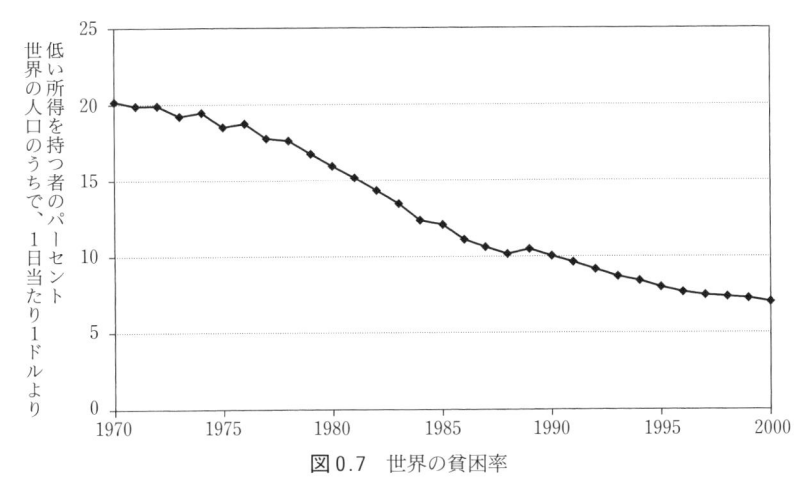

図では，人口のうちで貧困ラインより低い所得の者の割合が示されている。
出所：Sala-i-Martin（2003a）。

進行しなかったということを示している。さらに，彼は世界での所得の不平等の程度は1980年から2000年の間で実際にわずかに減少したということも示している。不平等の程度がジニ係数，タイル指数，平均対数偏差，種々のアトキンソン指数，所得値の対数値の分散，あるいは変差の係数のいずれで測定されていようが，上述の結論は成立する。

Sala-i-Martin（2003a）は世界を幾つかの地域に分解し，貧困の根絶は成長が最も高かった地域で非常に顕著であったことに注目している。図0.8では，世界の最貧地域（東アジア，南アジア，ラテンアメリカ，アフリカ，中東および北アフリカ（MENA），東ヨーロッパ，中央アジア）の貧困率を求めている。1970年では，これらのうち3つの地域では貧困率は30パーセントに近い値あるいはそれ以上であった。それらのうちの2地域（東アジアと南アジア）では，貧困率の実質的な低下がみられた。これらの地域は集計的成長率が相当に高い地域でもある。他の地域（アフリカ）では，過去30年間にわたって貧困率の劇的な上昇がみられた。さらに，アフリカのほとんどの国では一人当たり成長率がマイナスあるいはゼロに近いということが確認されている。図0.8では，1970年において2地域（ラテンアメリカと

MENA）の貧困率は 10 パーセントに近い値であったことが示されている。両方の地域とも貧困率の低下がもたらされている。ラテンアメリカでは，（成長率が相当な値であった）1970 年代に急激な貧困の低下がみられたが，1980 年代（マイナスの成長率で特徴づけられる**失われた 10 年**）では停滞がもたらされた。ラテンアメリカの貧困率は 1990 年代には安定している。MENA の貧困率は 1970 年から 1975 年の間でわずかに低下した。その低下の程度はオイルショックに続く高成長の 10 年では非常に大であり，その後集計的成長が止まった時に安定した。

最後に，東ヨーロッパと（前ソビエト連邦を含む地域である）中央アジアは非常に低い貧困率の状態から出発している。その率は 1989 年から 2000 年の間で 10 倍ほど上昇した。東ヨーロッパと中央アジアの貧困率の急激な上昇には 2 つの理由が存在する。その一つは共産主義体制の崩壊に伴って不平等の程度が非常に上昇したことである。第 2 の理由はこれらの国における集計的成長パフォーマンスが惨めなほど低いことである。しかし，これらの国の平均的な所得水準はアフリカあるいはアジアよりもかなり高い状態に留

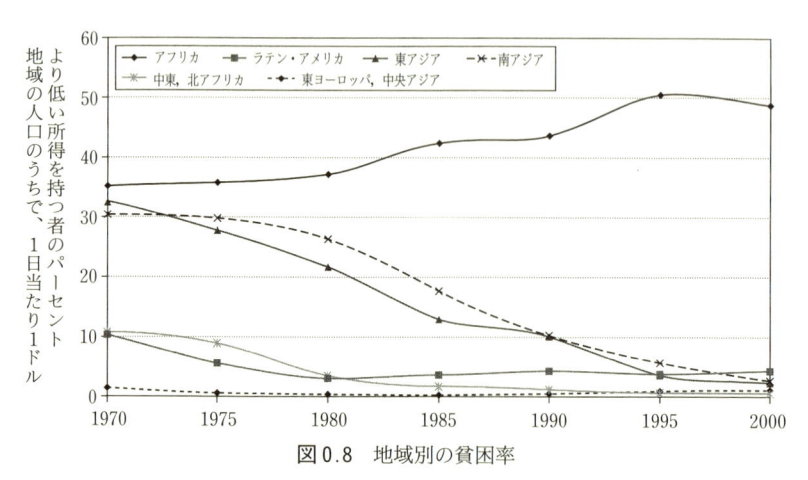

図 0.8 地域別の貧困率

グラフでは，各地域の総人口のうちで貧困ラインより少ない所得を持つ者の割合が示されている。地域は世界銀行で定義されているものであり，東アジア，南アジア，ラテンアメリカ，アフリカ，中東および北アフリカ（MENA），および東ヨーロッパと中央アジアである。

出所：Sala-i-Martin（2003 a）。

まっている。したがって，平均所得の悪化と所得の不平等の拡大の後でさえ，東ヨーロッパと中央アジアでは貧困率は相対的に低い状態にあるということができる。

0.3 経済成長についての実証的規則性

　経済成長のプロセスを的確に捉えていると考えられる幾つかの定型化された事実がKaldor（1963）によって列記されている。

1．一人当たり産出量は長期的に成長し，しかも成長率は低下傾向を示してはいない。
2．労働者一人当たりの物的資本は長期的に成長している。
3．資本の収益率はほぼ一定である。
4．産出量に対する物的資本の比率はほぼ一定である。
5．国民所得における労働と物的資本の分配率はほぼ一定である。
6．労働者一人当たり産出量の成長率については，国家間に非常に大きな差異が存在している[8]。

ここで，事実6は既に言及されたクロス・カントリー・データと一致しており，事実1，2，4，5は現在の先進国についての長期的データにかなりフィットしているように思われる。日本，ドイツ，イタリア，連合王国，お

8）Kuznets（1973, 1981）では，現代の経済成長に関する他の特徴が提示されている。そこでは，農業から工業へ，さらにサービス業へのシフトを伴う構造変換の速さが指摘されている。このプロセスには，都市化，家内工業から被雇用者の状態へのシフト，および公的教育の役割の上昇が含まれている。さらに，彼は，現代の成長には外国貿易の役割の上昇が関係しているということと，技術進歩によって，天然資源への依存の程度の低下がもたらされると主張している。最後に，次のように，彼は政府の重要性の増大に言及している。"現代の経済成長の流布には，国の主権単位での組織の重要性と必要性が特に重要な意味を持っている。……主権を有する国家主体は，経済活動を実行可能にする法律の制定者として，……，レフリーとして，……インフラの供給者として，特に重要である"（1981, p.59）。

よびアメリカ合衆国における GDP に対する物的資本の長期的比率の安定性に関しては，Maddison（1982，第 3 章）によって議論がなされている。アメリカ合衆国における要素分配率の長期的安定性については，Denison（1974，付録 J）および Jorgenson, Gollop, and Fraumeni（1987，表 9.3）によって指摘がなされている。Young（1995）では，要素分配率が 1960 年代の初期あるいは中期から 1990 年にかけて，東アジアの 4 ヵ国（香港，シンガポール，韓国，台湾）において，かなり安定しているということが報告されている。先進 7 ヵ国（カナダ，フランス，ドイツ，イタリア，日本，オランダ，連合王国）についての研究では，要素分配率の傾向が合衆国のそれと類似しているということが示されている（Christensen, Cummings, and Jorgenson [1980] および Dougherty [1991]）。しかし，Elias（1990）によって考察されている幾つかのラテンアメリカの国では，資本分配率は合衆国よりも傾向的に高くなっている。

実質収益率の安定性に関して Kaldor によって主張された事実 3 は連合王国の経験によって強く影響されているようにみえる。この場合，実質利子率は長期的趨勢を示していないように思われる（Barro [1987, 図 4 と図 7]を参照せよ）。しかし，合衆国については，長期データによって，実質利子率の若干の低下が確認されている（Barro [1997, 表 11.1]）。韓国，シンガポールのような急速に成長している幾つかの国においては，実質収益率は合衆国のそれよりもかなり高いが，長期的には低下している（Young [1995]）。したがって，実質収益率はほぼ安定的であるという Kaldor の主張は，経済が発展するにつれて，収益率がある範囲で低下する傾向にあるという主張によって置き換えられるのが妥当であるように思われる。

第 12 章のデータを使って，一人当たり実質 GDP の成長率についての長期的傾向を検討することにしよう。表 12.10 と表 12.11 には，およそ 1 世紀にわたって，31 ヵ国についての Angus Maddison による数値が含まれている。基本的にこれらの数値には，非常に長期間にわたる成長に関する利用可能な情報が余すところなく網羅されている。

表 12.10 は，ヨーロッパの主要諸国プラス合衆国，カナダ，オーストラリアからなる現在の先進 16 ヵ国に関するものである。これらのデータでは，

0.3 経済成長についての実証的規則性

およそ1世紀にわたって，年率1.9パーセントの一人当たり平均成長率が示されている。20年の期間で再分割したデータは表0.1のように表される。これらの数値は，一人当たり実質GDPの成長率は低下傾向を示さないというKaldorの命題と矛盾していない。実際に，第2次世界大戦に続く2つの期間では，長期的な平均成長率をかなり上回る成長率が確認されている。1950-70における年率3.7パーセントから1970-90における年率2.2パーセントへの成長率の低下はしばしば論じられている**生産性の低下**に対応するものである。しかし，1970-90における成長率は，長期のデータ上の経過との関連で言うと，高い水準にあるということは表から明らかである。

表0.1 現在の先進諸国の長期的成長率

期間	成長率 (年当たりのパーセント)	国の数
1830-1850	0.9	10
1850-1870	1.2	11
1870-1890	1.2	13
1890-1910	1.5	14
1910-1930	1.3	16
1930-1950	1.4	16
1950-1970	3.7	16
1970-1990	2.2	16

出所：表12.10
注：成長率はデータが存在する国についての単純平均である。

表12.11には，アジアとラテンアメリカにおける15ヵ国の現在の低開発国に関する数値が含まれている。この場合，1900年から1987年の平均長期成長率は年率1.4パーセントであり，4つの部分期間に分割したものは表0.2の通りである。また，ポスト第2次世界大戦期（ここでは，1950-1987）では，長期的平均値をかなり上回る成長率が示されている。

表0.1-0.3には，100ヵ国を超える国の一人当たり実質GDPの動きに関する情報が含まれている。これらのデータを使って，Kaldorによって提示された定型化された事実のリストを拡張することができる。クロス・カントリー・データにおける1つのパターンは，1960年から2000年までの一人当たり実質GDPの成長率と1960年における一人当たり実質GDPの水準の間には本質的な相関関係は存在しないということである（第12章を参照せよ）。

表0.2 現在の低開発諸国の長期的成長率

期間	成長率 (年当たりのパーセント)	国の数
1900–1913	1.2	15
1913–1950	0.4	15
1950–1973	2.6	15
1973–1987	2.4	15

出所:第12章の表12.11
注:成長率はデータが存在する国についての単純平均である。

第1章で使用される用語では,貧しい国が富裕な国よりも早く成長する傾向はβ収束性と呼ばれている。したがって,多数の国についてのクロス・セクション・データによる成長と初期状態の間の単純な関係では,β収束性は示されてはいないことになる。このタイプの収束性は,合衆国の諸州,幾つかのヨーロッパの国の諸地域,日本の諸県のようなより同質な経済のグループを限定的に考える場合には,成立することになる (Barro and Sala-i-Martin [1991, 1992 a, 1992 b] および第11章を参照せよ)。これらの場合には,貧しい地域は豊かな地域よりも早く成長する傾向がある。この傾向は,OECD諸国のような現在順調に活動している比較的同質な国の範囲にサンプルを限定するときには,クロス・カントリー・データの場合にも確認される (Baumol [1986] と Delong [1988] を参照せよ)。

人的資本の初期水準,政府の政策手段,貯蓄性向および子供を持つ性向等のような変数を固定しておいて,一人当たり実質GDPの成長率と一人当たり実質GDPの初期水準の間に負の関係がある場合には,第1章では**条件付きβ収束性**が成立するという表現が用いられている。広範囲のクロス・カントリー・サンプル,すなわち,本来の意味でのβ収束性が示されていないデータ・セットでは,この条件付きの意味では,β収束性が明確に確認されている(Barro [1991];Barro and Sala-i-Martin [1992 a];Mankiw, Romer, and Weil [1992] を参照せよ)。しかし,収束率は年率約2パーセントにすぎない。したがって,一人当たり実質GDPの初期値と一人当たり実質GDPの長期的水準あるいは目標水準の間のギャップの半分を経済が取り除くのに,およそ35年ほどかかることになる(この目標値は長期的には上昇傾向

にある)。

第12章の結果では，一人当たり実質GDPの初期水準を固定しておくと，幾つかの変数が一人当たり実質GDPの成長率と有意の関係にあるということが示されている。たとえば，成長の程度は，教育の達成度と健康の程度の意味での人的資本の初期値とプラスの関係にあり，法による政治の維持とGDPに対する投資の比率とはプラスの関係にあり，GDPに対する政府の消費支出の比率と出生率とはマイナスの関係にある。

Maddison (1992) における長期のデータから投資率と貯蓄率に関する規則性を明らかにすることができる。Maddison (1992) では，幾つかの国について，GDPに対する粗国内投資の比率とGDPに対する粗国民貯蓄（国内投資と純海外投資の合計）の比率に関する長期的な情報が提示されている。長期分析のための充分なデータを持っている8ヵ国については，20年期間の投資率の平均値と貯蓄率の平均値は表0.3に示されている。

この表では，個々の国について，国内投資と国民貯蓄の時間経路は通常類似しているということが示されている。しかし，1870年から1929年までのオーストラリアとカナダ，1890年から1909年までの日本，1930年から

表0.3 粗国内投資と粗国民貯蓄のGDPに対する比率（％）

期間	オーストラリア	カナダ	フランス	インド	日本	韓国	U.K.	U.S.
1. 粗国内投資								
1870–1889	16.5	16.0	12.8	—	—	—	9.3	19.8
1890–1909	13.7	17.2	14.0	—	14.0	—	9.4	17.9
1910–1929	17.4	19.8	—	6.4	16.6	5.1[a]	6.7	17.2
1930–1949	13.3	13.1	—	8.4	20.5	—	8.1	12.7
1950–1969	26.3	23.8	22.6	14.0	31.8	16.3[b]	17.2	18.9
1970–1989	24.9	22.8	23.2	20.2	31.9	29.1	18.2	18.7
2. 粗国民貯蓄								
1870–1889	11.2	9.1	12.8	—	—	—	13.9	19.1
1890–1909	12.2	11.5	14.9	—	12.0	—	13.1	18.4
1910–1929	13.6	16.0	—	6.4	17.1	2.38	9.6	18.9
1930–1949	13.0	15.6	—	7.7	19.8	—	4.8	14.1
1950–1969	24.0	22.3	22.8	12.2	32.1	5.9[b]	17.7	19.6
1970–1989	22.9	22.1	23.4	19.4	33.7	26.2	19.4	18.5

出所：Maddison (1992)
[a] 1911–1929
[b] 1951–1969

1949年までの連合王国，1950年から1969年までの（実際には，1980年代初期までの）韓国については，粗国内投資は粗国民貯蓄よりも相当高い水準であった（すなわち，海外からの借り入れが多額であった）。1870年から1929年までの連合王国と1930年から1949年までの合衆国については，粗国民貯蓄は粗国内投資よりもかなり高い水準であった（海外への貸し出しが相当の額であった）。

合衆国について，表から得られる顕著な結果は国内投資の比率と国民貯蓄の比率の長期的な安定性である。唯一の例外は，大恐慌と第2次世界大戦の期間，つまり1930年から1949年にかけて，それらの値が比較的低いことである。しかし，投資率と貯蓄率の安定性に関しては，合衆国は例外である。他の7ヵ国のデータでは，これらの比率の顕著な上昇が示されている。特に，1950-1989の比率は，すべてのケースで，第2次大戦前よりも相当大きいということができる。したがって，長期データでは，経済が発展するにつれて，GDPに対する粗国内投資の比率とGDPに対する粗国民貯蓄の比率はある範囲で上昇傾向にあることが示されている。第1章においてソロー=スワン・モデルで設定される粗貯蓄率の一定性の仮定では，このデータの規則性が見落とされていることになる。

クロス・カントリー・データでは，出生率に関するある程度の規則性，それゆえ，人口の増加率に関する規則性も明らかにされている。ほとんどの国では，一人当たり実質GDPが上昇すると，出生率は低下する傾向にある。最貧国では，Malthus (1798) が述べているように，出生率は一人当たり実質GDPが増加すると上昇するかもしれない。教育の達成度と出生率の間にはより強い関係が存在している。最も発展した国を除いて，男性の学校教育は出生率とプラスの関係にあるが，女性の学校教育は出生率とマイナスの関係にある。これらの要因の純効果は，経済が発達するにつれて，出生率（および，人口の成長率）がある範囲で下落する傾向にあるということである。人口の成長率が外生的で，一定だという仮定（ソロー=スワン・モデルのもう1つの基本的な要素）はこのような実証的なパターンと矛盾していることになる。

0.4 現代成長理論の簡単な歴史的経過

現代の経済成長理論に現れてくる基本的な構成要素の多くのものは，Adam Smith（1776），David Ricardo（1817），Thomas Malthus（1798）といった古典派経済学者，および，ずっと以後の経済学者達，Frank Ramsey（1928），Allyn Young（1928），Frank Knight（1944），Joseph Schumpeter（1934）によって提示された．これらの要素には，競争的行動と均衡動学という基本的な接近方法，収穫逓減性の役割とそれの物的資本と人的資本の蓄積に対する関係，一人当たり所得と人口の成長率の間の相互作用，労働の特化の増大という形での技術進歩の効果および新製品と新たな生産方法の発見の効果，技術進歩の誘因としての独占力の役割が含まれている．

本書の主要な研究は既に整っている基礎的要素から開始され，1950年代の後半以後の新古典派の伝統における幾つかの貢献に焦点があてられる．新古典派の方法論と用語が使用され，総資本ストック，集約的生産関数，（しばしば無限の時間視野を持っている）代表的消費者の効用関数といった概念に依拠して議論の展開がなされる．さらに，動学的最適化の現代的数理的手法と微分方程式が使用される．本書の最後に数学付論で展開されているこれらのツールは，今日では経済学に関するほとんどの大学院1年次生にとって，馴染みの深いものとなっている．

年代的な観点から，現代成長理論の出発点は，（経済成長理論の本格的な研究より数十年先んじている論文である）Ramsey（1928）の古典的論文である．家計の長期的な最適化に関するRamseyの分析方法は，成長理論への応用範囲を遥かに超えて使用されている．現在では，消費理論，アセット・プライシング，さらに，景気循環理論さえも，Ramsey（およびFisher [1930]）によって経済学者に紹介された最適性条件に依拠することなしに，議論の展開を行うことは困難である．Ramseyの異期間の加法的効用関数は，今日では，コブ=ダグラス型生産関数と同じくらい広範に使用されている．しかし，Ramseyのアプローチは1960年代まで経済学の専門家達によって受け入れられておらず，また，広く使用されてはいなかった．

Ramseyと1950年代後半の理論的展開の間では，Harrod (1939) とDomar (1946) によって，ケインジアンの分析を経済成長の要素と統合させる試みがなされた。資本主義体制が本質的に不安定であるということを論じるために，彼らは投入物の代替の可能性がほとんど存在しない生産関数を使用していた。彼らは，大恐慌の間あるいはその直後に論文を執筆したので，彼らの議論は多くの経済学者によって好意的に受け入れられた。これらの貢献はその当時多くの研究のきっかけとはなったが，この種の分析は今日の成長理論においていかなる役割も果たしてはいない。

　次のより重要な貢献はSolow (1956) とSwan (1956) の論文であった。ソロー=スワン・モデルの重要な側面は新古典派的な生産関数，つまり，規模に関する収穫一定性，各投入物に関する収穫逓減性，および代替の弾力性がプラスで滑らかだという性質を満足する関数である。この生産関数が，貯蓄率の一定性と組み合わされて，極端に簡単な経済の一般均衡モデルをもたらしている。

　さて，ごく最近になって実証的仮説として真剣に利用されるようになってきているが，これらのモデルから得られる帰結の1つは条件付き収束性である。一人当たり実質GDPの初期水準が，長期的あるいは持続状態における水準に比して低ければ低いほど，成長率は高くなる。この特性は資本に関する収穫逓減性から導き出される。一人当たり資本が，（長期的な一人当たり資本の水準に比して）少ない経済では，高い収益率と高い成長率がもたらされる傾向がある。ソロー=スワン・モデルでは，持続状態における労働者一人当たり資本量と産出量の水準は，貯蓄率，人口の増加率，および生産関数の状態（種々の経済の間で異なっている諸性質）に依存しているので，この収束性は条件付きである。最近の実証研究では，それらに加えて，国家間の違いの幾つかの要因，特に，政府の政策と人的資本の初期ストックの違いも考慮に入れるべきだということが示唆されている。しかし，重要な点は，条件付き収束性という概念（ソロー=スワン・モデルの基本的特性）が，国および地域にわたっての経済成長についてかなりの説明力を持っているということである。

　ソロー=スワン・モデルのもう1つの帰結は，技術の継続的な改良がない場

合には，一人当たり成長がやがて停止するということである。Malthus と Ricardo の主張に類似しているこの帰結も資本に関する収穫逓減性の仮定から生じている。しかしながら，プラスの一人当たり成長率が 1 世紀以上にわたって持続し，この成長率は明確な低下傾向を示していないということは既に観察されている。

1950 年代後半から 1960 年代にかけての新古典派成長論の理論家はこのようなモデル構成上の欠陥を認識しており，通常，技術進歩は外生的に発生するということを仮定することで取り繕っていた。このような工夫によって，理論は，条件付き収束性という帰結を保持し，長期的一人当たり成長率がプラスであり，ことによると一定であるという事実と調和することが可能である。しかし，長期的な一人当たり成長率が，モデルの内部で決められない要素である技術進歩率によって，完全に決定されるということは明らかに欠点である。（さらに，産出水準の長期的成長率も，標準的なモデルで外生的なものとされているもう 1 つの要素である人口の成長率に依存している。）これは，明らかに不充分な状況ではあるが，長期的成長以外はすべて説明されているモデルによって決着がつけられたことになる。

さて，Cass（1965）と Koopmans（1965）によって，Ramsey による消費者の最適化に関する分析が新古典派の成長モデルに呼び戻され，その結果，貯蓄率が内生的に決定可能となった。このような拡張によって，より充実した移行動学がもたらされているが，条件付き収束性の仮説は保持される傾向にある。しかし，貯蓄の内生化によって，長期的一人当たり成長率の外生的な技術進歩に対する依存性が除去されるわけではない。

Cass=Koopmans 型の新古典派成長モデルの均衡は，生産要素である労働と資本に対する支払いが限界生産物に一致するようになされる，分権的で競争的なフレームワークのもとで，達成することができる。生産関数が規模に関する収穫一定性という性質を持っているという仮定によって，総所得は総生産量に完全に一致する。さらに，分権的な均衡はパレート最適性を満足している。

標準的な競争的仮定が維持できなくなるので，新古典派のフレームワークに技術変化の理論を組み入れることはそれほど容易なことではない。部分的

な非競合性を持っており，したがって，公共財の側面を持っている新規のアイデアの創出が技術進歩に付随して生じてくる。技術を所与として，つまり，所与の知識の状態のもとでは，労働，資本，土地のような標準的な競合的生産要素に関する収穫一定性を仮定することは理に適っている。言い換えると，生産方法に関する知識の水準を所与として，まったく同じ量の労働，資本，土地を持っている企業を複製すると，2倍の量の産出が可能になると考えることができる。しかし，そのとき，非競合性という特性を持っているアイデアが生産要素に含まれるならば，規模に関する収穫が逓増的になる傾向がある。これらの収穫逓増性は完全競争と矛盾する。特に，限界生産費（ゼロ）に一致するような非競合的な古いアイデアについての代償は，新規のアイデアの創出の基礎になっている研究努力の適切な報酬をもたらすことにはならないであろう。

Arrow (1962) と Sheshinski (1967) によって，アイデアが，生産あるいは投資の意図せざる副産物であるようなモデル，つまりラーニング・バイ・ドゥーイングと称されるメカニズムが構築された。これらのモデルでは，各個人の発見は直ちに経済全体にスピル・オーヴァーすることになる。これは，知識が非競合性という特性を持っているので，技術的に実行可能な瞬時的拡散プロセスである。その後，Romer (1986) では，このようなケースでも，均衡技術進歩率を決定するように競争的フレームワークが維持可能であるが，決定される成長率は一般的にパレート最適ではないということが示されている。より一般的には，発見が部分的に意図的なR＆D努力に依存しており，しかも，個人のイノベーションが徐々にしか流布しない場合には，競争的フレームワークは適切に機能しないことになる。このような現実的な状況のもとで，技術発展に関する分権的な理論においては，不完全競争のモデルを組み込むように新古典派成長モデルの基本的修整が必要とされる[9]。理論におけるこのような修整は，1980年代後半におけるRomer (1987, 1990)の研究まで行われなかった。

Cass (1965) と Koopmans (1965) の論文によって，基本的な新古典派成長モデルの完成がなされた[10]。その後，成長理論は過度に技術的なものになっていき，実証的な応用との接点を次第に失っていった。それに対して，

経済的な疾患を抱えている国に対する助言を求められている開発経済学者たちは応用的な見方を保持し，技術的に洗練されてはいないが，実証的に有益なモデルを使用する傾向があった．経済発展と経済成長の領域は疎遠になっていき，2つの研究分野はほとんど完全に別個のものになっていった．

実証との関連性が欠けていたので，成長理論は，1970年代の初期までに，すなわち，合理的期待革命とオイル・ショックの直前に，活発な研究領域としては死に絶えてしまった．およそ15年にわたって，マクロ経済学の研究の焦点は短期的変動に当てられていた．その間の主要な貢献としては，景気循環モデルに合理的期待を組み込むこと，政策評価についての改善的アプローチ，および一般均衡論的方法の実物景気循環理論への応用といったものが含まれている．

1980年代の半ば以後，Romer（1986）とLucas（1988）の論文を契機として，経済成長に関する研究が新たなブームを経験している．このような研究の動機は，長期的経済成長の決定要因が重要な論点であり，景気循環のメカニズムあるいは金融政策と財政政策の反循環的効果よりもはるかに重要だとする観察（あるいは回顧）である．長期的成長の重要性の認識はほんの第一歩にすぎないものである．さらに，分析を進めていくには，一人当たり長期成長率が外生的な技術進歩率によって釘付けにされている新古典派の束縛を回避しなければならない．したがって，最近の貢献では，何らかの方法で，モデル内で長期的成長率を決定しようとする試みがなされている．それゆえ，**内生的成長モデル**と総称されているのである．

新しい研究に関する最初の議論（Romer [1986]，Lucas [1988]，Rebelo [1991]）はArrow（1962），Sheshinski（1967），Uzawa（1965）の論文の基礎のうえに構築されており，実際には，技術変化の理論の導入は行われてい

---

9) もう1つのアプローチは，すべての非競合的な研究（古典的な公共財）が非自発的な租税により政府によって資金調達されると仮定することである（Shell [1967] を参照せよ）．

10) しかし，最近の研究では，新古典派成長モデルを拡張して，いかにして家計の異質性を考慮するか（Caselli and Ventura [2000]）ということと時間整合的でない選好をいかに含めるかの検討がなされている（Barro [1999]）．

なかった。これらのモデルでは，人的資本を含む広い範囲の資本財における投資の収益は経済の発展に伴って必ずしも低下することはないので，成長は無限に継続することが可能となる。(この考えは Knight [1944] まで遡る。) 生産者の間での知識のスピル・オーヴァーと人的資本から生じる外部的便益はこのようなプロセスの一部ではあるが，資本蓄積に関する収穫逓減性の傾向を回避するのに役立つという理由でのみ使用されている。

　成長のフレームワークにR&Dの理論と不完全競争を組み込むという試みは Romer (1987, 1990) によって開始され，Aghion and Howitt (1992) および Grossman and Helpman (1991, 第3章と第4章) による重要な貢献をもたらしている。これらのモデルにおいては，技術進歩は意図的なR&D活動から生じ，この活動に対する報酬は事後的な独占力の形でもたらされることになる。経済でアイデアが枯渇する傾向がない場合には，長期的にプラスの成長率が持続可能となる。しかしながら，新製品と新たな生産方法の創出に付随する歪みのために，成長率と基礎的な発明活動の量はパレート最適ではなくなる傾向にある。これらのフレームワークでは，長期的成長率は，課税，法と秩序の維持，インフラに関するサービスの供給，知的所有権の保護，および国際貿易・金融市場・経済の他の側面の規制といった政府の行動に依存している。したがって，善かれ悪しかれ，政府は，長期的成長率に及ぼす影響力を保持しており，多大な潜在的可能性を持っている。このような研究プログラムは1990年代を通して活発であり，たとえば，成長プロセスにおける規模の効果の理解 (Jones [1999])，技術進歩が労働増加的か資本増加的かに関する分析 (Acemoglu [2002])，および成長プロセスにおける競争の役割に関する評価に適用された (Aghion et al. [2001], [2002])。

　さらに，新しい研究には，技術の拡散に関するモデルが含まれている。発見についての分析は先端的な経済における技術の進歩率に関係しているが，拡散に関する研究は追随的な経済が模倣によって技術進歩を共有する仕方に関係がある。模倣はイノベーションよりも安くつく傾向があるので，拡散モデルでは，新古典派の成長モデルの帰結に類似しているある種の条件付き収束性がもたらされることになる。最近の実証分析では，収束プロセスにおける技術の拡散の重要性が確認されている。

新古典派成長モデルにおけるもう1つの主要な外生的パラメータは人口の増加率である。人口の増加率が高くなると持続状態での労働者一人当たりの資本と産出量の水準は低くなり，そのことにより，一人当たり産出量の所与の初期水準に対する一人当たり成長率を減少させる傾向がある。しかし，標準的なモデルでは，一人当たり所得と賃金率が人口の増加に及ぼす効果（マルサスによって強調されたタイプの効果）は考察されておらず，さらに，育児の過程で費消されてしまう資源も考慮されていない。別のタイプの最近の研究では，新古典派モデルに出産に関する選択の分析を組み込むことによって，人口の成長が内生的に決定可能になっている。これらの結果は，主要な範囲の経験では出生率は一人当たり所得が増加すると減少する傾向があるが，最貧国では一人当たり所得の増加とともに上昇するという実証的な規則性と矛盾していない。成長のフレームワークにおける労働供給の内生化に関連する追加的研究としては，移住と労働・余暇選択に関するものがある。

　1960年代の成長理論と1990年代の成長理論の最も明白な違いは，最近の研究では，実証的な含意および理論とデータの関係に細心の注意が払われているということである。このような応用的なパースペクティヴの一例として，古い理論の実証的含意の拡充，特に，条件付き収束性に関する新古典派モデルの推定の拡充があげられる。新古典派の成長モデルによって動機づけられたクロス・カントリーの回帰分析は1990年代における確固たる研究課題のひとつになった。第12章で研究されるが，この研究領域の最近の興味深い展開は推定値の頑健性の評価に関連している。それ以外の実証分析は，収穫逓増の役割，研究開発活動，人的資本，および技術の拡散を含む最近の内生的成長論を直接取り扱っている。

0.5　第2版の要点

　『内生的経済成長論』の第2版では，全般にわたる改訂がなされている。ここでは，これらの若干の点に言及する。この序章では，既に，1970年から2000年にかけての世界中の個人の所得分布に関する新たな推定値が述べられている。

第1章は一層平易にしかも読みやすく改良されている。ソロー＝スワン・モデルにおいて，市場の節が追加されている。さらに，不完全競争をもつ内生的成長モデルの出現をもたらした新古典派理論に付随する理論的不備の性質を議論している。

第2章では，家計の異質性を考慮できるように基本的な新古典派成長モデルの分析の拡張がなされている。**過少貯蓄**経路を除外し，しかも横断性条件を導出・使用する進んだ接近方法が存在している。さらに，可変的な時間選好率をもっているモデルの分析も含まれている。

第3章では，政府部門の拡張された分析を含んで，基本的な新古典派の成長モデルの種々の拡張が行われている。そのフレームワークでは，種々の形式の税率と資本所得課税と労働あるいは消費に対する課税の間の明白な区別が考慮されている。

第6章と第7章では，内生的技術進歩に関するモデルが議論されている。新たな内容として，これらのモデルにおける規模の効果の役割と要因に関する分析が含まれている。第6章では，発明を動機づけるメカニズムとして，トマス・ジェファーソンの最も消極的な見解に言及する。第7章では，技術の発展が品質改良の形をとるようなモデルに関する改良された分析が展開される。特に，産業のリーダーとアウトサイダーの間の相互作用に関する分析，それゆえ，成長プロセスにおける外部の競争の役割に関する分析が含まれている。

第8章では，技術の拡散に関するモデルが展開されている。基本的モデルが改良されており，理論的帰結は最近の実証的結果と関連づけられている。

第9章では，内生的人口成長の分析の拡張がなされている。第10章では，内生的技術進歩の理論との関連性を含めて，成長会計の分析が改良されている。地域のデータ・セットを扱っている第11章では，アメリカ合衆国の分析が2000年まで拡張されている。

第12章では，2000年までのデータを含んでいる Summers-Heston のデータ・セット（新版），Penn World Tables 6.1 を使用して，最新のクロス・カントリーの成長回帰分析が展開されている（Heston, Summers, and Aten [2002] を参照せよ）。さらに，この章では，実証結果の頑健性の評価

方法を含んで，クロス・カントリー回帰分析で得られた推定値の信頼性についての種々の論点が議論されている。

第 1 章

外生的貯蓄率を伴う成長モデル
(ソロー=スワン・モデル)

1.1 基本的な構造

　本章で提起される最初の問題は，単純に貯蓄し，資本ストックに投資することによって経済が永久にプラスの成長率を享受することは可能かどうかということである。1960年から2000年までのクロス・カントリー・データを一瞥すると，112ヵ国の実質一人当たりGDPの年成長率の平均値は1.8パーセントであり，粗投資—GDP比率の平均値は16パーセントであった[1]。しかし，38ヵ国のサブ・サハランのアフリカ諸国では，平均成長率は僅かに0.6パーセントであり，平均投資率は10パーセントに過ぎなかった。他方，9ヵ国の東アジアの「奇跡的」経済については，平均成長率は4.9パーセントであり，平均投資率は25パーセントであった。これらの観測によって，成長率と投資率の間にはプラスの相関があることが示唆されている。しかし，これらの関係に感心しすぎる前に，23ヵ国のOECD諸国については，平均成長率は2.7パーセントであり（この値は東アジアの奇跡的な経済よりも低い），それに対して，平均投資率は24パーセントであった（これは東アジアの値とほぼ同じである）ということに注意すべきである。したがって，投資性向は必ずしもすべての要因ではないけれども，分析の出発点として，

---

[1] Penn World Tables 6.1バージョンから入手されたこれらのデータはSummers and Heston (1991) とHeston, Summers, and Aten (2002) に掲載されている。これらのデータについては第12章で議論する。

経済の成長率を貯蓄性向と投資性向に関係づけることは有意味である。このため，一人当たり成長の可能な要因が物的資本の蓄積のみであるような単純なモデルで分析を開始することは有益であろう。

本書で議論されるほとんどの成長モデルは共通の基本的な一般均衡論的特徴を持っている。第1に，家計（あるいは家庭）は，企業の所有権を含んで，経済の投入物と資産を所有しており，所得のうちの消費と貯蓄の割合を決定する。各家計は，幾人の子供を持つか，労働力として参加するかどうか，どのくらい働くかを決定する。第2に，各企業は資本とか労働のような投入物を使用し，家計や他の企業に売却する財を生産する。企業にとっては，投入物を産出物に変換する技術が利用可能である。第3に，企業が家計や他の企業に財を売却する市場と，家計が企業に投入物を売却する市場が存在している。需要量と供給量が投入物と生産財の相対価格を決定する。

このような一般的な構造はほとんどの成長モデルで用いられるが，ここでは便宜的に，市場と企業を捨象している単純化されたモデルを使用して分析を開始する。投入物を所有し，投入物を産出物に変換する技術も管理している統合経済主体（ロビンソン・クルーソーのような家計・生産者）を想定することができる。実際には，生産は多くの異なった投入物を使用して行われている。投入物のすべてを3種類だけに（つまり，物的資本 $K(t)$，労働 $L(t)$，知識 $T(t)$）にまとめる。生産関数は次のように表される。

$$Y(t)=F[K(t),L(t),T(t)]. \tag{1.1}$$

ここで，$Y(t)$ は時間 t で生産された産出物のフロー量である。

資本 $K(t)$ は機械，建造物，鉛筆等のような物的な耐久投入物を表している。これらの財は式（1.1）のようなタイプの生産関数によって過去のいずれかで生産されたものである。これらの投入物は複数の生産者によって同時に使用できないということを認識しておくことは重要である。この性質は**競合性**として知られている（ある財は同時に数人によって使用できない場合，競合的といわれる）。

生産関数における第2の投入物は労働 $L(t)$ であり，人体に関連する投入物を表している。この投入物は労働者の人数と，その身体能力，熟練度，健

康の程度はもちろんのこと，労働時間も考慮されている。ある一人の労働者は他の活動に利用可能な時間を削減することなしにある活動を新たに行うことは不可能であるので，労働もまた**競合的**な投入物である。

第3の投入物は知識あるいは技術水準 $T(t)$ である。労働者と機械だけでは，その使用方法を示す**処方**あるいは**設計図**がない場合，いかなる生産も不可能である。この設計図は**知識**あるいは**技術**とよばれるものである。技術は長期的に改良可能である（たとえば，2000年に使用される技術のほうが優れているので，同じ量の資本と労働から1900年よりも2000年ではより多くの産出量が生産される）。技術は国の間でも格差が存在している。たとえば，日本で利用可能な技術のほうが優れているので，同じ量の資本と労働からザンビアよりも日本ではより多くの産出物が生産される。知識特有の重要な性質は，それが**非競合財**であることである（つまり，2人以上の生産者が同時に同一の処方箋を使用することができる）[2]。したがって，Y 単位の産出を行いたい2人の生産者はそれぞれ異なった機械と労働者の組を使用しなければならないが，同一の処方箋は使用可能である。この非競合性という性質が結果的に技術と経済成長の相互作用について重要な意味を持つことにな

---

[2] **非競合性**と**公共財**の概念はしばしば文献で混同されている。**公共財**は**非競合的**であり（それらは多数の個人によって同時に使用可能である），しかも**非排除的**でもある（人々がその財を使用することを技術的にあるいは合法的に阻止できない）。知識の重要な性質は非競合性である。ある処方箋や設計図（たとえば，所有権が存在しない微積分の公式）は非排除的であるが，他のもの（特許によって保護されている期間における薬剤の生産に使用される処方箋）は排除性を持っている。アイデアについてのこれらの性質は Thomas Jefferson によって適切に理解されていた。彼は Isaac McPherson 宛（1813年8月13日）の手紙の中で次のように述べている。

> 自然が他のいずれのものよりもあるものに占有的な性質を認めていないとした場合，それはアイデアと呼ばれる思考力の作用である。個人はアイデアを他人に譲らない限り独占的に保持できるが，しかし，一度他人に譲渡すると，万人に余儀なく所有されることになり，受け手は自分自身からそれを除去できない。その特有の性質は他のすべての者がその全体を所有しているので，いかなる個人もその一部を所有することはないということである。私からアイデアを受け取る個人は私自身のものを減少させることなく彼自身教示されることになる。

（これはアメリカの国会図書館の Thomas Jefferson Papers からインターネットで入手可能である：lcweb2.loc.gov/ammem/mtjhtml/mtjhome.html）

る[3]。

　産出物が同質財である一部門生産技術が仮定される。その同質財は消費 $C(t)$ に振り向けることもできるし，投資 $I(t)$ に振り向けることもできる。投資は物的資本 $K(t)$ の新たな単位を創出するため，あるいは，古い減耗した資本ストックを置換するために使用される。一部門技術について考えてみる 1 つのやり方は，食用としても使用でき，多くの家畜を生産するために投入物としても使用できる家畜との類似を指摘することである。資本財を消費財に，消費財を資本財に容易に変形できることを反映させるために，経済成長に関する文献では，シュムー（shmoos），パテ（putty），外部原形質（ectoplasm）のような用語で，より独創的な例が使用されている。

　本章では，経済は閉鎖体系のもとにあるとする。つまり，家計は外国の製品や資産を購入できないし，自国の製品や資産を海外で売却することもできないということを仮定する。（第 3 章では，開放経済が取り扱われる。）さらに，財貨・サービスの政府購入も存在しないという仮定もおいて分析を開始する（第 4 章では政府購入が取り扱われている）。政府支出が存在しない閉鎖経済においては，すべての産出物が消費あるいは粗投資に振り向けられる[4]。したがって，$Y(t)=C(t)+I(t)$ となる。両辺から $C(t)$ を引き，産出が所得に一致するので，この単純な経済では，貯蓄量 $S(t)=Y(t)-C(t)$ は投資量 $I(t)$ に一致することになる。

　さて，産出量のうち貯蓄に向けられる割合（つまり**貯蓄率**）を $s(\cdot)$ と表すことにしよう。したがって，$1-s(\cdot)$ は産出量のうち消費に配分される割

---

[3]　法と制度に依存している政府の政策も経済の産出量に影響を及ぼすであろう。基本的な公共的制度は非競合的であるので，これらの要素を生産関数の $T(t)$ に含めることができる。

[4]　政府支出が存在する開放経済のもとでは，この条件は次のようになる。

$$Y(t)-rD(t)=C(t)+I(t)+G(t)+NX(t).$$

ただし，$D(t)$ は国際的な負債であり，r は国際的な実質利子率であり，$G(t)$ は政府支出であり，$NX(t)$ は純輸出である。本章では，政府支出は存在しないと仮定しているので，$G(t)=0$ であり，経済は閉鎖的であるとしているので，$D(t)=NX(t)=0$ である。

合である。合理的な家計は，明日よりも今日，消費を行う費用と便益を比較することで貯蓄率を決定する。このような比較を行うには，選好パラメータと（資産の水準とか利子率のような）経済状態を規定する変数が必要になってくる。このような決定が明示的にモデルに導入される第2章では，$s(\cdot)$は，一般的に明確な形の解が存在しない複雑な経済状態の関数になっていることが示されるであろう。この最初の章の分析を容易にするために，$s(\cdot)$は外生的に与えられていると仮定することにしよう。Solow (1956) と Swan (1956) によって古典的な論文で仮定されている最も単純な関数は定値関数 $0<s(\cdot)=s\leq 1$ である。本章では，多数の結果を明確な方法で導出できるので，この一定の貯蓄率の規定が使用される。

貯蓄が投資に一致しなければならない，つまり $S(t)=I(t)$ ということを所与として，**貯蓄率**は**投資率**に一致することになる。言い換えると，閉鎖経済における貯蓄率はGDPのうちで投資に振り向けられる割合を表す。

また，資本は一定の率 $\delta>0$ で減耗する同質財であると仮定しよう。つまり，各時点で，資本ストックの一定割合が摩滅し，生産のためにもはや使用不可能になるということを仮定する。しかしながら，減耗してしまうまでは，それらがいつ生産されたかに関係なく，資本の各単位は同等に生産的であると仮定する。

各時点で，物的資本ストックの純増加分は粗投資マイナス資本減耗に一致する。つまり，

$$\dot{K}(t)=I(t)-\delta K(t)=sF(K(t),L(t),T(t))-\delta K(t). \tag{1.2}$$

ここで，$\dot{K}(t)$ のような変数の上のドットは時間に関する微分を表している。以下，$\dot{K}(t)\equiv dK(t)/dt$ とする（これは本書を通して使用される慣用法である）。また，$0\leq s\leq 1$ とする。技術と労働力人口を所与として，(1.2)によって K の動きが決定される。

労働力投入 L は，人口の成長，参加率の変化，および一般的な労働者による労働時間の変化および労働者のスキルと質の改良のために，通時的に変化する。本章では，単純化を行うために，すべての個人は同じ時間だけ労働をし，しかも，全く同一のスキル（これは1に基準化される）を持っている

と仮定する。したがって，労働投入と総人口を同一視することができる。第5章ではスキルあるいは人的資本の蓄積を分析し，第9章では労働と余暇の選択が考察される。

人口の成長には，第9章で学習する出生率，死亡率，および移住の動きが反映されている。本章では，単純化を行うために，人口はいかなる資源も使用せずに外生的な一定の率 $\dot{L}/L = n \geq 0$ で成長すると仮定される。時点 0 における個人の数を 1 に，一人当たりの労働の度合も 1 に規準化を行うと，t における人口と労働力人口は次のように与えられる。

$$L(t) = e^{nt}. \tag{1.3}$$

資本蓄積の役割を強調するために，まず，技術の水準 $T(t)$ は一定であるという仮定をおくことにする。この仮定は後で緩和される。

$L(t)$ が (1.3) のように与えられており，技術進歩が存在しない場合には，(1.2) によって，資本 $K(t)$ と産出量 $Y(t)$ の時間経路が決定される。資本あるいは GDP が通時的にどのように変化するかが確認されれば，これらの変数の成長率も確定することになる。次節では，これらの挙動が生産関数 $F(\cdot)$ の性質に決定的に依存しているということが確認される。

1.2 ソロー=スワンの新古典派成長モデル

1.2.1 新古典派生産関数

経済成長のプロセスは生産関数の形状に依存している。最初に，新古典派生産関数について考察しよう。生産関数は $F(K, L, T)$ 以下の性質を持っている場合，**新古典派的**といわれる[5],[訳注1]。

(1) 規模に関する収穫一定性

関数 $F(\cdot)$ は規模に関する収穫一定性を持っている。すなわち，資本と労働に同一のプラスの定数 λ を乗じた場合，λ 倍の産出量が得られる。つま

---

5) 記号の単純化のため，時間の添え字は省略される。

り,任意の λ に対して,

$$F(\lambda K, \lambda L, T) = \lambda F(K, L, T). \tag{1.4}$$

この性質は K と L に関して**1次同次**であるとも表現される。規模の定義は2つの競合的な投入物である資本と労働についてのみなされていることに留意することは重要である。言い換えると,$F(\lambda K, \lambda L, \lambda T) = \lambda F(K, L, T)$ というように規模に関する収穫一定性の定義を行わなかった。

この仮定がなぜ経済的に有意義であるかに関する直感的理解を得るために,次のような**複製**の議論を使用することができる。プラント1では生産関数 F を使い,それぞれ K 単位と L 単位の資本と労働を結合し,しかも処方箋 T を使用して,Y 単位の産出物を生産しているとしよう。どこか他の場所に同一のプラントを造る(すなわち,プラントを**複製する**)としたら,同じ量の産出を行うことができるであろう。しかし,プラントの複製を行うには,新たに一組の機械と労働者が必要であるが,いずれのプラントでも同一の処方箋を使用することができる。その理由は,資本と労働は競合財であるが,処方箋は非競合財であり,同時に両方のプラントで使用可能であるということである。したがって,技術は非競合的な投入物であるので,規模に関する収穫についての我々の定義は意味を持っている。

(2) 私的投入物に関する限界生産性の正値性と逓減性

任意の $K>0$ と $L>0$ に対して,$F(\cdot)$ は各投入物に関する限界生産性の正値性と逓減性を持っている。すなわち,

$$\begin{aligned}\frac{\partial F}{\partial K} &> 0, \quad \frac{\partial^2 F}{\partial K^2} < 0.\\ \frac{\partial F}{\partial L} &> 0, \quad \frac{\partial^2 F}{\partial L^2} < 0.\end{aligned} \tag{1.5}$$

したがって,新古典派生産関数では,技術と労働の水準を固定しておいて,資本を追加すると,生産が増加するが,機械の台数の増加に伴ってその増加分は減少する。労働についても同じ性質が仮定される。

(3) 稲田条件

新古典派生産関数を規定する第3の性質は，資本の限界生産性（労働の限界生産性）は資本（労働）が0に近づくと無限大になっていき，資本（労働）が無限に増加すると0に近づいていくということである[訳注2]。すなわち，

$$\lim_{K \to 0}\left(\frac{\partial F}{\partial K}\right) = \lim_{L \to 0}\left(\frac{\partial F}{\partial L}\right) = \infty.$$

$$\lim_{K \to \infty}\left(\frac{\partial F}{\partial K}\right) = \lim_{L \to \infty}\left(\frac{\partial F}{\partial L}\right) = 0. \tag{1.6}$$

これらの性質は，Inada (1963) に従って，**稲田条件**と呼ばれている。

(4) 不可欠性

幾人かの経済学者は新古典派生産関数の定義に**不可欠性**の仮定を付け加えている。プラスの産出量を生産するにはプラスの量の投入が必要であるとき，その投入物は不可欠であるといわれる。付論では，(1.4)-(1.6) 式で表されている3つの新古典派的性質があれば，各投入物は生産に**不可欠**である，すなわち $F(0,L) = F(K,0) = 0$ ということが成立することが確認されている。さらに，新古典派生産関数の3つの性質が満たされている場合，いずれかの投入物の量が無限に増加するとき産出量も無限に増加するということ（数学付論で証明されるもう一つの性質）も確認される。

一人当たりの変数　ある国が裕福である，あるいは貧困の状態にあるというとき，我々は一人当たりの産出あるいは消費によって考える傾向がある。言い換えると，インドはオランダよりも多くの GDP を生産しているけれども，インドはオランダよりも裕福であると言わない。その訳は，人口で割ると，各個人が平均で得る一人当たりの所得はオランダよりもインドのほうがずっと少ないからである。この性質を把握するために，モデルを一人当たりの変数で表し，主として GDP，消費，および資本の一人当たりの値の動態的な動きを検討する。

規模に関する収穫一定性の定義はすべての λ の値について成立するの

で，$\lambda=1/L$ についても成立する。したがって，産出は次のように表すことができる。

$$Y=F(K,L,T)=L\cdot F(K/L,1,T)=L\cdot f(k). \tag{1.7}$$

ここで，$k\equiv K/L$ は一人当たり資本量であり，$y\equiv Y/L$ は一人当たり産出量であり，$f(k)$ は $F(k,1,T)$[6] に等しいと定義されている。このことより，生産関数は次のように**集約的な形**で（すなわち，**労働者一人当たり**，あるいは**一人当たりの形式で**）表される。

$$y=f(k). \tag{1.8}$$

言い換えると，生産関数は「規模の効果」を持っていない。つまり，一人当たりの生産は各個人が利用できる物的資本量によって決定され，k を一定に固定しておいて，労働者数を増減させても一人当たり産出量に影響を及ぼすことはない。その結果，中国とかインドのような非常に規模の大きな経済はスイスとかオランダのような規模の小さな経済よりも一人当たり産出あるいは一人当たり所得が少なくなるということはあり得ることである。

$Y=L\cdot f(k)$ という式を使い，L を所与として，K に関して微分を行い，次に，K を所与として，L に関して微分を行うと，要素投入の限界生産物はそれぞれ次のように与えられることを証明することができる。

$$\frac{\partial Y}{\partial K}=f'(k), \tag{1.9}$$

$$\frac{\partial Y}{\partial L}=[f(k)-k\cdot f'(k)]. \tag{1.10}$$

稲田条件によって，$\lim_{k\to 0} f'(k)=\infty$，$\lim_{k\to \infty} f'(k)=0$ ということが確認される。

図1.1では，一人当たりの変数で表現された新古典派生産関数が描かれている。それは原点を通る；原点での接線の勾配は垂直であり，右上がり，しかも凹である；k が無限に増加していくと，接線の勾配はゼロに近づいてい

---

[6] T は一定であると仮定されているので，$f(k)$ の定義では陰伏的なパラメータの一つである。

く。

コブ=ダグラス型のケース

　現実の経済について，しばしば妥当な記述を提示すると考えられている簡単な生産関数は次のコブ=ダグラス型関数である[7]。

$$Y = AK^{\alpha}L^{1-\alpha}. \tag{1.11}$$

ここで，$A>0$ は技術の水準であり，α は定数である（$0<\alpha<1$）。コブ=ダグラス型関数は次のように集約的な形で表すことができる。

$$y = Ak^{\alpha}. \tag{1.12}$$

　$f'(k) = A\alpha k^{\alpha-1} > 0$，$f''(k) = -A\alpha(1-\alpha)k^{\alpha-2} < 0$，$\lim_{k\to\infty} f'(k) = 0$，$\lim_{k\to 0} f'(k) = \infty$ ということに注意しよう。したがって，コブ=ダグラス型関数は新古典派的生産関数の諸性質を持っていることになる。

　コブ=ダグラス型生産関数の主要な性質は要素所得のシェアの動きである。1.2.3項で議論されるような競争経済では，資本と労働はそれぞれの限界生産物によって支払いがなされる。すなわち，資本の限界生産物はレンタル・プライス R に一致し，労働の限界生産物は賃金率 w に一致する。したがって，資本の1単位に対して $R = f'(k) = \alpha Ak^{\alpha-1}$ だけ支払いがなされ，労働の1単位には $w = f(k) - kf'(k) = (1-\alpha)Ak^{\alpha}$ だけ支払いがなされる。所得のうちの資本シェアは $Rk/f(k) = \alpha$ であり，労働シェアは $w/f(k) = 1-\alpha$ である。したがって，競争状態では，生産関数がコブ=ダグラス型である場合，

---

[7] ダグラスはシカゴ大学の労働経済学者で，その後イリノイ出身の上院議員となった Paul H. Douglas を指している。コブは Amherst で数学者であった Charles W. Cobb を指している。Douglas (1972, pp.46-47) では，アメリカ合衆国の製造業の生産，雇用，および資本ストックについての彼の実証結果に適合する生産関数の表示方法について 1927 年に Cobb に相談したと述べている。興味深いことに，Douglas はこの関数型は Philip Wicksteed によってより早い時期に開発されたと指摘している。したがって，このことは，スティグラーの法則の別の例を提示している（いかなるものもそれを発明した個人の名前が命名されているわけではない）。

要素所得のシェアは k に関係なく，一定である。

1.2.2 ソロー=スワン・モデルの基本方程式

さて，新古典派的生産関数で表されている経済の動態的挙動を分析することにしよう。本節で展開される成長モデルは，Solow (1956) と Swan (1956) の重要な貢献に因んで，ソロー=スワン・モデルと呼ばれている。

資本ストックの通時的な変化は (1.2) で表されている。この式の両辺を L で割ると，次式が得られる。

$$\dot{K}/L = s \cdot f(k) - \delta k.$$

右辺には一人当たりの変数のみが含まれているが，左辺についてはそうではない。したがって，それは容易に解くことができる常微分方程式ではない。この式を k に関する微分方程式に変換するために，$k \equiv K/L$ を時間に関して微分すると，次式が得られる。

$$\dot{k} \equiv \frac{d(K/L)}{dt} = \dot{K}/L - nk.$$

ここで，$n = \dot{L}/L$。この結果を $\dot{K}/L$ の式に代入し，項を整理すると，次式が成立する。

$$\dot{k} = s \cdot f(k) - (n+\delta)k. \tag{1.13}$$

(1.13) はソロー=スワン・モデルの基本的微分方程式である。この非線型の方程式は k のみに依存している。

(1.13) の右辺の項 $n+\delta$ は資本・労働比率 $k \equiv K/L$ に関する有効資本減耗率と考えることができる。貯蓄率 s が 0 であれば，一部は率 δ での資本の減耗により，他の部分は一定の率 n での個人の数の増加によって，一人当たり資本は減少するであろう。

図 1.1 では，微分方程式 (1.13) の動きが示されている。上方に位置している曲線は生産関数 $f(k)$ である。(1.13) における項 $(n+\delta) \cdot k$ は原点から出発し，プラスの傾き $n+\delta$ を持っている直線として，図 1.1 に描かれている。(1.13) における項 $s \cdot f(k)$ はプラスの定数 s が乗ぜられていることを

図 1.1 ソロー=スワン・モデル

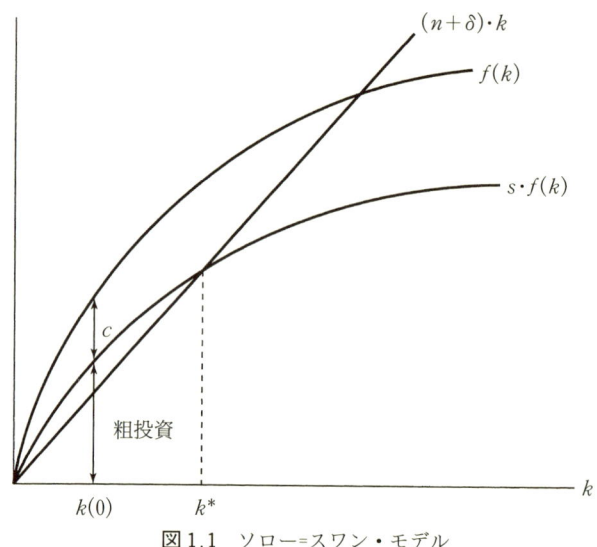

粗投資 $s\cdot f(k)$ の曲線は生産関数 $f(k)$ に比例している。一人当たり消費は $f(k)$ と $s\cdot f(k)$ の垂直距離である。(k に対する) 有効資本減耗は原点から出ている半直線 $(n+\delta)k$ で与えられている。k の変化は $sf(k)$ と $(n+\delta)k$ の垂直距離で与えられる。持続状態のもとでの資本の水準 k^* は，$s\cdot f(k)$ 曲線と $(n+\delta)k$ 線との交点で決定されることになる。

除いて生産関数に類似している。図から，$s\cdot f(k)$ 曲線は（$f(0)=0$ であるので）原点から出発し，（$f'(k)>0$ であるので）プラスの傾きを持っており，（$f''(k)<0$ であるので）k の増加に伴って傾きは次第に小さくなることに注意しよう。稲田条件によって，$s\cdot f(k)$ は $k=0$ で垂直になっていき，k が無限に増加していくにつれて傾きは 0 になる。これらの性質によって，$s\cdot f(k)$ 曲線は直線 $(n+\delta)k$ と（原点以外で）ただ 1 つの交点を持つことが示される。

一人当たり初期資本ストック $k(0)>0$ を持っている経済を考えてみることにしよう。図1.1では，一人当たり粗投資はその点における $s\cdot f(k)$ 曲線の高さで表されている。一人当たり消費は，この点における $f(k)$ 曲線と $s\cdot f(k)$ 曲線の間の垂直距離に一致する。

1.2.3　市　場

本項では，ソロー=スワン・モデルの基本方程式が市場を明示的に組み込んだフレームワークで導出できることを示すことにしよう。技術を所有し，しかもそれで生産された産出物を保有する代わりに，家計は金融資産と労働を保有していると仮定する。資産は収益率 $r(t)$ で収益がもたらされ，労働は賃金率 $w(t)$ で支払いがなされる。したがって，すべての家計によって受領される総所得は資産所得と労働所得の総額 $r(t)(資産) + w(t)L(t)$ である。家計は消費しない所得を使用して，資産を追加的に蓄積する。つまり，

$$d(資産)/dt = [r \cdot (資産) + w \cdot L] - C. \tag{1.14}$$

ただし，ここでも記号の簡単化のために，時間の添え字は省略されている。(1.14) の両辺を L で割り，一人当たりの資産を a と定義し，時間に関する a の微分 $\dot{a} = (1/L)d(資産)/dt - na$ を考慮することにしよう。そのとき，一人当たり資産の変化に関する次式が得られる。

$$\dot{a} = (r \cdot a + w) - c - na. \tag{1.15}$$

企業は労働を雇用し，資本を貸借し，しかもそれらの投入物を式 (1.1) の生産技術で使用して，(価格 1 で売られる) 産出物を生産する。企業は資本を所有している家計から資本サービスを貸借すると想定する。(企業が資本を所有し，家計が企業の株式のシェアを所有するとしても，結果はなにも変わらないであろう。) したがって，企業の資本コストは，K に比例しているレンタルの支払い分である。このような定式化では，機械の設置に伴う費用のような追加支出なしに，資本サービスは増減可能であるということが仮定されている。

資本サービス 1 単位のレンタル・プライスを R と記し，資本ストックは一定の率 $\delta \geq 0$ で減耗すると想定しよう。そのとき，資本 1 単位を所有する家計の純収益率は $R - \delta$ である。さらに，家計は他の家計に賃貸された資金から利子率 r を受け取る。不確実性が存在しない場合，資本とローンは価値の貯蔵として完全代替的であり，その結果，それらには同一の収益がもたらされるはずである。したがって，$r = R - \delta$ あるいは，同じことではあるが，

$R=r+\delta$ である。

任意の時点における代表的企業の純受け取りあるいは利潤は次のように表される。

$$\pi = F(K,L,T)-(r+\delta)\cdot K - wL. \tag{1.16}$$

すなわち，利潤は産出物の販売から得られる受け取りの粗額 $F(K,L,T)$ マイナス要素支払い（資本に対するレンタル分 $(r+\delta)K$ と労働者に対する賃金 wL）である。技術は無料で利用できると仮定されている。したがって，生産プロセスで使用される処方箋を貸借しても支払いは必要とされない。企業は利潤の現在価値を最大にしようとすると仮定する。企業は資本と労働サービスを賃借し，しかも調整費用がないので，企業の最大化問題には通時的な要素は存在しない[8]（第3章で資本の調整費用を考慮するときに，この問題は通時的なものになる）。

任意の規模の企業，たとえば，労働投入 L の水準での企業を考えることにしよう。生産関数は規模に関する収穫一定性を持っているので，(1.16)で表されるこの企業の利潤は次のように表現される。

$$\pi = L\cdot [f(k)-(r+\delta)\cdot k - w]. \tag{1.17}$$

r と w を所与とする競争的な企業は，所与の L のもとで，次式に従って利潤を最大化する。

$$f'(k)=r+\delta. \tag{1.18}$$

すなわち，企業は資本の限界生産物とレンタル・プライスが一致するように資本・労働比率を選ぼうとする。

---

[8] 第2章では，r が一定であれば，動態的な企業は

$$\int_0^\infty L\cdot [f(k)-(r+\delta)\cdot k - w]\cdot e^{-rt}dt$$

で表される将来利潤すべての割引現在価値を最大化するであろうということが示される。問題は動態的な制約を全く含んでいないので，企業はすべての時点で静学的な利潤を最大化する。実際，動態的な問題は一連の静学的な問題の系列に過ぎない。

w の値に依存して，結果的にもたらされる利潤の水準はプラス，ゼロ，マイナスになる。利潤がプラスであるとすると，企業は無限の規模を選択することによって無限の利潤を達成することができるであろう。利潤がマイナスであれば，企業は規模をゼロに縮小するであろう。したがって，完全市場均衡では，w は利潤がゼロになるような値でなければならない。すなわち，要素支払いの総額 $(r+\delta)K+wL$ は (1.17) の粗収入に一致しなければならない。この場合，企業は規模に関しては無差別である。

利潤がゼロであるためには，賃金率は (1.18) を満足する k の値に対応する限界生産物に一致していなければならない。

$$[f(k)-k\cdot f'(k)]=w. \tag{1.19}$$

(1.18) と (1.19) を (1.17) に代入すると，その結果生じる利潤の水準は任意の L の値に対してゼロであるということを容易に確認できる。同様に，要素価格がそれぞれ限界生産物に一致する場合，要素支払いの額は産出総額に一致する（この帰結は数学におけるオイラーの定理に対応している）[9]。

このモデルでは，規模に関する収穫一定性を持っている生産関数で操業している個々の競争的企業の規模は決定されない。しかし，総労働力人口は (1.3) で決定されるので，資本・労働比率 k も総生産水準もともに決定される。

次のステップは経済の均衡を規定することである。閉鎖経済のもとでは，借り入れと貸し出しは経済内部で相殺されなければならないので，純量でプラスの供給状態にある唯一の資産は資本である。したがって，資産市場の均衡では，$a=k$ となっていなければならない。この均等式と $r=f'(k)-\delta$ および $w=f(k)-kf'(k)$ を (1.15) に代入すると，次式が得られる。

---

[9] オイラーの定理では，生産関数 $F(K,L)$ が K と L に関して一次同次であれば，$F(K,L)=F_K K+F_L L$ となる。この結果は次の式を使用しても証明することができる。

$$F(K,L)=L\cdot f(k),\ F_K=f'(k),\ F_L=f(k)-k\cdot f'(k).$$

$$\dot{k} = f(k) - c - (n+\delta) \cdot k.$$

最後に，家計は粗所得の一定割合を消費するという仮定，つまり $c = (1-s)f(k)$ という仮定をおいて，ソロー゠スワンに従うと，次のことが成立する。

$$\dot{k} = s \cdot f(k) - (n+\delta) \cdot k.$$

これは（1.13）で得られたソロー゠スワン・モデルの基本方程式と同じものである。したがって，ソロー゠スワン・モデルに競争市場を導入しても，主要な帰結は何ら変化しない[10]。

1.2.4 持続状態[訳注3]

さて，モデルの通時的な動きを分析するのに必要なツールを手にしている。最初に，**長期**あるいは**持続状態**を考察し，その後，**短期**あるいは**移行動学**を分析する。種々の変数が一定の率（ゼロも可能）で成長している状況を**持続状態**と定義する[11]。ソロー゠スワン・モデルでは，持続状態は（1.13）における $\dot{k} = 0$ の状態[12]，すなわち，図1.1における $s \cdot f(k)$ 曲線と $(n+\delta)k$ 線の交点に対応している[13]。それに対応する k の値は k^* と記されている。

---

10) 前項と本項では，各個人はその粗所得の一定割合を貯蓄すると仮定した。そうではなく，各個人はその純所得 $f(k) - \delta k$（市場モデルではこれは $ra+w$ に一致する）の一定割合を貯蓄すると仮定することもできたであろう。この場合，ソロー゠スワン・モデルの基本方程式は $\dot{k} = sf(k) - (s\delta + n)k$ になるであろう。再び，同一の式が家計―生産者モデルと市場モデルについて成立する。

11) ある経済学者は一定の率ですべての変数が成長している状態を述べるのに**均斉成長経路**（balanced growth path）という表現を使用し，成長率がゼロである特殊ケースを表すのに**持続状態**という表現を用いている。

12) 持続状態では，k は一定でなければならないということを示すことができる。(1.13) の両辺を k で割ると，$\dot{k}/k = s \cdot f(k)/k - (n+\delta)$ となる。持続状態では，定義によって左辺は一定である。s, n, δ はすべて定数であるので，持続状態では，$f(k)/k$ は一定でなければならない。$f(k)/k$ を時間で微分すると，$-\{[f(k) - kf'(k)]/k\} \cdot (\dot{k}/k)$ となる。((1.19) 式で表されているように) $f(k) - kf'(k)$ という式は労働の限界生産物であり，プラスの値である。したがって，k が有限値をとる限り，持続状態では，$\dot{k}/k$ は0にならなければならない。

（ここでは，$k>0$ での交点のみを議論し，$k=0$ での交点については考えないことにする。）数理的には，k^* は次の条件を満足している[訳注4]。

$$s \cdot f(k^*) = (n+\delta)k^*. \quad (1.20)$$

持続状態では k は一定であるので，y と c も，それぞれ，$y^*=f(k^*)$ と $c^*=(1-s)f(k^*)$ で与えられ，一定である。したがって，新古典派成長モデルのもとでは，持続状態においては，一人当たりの変数 k, y, c は成長することはない。一人当たりの変数の一定性によって，持続状態では，水準変数（K, Y, C）は人口の成長率 n で成長するということができる。

技術水準の一度の変化は生産関数 $f(\cdot)$ のシフトによって表現されるであろう。生産関数のシフト，貯蓄率 s の変化，人口の成長率 n の変化，減耗率 δ の変化はすべて持続状態における種々の変数の一人当たりの**水準**に影響を及ぼすことになる。たとえば，図1.1においては，生産関数の上方への比例的シフトあるいは s の上昇によって $s \cdot f(k)$ 曲線の上方へのシフトがもたらされ，その結果，k^* が増加する。n あるいは δ の上昇によって $(n+\delta)k$ 線の上方への移動が生じ，k^* の減少がもたらされる。

技術水準の一度の変化，貯蓄率の変化，人口の成長率の変化，減耗率の変化によって，持続状態における一人当たりの産出量，資本および消費の（すべて0である）成長率には何ら影響が及ぶことはない。このために，ここで設定されているモデルが一人当たりの長期的成長の決定要因に関する説明を提示しているということはできない。

1.2.5 資本蓄積の黄金律と動学的非効率性

一定の生産関数と n と δ の値を所与として，貯蓄率の各値 s に対して，唯一の持続状態の値 $k^*>0$ が存在している。この関係を $k^*(s)$ と記すことにしよう。ここで，$dk^*(s)/ds>0$。持続状態における一人当たり消費の水準は $c^*=(1-s)f[k^*(s)]$ である。(1.20) から，$sf(k^*)=(n+\delta) \cdot k^*$ という

---

13) $f(0)=0$, $n+\delta < \lim_{k \to 0}[s \cdot f'(k)] = \infty$, $n+\delta > \lim_{k \to \infty}[s \cdot f'(k)] = 0$, $f''(k)<0$ であるので，プラスの k の領域に交点は存在し，しかも一意である。

ことが成立しているので，c^* の式を次のように表すことができる。

$$c^*(s) = f[k^*(s)] - (n+\delta) \cdot k^*(s). \tag{1.21}$$

図1.2では，(1.21) で表されている c^* と s の関係が図示されている。c^* は，低い水準の s に対しては，s の上昇に伴って増加し，高い s の水準に対しては，s の上昇に伴って減少する。c^* は，微係数が 0 になるとき，すなわち，$[f'(k^*) - (n+\delta)] \cdot dk^*/ds = 0$ となるとき，最大値を達成することになる[訳注5]。$dk^*/ds > 0$ であるので，括弧の中の項は 0 にならなければならない。c^* の最大値に対応する k^* の値を k_{gold} と記すことにすると，k_{gold} を決定する条件は次のように与えられる。

$$f'(k_{gold}) = n + \delta. \tag{1.22}$$

それに対応する貯蓄率は s_{gold} で表され，それに付随する持続状態のもとでの一人当たり消費の水準は $c_{gold} = f(k_{gold}) - (n+\delta) \cdot k_{gold}$ で与えられる。

(1.22) の条件は**資本蓄積の黄金律**と呼ばれている（Phelps[1966]を参照せよ）。この名称の由来は"人々にして欲しいとあなた方が望むことを，人々にもその通りにせよ"ということを述べている聖書における黄金律である。経済学的には，黄金律の帰結は次のように解釈することができる。"それぞ

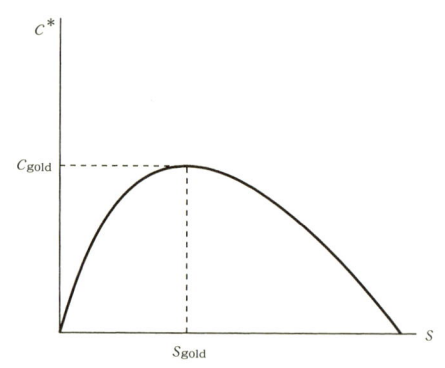

図1.2 資本蓄積の黄金律

垂直軸では各貯蓄率に対応する持続状態における一人当たり消費水準が示されている。持続状態における一人当たり消費を最大にする貯蓄率は黄金律貯蓄率と呼ばれ，s_{gold} と記されている。

れ，現在世代および将来世代の構成員に同じ量の消費を提供する場合（すなわち，将来世代に対して，われわれ自身に対するよりも少なく提供することがない場合に），一人当たり消費の最大値はc_{gold}である"．

図1.3では，黄金律の機能が例示されている．この図では，3つの可能な貯蓄率 s_1，s_{gold}，s_2 のケースが考察されている．ここで，$s_1 < s_{gold} < s_2$．それぞれのケースでの一人当たり消費は，生産関数 $f(k)$ と $sf(k)$ 曲線の間の垂直距離に一致している．各 s について，持続状態における値 k^* は $sf(k)$ 曲線と $(n+\delta)k$ 線の交点に対応している．持続状態における一人当たり消費 c^* は $k^* = k_{gold}$ のときに最大値を持つことになる．その理由は生産関数の k^* における接線は $(n+\delta)k$ 線と平行になっているからである．$k^* = k_{gold}$ を達成する貯蓄率は，$s \cdot f(k)$ 曲線と $(n+\delta)k$ 線とを k_{gold} の値で交わら

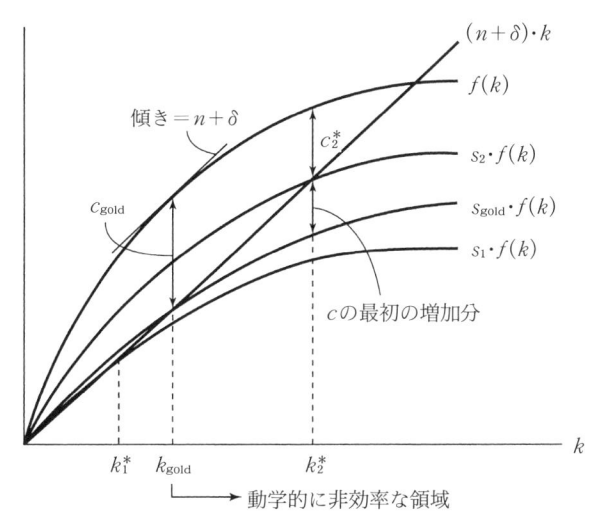

図1.3 黄金律と動学的非効率性

貯蓄率が黄金律貯蓄率を上回っている場合（図では，$s_2 > s_{gold}$），s の低下によって，持続状態における一人当たり消費の増加がもたらされ，さらに，移行期間において，一人当たり消費も増加することになる．あらゆる時点で c が増加するので，黄金律貯蓄率を上回る貯蓄率は動学的に非効率だということができる．貯蓄率が黄金律貯蓄率より低い場合（図では，$s_1 < s_{gold}$），s の引き上げによって，持続状態における一人当たり消費の増加がもたらされるが，当初，移行の間，一人当たり消費の減少がもたらされる．そのような変更についての評価は，家計が今日の消費を将来の消費に対してどのようにトレード・オフするかに依存している．

せるような s である。$s_1 < s_{\text{gold}} < s_2$ であるので，図で，$k_1^* < k_{\text{gold}} < k_2^*$ ということが成立する。

　1つの重要な論点は，ある貯蓄率が他の貯蓄率より好ましいものであるかどうかである。次章で行われるように，詳細な目的関数を規定するまで，最良の貯蓄率を選択することは不可能であろう（あるいは，実際，一定の貯蓄率が好ましいものであるかどうかを決定することはできないであろう）。しかし，本項のモデルでは，s_{gold} を永久に上回っている貯蓄率は，貯蓄率の引き下げを行うと，すべての時点でより大なる一人当たり消費が可能となるので，非効率なものであると主張することができる。

　図1.3における貯蓄率 s_2 で表されている経済を考えてみることにしよう。そこでは，$s_2 > s_{\text{gold}}$ であり，その結果，$k_{\text{gold}} < k_2^*$，$c_2^* < c_{\text{gold}}$ となる。いま，持続状態から出発して，貯蓄率が永久に s_{gold} に引き下げられたと想定してみよう。図1.3で示されているように，（2つの曲線 $f(k)$ と $s_{\text{gold}} \cdot f(k)$ の垂直距離で与えられる）一人当たり消費 c は，最初，不連続量だけ増加する[訳注6]。その後，移行の間[14]，c の水準は新たな持続状態の値 c_{gold} に向かって単調に減少していくことになる。$c_2^* < c_{\text{gold}}$ であるので，新たな持続状態のケースと同様に，移行時点のすべてで，c は c_2^* を上回っている。したがって，$s > s_{\text{gold}}$ である場合には，貯蓄率の引き下げを行うことによって，すべての時点で，一人当たり消費を増加させることができるという意味で，経済は過剰貯蓄の状態にあるということができる。過剰貯蓄の状態にある経済は，それに付随する一人当たり消費の経路が実行可能な別の経路の下方に任意の時点で位置しているので，**動学的に非効率**であるといわれる。

　図1.3における貯蓄率 s_1 のケースのように $s < s_{\text{gold}}$ の場合には，貯蓄率の引き上げを行うことによって，持続状態における一人当たりの消費量を増加させることは可能である。しかし，貯蓄率のこのような引き上げによって，c は当初および移行期間の一部で減少することになる[訳注7]。したがって，家計が今日の消費を将来の消費の経路に対してどのように評価するかに依存して，結果は改良されていると見ることもできるし，悪くなっているとみなす

14）　次の項で，モデルの移行動学の分析がなされる。

こともできる。この状況においては，経済主体が将来に関してどのように割引きを行うかについての特定の仮定を設定するまで，貯蓄率の引き上げの好ましさを判断することは不可能である。次章では，この線に沿って議論を進める。

1.2.6 移行動学

ソロー=スワン・モデルにおける長期成長率は完全に外生的な要素によって決定される。持続状態では，一人当たりの変数 k，y，c は成長することはなく，しかも，集計的変数 K，Y，C は外生的な人口成長率 n で成長する。したがって，長期に関する主要な本質的結論は，持続状態における成長率は貯蓄率や技術水準から独立しているということである。しかし，移行動学については，このモデルは興味深い含意を持っている。この移行過程では，経済の一人当たり所得がそれ自身の持続状態の水準および他の経済の一人当たり所得水準にどのように収束していくかが示されることになる。

(1.13) の両辺を k で割ると，k の成長率は次のように与えられる。

$$\gamma_k \equiv \dot{k}/k = s \cdot f(k)/k - (n+\delta). \tag{1.23}$$

変数 z の成長率を表すために記号 γ_z を使用した。この記法は本書を通して使用されている。各時点で，水準変数の成長率は一人当たりの成長率プラス外生的な人口成長率 n に一致することに注意しよう。たとえば，

$$\dot{K}/K = \dot{k}/k + n.$$

後述の目的のために，(1.23) で与えられている k の成長率に議論を限定するのが都合が良いということが理解されるであろう。

(1.23) では，$\dot{k}/k$ は2つの項の間の差に一致していることが示されている。最初の項，$s \cdot f(k)/k$ を**貯蓄線**と呼び，後の項 $(n+\delta)$ を**減耗線**と呼ぶことにする。図1.4には，k を横軸に，これらの2つの線が描かれている。貯蓄線は右下がりの曲線であり[15]，$k=0$ で無限になっていき，k が無限に増加していくとき 0 に近づいていく[16]。減耗線は $n+\delta$ の水準で水平線として描かれている。貯蓄線と減耗線の間の垂直距離は一人当たり資本の成長率に

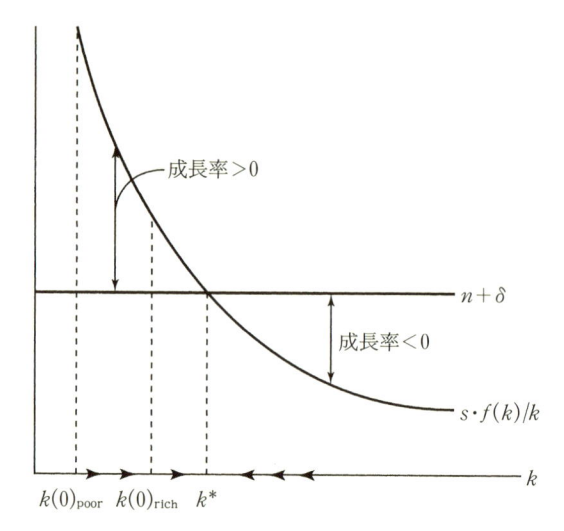

図1.4 ソロー=スワン・モデルの動態的挙動

　k の成長率は，貯蓄線 $s \cdot f(k)/k$ と有効資本減耗線 $n+\delta$ の間の垂直距離で表されている。$k<k^*$ である場合には，k の成長率はプラスであり，k は k^* に向かって増加していく。$k>k^*$ である場合には，k の成長率はマイナスであり，k は k^* に向かって減少していくことになる。したがって，持続状態における一人当たり資本 k^* は安定的である。初期における一人当たり資本の低い水準からの移行過程では，k の成長率は 0 に向かって単調に低下していくことになる。水平軸上の矢印によって，k の通時的な運動方向が示されている。

一致しており（[1.23]），交点は持続状態に対応している。$n+\delta>0$ であり，しかも $s \cdot f(k)/k$ はプラス無限大から 0 に単調に減少するので，貯蓄線と減耗線は唯一の交点を持つことになる。したがって，持続状態における資本・労働比率 $k^*>0$ はただ 1 つ存在する。

　図1.4 においては，持続状態の左側では，$s \cdot f(k)/k$ 曲線は $n+\delta$ の上方

---

15) $f(k)/k$ を k に関して微分すると，$-[f(k)-kf'(k)]/k^2$ となる。括弧の中の式は労働の限界生産物であり，プラスの値である。したがって，任意の k での微係数はマイナスである。

16) $\lim_{k \to 0}[s \cdot f(k)/k]=0/0$ ということに注意しよう。ロピタルのルールを適用すると，$\lim_{k \to 0}[s \cdot f(k)/k]=\lim_{k \to 0}[s \cdot f'(k)]=\infty$ （稲田条件による）。同様に，稲田条件（$\lim_{k \to \infty}[f'(k)]=0$）より，$\lim_{k \to \infty}[s \cdot f(k)/k]=0$ ということが成立する。

に位置していることが示されている。したがって，k の成長率はプラスであり，k は通時的に増加する。k が増加するにつれて $\dot{k}/k$ は低下し，k が k^* に近づくにつれて 0 に近づいていく。（k が k^* により接近するにつれて貯蓄線は減耗線に一層接近し，それゆえ，$\dot{k}/k$ は低下していく。）経済は，k が（y と c も）変化することがない持続状態に向かって漸近していくことになる。

移行過程では成長率が逓減するという帰結の根拠は資本の収穫逓減性（k が相対的に低い場合，資本の平均生産物 $f(k)/k$ は相対的に高くなっているという性質）である。仮定によって，家計は生産物のうちの一定割合 s を貯蓄し，投資する。したがって，k が相対的に低い水準にあるときには，資本1単位当たりの粗投資 $s \cdot f(k)/k$ は相対的に高くなっている。労働者一人当たりの資本は $n+\delta$ という一定の率で有効に減耗している。その結果，成長率 $\dot{k}/k$ も相対的に高くなっているということができる。

同様の議論によって，経済が $k(0)>k^*$ から出発する場合には，k の成長率はマイナスであり，k は通時的に減少する。（図1.4から，$k>k^*$ に対しては，$n+\delta$ 線は $s \cdot f(k)/k$ 曲線の上方に位置しており，そのため，$\dot{k}/k<0$ となっていることに注意しよう。）k が k^* に近づくにつれて成長率は上昇し，しかも 0 に近づいていく。したがって，システムは大域的に安定的である。つまり，任意の初期値 $k(0)>0$ に対して，経済は唯一の持続状態 $k^*>0$ に収束していく。

さらに，移行の間の産出量の動きを検討することができる。一人当たり産出量の成長率は次のように与えられる。

$$\dot{y}/y = f'(k) \cdot \dot{k}/f(k) = [k \cdot f'(k)/f(k)] \cdot \dot{k}/k. \tag{1.24}$$

右辺の括弧の中の式は**資本シェア**[訳注8]，すなわち，総所得のうちの資本に関するレンタル所得のシェアである[17]。

(1.24)では，$\dot{y}/y$ と $\dot{k}/k$ の関係が資本シェアの動きに依存しているということが示されている。コブ=ダグラス型のケース（[1.11]）では，資本シェアは定数 α であり，$\dot{y}/y$ は $\dot{k}/k$ の α 倍である。したがって，$\dot{y}/y$ の動きは $\dot{k}/k$ の動きに類似したものになるということができる。

一般的には，(1.23) の $\dot{k}/k$ を (1.24) に代入すると次式を得ることができる。

$$\dot{y}/y = s \cdot f'(k) - (n+\delta) \cdot \mathrm{Sh}(k). \tag{1.25}$$

ここで，$\mathrm{Sh}(k) \equiv k \cdot f'(k)/f(k)$ は資本シェアである。k に関して微分を行い，項を整理すると，次のことが成立する[訳注9]。

$$\frac{d(\dot{y}/y)}{dk} = \left[\frac{f''(k) \cdot k}{f(k)}\right] \cdot (\dot{k}/k) - \frac{(n+\delta)f'(k)}{f(k)} \cdot [1 - \mathrm{Sh}(k)].$$

$0 < \mathrm{Sh}(k) < 1$ であるので，右辺の最後の項はマイナスである。$\dot{k}/k \geq 0$ ならば，右辺の最初の項は非正であり，その結果，$\frac{d(\dot{y}/y)}{dk} < 0$ となる。したがって，$\dot{k}/k \geq 0$ となる領域では，すなわち，$k \leq k^*$ であるケースでは，$\dot{y}/y$ は k が増加するにつれて（したがって，y が増加するにつれて）必ず減少する。$\dot{k}/k < 0$（つまり，$k > k^*$）の場合には，一般的な生産関数 $f(k)$ については，$\frac{d(\dot{y}/y)}{dk}$ の符号は決定されることはない。しかし，経済が持続状態に充分近い場合には，$\dot{k}/k$ の大きさは充分小であり，たとえ $k > k^*$ の場合でも，確かに $\frac{d(\dot{y}/y)}{dk} < 0$ ということが成立するであろう[訳注10]。

貯蓄率の一定性が仮定されているソロー=スワン・モデルでは，一人当たり消費水準は $c = (1-s) \cdot y$ で与えられる。したがって，各時点で一人当たりの消費と所得の成長率は一致する。つまり，$\dot{c}/c = \dot{y}/y$ ということが成立する。その結果，消費は産出量と全く同じ挙動を示すことになる。

1.2.7　移行過程における投入物の価格の動き

ソロー=スワンのフレームワークは企業は利潤の最大化を行い，家計は粗所得の一定割合を貯蓄するような競争市場経済でも成立することが確認された。資本ストックが持続状態値に向かって増加する際の移行過程の間における賃金率と利子率の動きを検討することは興味深いことであろう。利子率は

---

17)　競争市場均衡においては，資本の各1単位に対して，それぞれ，限界生産物 $f'(k)$ に一致するレンタルが支払われることが示された。したがって，$k \cdot f'(k)$ は資本の所有者によって稼得される一人当たり所得であり，（[　] の中の項）$k \cdot f'(k)/f(k)$ は総所得におけるこの所得のシェアの一人当たりの値である。

資本の限界生産物マイナス一定の減耗率，つまり $r=f'(k)-\delta$ であることを確認している。利子率は（一人当たりの資本ストックに依存している）資本の限界生産物に依存しているので，移行過程では資本が変化すると，利子率も変動することになる。新古典派生産関数は資本に関する収穫逓減性を持っているので，つまり $f''(k)<0$ であるので，資本が増加すると資本の限界生産性は逓減する。したがって，利子率は $r^*=f'(k^*)-\delta$ で与えられる持続状態値に向かって単調に逓減していくことになる。

さらに，競争的賃金率は $w=f(k)-kf'(k)$ で表されるということが確認された。資本が増加するにつれて賃金率も変動することになる。賃金率の動きをみるために，k で w を微分すると，次式が得られる。

$$\frac{dw}{dk}=f'(k)-f'(k)-k\cdot f''(k)=-k\cdot f''(k)>0.$$

したがって，資本ストックが増加するにつれて，賃金率は単調に上昇することになる。持続状態では，賃金率は $w^*=f(k^*)-k^*f'(k^*)$ と表される。

賃金率と利子率の動きは図 1.5 で図解することができる。図示されている曲線は生産関数 $f(k)$ である。個々の家計に支払われる労働者一人当たりの所得は次のように表される。

$$y=w+Rk. \tag{1.26}$$

ただし，$R=r+\delta$ は資本のレンタル・プライスである。利子率と賃金率が決まると，y は切片を w，傾きを R とする k の線形の関数である。

もちろん R は限界生産性条件 $f'(k)=R=r+\delta$ を通して k に依存している。したがって，(1.26) の所得関数の傾き R は k の指定値での $f(k)$ の傾きに一致しなければならない。図では，2 つの値，k_0, k_1 が示されている。これらの 2 つの値における所得関数はそれぞれ k_0 と k_1 で $f(k)$ に接する直線で表されている。図では，移行過程において k が上昇するにつれて，接線の傾きは R_0 から R_1 へと小さくなることが示されている。さらに，w に一致する切片は w_0 から w_1 へと上昇することが図示されている。

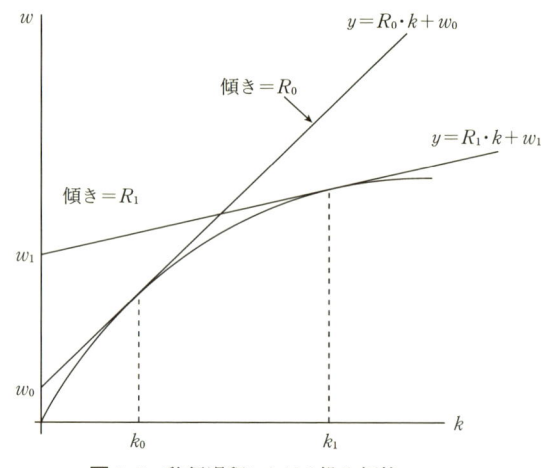

図 1.5　移行過程における投入価格

k_0 における生産関数の接線はレンタル・プライス R_0 に等しい傾きと賃金率 w_0 に一致する切片を持っている。k が k_1 に向かって増加するにつれて，レンタル・プライスは R_1 に低下し，賃金率は w_1 に上昇する。

1.2.8　政策実験

当初，経済が一人当たり資本 k_1^* に付随する持続状態に位置していると想定しておく．家計が行動を変更するか政府が貯蓄率を引き上げる政策を導入するかしたために，貯蓄率が恒久的に s_1 からそれより高い値 s_2 に引き上げられたと考えてみることにしよう．図 1.6 では，$s \cdot f(k)/k$ 曲線が右方にシフトすることが示されている．$n+\delta$ 線との交点も右方にシフトし，新たな持続状態における資本ストック k_2^* は k_1^* を上回ることになる．

経済では，k_1^* から k_2^* への調整はどのように行われるか．$k_1 = k_1^*$ では，$s_2 \cdot f(k)/k$ 曲線と $n+\delta$ 線の差はプラスであるので，k の増加をもたらすのに充分な貯蓄が存在していることになる．k が増加するにつれて k の成長率は低下し，しかも，k が k_2^* に近づいていくにつれて，0 に近づいていく．したがって，結果的に，貯蓄率の恒久的な上昇によって，一時的にプラスの一人当たりの成長率がもたらされることになる．長期的には，k と y の水準は恒久的に高い値になるが，一人当たりの成長率は再び 0 になる．

移行過程では成長率がプラスであるので，貯蓄率を何度も何度も引き上げることによって経済は永久に成長することができるということが示唆される。この論拠の線に沿った一つの問題は貯蓄率が割合，つまり，ゼロと1の間の実数であることである。個人は所得より多く貯蓄できないので，貯蓄率の上限は1である。たとえ個人がその所得をすべて貯蓄することができたとしても，貯蓄曲線は依然として減耗線を横切り，その結果，長期的一人当たり成長は停止するであろう[18]。その理由は資本の収穫逓減性の機能が結局経済をゼロ成長持続状態に復帰させるからである。したがって，本章の冒頭で提起された問題「一人当たり所得は単純に貯蓄し，物的資本に投資することによって永久に成長することが可能か」に解答することができる。生産関数が新古典派的である場合には，答えは否である。

さらに，人口成長率 n の恒久的な変化を評価することが可能である。この変化には家計の行動のシフトあるいは出生力に影響を及ぼす政府の政策の変化が反映されている可能性がある。n の低下は減耗線を下方にシフトさせる。その結果，持続状態における労働者一人当たりの資本水準は増加するであろう。しかし，依然として一人当たり資本の長期的成長率はゼロに留まるであろう。

技術水準の恒久的な一度の改良によっても，一人当たり成長率に対して同じような一時的効果がもたらされる。生産関数 $f(k)$ が比例的に上方にシフトすれば，図1.6と同様に，貯蓄曲線も上方にシフトする。その結果 $\dot{k}/k$ は一時的にプラスになる。長期的には，技術の恒久的な改良によって，高い水準の k と y が達成されるが，一人当たりの成長率についてはいかなる変化ももたらされることはない。知識の改良と貯蓄率の上昇の間の主要な違いは知識の改良は有界ではないことである。すなわち，原則として人類の知識には限界がないので，生産関数は何度もシフトが可能である。しかし，貯蓄率は物理的に1で制限されている。したがって，新古典派のフレームワークのもとで長期的に一人当たり所得と消費の成長をもたらしたい場合，成長は物

---

18) $s=1$ に到達する前に，経済は s_{gold} に到達するであろう。その結果，貯蓄率の追加的上昇は経済を動態的非効率領域に追いやるであろう。

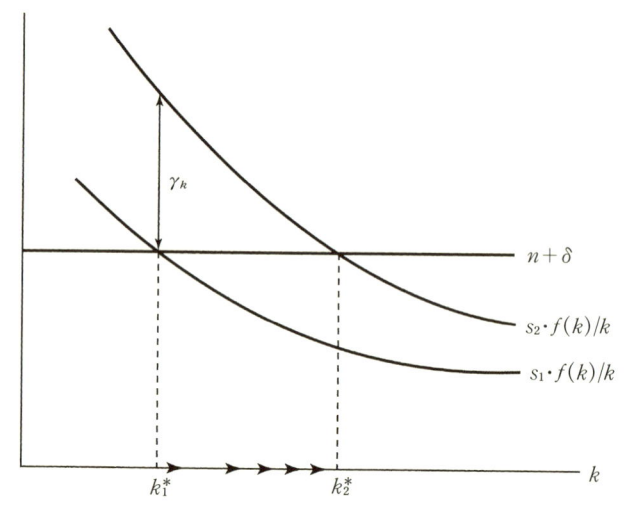

図1.6 貯蓄率の上昇の効果

持続状態における一人当たり資本 k^* から出発して，s_1 から s_2 への s の上昇によって，$sf(k)/k$ 曲線の右方へのシフトが生じるとしよう。持続状態 k_1^* では，投資が有効資本減耗を上回り，k の成長率がプラスになる。一人当たり資本は，経済が新たな持続状態 $k_2^* > k_1^*$ に近づくまで，増加することになる。

的資本の蓄積よりむしろ技術進歩から生じるにちがいない。

　以前（脚注3で）政府の政策と制度の違いは結果的に技術の水準に差異をもたらすということを確認した。たとえば，資本所得に対する高税率，所有権の保護の失敗，および種々の（歪みをともなう）政府の規制は低い技術水準と経済学的に同じ意味を持っている。しかしながら，終わりのない一連の系列の政府の政策と制度の改良を通して永続的な成長を達成することはおそらく実現不可能であろう。したがって，長期的には，持続的な成長は依然として技術進歩に依存するであろう。

1.2.9　例：コブ=ダグラス型生産関数

　上述の結果をコブ=ダグラス型生産関数のケースで例示することができる（[1.11]）。持続状態における資本・労働比率は（1.20）から次のように決定される。

$$k^* = [sA/(n+\delta)]^{\frac{1}{1-\alpha}}. \tag{1.27}$$

一般的な生産関数 $f(k)$ についてグラフでみてきたように，k^* は貯蓄率 s と技術水準 A の上昇とともに増加し，人口の成長率 n と資本減耗率 δ の上昇とともに減少することに注意しよう。持続状態における一人当たり産出量は次のように与えられる。

$$y^* = A^{\frac{1}{1-\alpha}} \cdot [s/(n+\delta)]^{\frac{\alpha}{1-\alpha}}.$$

したがって，y^* は s と A の増加関数であり，n と δ の減少関数である。

移行過程の間，(1.23)から，k の成長率は次のように与えられる。

$$\dot{k}/k = sAk^{-(1-\alpha)} - (n+\delta). \tag{1.28}$$

$k(0)$ が k^* よりも小であれば，(1.28)における $\dot{k}/k$ はプラスである。この成長率は k が増加するにつれて低下し，k が k^* に近づくと 0 に近づいていく。([1.24] より) $\dot{y}/y = \alpha(\dot{k}/k)$ であるので，$\dot{y}/y$ の動きは $\dot{k}/k$ のそれに類似している。特に，$y(0)$ が小さいほど，$\dot{y}/y$ は高くなるということができる。

閉じた形式の解　　生産関数がコブ=ダグラス型で，しかも貯蓄率が一定である場合，興味深いことに，k の正確な時間経路として閉じた形式の解を求めることができることに注目しよう。(1.28)は次のように表される。

$$\dot{k} \cdot k^{-\alpha} + (n+\delta) \cdot k^{1-\alpha} = sA.$$

$v \equiv k^{1-\alpha}$ と定義すれば，この式を次のように変換できる。

$$\left(\frac{1}{1-\alpha}\right) \cdot \dot{v} + (n+\delta) \cdot v = sA.$$

これは v に関する一階の線型微分方程式である。この式の解は次のように求められる。

$$v \equiv k^{1-\alpha} = \frac{sA}{(n+\delta)} + \left\{ [k(0)]^{1-\alpha} - \frac{sA}{(n+\delta)} \right\} \cdot e^{-(1-\alpha) \cdot (n+\delta) \cdot t}.$$

最後の項は $-(1-\alpha)(n+\delta)$ に等しいべき指数をもつ指数関数である。したがって，$k^{1-\alpha}$ と持続状態値 $sA/(n+\delta)$ の間のギャップは一定率 $(1-\alpha)(n+\delta)$ で正確に逓減する。

1.2.10 絶対的収束性と条件付き収束性

ソロー=スワン・モデルの基本方程式 (1.23) では，$\dot{k}/k$ の k に関する微係数がマイナスになることが示される。

$$\frac{d(\dot{k}/k)}{dk} = s[f'(k) - f(k)/k]/k < 0.$$

他の事情を等しいとして，より小なる k の値は $\dot{k}/k$ の高い値と関連している。次のような重要な問題が生じることになる。この結果によって，より低い一人当たり資本を持っている経済はより急速な一人当たりの成長をもたらす傾向があるといえるか。言い換えると，異なった経済の間での**収束性**が存在する傾向があるか。

これらの問題に解答するために，全く同じパラメータの値 s, n, δ が与えられており，さらに全く同じ生産関数 $f(\cdot)$ で規定されているという意味で，構造が類似している閉鎖経済（たとえば，孤立した地域とか国）のグループを考えてみることにしよう。そのとき，それらの経済は持続状態における同一の値 k^* と y^* を持っていることになる。各経済の間の唯一の違いは，一人当たり資本の初期値 $k(0)$ であると想定してみることにしよう。このような初期値の違いには，戦争とか生産関数に対する一時的ショックのような過去の攪乱が反映されているとみることもできるであろう。そのとき，このモデルでは，低い値の $k(0)$ と $y(0)$ を持っている低開発国では k の高い成長率がもたらされることになり，一般的に，y の成長率も高くなるということができるであろう[19]。

図1.4では，低い初期値 $k(0)_{\text{poor}}$ を持っている経済と高い初期値 $k(0)_{\text{rich}}$ を持っている経済という2つの経済が区別されている。それぞれの経済は同

---

19) 生産関数がコブ=ダグラス型である場合，$k \leq k^*$ である場合，あるいは k が k^* をほんの少しだけ上回っている場合には，この帰結は成立する。

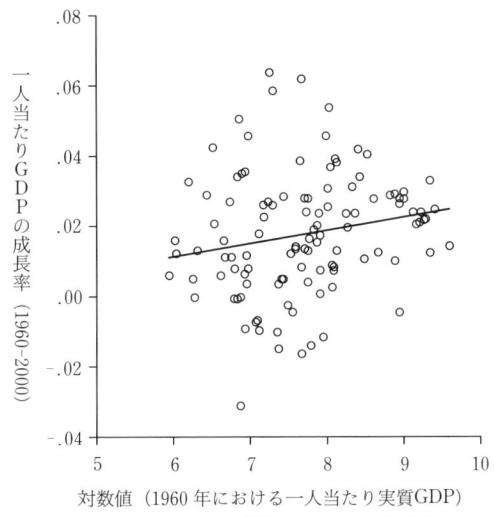

図1.7 種々の国に関するGDPの収束性

(114ヵ国についての一人当たり実質GDPの初期水準に対する成長率)

114ヵ国のサンプルについては，(垂直軸で示されている) 1960年から2000年までの一人当たりGDPの平均成長率は(水平軸で示されている)一人当たり実質GDPの1960年の水準とはほとんど相関関係がないということができる。実際には，この関係はほんの少しだけプラスである。したがって，絶対的収束性は広範な国のクロス・セクションについては成立するということはできない。

じ基礎的パラメータを保持しているので，いずれのケースでも，k の挙動は同一の $s \cdot f(k)/k$ 曲線と $n+\delta$ 曲線によって，決定されることになる。したがって，低い初期値 $k(0)_{poor}$ を持っている経済の成長率 $\dot{k}/k$ は確かにより高いということができる。この結果によって，ある種の収束性が示されている。つまり，より低い資本・労働比率の初期値を持っている地域あるいは国はより高い一人当たりの成長率 $\dot{k}/k$ を持っており，その結果，より高い資本・労働比率を持っている地域や国に追いつく，あるいは収束していくことになる。

(他のどのような経済の特徴についても条件を設定していない状況のもとで) 貧困の状態にある経済は豊かな経済より，一人当たりでより急速に成長する傾向があるという仮説は**絶対的収束性**と呼ばれる。この仮説については，種々の経済のグループのデータに直面するとき，相反する論評を行うこ

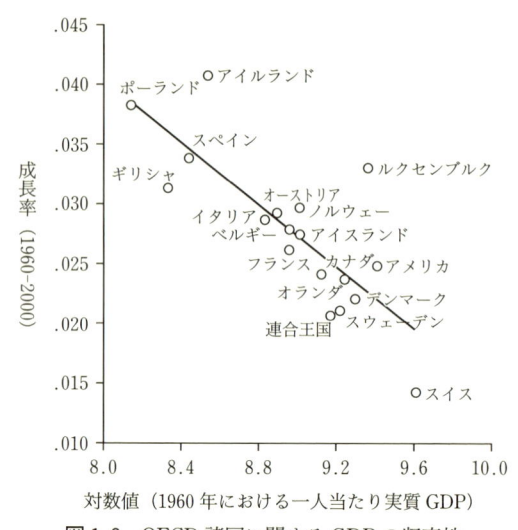

図 1.8　OECD 諸国に関する GDP の収束性

(OECD 18 ヵ国についての一人当たり実質 GDP の初期水準に対する成長率)

サンプルが OECD の当初の 18 ヵ国に限定されている場合には，1960 年から 2000 年にかけての一人当たり実質 GDP の平均成長率は一人当たり実質 GDP の 1960 年の水準とマイナスの相関関係がある。したがって，これらの OECD 諸国については，絶対的収束性が成立するということができる。

とができる。たとえば，1960 年から 2000 年の期間にわたっての広範な国のクロス・セクションの成長に関する経験を見ることができる。図 1.7 では，114 ヵ国について，期間の期首 1960 年における一人当たり実質 GDP の対数値に対して，一人当たり実質 GDP の年成長率の平均値がプロットされている。実際には，成長率は初期の状態とプラスの相関関係がある。すなわち，初期に豊かな国は一人当たりでより急速に成長する傾向がある。したがって，このサンプルでは，絶対的収束性の仮説は棄却される。

この仮説は，より同質な経済のグループについて検討する場合には，適合することになる。図 1.8 では，1961 年における OECD の発足時から OECD

---

20)　ドイツはデータの欠落のために省略されており，トルコは 1960 年には先進国ではなかったので，省略されている。

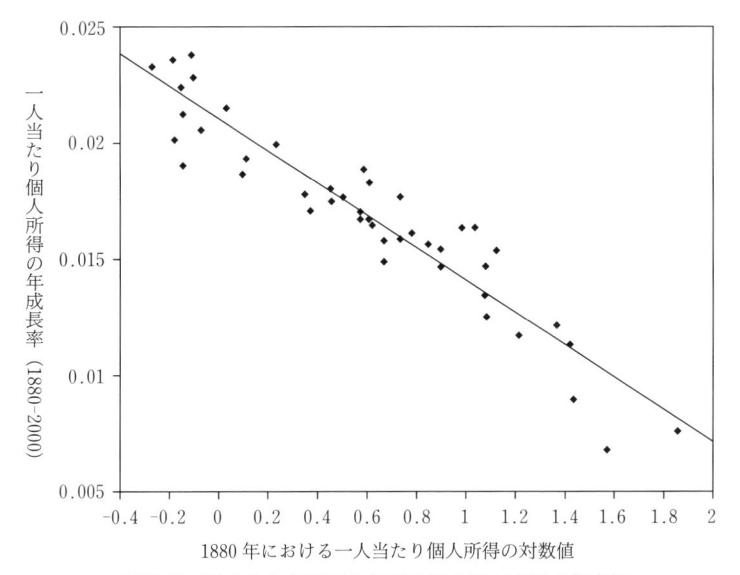

1.2 ソロー=スワンの新古典派成長モデル

図 1.9 アメリカ合衆国の各州の間の個人所得の収束性

(1880 年の個人所得と 1880 年から 2000 年にかけての所得の成長)

(垂直軸で示されている) 1880 年から 2000 年にかけての一人当たり個人所得の成長率は，(水平軸で表されている) 1880 年における一人当たり所得水準とマイナスの相関関係がある。したがって，アメリカ合衆国の諸州については，絶対的収束性が成立することになる。

のメンバーであった（比較的進んだ）18 ヵ国に考察を限定する場合の結果が示されている[20]。この場合には，当初貧しかった国ほど著しく高い一人当たりの成長率を経験しているということができる。

より一層同質なグループである（それぞれ別個の経済とみなされる場合の）アメリカ合衆国の諸州を考察する場合，この種の帰結は明確になってくる。図 1.9 では，1880 年の一人当たり個人所得の対数値に対して，1880 年から 2000 年にかけての各州の一人当たり個人所得の成長率がプロットされている[21]。当初貧しい州は一人当たりでより急速に成長するということ，つまり，絶対的収束性は，この図では確かに成立している。

---

21) アメリカ合衆国の諸州および領土に関する 47 のデータが存在している。1880 年はオクラホマの土地ラッシュ以前であり，データが利用可能でないので，オクラホマは除外されている。

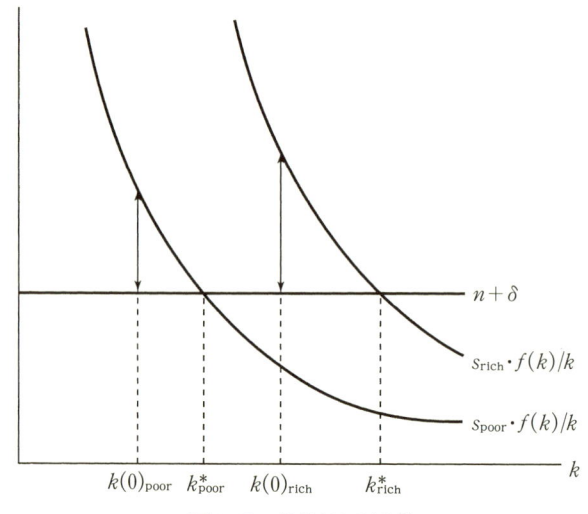

図 1.10　条件付き収束性

富裕な経済が貧困の状態にある経済よりも高い貯蓄率を持っている場合には，富裕な経済はその持続状態の位置から相対的に遠く離れている可能性がある．この場合，富裕な経済は貧困の状態にある経済より，一人当たりで，より早く成長すると推定できるであろう．すなわち，絶対的 β 収束性は成立することはないであろう．

　経済の間の異質性を認めるならば，特にすべての経済が同じパラメータを持っており，その結果，同じ持続状態を持っているという仮定をはずせば，理論を収束性に関する実証的データに適合させることができる．持続状態が異なっている場合には，分析を修正し，**条件付き収束性**という概念を考慮しなければならない．主要なアイデアは，経済はそれ自身の持続状態の値から遠く離れているほど急速に成長するということである．

　図 1.10 では，次の 2 つの点でのみ異なっている 2 つの経済を考察することによって，条件付き収束性という概念が説明されている．第 1 に，2 つの経済は異なった一人当たり初期資本ストック $k(0)_{poor} < k(0)_{rich}$ を持っている．第 2 に，異なった貯蓄率 $s_{poor} \neq s_{rich}$ を持っている．上述の分析によると，貯蓄率の違いによって（その違いと同じ方向での）持続状態における一人当たりの資本の値の相違，すなわち $k^*_{poor} \neq k^*_{rich}$ がもたらされることになる．（図 1.10 では，これらの持続状態値は $s_i \cdot f(k)/k$ 曲線と共通の $n+\delta$ 線

との交点で求められている。）ここでは，$s_{poor} < s_{rich}$，その結果，$k^*_{poor} < k^*_{rich}$ となるケースを検討することにしよう。なぜならば，これらの相違によって，期首において，$k(0)_{poor} < k(0)_{rich}$ が適用される理由の説明を可能にするように思われるからである。（序章で論じたように，高い水準の一人当たり実質 GDP を持っている国は高い貯蓄率を持つ傾向があるということが実証的に確認されている。）

問題は，このモデルによって，貧困の状態にある経済は富裕な経済より急速に成長するということが導出されるかということである。いずれの経済も同じ貯蓄率を持っている場合には，一人当たりの成長率（$s \cdot f(k)/k$ 曲線と $n+\delta$ 線の間の距離）は貧困の状態にある経済のほうが大きく，したがって，$(\dot{k}/k)_{poor} > (\dot{k}/k)_{rich}$ ということが成立するであろう。しかし，図 1.10 のように，富裕な経済が高い貯蓄率を持っている場合には，$(\dot{k}/k)_{poor} < (\dot{k}/k)_{rich}$ ということが生じ，その結果，富裕な経済は急速に成長する可能性がある。この背後には，貧しい経済の低貯蓄率が経済成長の決定要因としての高い資本の平均生産性を相殺しているという直感が存在している。したがって，貧しい国は豊かな国より低い成長率で成長するという可能性も存在している。

新古典派のモデルでは，各経済はそれ自身の持続状態に収束するということと，その収束のスピードは持続状態からの距離が増加するほど速くなるという帰結が成立している。言い換えると，このモデルでは，ひとたび持続状態の決定要因をコントロールすれば，一人当たり実質所得の低い初期値のケースほど，高い一人当たり成長率がもたらされる傾向があるという意味で，条件付き収束性が成立することになる。

持続状態値 k^* は貯蓄率 s と生産関数の水準 $f(\cdot)$ に依存していることを思い出すことにしよう。政府の政策と制度も生産関数の位置をシフトさせるのに有効な追加的要素としてみなすことができると言及しておいた。条件付き収束性に関する帰結によって，成長率と初期状態の逆の関係を導出するために，k^* の決定要因を一定に維持すべきであるということが示唆されている。

(1.23) の $\dot{k}/k$ に関する関係式に立ち戻って，条件付き収束性の概念を数理的に説明することにしよう。$\dot{k}/k$ の決定要素の 1 つは貯蓄率 s である。

(1.20) における持続状態に関する条件を使用して，s を次のように表すことができる．

$$s = (n+\delta) \cdot k^*/f(k^*).$$

この式の s を (1.23) に代入すると，$\dot{k}/k$ は次のように表される．

$$\dot{k}/k = (n+\delta) \cdot \left[\frac{f(k)/k}{f(k^*)/k^*} - 1\right]. \tag{1.29}$$

(1.29) では，$k=k^*$ のとき，$\dot{k}/k=0$ ということが確認される．k^* を所与とすると，この関係式では，資本の平均生産物 $f(k)/k$ を引き上げることになる k の減少があると，$\dot{k}/k$ が上昇することが示されている．しかし，k の減少は，持続状態値 k^* との関連でのみ，$\dot{k}/k$ の上昇をもたらすことになる．特に，$f(k)/k$ は持続状態値 $f(k^*)/k^*$ よりも相対的に高くなっていなければならない．したがって，貧困の状態にある経済は，持続状態値 k^* が現在の値 k と同じように低い場合には，急速に成長するとは言えないであろう．

コブ＝ダグラス型生産関数の場合には，貯蓄率は次のように表される．

$$s = \frac{(n+\delta)}{A} \cdot k^{*(1-\alpha)}.$$

この式を (1.23) に代入すると，次式が成立する．

$$\dot{k}/k = (n+\delta) \cdot \left[\left(\frac{k}{k^*}\right)^{\alpha-1} - 1\right]. \tag{1.30}$$

資本 k の成長率は比率 k/k^* に，すなわち現在の資本・労働比率と持続状態におけるそれとの較差に依存している．

(1.29) の結果では，持続状態値 y^* の相違を説明する変数を一定に維持した後で，一人当たりの成長率 $\dot{y}/y$ と初期状態 $y(0)$ の関係を実証的に観察すべきであることが示唆されている．アメリカ合衆国の州のような比較的同質な経済のグループについては，持続状態の位置の相違はささいなものであり，図1.9で示されているような収束性のパターンが観察されるであろう．しかし，図1.7におけるような114ヵ国からなる広範なクロス・セクションについては，持続状態の位置の相違は重要なものになるであろう．さらに，

低い初期水準 $y(0)$ を持っている国は，おそらく，歴史的に低い貯蓄率のために，あるいは，生産関数の水準を実際には引き下げることになる不適切な政府の政策の継続のために，低い持続状態値 y^* を持っているので，そのような低い水準に位置しているということができる。言い換えると，$\log[y(0)]$ が持続状態からのギャップ $\log[y(0)/y^*]$ と相関関係がないため，図 1.7 のように，一人当たり成長率は $\log y(0)$ とほとんど相関関係がないかもしれない。条件付き収束性という考え方によって，このギャップはその後の一人当たりの成長率にとっては重要な変数であるということが示唆されている。

第 12 章で確認されるように，持続状態の位置の相違を表す代理変数を含むことで，広範な諸国のクロス・セクションに関する結果における主要な違いが生じることになる。これらの追加的な変数が一定に維持される場合，一人当たり成長率と一人当たり実質 GDP の初期値の対数値との間には，新古典派モデルによって推定されるように，有意にマイナスの関係があるということができる。言い換えると，クロス・カントリー・データによって，条件付き収束性の仮説が支持されることになる。

1.2.11 一人当たり所得の収束性と分散の程度

本書における収束性という概念は，(持続状態における一人当たり所得水準に対して相対的に) 低い一人当たり所得水準にある経済は一人当たりでより急速に成長する傾向があるという意味で使用されている。この性質は，種々の経済あるいは個人からなるグループについて，一人当たりの実質所得の分散の程度が，通時的に，逓減する傾向にあるという収束性のもう 1 つの意味としばしば混同されている[22]。ここでは，たとえ本書の意味での絶対的収束性が成立するとしても，一人当たりの所得の分散の程度は必ずしも通時的に低下するわけではないことを示すことにする。

絶対的収束性が経済グループ $i=1,2,...,N$ について成立すると想定しよ

---

[22] 収束性の 2 つの概念についての詳細な議論については Sala-i-Martin (1990) と Barro and Sala-i-Martin (1992 a) を参照せよ。

う。ここで，N は大きな数である。たとえば，年次データに対応して，離散型のモデルでは，第 i 経済の一人当たり実質所得は次のようなプロセスによって近似的に表される。

$$\log(y_{it}) = a + (1-b)\log(y_{i,t-1}) + u_{it}. \tag{1.31}$$

ここで，a と b は定数で，$0 < b < 1$ であり，u_{it} は攪乱項である。$b > 0$ という条件により，$\log(y_{i,t-1})$ が増加すると年成長率 $\log(y_{it}/y_{i,t-1})$ は低下するという関係があるので，絶対的収束性が成立している[訳注11]。また，係数 b が大きな値を持つほど，大きな収束の傾向がみられる[23),訳注12]。攪乱項では，生産関数，貯蓄率等に対する一時的なショックが表されている。ここでは，u_{it} は平均ゼロで，すべての経済について同じ分散 σ_u^2 を持っており，通時的および種々の経済に関して独立していると仮定される。

一人当たり所得の分散の程度あるいは不平等の程度の測定尺度として，次のような $\log(y_{it})$ の標本分散が使用される。

$$D_t \equiv \frac{1}{N} \cdot \sum_{i=1}^{N} [\log(y_{it}) - \mu_t]^2.$$

ここで，μ_t は $\log(y_{it})$ の標本平均である。観測値の個数 N が充分大であれば，標本分散は母分散に近似しており，(1.31) を使って，次のような D_t の通時的展開式を導出することができる[訳注13]。

$$D_t \approx (1-b)^2 \cdot D_{t-1} + \sigma_u^2.$$

この分散の程度に関する1階の定差方程式の定常状態は次のように求められる。

---

23) $b < 1$ という条件によって，他の経済よりも遅れて出発する経済が将来のある時点で他の経済より先行するということが体系の上で生じる現象，つまり，リープフロッギング（leapfrogging，蛙跳びをすること）あるいはオーバーシューティング効果は，排除されている。このようなリープフロッギング効果は新古典派モデルでは生じることはないが，第8章で論じられる技術の適応に関する幾つかのモデルでは生じる可能性がある。

$$D^* = \sigma_u^2 / [1-(1-b)^2].$$

したがって，定常状態のもとでの分散の程度は（収束効果の強度を表している）b の上昇とともに低下していくが，攪乱項の分散 σ_u^2 の上昇とともに増大していくことになる。特に，$\sigma_u^2 > 0$ であるかぎり，$b > 0$ であっても，$D^* > 0$ となる。

D_t の展開式は次のように表される[訳注14]。

$$D_t = D^* + (1-b)^2 \cdot (D_{t-1} - D^*) = D^* + (1-b)^{2t}(D_0 - D^*). \tag{1.32}$$

ここで，D_0 は時点 0 における分散の程度である。$0 < b < 1$ であるので，D_t は通時的に定常状態の値 D^* に単調に漸近していく。(1.32) によって，D_0 が定常状態における値 D^* より小であるか，大であるかに依存して，D_t は通時的に上昇するか低下することになる[24]。特に，分散の程度が上昇するということと絶対的収束性（$b > 0$）は矛盾するものではないことに注意しよう。

収束性と分散の程度に関するこれらの結果は，集団における身長の分布についての Galton の誤謬に類似している（議論については Quah[1993] と Hart[1995] を参照）。ある 1 つの家庭における身長は各世代の平均値に回帰する傾向があるという観察（本書における一人当たり所得の収束性という概念に類似した性質）によって，集団すべての間での身長の分散の程度（諸経済の間での一人当たり所得の分散の程度に類似している測定尺度）の通時的な低下傾向がもたらされるわけではない[訳注15]。

---

24) σ_u^2 に対する一時的なショック，あるいは，諸経済の広範なサブ・グループに等しく影響を及ぼすことになる戦争とかオイル・ショックのような重要な撹乱要因を考慮することによってモデルを拡張することができるであろう。このような拡張モデルでは，分散の程度は，ここで導出された決定論的な経路から離れることができるであろう。たとえば，D_0 が定常値より大であるとしても，ある期に D_t が上昇するということが生じるであろう。

1.2.12 技術進歩

発明に関する分類　以上では，技術の水準が長期にわたって一定であると仮定されてきた。その結果，すべての一人当たりの変数が長期的には一定になることが確認された。モデルのこのような特徴は事実に合致していない。たとえば，合衆国では，一人当たりの平均成長率は2世紀にわたってプラスであった。技術進歩が存在していない場合，収穫逓減性により，労働者一人当たりの資本をより多く蓄積しただけでは，非常に長期にわたって一人当たりの成長を維持することは不可能であろう。1950年代と1960年代の新古典派の経済学者達はこの問題を認識しており，技術が通時的に改良されるように基本モデルを修正しようと試みた。これらの改良によって，収穫逓減性からの逃げ道が提示され，それにより，経済において長期的に一人当たりの成長の達成が可能となった。次に，そのような技術進歩を考慮に入れるときに，モデルがどのように機能するかを検討することにしよう。

幾つかの発見は偶然になされるが，ほとんどの技術の改良には，大学，企業の研究所あるいは政府の研究所で実行されるR&Dのような意図的な活動が反映されている。このような研究の資金は，時には，民間団体によって，また時には，NSF（National Science Foundation）のような政府機関によって提供されている。R&Dに配分される資源の量は経済的状況に依存しているので，技術の発展もこの状況に依存することになる。この関係は第6章〜第8章における分析の主題となるであろう。ここでは，技術が外生的に改良される簡単なケースだけが考察される。

最初の論点は，外生的技術進歩をモデルにいかに導入するかということである。この技術進歩は種々の形で表される。発明によって，生産者は同じ産出量を相対的に少ない資本投入量で，あるいは相対的に少ない労働投入量で生産することができるようになる。それらのケースは，それぞれ，**資本節約的**（capital-saving）技術進歩あるいは**労働節約的**（labor-saving）技術進歩といわれている[訳注16]。いずれの投入物についても相対的に節約的とならない発明は**中立的**あるいは**不偏的**と呼ばれている。

中立的技術進歩の定義は資本節約と労働節約の適切な意味に依存している。次の3つのポピュラーな定義は，それぞれ，Hicks (1932)，Harrod

(1942),Solow(1969)によるものである。

　所与の資本・労働比率において限界生産物の比が不変にとどまる場合,技術進歩は中立的(ヒックス中立的)であると,Hicksによって主張されている。この性質は等量線の数値の変更に相応している。したがって,ヒックス中立的生産関数は次のように表すことができる。

$$Y = T(t) \cdot F(K, L). \tag{1.33}$$

ただし,$T(t)$ は技術の状態の指数であり,$\dot{T}(t) \geq 0$ とする。

　所与の資本・産出比率に対して,投入物の相対的シェア $(K \cdot F_K)/(L \cdot F_L)$ が不変にとどまるならば,技術進歩は中立的(ハロッド中立的)であると,Harrodによって定義されている。Robinson(1938)とUzawa(1961)は,この定義によって生産関数が次のように表されることを確認している。

$$Y = F[K, L \cdot T(t)]. \tag{1.34}$$

ただし,$T(t)$ は技術の指数であり,$\dot{T}(t) \geq 0$ であるとする。このようなタイプの技術進歩は,労働のストックの増加と同じように産出量を上昇させることになるので,**労働増加的**(labor-augmenting)であると言われている。(技術の要素 $T(t)$ は L に乗じたものとして生産関数に導入されていることに注意しよう。)

　最後に,所与の労働・産出比率に対して,投入物の相対的シェア $(L \cdot F_L)/(K \cdot F_K)$ が不変にとどまるならば,技術進歩は中立的(ソロー中立的)であると,Solowによって定義されている。この定義が次のようなタイプの生産関数をもたらすことを確認することができる。

$$Y = F[K \cdot T(t), L]. \tag{1.35}$$

ここで,$T(t)$ は技術の指数であり,$\dot{T}(t) \geq 0$ である。このようなタイプの生産関数は,技術の改良によって,資本ストックの増加と同じように生産の上昇がもたらされるので,**資本増加的**(capital-augmenting)であると呼ばれている。

技術進歩が労働増加的でなければならない必要性　　一定の技術進歩率のケースのみを考えることにしよう．そのとき，一定の人口成長率を持つ新古典派成長モデルでは，労働増加的技術進歩のみが持続状態の存在性，すなわち，種々の変数の長期的な成長率の一定性と斉合的である．この結果は，本章の付論（1.5節）で証明される．

　持続状態が存在するようなモデルを検討しようとする場合，技術進歩は労働増加的であると仮定しなければならない．実際，複雑になるアプローチでは，持続状態が存在しないモデル，すなわち種々の成長率が長期的にそれぞれ一定値に漸近していかないモデルが取り扱われることになるであろう．しかし，持続状態が存在するような簡単なモデルに固執する理由は，合衆国および幾つかの他の先進国の長期的な経験により，一人当たり成長率が，長期間にわたって，プラスで，しかも（タイム）トレンドを持たないことが示唆されているからである（第12章を参照せよ）．このような実証的事実によって，有益な理論では，一人当たり成長率が長期的に一定値に近づいていくと推定される，すなわち，モデルには持続状態が存在しているであろうということが示唆されている．

　(1.11) のように，生産関数がコブ=ダグラス型である場合には，検討の結果，技術進歩のタイプは（A,K，あるいはL増加的のいずれでも）結果にとって問題はないことは明らかである（議論については付論を参照せよ）．したがって，コブ=ダグラス型の場合，技術進歩が労働増加的であると仮定しても差し支えないであろう．コブ=ダグラス生産関数の主要な性質は，競争状態における要素所得シェアの一定性であるということを想起しよう．したがって，要素所得がかなり安定的である場合（このことはアメリカ合衆国では成立するようにみえるが，他の幾つかの国では妥当するように思われない），生産関数が近似的にコブ=ダグラス型であるとみなすことは妥当であり，したがって，技術進歩が労働増加的であると仮定することは支障がないと思われる．

　生産関数がコブ=ダグラス型でない場合の別の方法は，技術変化の理論から技術進歩のタイプを導出することである．Acemoglu (2002) は，第6章で展開される一種の内生的技術進歩のモデルを使用して，この接近方法を採

用している。幾つかの条件のもとで，技術進歩のタイプは漸近的に労働増加的であることを確認している。

労働増加的な技術進歩が存在するソロー=スワン・モデル　　ここでは，生産関数に（1.34）で示されているような労働増加的な技術進歩が含まれており，しかも，技術の項 $T(t)$ は一定の率 x で成長すると仮定しよう。資本ストックの変化の条件は次のように与えられる。

$$\dot{K} = s \cdot F[K, L \cdot T(t)] - \delta K.$$

この式の両辺を L で割ると，通時的に k の変化についての次式を導出することができる。

$$\dot{k} = s \cdot F[k, T(t)] - (n+\delta) \cdot k. \tag{1.36}$$

（1.13）との唯一の違いは，ここでは，一人当たり産出量が技術の水準 $T(t)$ に依存していることである。

（1.36）の両辺を k で割ると，成長率を計算することができる。

$$\dot{k}/k = s \cdot F[k, T(t)]/k - (n+\delta). \tag{1.37}$$

（1.23）と同様に，$\dot{k}/k$ は 2 つの項の差である。第 1 項は s と資本の平均生産物との積であり，第 2 項は $n+\delta$ である。唯一の相違は，ここでは，率 x での $T(t)$ の成長のため，所与の k に対して，資本の平均生産物 $F[k, T(t)]/k$ が通時的に上昇するということである。図1.4において，右下がりの曲線 $s \cdot F(\cdot)/k$ は右方に絶えずシフトを続け，その結果，この曲線と $n+\delta$ 線の交点に対応する k の水準も絶えず右方にシフトしていくことになる。次に，持続状態における k の成長率を計算することにしよう。

定義により，持続状態における成長率 $(\dot{k}/k)^*$ は一定である。s，n，δ も一定であるので，（1.37）によって，持続状態では資本の平均生産物 $F[k, T(t)]/k$ も一定になる。規模に関する収穫一定性が存在しているので，平均生産物の式は $F[1, T(t)/k]$ となり，それゆえ，k と $T(t)$ が同じ率で成長する場合，すなわち $(\dot{k}/k)^* = x$ となる場合に限って一定となる。

一人当たり産出量は次のように表される。

$$y = F[k, T(t)] = k \cdot F[1, T(t)/k].$$

持続状態では k と $T(t)$ は率 x で成長するので，持続状態における y の成長率は x に一致する。さらに，$c = (1-s) \cdot y$ であるので，持続状態における c の成長率も x となる。

技術進歩を伴うモデルの移行動学を分析するには，持続状態において一定にとどまっている変数によって体系を書き換えておくと都合がよいであろう。持続状態では，k と $T(t)$ は同じ率で成長するので，比率 $\hat{k} \equiv k/T(t) = K/[L \cdot T(t)]$ でそれを行うことにしよう。変数 $L \cdot T(t) \equiv \hat{L}$ は，（労働の物的量 L と効率性 $T(t)$ の積であり，）しばしば，**効率的労働量**と呼ばれている。（経済では，あたかも労働投入が $\hat{L}$ であるかのように機能しているので，**効率的労働**という用語は適切なものである。）そのとき，変数 $\hat{k}$ は効率的労働 1 単位当たりの資本の量である。

効率的労働 1 単位当たりの産出量 $\hat{y} \equiv Y/[L \cdot T(t)]$ は次のように与えられる。

$$\hat{y} = F(\hat{k}, 1) \equiv f(\hat{k}). \tag{1.38}$$

したがって，y と k をそれぞれ $\hat{y}$ と $\hat{k}$ で置き換えると，再度，生産関数を集約的な形で表すことができる。以前，(1.13) と (1.23) を得るために行った議論と同様に議論を進めるが，ここでは，$T(t)$ が率 x で成長するという条件を使用すると，次のような $\hat{k}$ の動態的方程式を導出することができる。

$$\dot{\hat{k}}/\hat{k} = s \cdot f(\hat{k})/\hat{k} - (x + n + \delta). \tag{1.39}$$

(1.39) と (1.23) の唯一の違いは，ハット（ˆ）を別にすれば，右辺の最後の項にパラメータ x が含まれているという点である。ここでは，$x + n + \delta$ という項は $\hat{k} \equiv K/\hat{L}$ の有効減耗率である。貯蓄率 s が 0 であるとすると，$\hat{k}$ は一部は率 δ での K の減耗により，また一部は率 $x + n$ での $\hat{L}$ の成長により減少していくことになる。

1.2.4項と同様の議論を行うと，持続状態における $\hat{k}$ の成長率はゼロになることを確認することができる。持続状態における値 $\hat{k}^*$ は次の条件を満足している。

$$s \cdot f(\hat{k}^*) = (x+n+\delta) \cdot \hat{k}^*. \qquad (1.40)$$

$\hat{k}$ の移行動学は，前のモデルにおける k のそれに質的に類似している。特に，水平軸が $\hat{k}$ であり，右下がりの曲線が今度は $s \cdot f(\hat{k})/\hat{k}$ で与えられ，しかも，水平線が $n+\delta$ の水準ではなく，$x+n+\delta$ の水準に描かれる（図1.4に類似した）図を作成することができる。新たに作成された図は図1.11で示されている。以前，図1.4を使用したように，初期値 $\hat{k}(0)$ と成長率 $\dot{\hat{k}}/\hat{k}$ の関係を考察するために，この図を使用することができる。

さて，持続状態においては，ハットが付されている変数（$\hat{k}$, $\hat{y}$, $\hat{c}$）は一定である。したがって，ここでは，一人当たり変数（k, y, c）は，持続状態では外生的な技術進歩率 x で成長することになる[25]。それゆえ，水準変数（K, Y, C）は，持続状態では，人口の成長と技術の変化の和を表している率 $n+x$ で成長するということができる。技術進歩が無視されている前の分析と同様に，貯蓄率の変化あるいは生産関数の水準のシフトによって，長期的水準（$\hat{k}^*$, $\hat{y}^*$, $\hat{c}^*$）には影響が及ぼされるが，持続状態における成長率には何ら影響がないことに注意しよう。以前と同様に，これらのタイプの撹乱があると，$\hat{k}(0)$ で表される初期状態から持続状態値 $\hat{k}^*$ への移行過程中の成長率は影響を蒙ることになる。

1.2.13　収束速度の数量的測定

移行動学の収束速度を知ることは重要である。収束が急速に行われるのであれば，ほとんどの経済は一般的にその持続状態の近くに位置しているはずであるので，持続状態の挙動に議論を集中させることができる。逆に，収束が緩慢に行われる場合には，一般的に経済は持続状態から遠く離れているの

---

[25]　常に，$(1/\hat{k})(d\hat{k}/dt) = \dot{k}/k - x$ という条件が成立する。したがって，$(1/\hat{k})(d\hat{k}/dt) = 0$ ということから，$\dot{k}/k = x$ が示される。$\dot{y}/y$ と $\dot{c}/c$ についても同様である。

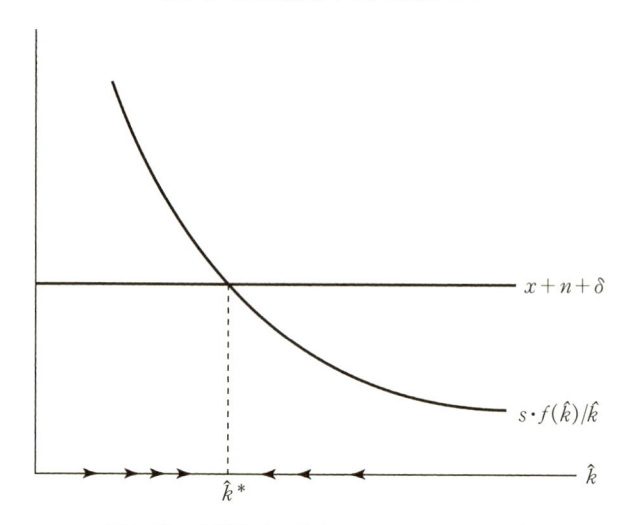

図 1.11 技術進歩を伴うソロー=スワン・モデル

効率的労働者一人当たりの資本 ($\hat{k} \equiv K/LT$) の成長率は $s \cdot f(\hat{k})/\hat{k}$ 曲線と有効資本減耗線 $x+n+\delta$ との垂直距離で表されている。$\hat{k}$ が一定であるときに, 経済は持続状態に位置している。T は一定の率 x で成長しているので, 持続状態における一人当たり資本 k の成長率も x に一致している。

で, その成長の経過は移行動学によって支配されるであろう。

さて, (1.11) で表されているコブ=ダグラス型生産関数のケースについて, 経済が持続状態にどのくらいのスピードで接近するかに関する数量的評価を行うことにしよう。(後で, より広い範囲の生産関数に対して一般化を行う。) L が $\hat{L}$ で置き換えられている (1.39) を使って, コブ=ダグラス型のケースにおける $\hat{k}$ の成長率を次のように決定することができる。

$$\dot{\hat{k}}/\hat{k} = sA(\hat{k})^{-(1-\alpha)} - (x+n+\delta). \tag{1.41}$$

収束速度 β は, 資本ストックが比例的な意味で増加するとき成長率がどの程度低下するかによって測定される。すなわち,

$$\beta \equiv -\frac{\partial(\dot{\hat{k}}/\hat{k})}{\partial \log \hat{k}}. \tag{1.42}$$

微分がマイナスであるので, β はマイナスの符号を付して定義されていること

とに注意しよう。したがって，β はプラスである。

β を計算するために，(1.41)における成長率を $\log(\hat{k})$ の関数として次のように書き換えなければならない。

$$\dot{\hat{k}}/\hat{k} = sA \cdot e^{-(1-\alpha)\cdot\log(\hat{k})} - (x+n+\delta). \tag{1.43}$$

(1.43) を $\log(\hat{k})$ に関して微分を行うと，β の式を求めることができる。

$$\beta = (1-\alpha) \cdot sA \cdot (\hat{k})^{-(1-\alpha)}. \tag{1.44}$$

収束速度は一定ではないが，資本ストックが持続状態値に向かって増加するにつれて単調に逓減するということに注意しよう。持続状態では，$sA \cdot (\hat{k})^{-(1-\alpha)} = (x+n+\delta)$ となる。したがって，持続状態の近傍における収束速度は次のように求められる。

$$\beta^* = (1-\alpha) \cdot (x+n+\delta). \tag{1.45}$$

持続状態への移行過程では，収束率 β は β^* を上回っているが，通時的に逓減している。

β^* の式を求める別の方法は，持続状態の近傍で次のように，(1.41)の対数線型近似（log-linear approximation）を考えてみることである[訳注17]。

$$\dot{\hat{k}}/\hat{k} \cong -\beta^* \cdot [\log(\hat{k}/\hat{k}^*)]. \tag{1.46}$$

ここで，β^* は持続状態のまわりでの (1.41) の対数線型化により導出される。このように求められた係数は (1.45) の右辺に一致している。この対数線型化導出方法については，本章の最後にある付論の1.5節を参照せよ。

(1.45) の意味の考察を行う前に，それが $\hat{y}$ の成長率にも適用可能であるということを確認することにしよう。(1.11) で示されているコブ=ダグラス型生産関数については，次のことが成立する[訳注18]。

$$\dot{\hat{y}}/\hat{y} = \alpha \cdot \dot{\hat{k}}/\hat{k},$$
$$\log(\hat{y}/\hat{y}^*) = \alpha \log(\hat{k}/\hat{k}^*).$$

これらの式を (1.46) に代入すると，次式が得られる。

$$\hat{g}/\hat{g} \cong -\beta^*[\log(\hat{g}/\hat{g}^*)]. \tag{1.47}$$

したがって，$\hat{g}$ の収束係数は $\hat{k}$ の収束係数と同じである。

(1.45) における項 $\beta^*=(1-\alpha)\cdot(x+n+\delta)$ によって，経済の効率的労働者一人当たりの産出量 $\hat{g}$ がどれくらい速く，持続状態の近傍で，その持続状態値 $\hat{g}^*$ に近づいていくかが示されている。たとえば，年当たり $\beta^*=0.05$ であるとすると，$\hat{g}$ と $\hat{g}^*$ のギャップの5パーセントが1年のうちに消失する。収束の半減期（初期のギャップの半分が除去されるのに要する時間）はおよそ14年である[26]。ギャップの 3/4 が消失するには，およそ28年ほどかかることになる[訳注20]。

この理論によって，(1.45) における $\beta^*=(1-\alpha)\cdot(x+n+\delta)$ について，数量的にいかなることが示されているかを考えてみることにしよう。1つの性質は，貯蓄率 s によって，β^* には何ら影響が及ぼされないということである。この結果には，コブ=ダグラス型のケースでは完全に打ち消し合うことになる2つの相殺的な力が反映されている。第1に，$\hat{k}$ を所与として，より高い貯蓄率によって高い投資がもたらされ，その結果，より急速な収束速度がもたらされる。第2に，貯蓄率が高くなると，持続状態における資本集約度 $\hat{k}^*$ が上昇し，それにより，持続状態の近傍における資本の平均生産物が低下する。この効果によって，収束速度が低下する。さらに，収束係数 β^* は経済の効率性の水準 A に依存していない。s の相違と同様に，A の違いも収束速度に2つの相殺的な効果を持っており，しかも，コブ=ダグラス型のケースでは，これらの効果は完全に相殺されることになる。

(1.45) に含まれているパラメータの数量的含意を検討するために，基準値を $x=0.02$（年当たり），$n=0.01$（年当たり），および $\delta=0.05$（年当た

---

[26] (1.47) は次のような解を持つ $\log[\hat{g}(t)]$ に関する微分方程式である[訳注19]。

$$\log[\hat{g}(t)] = (1-e^{-\beta^*t})\cdot\log(\hat{g}^*) + e^{-\beta^*t}\cdot\log[\hat{g}(0)].$$

$\log[\hat{g}(t)]$ が $\log[\hat{g}(0)]$ と $\log(\hat{g}^*)$ の中間に位置している時間 t は条件 $e^{-\beta^*t}=1/2$ を満足している。したがって，半減期は $(\log2)/\beta^*=0.69/\beta^*$ である。それゆえ，年率で $\beta^*=0.05$ の場合，半減期は14年である。

り)というように仮定しよう。これらの数値は,たとえば,合衆国の経済については妥当なものだということができる。年率でおよそ2パーセントである実質GDPの長期成長率は,本章の理論においては,パラメータxに対応している。最近の数十年における人口成長率は年率で約1パーセントであり,建築物と機械設備からなるストック全体の算出された減耗率は年率でおよそ5パーセントである。

x, n, δ といったパラメータの値を所与とすると,(1.45)における収束係数 β^* は資本シェアのパラメータ α によって決定されることになる。物的資本(建築物と機械設備)という狭義の概念によると,粗所得に対する慣用的なシェアはおよそ1/3である (Denison[1962], Maddison[1982], Jorgenson, Gollop, and Fraumeni[1987]を参照せよ)。$\alpha=1/3$が使用される場合,(1.45)によって,年率で$\beta^*=5.6$パーセントということが示され,その結果,半減期は12.5年になる。言い換えると,資本シェアが1/3である場合には,新古典派モデルによって比較的短い移行期間が推定されることになる。

第11章と第12章では,このような収束速度の推定値はあまりにも高すぎ,実証的な証拠に合致していないということが議論されている。年率で1.5パーセントから3.0パーセントの範囲にある収束係数 β がデータと良好な適合性を示している。年率で$\beta^*=2.0$パーセントとすると,半減期は約35年であり,持続状態の状況との当初のギャップの3/4が消失するのに必要な期間はおよそ70年である。言い換えると,実証的な証拠と矛盾しない収束速度によって,実質的な収束に必要とされる期間は一般的に幾つかの世代にわたるものだということが示される。

年率で約2パーセントという収束速度の観察値に合致するには,新古典派モデルでは,より高い資本シェアの係数が必要になる。たとえば,他のパラメータについては基準値を使い,$\alpha=0.75$という値を使うと,年率で$\beta^*=2.0$ということが確認される。0.75という資本シェアは物的資本という狭義の概念については高すぎるが,人的資本をも含む拡張された概念についてはこのシェアは妥当なものである。

物的資本と人的資本を伴う拡張されたソロー=スワン成長モデル 資本シェア

の値を高める方法の1つは，モデルに人的資本を追加することである．物的資本 K，人的資本 H[27]，および本来の労働 L を投入物として使用する次のコブ=ダグラス型の生産関数を考察しよう．

$$Y = AK^\alpha H^\eta [T(t) \cdot L]^{1-\alpha-\eta}. \tag{1.48}$$

ここでも $T(t)$ は外生的な成長率 x で成長する．生産関数を $T(t)L$ で割ると，効率的労働一単位当たりの産出が得られる．

$$\hat{y} = A\hat{k}^\alpha \hat{h}^\eta. \tag{1.49}$$

産出物は一対一のベースで消費あるいはいずれのタイプの資本にも使用可能であると想定する．ソロー=スワン・モデルに従って，ここでも個人は粗所得の一定割合 $1-s$ だけ消費すると仮定する．したがって，蓄積に関する式は次のように与えられる．

$$\dot{\hat{k}} + \dot{\hat{h}} = sA\hat{k}^\alpha \hat{h}^\eta - (\delta + n + x) \cdot (\hat{k} + \hat{h}). \tag{1.50}$$

ただし，2つの資本財は同一の一定の率で減耗すると仮定されている．

主な問題は，総貯蓄が物的資本と人的資本の間でどのように配分されるかである．家計が高い収益率をもたらす資本財に投資すると考えることは妥当である．したがって，いずれのタイプの投資も行われるとした場合，2つの収益率，それゆえ，2つの資本の限界生産性は一致しなければならない．したがって，次の条件[28]が成立する．

$$\alpha \cdot \frac{\hat{y}}{\hat{k}} - \delta = \eta \cdot \frac{\hat{y}}{\hat{h}} - \delta. \tag{1.51}$$

限界生産物の一致によって，次のような物的資本と人的資本の間の一対一の関係が求められる．

$$\hat{h} = \frac{\eta}{\alpha} \cdot \hat{k}. \tag{1.52}$$

この関係を使用して，(1.50) の $\hat{h}$ を消去すると，次式が成立する．

---

27) 第4章と第5章では，人的資本が詳細に議論されている．

$$\dot{\hat{k}} = s\tilde{A}\hat{k}^{\alpha+\eta} - (\delta+n+x)\cdot\hat{k}. \tag{1.53}$$

ここで $\tilde{A} \equiv \left(\frac{\eta^{\eta}\alpha^{(1-\eta)}}{\alpha+\eta}\right)\cdot A$ は一定である．労働者1人当たりの資本ストックの指数が α ではなく，物的資本のシェアと人的資本のシェアの和 $\alpha+\eta$ であるということを除いて，この蓄積方程式は（1.41）と同一である．前節の展開に類似した導出方法を使用すると，持続状態における次の収束係数の式が得られる．

$$\beta^* = (1-\alpha-\eta)\cdot(\delta+n+x). \tag{1.54}$$

Jorgenson, Gollop, and Fraumeni（1987）は人的資本のシェアが0.4と0.5の間に存在することを推計している．$\eta=0.4$ とし，しかも $\alpha=1/3$ を含んで，前節の基準値を所与として，収束速度の推定値は $\beta^*=0.021$ となるであろう．したがって，人的資本を含む広義の資本概念の場合には，ソロー=スワン・モデルでは，実証的に観測された収束率が実現可能である．

Mankiw, Romer, and Weil（1992）では，（1.48）に類似した生産関数が使用されている．しかし，全般的な粗貯蓄率が一定で，外生的であると仮定する代わりに，彼らは2つの資本のタイプの投資率がそれぞれ一定で，外生的であると仮定している．したがって，物的資本の成長率は次のようになる．

$$\dot{\hat{k}}/\hat{k} = s_k\tilde{A}\hat{k}^{\alpha-1}\hat{h}^{\eta} - (\delta+n+x) = s_k\tilde{A}\cdot e^{-(1-\alpha)\ln\hat{k}}\cdot e^{\eta\ln\hat{h}} - (\delta+n+x). \tag{1.55}$$

ただし，s_k は外生的な定数である．同様に，人的資本の成長率は次のように

---

[28] 市場の状況では，利潤は $\pi = AK_t^{\alpha}H_t^{\eta}(T_tL_t)^{1-\alpha-\eta} - R_kK - R_hH - wL$ となるであろう．ここで R_k と R_h はそれぞれ物的資本と人的資本のレンタル・レートである．企業の一階条件により，各資本財の限界生産物はレンタル・レートに一致する．つまり，$R_k = \alpha\frac{\hat{y}}{\hat{k}}$，$R_h = \eta\frac{\hat{y}}{\hat{h}}$ となる．ここで考察されているケースのように，不確実性が存在しない状況では，物的資本，人的資本，およびローンは価値の貯蔵として完全代替的であり，その結果，それらの純収益は同じになる．言い換えると，$r = R_k - \delta = R_h - \delta$ となる．したがって，最適化企業は，その限界生産物が一致するまで，物的資本と人的資本を賃借しようとする．

なる。

$$\hat{\dot{h}}/\hat{h} = s_h \tilde{A} \hat{k}^\alpha \hat{h}^{\eta-1} - (\delta+n+x) = s_h \tilde{A} \cdot e^{\alpha \ln \hat{k}} \cdot e^{-(1-\eta)\ln \hat{h}} - (\delta+n+x). \quad (1.56)$$

ここで，s_h はもう一つの外生的定数である。この接近方法の欠陥は物的資本の収益率と人的資本のそれが等しくならないことである。

$\hat{y}$ の成長率は2つの投入物の成長率の加重平均である。つまり，

$$\hat{\dot{y}}/\hat{y} = \alpha \cdot (\hat{\dot{k}}/\hat{k}) + \eta \cdot (\hat{\dot{h}}/\hat{h}).$$

(1.55) と (1.56) を使用し，2次元の1階のテイラー級数展開を行うと，次式が求められる。

$$\begin{aligned}\hat{\dot{y}}/\hat{y} = & [\alpha s_k \tilde{A} \cdot e^{-(1-\alpha)\ln\hat{k}^*} \cdot e^{\eta \ln\hat{h}^*} \cdot [-(1-\alpha)] \\ & + \eta s_h \tilde{A} \cdot e^{\alpha \ln\hat{k}^*} \cdot e^{-(1-\eta)\ln\hat{h}^*} \cdot \alpha] \cdot (\ln\hat{k} - \ln\hat{k}^*) \\ & + [\alpha s_k \tilde{A} \cdot e^{-(1-\alpha)\ln\hat{k}^*} \cdot e^{\eta \ln\hat{h}^*} \cdot \eta \\ & + \eta s_h \tilde{A} \cdot e^{\alpha \ln\hat{k}^*} \cdot e^{-(1-\eta)\ln\hat{h}^*} \cdot [-(1-\eta)]] \cdot (\ln\hat{h} - \ln\hat{h}^*).\end{aligned}$$

(1.55) と (1.56) から導出された持続状態の条件を使うと，次式が成立する。

$$\begin{aligned}\hat{\dot{y}}/\hat{y} &= -(1-\alpha-\eta) \cdot (\delta+n+x) \cdot [\alpha \cdot (\ln\hat{k} - \ln\hat{k}^*) + \eta \cdot (\ln\hat{h} - \ln\hat{h}^*)] \\ &= -\beta^* \cdot (\ln\hat{y} - \ln\hat{y}^*).\end{aligned} \quad (1.57)$$

したがって，持続状態の近傍では，(1.54) と同様に，収束速度は $\beta^* = (1-\alpha-\eta)(\delta+n+x)$ となる。

1.3 内生的成長モデル

1.3.1 新古典派理論の理論的な不十分性

1980年代になって，標準的な新古典派成長モデルが長期的な成長の決定要因を分析するツールとして理論的に不十分であることが次第に明らかになってきた。既に確認されたように，技術進歩が存在しないモデルでは，経済は一人当たり成長がゼロになる持続状態にやがて収束することになる。こ

の基本的な理由は資本に関する収穫逓減性である。この問題を回避する一つの方法は資本の概念を拡張すること，とりわけ，人的資本を含め，さらに，このような広義の資本に対して収穫逓減性が成立しないことを仮定することである。このような接近方法は次節で概略が述べられ，第4章と第5章で詳細に研究される。しかし，別の見方は，新たなアイデアの創出というタイプの技術進歩は経済が長期的に収穫逓減性を回避できる唯一の方法であるということである。したがって，外生的なものとしての技術進歩の分析を越えて，技術進歩を成長モデルの枠組み内で説明することが最優先課題である。しかしながら，技術進歩に関して内生的接近方法は新古典派モデルにおける基本的な問題に遭遇した。その本質的な理由は技術の背後に存在するアイデアの非競合的な性質である。

技術の状態 T の主要な特徴はそれが生産プロセスにおける非競合的な投入物であること想起しよう。したがって，規模に関する収穫一定性の仮定の理由を説明するために以前使用された複写の議論では，規模の正確な尺度は2つの競合的な投入物，つまり資本と労働である。それゆえ，使用される規模に関する収穫一定性の概念は K と L に関する1次同次性である。つまり，

$$F(\lambda K, \lambda L, T) = \lambda \cdot F(K, L, T).$$

さらに，オイラーの定理によって，1次同次の関数は次のように分解可能である。

$$F(K, L, T) = F_K \cdot K + F_L \cdot L. \tag{1.58}$$

以上の分析では，同一の技術 T がすべての企業によって自由に利用可能であるという仮定を置いていた。T は非競合的であるので，この利用可能性は技術的に実行可能である。しかし，T が少なくとも部分的に排除的である可能性は存在する。たとえば，特許保護，秘密厳守，および経験により，ある生産者が他の者にとって利用可能なものよりも優れた技術を利用できるということはあり得る。とりあえず，技術は非排除的であり，したがって，すべての生産者が利用できるという仮定を保持する。さらに，この仮定によ

り，技術進歩はすべての生産者に直ちに利用可能になる。

以前の分析により，投入物の価格 R と w を所与として扱う完全競争企業は各投入物に関する限界生産物をその価格に一致させるように，すなわち，$F_K=R$, $F_L=w$ となるように調整する。(1.58) から，要素支払いは産出量に完全に一致し，その結果，任意の時点で各企業の利潤はゼロになることが確認される。

企業が T から T' にかけて固定費用 κ を支払い，技術を改良するという選択肢を持っていると想定しよう。仮定によって，新たな技術は他のすべての生産者にとって自由に利用可能であるので，再び各企業の利潤フローが必然的にゼロになるように R と w の均衡値は調整される。したがって，固定費用は将来の時点でプラスの利潤として取り戻されないので，固定費用 κ を支払った企業はその全額を失うことになる。競争的な新古典派モデルでは，技術が（非競合的でしかも）非排除的である場合，技術進歩に対する意図的な投資は支持されることはない。

明らかに，次のステップは技術が少なくとも部分的に排除的であるとみなすことである。このような拡張を伴う問題を明らかにするために，完全排除性という極端なケース，すなわち，各企業の技術が完全に私的であるケースを考察しよう。しかし，企業が固定費用 κ を支払って T から T' にかけて知識を改良する方法は無限に多く存在していると仮定しよう。換言すると，処方箋を創出するビジネスには，自由参入条件が成立している。すべての企業が技術 T で開始するとしよう。そのとき，個々の企業は κ を支払って，T' に技術を改良する誘因を持っているであろうか。実際，誘因は膨大なものであるようにみえる。既存の投入価格 R と w を所与として，優れた技術を持っている新古典派的企業は各生産単位毎に純利潤を得ることができるであろう。規模に関する収穫一定性の仮定があるので，企業は経済で利用できる資本と労働をすべて雇用しようとするであろう。この場合，企業は多大な独占力を持つことになり，しかも財市場と要素市場においてもはや完全競争者として活動しないであろう。したがって，競争モデルの仮定は無効になるであろう。

この帰結に関連するより基本的な問題は，他の企業も同一の利潤機会を察

知し，さらに，費用 κ を支払って，優れた技術 T' を入手しようとするであろう．しかし，多くの企業が同程度の技術の改良を行うならば，競争によって，要素価格 R と w は押し上げられ，その結果，利潤フローは再びゼロになる．このケースでも，技術が非排除的であったモデルのように，いずれの企業も固定費用 κ をカバーすることはできないであろう．したがって，（すべての革新者が損失を被るので）技術進歩が生じることは均衡ではなく，しかも（単一の革新者に対する潜在的な利潤は膨大であるので）技術進歩が生じないことも均衡ではない．

これらの概念的な困難性によって，研究者には，技術水準がR＆D支出のような意図的な活動によって促進される充分納得できるモデルを構築するため，不完全競争の側面を導入する動機が与えられた．内生的技術進歩，それゆえ，**内生的成長**に対するこの潜在的可能性は集計レベルでの収穫逓減性を回避可能にしている．この種のモデルは Romer (1990) と Aghion and Howitt (1992) によって先導された．これらの問題を第 6 章〜第 8 章で検討する．ここでは，技術が固定的か外生的な方法で可変的なモデルのみを取り扱うことにする．

1.3.2 *AK* モデル

この種の内生的成長モデルの主要な特性は資本に関する収穫逓減性が存在しないことである．収穫逓減性を持たない最も単純なタイプの生産関数は次の AK 関数である[29]．

$$Y = AK. \tag{1.59}$$

ここで，A は技術の水準を反映しているプラスの定数である．収穫逓減性が領域すべてにわたって存在しないということは非現実的なように思われるが，このような考え方は，広い意味で，K が人的資本を含むとみなす場合には，より説得的なものとなる[30]．一人当たり産出量は $y = Ak$ であり，資本の平均生産物と限界生産物は $A > 0$ で一定である．

(1.13) に $f(k)/k = A$ を代入すると，次のことが成立する．

$$\dot{k}/k = sA - (n+\delta).$$

ここでは，技術進歩が0のケース，つまり $x=0$ というケースに立ち戻っている。その理由は，外生的な技術進歩が存在していなくても，一人当たりの成長が長期的に生じることが可能だということを確認したいからである。グラフによる表示で主要な相違は，図1.4における右下がりの貯蓄曲線 $s \cdot f(k)/k$ が，図1.12では，sA での水平線によって置き換えられていることである。減耗線は以前と同様に，$n+\delta$ での水平線である。したがって，$\dot{k}/k$ は2つの直線 sA と $n+\delta$ の間の垂直距離である。ここでは，$sA>(n+\delta)$，それゆえ，$\dot{k}/k>0$ となるケースが描かれている。これらの2つの直線は平行であるので，$\dot{k}/k$ は一定であり，特に，k に依存していないということができる。したがって，k は常に持続状態における成長率 $(\dot{k}/k)^* = sA - (n+\delta)$ で成長する。

$y=Ak$ であるので，各時点で，$\dot{y}/y$ は $\dot{k}/k$ に一致している。さらに，$c=(1-s)y$ であるので，$\dot{c}/c = \dot{k}/k$ となる。したがって，このモデルにおけるすべての一人当たりの変数は次式で与えられるものと同じ一定の率で成長する。

$$\gamma^* = sA - (n+\delta). \tag{1.60}$$

AK 技術で表されている経済では，技術進歩がなくても，一人当たりの長期的成長がプラスになることを示すことができる。さらに，(1.60)で示されている一人当たりの成長率は，s, A, n といったモデルの行動パラメータに依存している。たとえば，新古典派のモデルとは異なって，貯蓄率 s の上昇によって，長期的な一人当たりの成長率 γ^* の上昇がもたらされることになる[31]。同様に，技術の水準 A が一度だけ改良されると（あるいは，政府の歪みを取り除くことにより，実際に A の上昇がもたらされると），長期的成

---

29) AK タイプの生産関数を使用した最初の経済学者は von Neumann (1937) だと考えられている。

30) Knight (1944) では，収穫逓減性は広義の資本概念については成立しないという考えが強調されている。

図 1.12 AK モデル

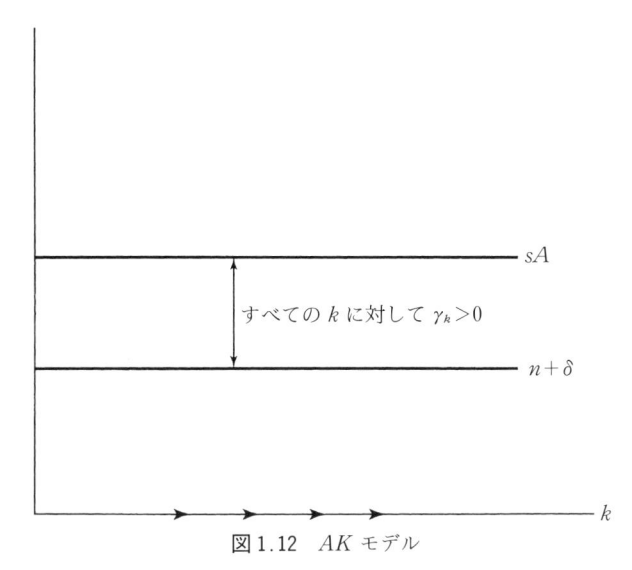

技術が AK タイプである場合，貯蓄曲線 $s \cdot f(k)/k$ は sA の水準で水平線である．$sA > n + \delta$ であれば，技術進歩がなくても，k の永続的成長が生じることになる．

長率はより一層高くなる．さらに，減耗率 δ や人口成長率 n の変化によっても，一人当たり成長率に恒久的な影響が及ぶことになる．

新古典派モデルとは異なって，AK モデルでは絶対的収束性も条件付き収束性も成立することはない．すなわち，すべての y の水準に対して，$\partial(\dot{y}/y)/\partial y = 0$ となる．s，A，n，δ のようなパラメータが同じであるという意味で構造上類似している経済のグループを考えてみることにしよう．各経済は，一人当たり初期資本ストック $k(0)$ の点でのみ，それゆえ，$y(0)$ と $c(0)$ の点で異なっているものとする．このモデルでは，初期の状況に関係

---

31) AK 生産関数のケースでは，新古典派モデルで可能な非効率的な過剰貯蓄ということは成立不可能である．ある時点で s を恒常的に引き上げると，その時点で c の水準の低下がもたらされるが，しかし，恒常的に高い一人当たり成長率 γ^* がもたらされ，その結果，将来のある期以降では c の水準が高くなる．この変化は，家計が将来の消費水準をどのように割り引くかに依存して，より好ましいということも，また，そうでないということも可能なので，非効率だと述べることは不可能である．

なく，各経済は同じ一人当たりの成長率 γ^* で成長するということが確認されているので，このモデルの帰結はすべての経済は同じ一人当たり成長率で成長するということである。この結論には収穫逓減性の非存在性が反映されている。この結果を理解する別の方法は，AK モデルは資本シェアが１，つまり $\alpha=1$ となるコブ=ダグラス型モデルに他ならないということを認識することである。前節の収束性に関する分析では，収束速度が（1.45）で $\beta^*=(1-\alpha)\cdot(x+n+\delta)$ で与えられることが確認された。したがって，$\alpha=1$ のケースでは $\beta^*=0$ となる。条件付き収束性は実証的な法則であるように思われるので，このような帰結はこのモデルの本質的な欠陥である。詳細な議論については第 11 章と第 12 章を参照せよ。

　AK モデルにおける資本の収穫逓減性の非存在性について考える１つの方法は，物的資本ストックと人的資本ストックを含むような広義の資本の概念を考察することだということが上で言及された。第 4 章と第 5 章では，これらの 2 種類の資本を考慮に入れるモデルが詳細に検討される。

　新古典派のモデルにおける収穫逓減性の傾向を取り除くために，他のアプローチも使用されてきた。第 4 章では，Arrow（1962）で導入され，Romer（1986）で使用されているラーニング・バイ・ドゥーイング（learning-by-doing）という考えが検討される。これらのモデルでは，生産や投資に関する経験が生産性に寄与することになる。さらに，ある一人の生産者による学習は，ある生産者から他の生産者への知識のスピル・オーヴァーのプロセスを通じて，他の生産者の生産性を引き上げることになる。したがって，国民経済における資本ストックの増加（あるいは，過去の生産の総量の蓄積の増加）があると，各生産者の技術水準が改善されることになる。その結果，全体としては，資本に関する収穫逓減性は成立しなくなり，しかも，収穫逓増的な状況が生じる可能性すら存在している。収穫逓増性が存在している状況では，各生産者の資本の平均生産物 $f(k)/k$ は国民経済レベルでの k の値の増加とともに上昇する傾向がある。その結果，少なくともある範囲では，図 1.4 における $s\cdot f(k)/k$ 曲線は右上がりの曲線となり，しかも，この領域では，k が増加するにつれて，成長率 $\dot{k}/k$ も上昇することになる。したがって，これらのモデルでは，経済が発散傾向を示すような一人当たり所得の区

1.3.3 移行動学を伴う内生的成長

AK モデルでは，資本に関する長期的な収穫逓減性の発生を回避することで，内生的成長が作り出されている。しかし，このような特殊な生産関数の場合には，資本の限界生産物と平均生産物が常に一定となり，それゆえ，成長率は収束性を示さないという帰結がもたらされている。長期的な資本に関する収穫一定性という特徴は保持し，収束性という特性を復活させることは可能である。このアイデアは Jones and Manuelli（1990）の論文で提示されたものである[32]。

さて，再び，(1.13) における k の成長率に関する式を検討することにしよう。

$$\dot{k}/k = s \cdot f(k)/k - (n+\delta). \tag{1.61}$$

持続状態が存在する場合，それに付随する成長率 $(\dot{k}/k)^*$ は定義により一定である。成長率 $(\dot{k}/k)^*$ がプラスの場合には，k は無限に成長することになる。(1.13) によって示されているように，$(\dot{k}/k)^*$ がプラスであるための必要十分条件は，k が無限に増加するとき，$(n+\delta)/s$ を上回るように資本の平均生産物 $f(k)/k$ を維持することである。言い換えると，平均生産物がある極限値に近づいていく場合には，$\lim_{k\to\infty}[f(k)/k] > (n+\delta)/s$ ということが内生的な持続的成長のための必要十分条件である。

$k\to\infty$ ならば $f(k)\to\infty$ ということが成立している場合には，ロピタルのルールを適用することによって，k が無限に増加するとき，平均生産物 $f(k)/k$ の極限値と限界生産物 $f'(k)$ の極限値は同じになることが確認される。（ここでは，$\lim_{k\to\infty}[f'(k)]$ が存在すると仮定している。）したがって，内生的な持続的成長のための重要な条件は，$f'(k)$ が 0 を充分上回って，有界であるということである。つまり，

---

[32] 関連する議論については，Kurz（1968）を参照せよ。

$$\lim_{k\to\infty}[f(k)/k] = \lim_{k\to\infty}[f'(k)] > (n+\delta)/s > 0.$$

この不等式により，新古典派モデルにおける1つの標準的な稲田条件 $\lim_{k\to\infty}[f'(k)]=0$ が成立しなくなる。経済学的には，この条件が成立しない場合には，資本に関する収穫逓減性の傾向が最終的になくなるということができる。言い換えると，k が低い場合には，生産関数は k に関して収穫逓減性を示しても，あるいは収穫逓増性を示してもかまわないが，k が大となるにつれて，資本の限界生産物は下に有界でなければならない。生産関数が漸近的に AK タイプのものに収束していくような単純な例は次のようなものである。

$$Y = F(K,L) = AK + BK^{\alpha}L^{1-\alpha}. \tag{1.62}$$

ここで，$A>0$，$B>0$，$0<\alpha<1$ である。この生産関数は AK 関数とコブ＝ダグラス型関数を組み合わせたものであることに注意しよう。この関数は，規模に関する収穫一定性，労働と資本に関する収穫の正値性と逓減性という性質を持っている。しかし，$\lim_{K\to\infty}(F_K) = A > 0$ であるので，稲田条件の1つは成立しない。

次のように，生産関数を一人当たりの変数で表すことができる。

$$y = f(k) = Ak + Bk^{\alpha}.$$

資本の平均生産物は次のように与えられる。

$$f(k)/k = A + Bk^{-(1-\alpha)}.$$

したがって，$f(k)/k$ は k の減少関数であり，k が無限に増加するにつれて，A に漸近していくことになる。

このモデルの動態的挙動は，(1.13) における通常の式を利用して，分析することができる。

$$\dot{k}/k = s \cdot [A + Bk^{-(1-\alpha)}] - (n+\delta). \tag{1.63}$$

図1.13では，貯蓄曲線は右下がりの曲線で，直線 $n+\delta$ は水平線で描か

1.3 内生的成長モデル

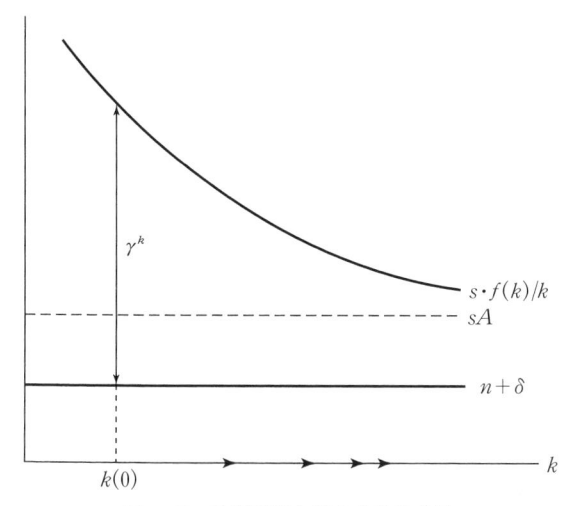

図1.13 移行動学を伴う内生的成長

生産関数が $F(K,L)=AK+BK^{\alpha}L^{1-\alpha}$ で与えられている場合，k の成長率は k の減少関数である。$sA>n+\delta$ とすると，k の成長率は漸近的に $sA-n-\delta$ で与えられるプラスの一定値に近づいていく。したがって，内生的成長と，経済の発展とともに成長率が低下するという特徴を持つ移行過程とが同時に実現することになる。

れている。図1.4との違いは，k が無限に増加するとき，図1.13における貯蓄曲線は0ではなく，正の値 sA に近づいていくことである。図で仮定されているように，$sA>n+\delta$ であれば持続状態における成長率 $(\dot{k}/k)^*$ はプラスである。

このモデルでは内生的な持続的成長がもたらされているが[訳注21]，新古典派モデルと同様に条件付き収束性という性質も示されている。収束性は $f(k)/k$ と k の逆の関係（この関係は本項のモデルでも成立している）から導出される。図1.13では，2つの経済が初期値 $k(0)$ の点でのみ異なっている場合，一人当たり資本ストックが低い経済ほど，一人当たりの変数でより早く成長することが確認される。

1.3.4 一定の代替の弾力性を持つ生産関数

他の例として，労働と資本の間で一定の代替の弾力性（CES）が存在し

ている（Arrow et al.[1961]による）次のような生産関数を検討することにしよう．

$$Y = F(K,L) = A \cdot \{a \cdot (bK)^{\psi} + (1-a)[(1-b) \cdot L]^{\psi}\}^{1/\psi}. \tag{1.64}$$

ここで，$0<a<1$，$0<b<1$ [33]，$\psi<1$ とする．ψのすべての値に対して，この生産関数は規模に関する収穫一定性を持っていることに注意しよう．資本と労働の間の代替の弾力性は $1/(1-\psi)$ である（付論の1.5.4項を参照せよ）．$\psi \to -\infty$ となるとき，生産関数は（次の節で議論される）固定係数型の関数 $Y = \min[bK, (1-b)L]$ に近づいていく．このケースでは代替の弾力性は0である．$\psi \to 0$ となるとき，生産関数はコブ=ダグラス型の関数 $Y = $（定数）$\cdot K^a L^{1-a}$ に近づいていき，しかも，代替の弾力性は1である（付論の1.5.4項を参照せよ）．$\psi = 1$ のとき，生産関数は，$Y = A \cdot [abK + (1-a)(1-b)L]$ という線型の関数であり，したがって，KとLは完全代替性を持っている（代替の弾力性は無限である）．

(1.64)の両辺をLで割ると，次のような一人当たり産出量の式を得ることができる．

$$y = f(k) = A \cdot [a \cdot (bk)^{\psi} + (1-a)(1-b)^{\psi}]^{1/\psi}.$$

資本の限界生産物と平均生産物はそれぞれ次のように与えられる．

$$f'(k) = Aab^{\psi}[ab^{\psi} + (1-a)(1-b)^{\psi} \cdot k^{-\psi}]^{(1-\psi)/\psi},$$
$$f(k)/k = A[ab^{\psi} + (1-a)(1-b)^{\psi} k^{-\psi}]^{1/\psi}.$$

したがって，すべてのψの値に対して$f'(k)$と$f(k)/k$はそれぞれプラスの値を持ち，しかもkの減少関数である．

(1.13)における式に立ち戻り，CES型の経済の動態的挙動を検討することができる．

---

[33] 標準的な定式化では，bとか$1-b$といった項は含まれていない．その場合の含意は，総生産物におけるKとLのシェアは，それぞれ，$\psi \to -\infty$ となるとき，1/2に近づいていく．ここでの定式化では，$\psi \to -\infty$ となるとき，KとLのシェアは，それぞれ，bと$1-b$に近づいていくことになる．

$$\dot{k}/k = s \cdot f(k)/k - (n+\delta). \tag{1.65}$$

k に対して図示すると，$s \cdot f(k)/k$ は右下がりの曲線であり，$n+\delta$ は水平線であり，$\dot{k}/k$ は以前と同様に曲線と直線の間の垂直距離で表されることになる。しかし，成長率の動きは L と K の間の代替の弾力性を決定する ψ というパラメータに依存している。

最初に，$0<\psi<1$ というケース，すなわち，L と K の間の代替の程度が高いケースを検討することにしよう。このケースでは，資本の限界生産物と平均生産物の極限値は次のように与えられる。

$$\lim_{k\to\infty}[f'(k)] = \lim_{k\to\infty}[f(k)/k] = Aba^{1/\psi} > 0,$$
$$\lim_{k\to 0}[f'(k)] = \lim_{k\to 0}[f(k)/k] = \infty.$$

したがって，k が無限に増加するにつれて，限界生産物と平均生産物は 0 ではなく，あるプラスの一定値に近づいていくことになる。この意味で，生産要素の間の高い代替性を持っている CES 型の生産関数は収穫逓減性が漸次消失していく (1.62) の例に類似している。したがって，この CES 型のモデルでは，内生的な持続的成長の成立が予想される。

図 1.14 では，これらの結果が図示されている。$s \cdot f(k)/k$ 曲線は右下がりの曲線として描かれており，しかも，プラスの一定値 $sAba^{1/\psi}$ に漸近している。(図で仮定されているように) $sAba^{1/\psi} > n+\delta$ となるように貯蓄率が充分高い場合には，$s \cdot f(k)/k$ 曲線は $n+\delta$ 直線の上方に常に位置する。この場合，一人当たりの成長率は常にプラスであり，このモデルでは次のような成長率での内生的な持続的成長が成立することになる。

$$\gamma^* = sAba^{1/\psi} - (n+\delta).$$

このモデルの動態的なパターンは図 1.13 で描かれているものに類似している[34]。

次に，$\psi<0$，つまり，L と K の代替性の程度が低いと仮定することにしよう。この場合，資本の限界生産物と平均生産物の極限値は次のようになる。

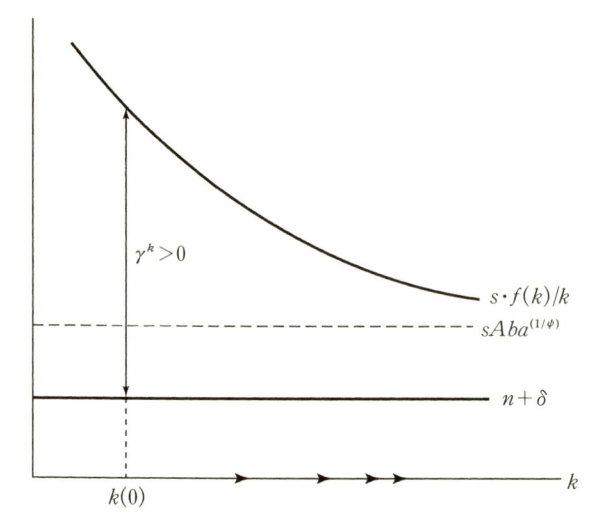

図 1.14 $0<\psi<1$, $sAba^{1/\psi}>n+\delta$ というケースの CES 型モデル

CES 型の生産関数が高い代替の弾力性の値 ($0<\psi<1$) を持っているならば，パラメータが $sAba^{1/\psi}>n+\delta$ という不等式を満足している場合，内生的成長が可能である．移行過程では，k の成長率は低下していくことになる．

$$\lim_{k\to\infty}[f'(k)]=\lim_{k\to\infty}[f(k)/k]=0,$$
$$\lim_{k\to 0}[f'(k)]=\lim_{k\to 0}[f(k)/k]=Aba^{1/\psi}<\infty.$$

k が無限に増加していくにつれて，限界生産物と平均生産物は 0 に近づいていくので，稲田条件のうち重要な条件は満たされており，このモデルでは内生的成長は成立することはない．しかし，この場合，k が 0 に近づいていくときの稲田条件の不成立によって，問題が発生することになる．貯蓄率が $sAba^{1/\psi}<n+\delta$ となるように充分低い水準にあると想定することにしよう．この場合，$s\cdot f(k)/k$ 曲線は $n+\delta$ の下方の点から出発し，k が無限に増加するにつれて 0 に収束していく．したがって，図 1.15 では，曲線は $n+\delta$ 線と交わることはなく，それゆえ，プラスの k の値を持つ持続状態は存在し

---

34) $0<\psi<1$, $sAba^{1/\psi}<n+\delta$ となるとき，図 1.4 の標準的な新古典派モデルと同様，持続状態値 k^* で，$s\cdot f(k)/k$ 曲線は $n+\delta$ と交差することになる．この場合には内生的成長は生じることはない．

ないということが示されている。成長率 $\dot{k}/k$ は常にマイナスであるので，経済の規模は通時的に縮小していき，k, y, c はすべて 0 に近づいていくことになる[35]。

すべての ψ の値に対して，資本の平均生産物 $f(k)/k$ は k の減少関数であるので，成長率 $\dot{k}/k$ も k の減少関数である。したがって，CES 型のモデルでは，常に収束性（同じパラメータで規定されているが，初期値 $k(0)$ が異なっている 2 つの経済では，$k(0)$ の低い値を持っている経済ほど $\dot{k}/k$ の値が高くなっているという性質）が確認される。パラメータが経済の間で異なっている場合には，以前の議論と同様に，このモデルでは条件付き収束性が示されることになる。

持続状態の近傍での収束係数の式を導出するために，コブ=ダグラス型生産関数のケースについて展開された方法を使うことができる。(1.45) の拡張である CES 型の生産関数についての結果は次のように与えられる[36]。

$$\beta^* = -(x+n+\delta) \cdot \left[1 - a\left(\frac{bsA}{x+n+\delta}\right)^{\psi}\right]. \tag{1.66}$$

$\psi = 0$，$a = \alpha$ であるコブ=ダグラス型のケースでは，(1.66) は (1.45) になる。$\psi \neq 0$ のケースについて，新たな結果は (1.66) の β^* が s と A に依存しているということである。（L と K の間での高い代替可能性）$\psi > 0$ ということが成立する場合には，β^* の大きさは sA の増加とともに減少する。$\psi < 0$ の場合には，逆のことが成立する。収束係数 β^* は，$\psi = 0$ というコブ=ダグラス型のケースにおいてのみ，s と A に依存しないということができる。

---

[35] $\psi < 0$ および $sAba^{1/\psi} > n+\delta$ という場合には，再び，$s \cdot f(k)/k$ 曲線は持続状態における値 k^* で，$n+\delta$ 線と交わることになる。

[36] 詳細な議論については，Chua (1993) を参照せよ。(1.66) における β の式は持続状態における水準 k^* が存在している場合にのみ成立する。$0 < \psi < 1$ ならば，$bsAa^{1/\psi} < x+n+\delta$ という場合には，この式は成立する。$\psi < 0$ ならば，$bsAa^{1/\psi} > x+n+\delta$ という場合には，この式は成立する。

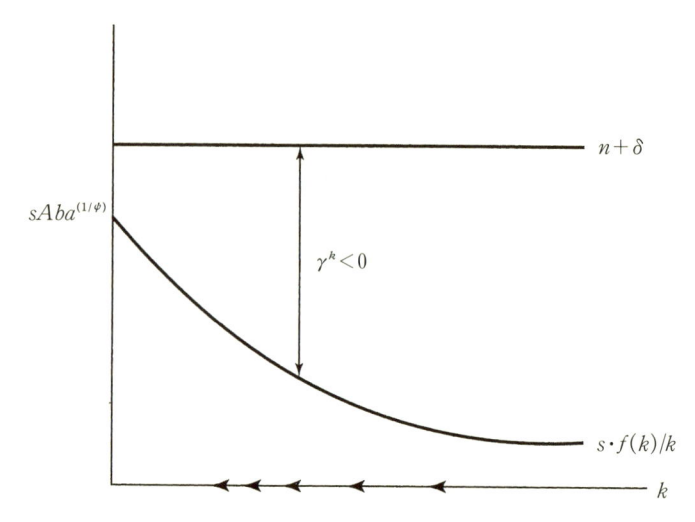

図1.15 $\psi<0$, $sAba^{1/\psi}<n+\delta$ というケースの CES 型モデル

CES 型の生産関数が低い代替の弾力性の値 ($\psi<0$) を持っているならば，$sAba^{1/\psi}<n+\delta$ というケースでは，すべての k の水準で，k の成長率はマイナスになるであろう。

1.4 他の生産関数（他の成長理論）

1.4.1 レオンティエフ型生産関数とハロッド゠ドーマーの議論

新古典派の生産関数より以前に使用されていた生産関数は Leontief (1941) の関数，つまり，次のような固定係数型の関数である。

$$Y=F(K,L)=\min(AK,BL). \tag{1.67}$$

ここで，$A>0$ と $B>0$ は定数である。(1.64) における CES 型で $\psi \to -\infty$ というケースに対応しているこの定式化は，Harrod (1939) と Domar (1946) によって使用されたものである。固定係数の場合には，利用される資本ストックと労働力人口がたまたま $AK=BL$ となっている場合には，すべての労働者と機械が完全雇用・利用されることになる。K と L が $AK>BL$ を満たしている場合，$(B/A)L$ という資本量だけが使用され，残りは未

使用の状態にある。逆に，$AK<BL$ の場合には，労働量 $(A/B)K$ だけが使用され，残りは使用されない。資本と労働の間の非代替性の仮定によって，Harrod と Domar は，資本主義経済では，失業者あるいは未使用の機械が絶えず増大するという形態での望ましくない結果がもたらされることを論じた。ここでは，本章で以前に展開されたツールを使って，ハロッド=ドーマー・モデルの簡単な分析を行うことにする。

(1.67) の両辺を L で割ると，一人当たり産出量に関する次式が得られる。

$$y = \min(Ak, B).$$

$k<B/A$ の場合には，資本は完全利用されており，$y=Ak$ である。したがって，図 1.16 では，この区間での生産関数は原点から出発する傾き A の直線である。$k>B/A$ の場合には，資本量の一部が使用され，Y は労働 L の B 倍である。したがって，労働者一人当たりの産出量 y は，図で $f(k)$ の水平部分で描かれているように，B で一定である。k が無限に増加していくとき，資本の限界生産物 $f'(k)$ は 0 である。したがって，稲田条件の主要なものは満たされており，この生産関数のケースでは，内生的な持続的成長が成立すると期待することはできない。

(1.13) の式を使うと，次の式を得ることができる。

$$\dot{k}/k = s \cdot \min(Ak, B)/k - (n + \delta). \tag{1.68}$$

図 1.17 a と図 1.17 b では，$k \leq B/A$ の場合，最初の項 $s \cdot [\min(Ak, B)]/k$ は sA の水準で水平線になるということが図示されている。$k>B/A$ の場合には，この項は k が無限に増加するとき 0 に近づいていく右下がりの曲線である。(1.68) の第 2 項は $n+\delta$ の水準での通常の水平線である。

まず最初に，図 1.17 a に図示されているように，$sA<n+\delta$ となるように貯蓄率が充分低い水準にあると仮定してみることにしよう。貯蓄曲線 $s \cdot f(k)/k$ は $n+\delta$ 線と交わることはないので，プラスの持続状態の値 k^* は存在することはない。さらに，資本の成長率 $\dot{k}/k$ は常にマイナスであり，その結果，一人当たりで経済は縮小していき，k, y, c は 0 に近づいていく。

したがって，経済は最後には B/A より左方に位置し，永続的でしかも逓増的な失業を経験することになる。

次に，図1.17bで示されているように，$sA>n+\delta$ となるように貯蓄率が充分高い水準にあると想定してみることにしよう。k が無限に増加するにつれて，$s\cdot f(k)/k$ 曲線は 0 に近づいていくので，結局，この曲線は点 $k^*>B/A$ で，$n+\delta$ 線と交わることになる。したがって，経済が $k(0)<k^*$ から出発する場合には，k が B/A に到達するまで，$\dot{k}/k$ は一定値 $sA-n-\delta>0$ に一致している。その点から，$\dot{k}/k$ は $k=k^*$ で 0 になるまで，低下していく。経済が $k(0)>k^*$ から出発するケースでは，当初，$\dot{k}/k$ はマイナスであり，k が k^* に近づくにつれて 0 に漸近していくということができる。

$k^*>B/A$ であるので，持続状態では未使用の機械が存在しているが，失業者は存在しないという特徴が指摘される[訳注22]。持続状態では k は一定であるので，K は L と同様に n の率で成長する。機械のうちで使用されるものの比率は一定にとどまっているので，未使用の機械の量も n の率で増加して

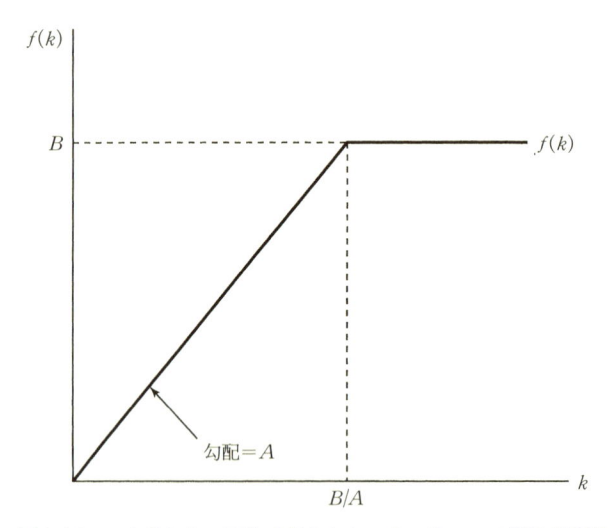

図1.16　一人当たりの変数で表されたレオンティエフ型生産関数

一人当たりの変数で表すと，レオンティエフ型生産関数は $y=\min(Ak,B)$ と表される。$k<B/A$ に対しては，一人当たり産出量は $y=Ak$ と表される。$k>B/A$ に対しては，一人当たりの産出量は $y=B$ になる。

1.4 他の生産関数（他の成長理論）   99

いくことになる（しかし，それにもかかわらず，家計は率 s で貯蓄を継続すると仮定されている）。

すべての資本と労働が雇用されているような持続状態に到達する唯一の方法は，このモデルのパラメータが $sA = n + \delta$ という条件を満足することである。この条件に現れてくる4つのパラメータはすべて外生的なものであるので，この等式が成立する理由は何ら存在していない。したがって，Harrod と Domar の結論は，経済は，たぶん，絶え間のない失業者の増大，あるいは永続的な未使用の機械の増大という2つの好ましくない結果になるであろうということであった。

さて，一般に知られているように，Harrod と Domar の議論には，妥当性を欠いている仮定が幾つか存在している。第1に，ソロー=スワン・モデルでは，Harrod と Domar のパラメータ A（資本の平均生産物）は k に依存しており，持続状態では k は $s \cdot f(k)/k = n + \delta$ という等式が成立するように調整されるということが示されている。第2に，この条件が成立するよう

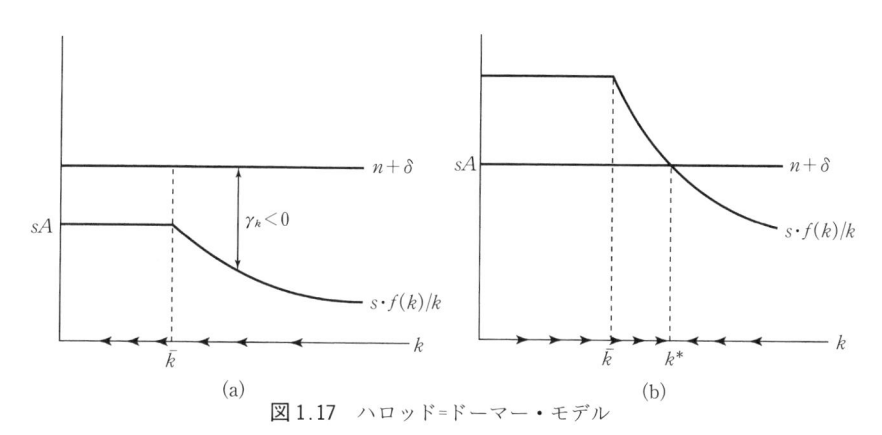

図 1.17 ハロッド=ドーマー・モデル

$sA < n + \delta$ ということが仮定されているパネル (a) では，すべての k について，k の成長率はマイナスである。したがって，経済は $k = 0$ の状態に近づいていく。$sA > n + \delta$ が仮定されているパネル (b) においては，k の成長率は $k < k^*$ に対してはプラスであり，$k > k^*$ に対してはマイナスである。したがって，k^* は安定的な持続状態値である。k^* が B/A を上回っているので，資本ストックの一部は未使用の状態にある。さらに，未使用の資本の量は（K と L とともに）次第に増加することになる。

に，貯蓄率の調整が可能であろう。特に，(次章で仮定されるように)経済主体が効用の最大化を行う場合，資本の限界生産物が0であるときには，一定の率sで継続的に貯蓄を行うことは最適ではないということが明らかになるであろう。このような貯蓄率の調整によって，永続的に未使用の機械が存在するような均衡は排除されることになるであろう。

1.4.2 貧困のワナを伴う成長モデル

経済発展の文献におけるテーマの1つは**貧困のワナ**（poverty trap）に関するものである[37]。貧困のワナは低水準の一人当たり産出量と資本ストックを伴う安定的な持続状態であると考えることができる。このような状態はワナとみなされることができる。その理由は，各経済主体がその状態から脱出しようとしても，経済には低水準の持続状態に復帰する傾向が存在しているからである。

新古典派のモデルでは，資本の平均生産物$f(k)/k$がkの増加とともに低下することを見てきた。しかし，収穫逓増性という特徴を持っているモデル，たとえば，ラーニング・バイ・ドゥーイングとスピル・オーヴァーを伴うモデルでは，資本の平均生産物はkの増加とともに上昇することも注意しておいた。貧困のワナが生起する1つのケースは，経済には，まず，資本の平均生産物の逓減的なkの区間が存在し，その後平均生産物が逓増する領域が生じる場合である（貧困のワナは貯蓄率の一定でないモデルでも生じることがある。Galor and Ryder[1989]を参照せよ）。

ある国において，近代的な技術だけでなく伝統的な技術も利用できるケースを想定することによって，収穫逓増の領域を求めることができる[38]。生産者は次のようなコブ=ダグラス型をしている旧式の生産関数を使用可能であると想定しよう。

---

37) 特に，Lewis（1954）の**ビッグ・プッシュ**・モデルを参照せよ。この考えについてのより現代的な定式化は，Murphy, Shleifer, and Vishny（1989）で提示されている。

1.4 他の生産関数（他の成長理論）

$$Y_A = AK^\alpha L^{1-\alpha}. \tag{1.69}$$

さらに，その国では，それよりも生産性の高い次のような近代的な技術も利用できるとする[39]。

$$Y_B = BK^\alpha L^{1-\alpha}. \tag{1.70}$$

ここで，$B > A$。しかしながら，この生産性の高い技術を利用するには，国全体として，必要な公的インフラあるいは法体系を整備するために，毎期セットアップ・コストを支払わなければならないと仮定される。この費用は労働力人口に比例しており，しかも kL（$b > 0$）で表されていると仮定しよう。さらに，この費用は政府によって支払われ，各労働者に対する税率 b での租税によって資金が調達されると仮定しよう。租税の支払いが（生産者家計の経済では，同じ個人である）生産者によってなされても労働者によってなされるとしても，結果は全く同じである。

労働者一人当たりの変数により，最初の生産関数は次のように表される。

$$y_A = Ak^\alpha. \tag{1.71}$$

セットアップ・コスト控除後で，しかも労働者一人当たりで表された2番目の生産関数は次のように表される。

$$y_B = Bk^\alpha - b. \tag{1.72}$$

これらの生産関数は図 1.18 に図示されている。

政府が（労働者一人当たり b に一致する）セットアップ・コストを支払うことを決定した場合，（各労働者に対する租税 b はとにかく支払われなければならないので）すべての生産者は近代的な技術を使用するであろう。政府

---

[38] 本節は，教育の文脈において2つの技術を使用している Galor and Zeira (1993) の議論を適用したものである。

[39] より一般的に，先進技術の資本集約度は旧式の技術のそれとは異なっているであろう。しかし，このような拡張によって，本質的には違わないのに，計算が複雑になる。

がセットアップ・コストを支払わない場合，すべての生産者は旧式の技術を使用しなければならない．所与の値 k に対して，セットアップ・コスト控除後の測定値で，近代的な技術への転換が労働者一人当たり生産の増加をもたらす場合，賢明な政府はセットアップ・コストの支払いを行うであろう．本節のモデルでは，$\tilde{k}=[b/(B-A)]^{1/\alpha}$ で表される臨界水準を k が上回る場合，このような転換は保証される．k の臨界値はセットアップ・コスト b が増加すると上昇し，生産性パラメータの違い $B-A$ が増加すると減少する．政府は $k \geq \tilde{k}$ となる場合，セットアップ・コストを支払い，$k<\tilde{k}$ の場合，支払わないと仮定することにしよう．

労働者一人当たり資本の成長率は以前と同様に次のようなソロー＝スワン・モデルの基本方程式（1.23）によって表されている．

$$\dot{k}/k = s \cdot f(k)/k - (\delta + n).$$

ここで，$k<\tilde{k}$ ならば，$f(k)=Ak^\alpha$ であり，$k \geq \tilde{k}$ ならば，$f(k)=Bk^\alpha - b$ である．図1.18では，資本の平均生産物 $f(k)/k$ は原点から効率的生産関数に至る線分の傾きで測定される．平均生産物が上昇するような $k \geq \tilde{k}$ の範囲

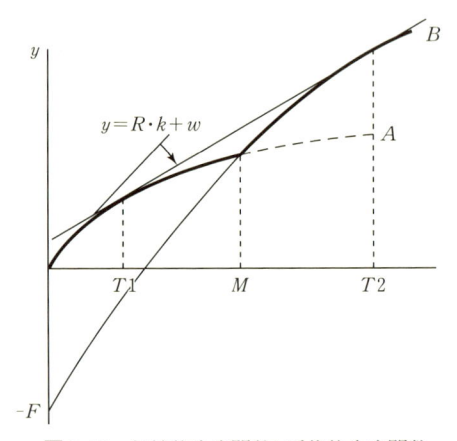

図1.18 伝統的生産関数と近代的生産関数

伝統的生産関数は比較的生産性が低いということができる．近代的生産関数は高い生産性を示しているが，操業のために固定費用が必要だと仮定されている．

が存在することを確認できる。したがって，貯蓄曲線は図 1.19 に描かれている曲線に類似している。つまり，低い水準の k では通常のマイナスの傾きを持っているが，その後，プラスの傾きからなる区間がそれに続き，さらに非常に高い水準の k では再びマイナスの傾きを持っている。

図 1.19 では，$s \cdot f(k)/k$ 曲線は低い持続状態値 k_{low}^* で $n+\delta$ 線と最初に交差するということが図示されている。ただし，ここでは，$k_{\text{low}}^* < \tilde{k}$ と仮定している。この持続状態は，新古典派モデルにおいてよく知られているような性質を持っている。特に，$k < k_{\text{low}}^*$ の場合には，$\dot{k}/k > 0$ であり，$k > k_{\text{low}}^*$ となる少なくともある区間では，$\dot{k}/k < 0$ である。したがって，k_{low}^* は安定的な持続状態である。つまり，それは上述の意味で貧困のワナだということができる。

k の中間領域において収穫逓増的な傾向が非常に強く，その結果，$s \cdot f(k)/k$ 曲線は上昇していき，やがて持続状態値 k_{middle}^* で再度 $n+\delta$ 線と交差することが仮定されている。しかし，この持続状態は，その左側では $\dot{k}/k < 0$ が成立し，右側では $\dot{k}/k > 0$ が成立しているので不安定である。したがって，経済が $k_{\text{low}}^* < k(0) < k_{\text{middle}}^*$ から出発する場合には，k_{low}^* における発展のワナに立ち戻るという自然な傾向が存在している。それに対して，ともかく $k(0) > k_{\text{middle}}^*$ に到達するように適切な政策が行われると，より一層成長し，より高い水準の k に到達する傾向がある。

$k > k_{\text{middle}}^*$ となる領域で，経済において収穫逓減的な傾向が生じ，それにより，$s \cdot f(k)/k$ の充分な低下がもたらされ，やがて持続状態値 k_{high}^* で $n+\delta$ と一致することになる。（高い水準の一人当たり所得に対応しているが，長期的な一人当たり成長が 0 である）この持続状態は，新古典派モデルの研究でよく知られているものである。ワナの水準 k_{low}^* の状態にある低開発経済にとっては，いかにその難局を乗り越え，それによって，いかにして長期的に高水準の一人当たり所得を達成するかということが重要な問題である。

図 1.19 で描かれているモデルから得られる実証的含意の 1 つは，成長率 $\dot{k}/k$ が k の増加関数であり，それゆえ，y の増加関数になっているような（k_{middle}^* のまわりでの）k の中間領域が存在していることである。すなわち，一人当たり所得のこの領域では，発散的パターンが成立している。第 12 章

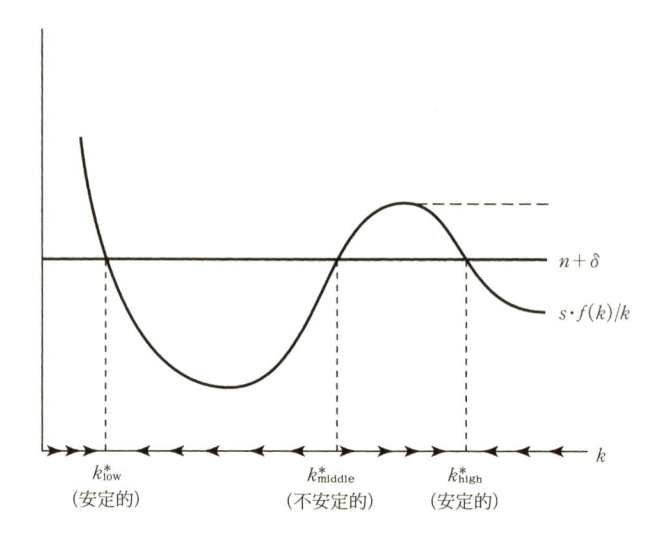

図 1.19　貧困のワナ

　生産関数については，k が低水準にあるときには k に関して収穫逓減性を示し，中間領域の k については，収穫逓増的であり，さらに，k が高水準にあるときには，収穫一定性あるいは収穫逓減性を示すということが仮定されている。したがって，$s \cdot f(k)/k$ 曲線は，低い水準の k については右下がりであり，中間領域の k については右上がりであり，高い水準の k については右下がりの曲線あるいは水平線である。持続状態値 k^*_{low} は安定的であり，したがって，0 と k^*_{middle} の間の k から出発する国については貧困のワナが構成される。ある国が $k > k^*_{\text{middle}}$ から出発する場合，k に関する収穫逓減性が最終的に生起するならば，k^*_{high} に収束していく。曲線の破線の部分で描かれているように，高い水準の k について資本に関する収穫一定性が成立している場合には，その国は k のプラスの長期的成長率の状態に収束していくことになる。

で議論される国家間の実証結果を読むと，この仮説は支持されないということができる。しかし，これらの結果は議論の余地がある（たとえば，Quah (1996) を参照せよ）。

1.5　付論：種々の命題の証明

1.5.1　新古典派的生産関数において各投入物が生産に不可欠であることの証明

　この章の本文で，生産関数の新古典派的な諸性質により，2 つの投入物 K と L の生産に関する不可欠性が成立するということが言及された。この命

1.5 付論：種々の命題の証明

題を証明するために，まず最初に，$K\to\infty$ のとき $Y\to\infty$ となる場合には，

$$\lim_{K\to\infty}\frac{Y}{K}=\lim_{K\to\infty}\frac{\partial Y}{\partial K}=0.$$

ここで，最初の等号はロピタルの法則により成立し，2番目の等号は稲田条件より成立する。K が無限に増大しても，Y が有界である場合には，

$$\lim_{K\to\infty}(Y/K)=0$$

ということが直ちに得られる。さらに，規模に関する収穫一定性により，任意の有限値の L に対して，次式が成立する。

$$\lim_{K\to\infty}(Y/K)=\lim_{K\to\infty}F(1,L/K)=F(1,0).$$

以上のことより，$F(1,0)=0$ となる。したがって，規模に関する収穫一定性により，次のことが成立する。

$$F(K,0)=K\cdot F(1,0)=0 \text{ （任意の有限値の } K \text{ に対して）}.$$

同様の議論によって，任意の有限値の L に対して $F(0,L)=0$ ということを確認することができる。これらの帰結により，各投入物が生産に不可欠だということが証明されたことになる。

いずれかの投入物の量が無限に増加していくと産出量が無限に増加するということを証明するために，次のことに注意しよう。

$$F(K,L)=L\cdot f(k)=K\cdot [f(k)/k].$$

したがって，任意の有限値の K に対して，

$$\lim_{L\to\infty}F(K,L)=K\cdot\lim_{k\to 0}[f(k)/k]=K\cdot\lim_{k\to 0}[f'(k)]=\infty.$$

ここで，後の2つの等号は(生産要素の不可欠性により $f(0)=0$ が成立するので) ロピタルの法則と稲田条件により成立する。同じような議論により，$\lim_{K\to\infty}F(K,L)=\infty$ ということを示すことができる。したがって，いずれかの投入物の量が無限に増加していくと産出量は無限に増加することになる。

1.5.2 ソロー=スワン・モデルにおける収束係数の性質

(1.46) は (1.41) の持続状態の値のまわりでの対数線型近似である。(1.46) を導出するには，$\log(\hat{k})$ を使って (1.41) を書き換えなければならない。$\dot{\hat{k}}/\hat{k}$ は $\log(\hat{k})$ の時間微分であり，$(\hat{k})^{-(1-\alpha)}$ は $e^{-(1-\alpha)\log\hat{k}}$ と書き換えられることに注意しよう。$sA(\hat{k})^{-(1-\alpha)}$ の持続状態値は $x+n+\delta$ に一致している。(1.46) を得るために，$\log(\hat{k}^*)$ のまわりで $\log(\hat{k})$ の一階のテイラー展開を行うことができる。詳細な議論については，本書の最後にある数学付論を参照せよ。この結果は Sala-i-Martin (1990) と Mankiw, Romer, and Weil (1992) で提示されている。

$\hat{k}$ あるいは $\hat{y}$ の真の収束速度は一定ではない。それは持続状態からの距離に依存している。$\hat{y}$ の成長率は次のように表すことができる。

$$\dot{\hat{y}}/\hat{y} = \alpha[s \cdot A^{1/\alpha} \cdot (\hat{y})^{-(1-\alpha)/\alpha} - (x+n+\delta)].$$

条件 $\hat{y}^* = A[sA/(x+n+\delta)]^{\alpha/(1-\alpha)}$ を使用すると，成長率を次のように表現することができる。

$$\dot{\hat{y}}/\hat{y} = \alpha \cdot (x+n+\delta) \cdot [(\hat{y}/\hat{y}^*)^{-(1-\alpha)/\alpha} - 1].$$

収束係数は次のようになる。

$$\beta = -d\dot{\hat{y}}/\hat{y}/d[\log(\hat{y})] = (1-\alpha)(x+n+\delta)(\hat{y}/\hat{y}^*)^{-(1-\alpha)/\alpha}$$

持続状態では，$\hat{y} = \hat{y}^*$，しかも，(1.45) と同様に，$\beta = (1-\alpha)(x+n+\delta)$ となる。より一般的には，$\hat{y}/\hat{y}^*$ が上昇するにつれて β は低下することになる。

1.5.3 技術進歩が労働増加的でなければならないということの証明

モデルにおいて，一定の成長率を持っている持続状態が存在するためには，技術進歩が (1.34) で示されているように労働増加的でなければならないということが本文で言及された。この帰結を証明するために，まず最初に，労働増加的な技術進歩と資本増加的な技術進歩を伴う次の生産関数を仮定しよう。

$$Y = F[K \cdot B(t), L \cdot A(t)]. \tag{1.73}$$

ここで，$B(t) = A(t)$ という場合には，技術進歩はヒックス中立的である。

$A(t) = e^{xt}$，$B(t) e^{zt}$ と仮定しよう。ここで，$x \geq 0$，$z \geq 0$ は定数である。(1.73) の両辺を K で割ると，資本1単位当たりの産出量を次のように表すことができる。

$$Y/K = e^{zt} \cdot F[1, L \cdot A(t)/(K \cdot B(t))] = e^{zt} \cdot \psi[(L/K) \cdot e^{(x-z)t}].$$

ここで，$\psi(\cdot) \equiv F[1, L \cdot A(t)/(K \cdot B(t))]$ と定義されている[訳注23]。人口 L は一定の率 n で成長すると仮定している。γ_K^* が持続状態における K の一定の成長率だとすると，Y/K の式は次のように表される。

$$Y/K = e^{zt} \cdot \psi[e^{(n+x-z-\gamma_K^*)t}]. \tag{1.74}$$

K の成長率は次のように表されることを思い出すことにしよう。

$$\dot{K}/K = s \cdot (Y/K) - \delta.$$

持続状態では，$\dot{K}/K$ は γ_K^* に一致することになり，その結果，Y/K は一定にならなければならない。(1.74) の右辺が一定になる2つの方法が存在している。第1の方法は，$z = 0$，$\gamma_K^* = n + x$，すなわち，技術進歩は労働増加的なもののみであり，持続状態における資本の成長率は $n + x$ となることである。この場合，生産関数は (1.34) の形で表すことができる。

(1.74) の右辺が一定値になるための第2の方法は，$z \neq 0$ で，しかも，項 $\psi[e^{(n+x-z-\gamma_K^*)t}]$ が完全に項 e^{zt} と相殺し合うことである。このケースが成立するためには，(提示されている持続状態で) 時間に関する Y/K の微分が恒等的に 0 にならなければならない。(1.74) の両辺の対数をとり，t で微分し，左辺を 0 とおき，項の整理を行うと，次式が成立する。

$$\psi'(\chi) \cdot \chi / \psi(\chi) = -z / (n + x - z - \gamma_K^*).$$

ここで，$\chi \equiv e^{(n+x-z-\gamma_K^*)t}$，しかも右辺は定数である。積分を行うと，次のように解を表すことができる[訳注24]。

$$\psi(\cdot)=(\text{定数})\cdot\chi^{1-\alpha}.$$

ここで，α は定数である．この結果により，生産関数は次のように表される[訳注25]．

$$Y=(\text{定数})\cdot(Ke^{zt})^{\alpha}\cdot(Le^{xt})^{1-\alpha}=(\text{定数})K^{\alpha}(Le^{\nu t})^{1-\alpha}.$$

ここで，$\nu=[z\alpha+x(1-\alpha)]/(1-\alpha)$．言い換えると，資本増加的な技術進歩率 z が 0 ではなく，持続状態が存在する場合には，生産関数はコブ=ダグラス型でなければならない．さらに，生産関数がコブ=ダグラス型だとすると，常に，技術進歩を（上述の ν の率での）純粋に労働増加的な形で表現することができる．したがって，持続状態の存在性により，技術進歩は労働増加的な形で表すことができるという結論が得られたことになる．

技術進歩についてのもう1つのアプローチでは，後で生産される（すなわち，より最近の**ヴィンティッジ**の）資本財ほど，コストを所与として，品質が良くなるということが仮定されている．$T(t)$ に従って品質の改良がなされるとすると，このヴィンティッジ・モデルにおける資本蓄積方程式は次のように与えられる．

$$\dot{K}=s\cdot T(t)F(K,L)-\delta K. \tag{1.75}$$

ここで，K は一定の品質の単位で測定されているものとする．この方程式は生産関数に $T(t)$ で与えられるヒックス中立的技術進歩が導入されているケースに相応している．標準的な定式化との唯一の違いは産出量が $Y=T(t)\cdot F(K,L)$ ではなく，$Y=F(K,L)$ で表されていることである．

持続状態が存在するモデルを使おうとする場合には，上述のケースと同様に，$F(K,L)$ はコブ=ダグラス型であるということを仮定しなければならない．その場合，ヴィンティッジ・モデルの主要な性質は技術進歩が労働増加的であるような（本文で検討された）モデルのものと区別がつかなくなるであろう（詳細な議論については Phelps[1962] と Solow[1969] を参照せよ）．ヴィンティッジ・モデルにおける唯一の違いは，持続状態では K と Y はそれぞれ一定の率で成長するが，（一定の品質の単位での）K の成長率は Y の成長率

1.5.4 CES 型生産関数の性質

代替の弾力性は等量線の曲率の尺度である。等量線の傾きは次のように与えられる。

$$\left.\frac{dL}{dK}\right|_{\text{等量線}} = -\frac{\partial F(\cdot)/\partial K}{\partial F(\cdot)/\partial L}.$$

また，代替の弾力性は次のように定義される。

$$\left[\frac{\partial(\text{傾き})}{\partial(L/K)} \cdot \frac{L/K}{\text{傾き}}\right]^{-1}.$$

さて，(1.64) で表されている CES 型の生産関数については，等量線の傾きは次のように与えられる。

$$-(L/K)^{1-\psi} \cdot a \cdot b^{\psi} / [(1-a)(1-b)^{\psi}].$$

したがって，代替の弾力性は $1/(1-\psi)$（一定値）になる。

次に，ψ が 0 に近づくときの生産関数の極限を求めることにしよう。(1.64) を使うと，$\lim_{\psi \to 0}[\log(Y)] = \log A + 0/0$ となる。この式には不定形の極限値が含まれている。ロピタルの法則を適用すると次式が得られる。

$$\lim_{\psi \to 0}[\log(Y)] = \log(A) + \left[\frac{a(bK)^{\psi} \cdot \log(bK) + (1-a)[(1-b)L]^{\psi} \cdot \log[(1-b)L]}{a(bK)^{\psi} + (1-a)[(1-b) \cdot L]^{\psi}}\right]_{\psi=0}$$
$$= \log(A) + a \cdot \log(bK) + (1-a) \cdot \log[(1-b) \cdot L].$$

このことより，$Y = \tilde{A} K^a L^{1-a}$ ということが成立する。ここで，$\tilde{A} = A b^a (1-b)^{1-a}$。したがって，$\psi$ が 0 に近づいていくと，CES 型の生産関数はコブ=ダグラス型に漸近していくことが確認された。

問　題

1.1　収束性
(a) 絶対的収束性，条件付き収束性，および種々のグループの間の一人当たり実質所得の分散の程度の低下の違いについて説明しなさい。

(b) どのような状況のもとで，絶対的収束性によって，一人当たり所得の分散の程度の低下が保証されるか。

1.2　技術進歩のタイプ　　外生的技術進歩の率が一定であると仮定しよう。
(a) 技術進歩が労働増加的である場合に限って，持続状態が技術進歩のケースで存在するということを示しなさい。さらに，この帰結の直感的含意は何か。

(b) 生産関数が $Y = F[B(t)K, A(t)L]$ で表されていると仮定しよう。ここで，$B(t) = e^{zt}$，$A(t) = e^{xt}$，$z \geq 0$，$x \geq 0$ とする。$z > 0$ でしかも持続状態が存在する場合には，この関数はコブ=ダグラス型でなければならないということを示しなさい。

1.3　貯蓄率，人口の成長率，資本減耗率の資本集約度に対する依存性　　生産関数は新古典派的な特性を持っているものとしよう。
(a) 一般的に貯蓄率は何故 k に依存するか（直感的含意を示しなさい。正確な解答は第2章で与えられる）。

(b) $s(k)$ が k の増加関数である場合には，収束速度はどのように変化するか。$s(k)$ が k の減少関数である場合には，どのようになるか。

次に，AK 型の生産関数について考察しよう。

(c) この場合，貯蓄率 s は何故 k に依存するか。

(d) $s(k)$ が k の増加関数であるか，減少関数であるかに依存して，k の成長率は通時的にどのように変化するか。

(e) 人口の成長率 n が k に依存していると仮定しよう。AK 生産関数が採用されている場合，このモデルにおいて収束性が成立するためには，n と k の間にどのような関係がなければならないか。このように，n が k に関係づけられる理由を考えることができるか（n の決定については，第9章で

(f) 資本減耗率 δ に関して(e)の設問を再度検討しなさい。何故，δ は k に依存するといえるか。

1.4 貯蓄率の上昇の効果 次の主張を考えなさい：国民生産物のうちの投資へのシェアの上昇によって，急速な生産性の成長と生活水準の上昇の回復がなされる。どのような条件のもとで，この主張は正しいといえるか。

1.5 要素シェア 新古典派的な生産関数を前提として，各生産要素にはその限界生産物に等しい報酬がもたらされるということを示しなさい。資本の所有者がその所得をすべて貯蓄し，労働者はその所得をすべて消費に振り向ける場合には，経済において，資本蓄積の黄金律が達成されるということを示しなさい。また，結果について説明しなさい。

1.6 ソロー=スワン・モデルにおける歪み（Easterly [1993] に基づくモデル）
産出物は次の CES 型の生産関数によって生産されると仮定しよう。

$$Y=[(a_F K_F^\eta + a_I K_I^\eta)^{\phi/\eta} + a_G K_G^\phi]^{1/\phi}.$$

ここで，Y は産出量，K_F は課税の対象とされる公式の資本，K_I は課税を回避する非公式の資本，K_G は政府によって供給され，すべての生産者によって自由に使用される公共資本である。さらに，a_F，a_I，$a_G > 0$；$\eta < 1$，$\phi < 1$。据え付けられた公式の資本と非公式の資本は，その立地と所有形態の点で違いがあり，したがって，生産性の点で異なっているものとする。

産出物は1対1のベースで消費あるいは3つのタイプの資本の粗投資に使用される。3つの資本のいずれも率 δ で減耗する。人口は一定であり，技術進歩は存在しないものとする。

公式の資本は据え付けの時点で率 τ で課税される。したがって，（産出物の単位で）公式の資本の価格は $1+\tau$ である。非公式の資本1単位の価格は1である。公共資本に対する粗投資は税収の一定割合 s_G である。使用されない税収は一括的に家計に払い戻される。2つのタイプの私的資本の投資額の合計は所得マイナス租税プラス移転の一定割合 s である。存在している私的資本は公式の資本と非公式の資本の間のいずれの方向へも

1対1のベースで変換可能である。
(a) 利潤最大化を行う企業によって使用される公式の資本に対する非公式の資本の比率を求めなさい。
(b) 持続状態では，3つのタイプの資本は同じ率で成長する。持続状態における公式の資本に対する産出量の比率は何か。
(c) この経済での持続状態における成長率はどのような値か。
(d) 数値的シミュレーションによると，妥当なパラメータの値のもとでは，税率τに対する成長率のグラフは，最初急速に上昇し，ピークに達し，やがて次第に低下していくことが確認されている。成長率と税率の間のこのような単調でない関係について説明しなさい。

1.7 生産関数が直線のケース

生産関数が$Y=AK+BL$で与えられているとしよう。ここで，AとBはプラスの定数である。
(a) この生産関数は新古典派的か。この関数は新古典派的生産関数のどの条件を満足し，どの条件を満足しないか。
(b) 一人当たり産出を一人当たり資本の関数として表しなさい。kの限界生産物はどのようになるか。kの平均生産物はどのようになるか。
　以下では，人口は一定の率nで成長し，資本は一定の率δで減耗すると仮定しよう。
(c) ソロー=スワン・モデルの基本方程式を求めなさい。
(d) いかなる条件のもとで，このモデルには一人当たり資本の成長がゼロである持続状態が存在し，いかなる条件のもとで，このモデルにおいて内生的成長が可能か。
(e) 内生的成長のケースにおいて，資本ストックの成長率は通時的にどのようなものになるか（すなわち，それは上昇するか，あるいは減少するか）。一人当たり産出量の成長率と一人当たり消費の成長率はどのようになるか。
(f) $s=0.4, A=1, B=2, \delta=0.08, n=0.02$である場合，この経済の長期的成長率はどのような値か。$B=5$である場合，それはどのような値か。違いを説明しなさい。

1.8 技術進歩のタイプと持続的成長

次のような CES 型の生産関数をもっている経済を考えることにしよう。

$$Y = D(t) \cdot \{[B(t) \cdot K]^\psi + [A(t) \cdot L]^\psi\}^{1/\psi}.$$

ここで，ψ はゼロではない一定のパラメータである。項 $D(t), B(t), A(t)$ は異なったタイプの技術進歩を表している。これらの 3 つの項の成長率は一定であり，それぞれ x_D, x_B, x_A で表されるものとする。人口は $L=1$ で一定であるとし，しかも 3 つの技術の初期水準を 1 に基準化しよう。したがって，$D(0) = B(0) = A(0) = 1$。この経済において，資本は通常の式に従って資本の蓄積が行われる。

$$\dot{K} = Y - C - \delta K.$$

(a) （すべての変数の成長率が一定であり，おそらく成長率は異なっている）持続状態において，Y, K, C の成長率が同じになることを確認しなさい。

(b) $x_A = x_B = 0, x_D >$ と仮定しよう。持続状態では，$\gamma_K = 0$（したがって，$\gamma_Y = \gamma_C = 0$）でなければならないことを示しなさい。（ヒント：最初に $\gamma_Y = x_D + \dfrac{[K_0 e^{\gamma_K t}]^\psi}{1 + [K_0 e^{\gamma_K t}]^\psi} \cdot \gamma_K$ ということを示しなさい）

(c) (a)と(b)の結果を使用すると，持続状態と整合的な $D(t)$ の唯一の成長率は何か。したがって，持続状態における Y の成長率は何か。

(d) $x_D = x_A = 0, x_B > 0$ と仮定しよう。持続状態では，$\gamma_K = -x_B$ となることを示しなさい。（ヒント：最初に $\gamma_Y = (x_B + \gamma_K) \cdot \dfrac{[K_t \cdot B_t]^\psi}{1 + [K_t \cdot B_t]^\psi}$ を示しなさい）

(e) (a)と(d)の結果を使用して，持続状態と整合的な B の唯一の成長率は $x_B = 0$ であることを示しなさい。

(f) 最後に $x_D = x_B = 0, x_A >$ と仮定しよう。持続状態では，成長率は $\gamma_K = \gamma_Y = \gamma_C = \gamma_D$ を満足しなければならないことを示しなさい。（ヒント：最初に $\gamma_Y = \dfrac{K_t^\psi \cdot \gamma_K + A_t^\psi \cdot x_A}{K_t^\psi + A_t^\psi}$ を示しなさい）

(g) 人口は一定ではなく，率 $n > 0$ で成長する場合，(f)における持続状態における成長率はどのようになるであろうか。

訳　注

1) 新古典派的生産関数については，さらに，次の条件が暗黙のうちに仮定されている。
   (1) $F(K,L): R_+^2 \to R$ は連続関数である。
   (2) $F(K,L): \mathring{R}_+^2 \to R$ は2回連続微分可能である。
2) ここで，$\lim_{K \to 0} \dfrac{\partial F}{\partial K} = \infty$ ということは，Lを所与として，
   $$\lim_{K \to 0} \frac{\partial F(K,L)}{\partial K} = \infty$$
   という意味である。他のケースも同様の意味で使用されている。
3) 持続状態（steady state）の定義は重要なので，言及しておくことにする。すべての変数（もとの水準変数および一人当たりの変数を含めて）が一定の率で成長するような経路のことを，通常，持続状態と呼んでいる。
4)

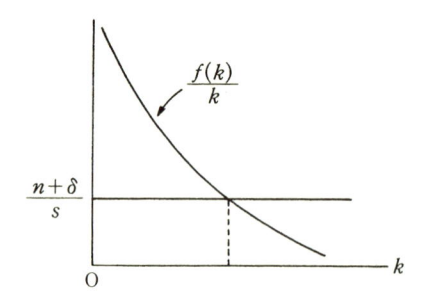

次のことが成立しているので，$k>0$の領域で，$\dfrac{f(k)}{k} = \dfrac{n+\delta}{s}$ となるkの存在性は中間値の定理により保証される。
   (1) $\dfrac{f(k)}{k}$ は $k>0$ の領域で連続関数である。
   (2) $\lim_{k \to 0} \dfrac{f(k)}{k} = +\infty$, $\lim_{k \to \infty} \dfrac{f(k)}{k} = 0$.

さらに，$\dfrac{f(k)}{k}$ は狭義の単調減少関数であるので，$\dfrac{f(k)}{k} = \dfrac{n+\delta}{s}$ となるkの一意性も示される。

5) 二階の条件の成立もチェックしておくことにする。
$$\begin{aligned}\frac{d^2 c^*(s)}{ds^2} &= f''(k^*(s))\left\{\frac{dk^*(s)}{ds}\right\}^2 + f'(k^*(s))\frac{d^2 k^*(s)}{ds^2} - (n+\delta)\frac{d^2 k^*(s)}{ds^2} \\ &= f''(k^*(s))\left\{\frac{dk^*(s)}{ds}\right\}^2 + \{f'(k^*(s)) - (n+\delta)\}\frac{d^2 k^*(s)}{ds^2}.\end{aligned}$$

訳　注　　115

ここで，(1.21) を最大にする s を s_{gold} と記し，$k_{\text{gold}}=k^*(s_{\text{gold}})$ と記すと，(1.22) より，次のことが成立する。
$$\left.\frac{d^2 c^*(s)}{ds^2}\right|_{s=s_{\text{gold}}} = f''(k_{\text{gold}})\left\{\left.\frac{dk^*(s)}{ds}\right|_{s=s_{\text{gold}}}\right\}^2 < 0.$$

6) 持続状態 k_2^* にとどまっている場合には，各時点で，c_2^* の一人当たり消費がもたらされる。ところが，t_0 時点で貯蓄率が s_{gold} に恒久的に引き下げられたとすると，k_2^* から出発する経路は持続状態 k_{gold} に漸近していき，それに付随する一人当たりの消費経路 AB は図のように描かれる。

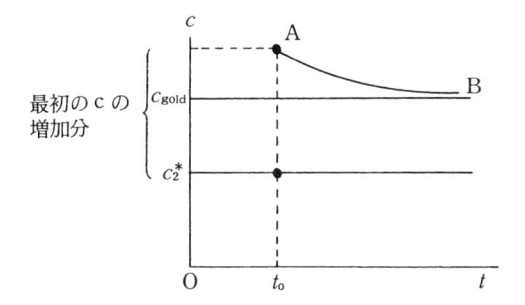

したがって，c_2^* に恒久的にとどまる消費経路は，$[0, t_0)$ については c_2^* に位置し，その後，消費経路 AB に沿う実行可能な経路によって追い越されることになる。

7) このケースも訳注 6 で言及されたように考えればよい。いま，貯蓄率 s_1 を所与として，持続状態 k_1^* に位置しているとしよう。s_1 を，t_0 時点で，s_{gold} に恒久的に引き上げたとしよう。そのとき，最初，一人当たり消費は，$f(k_1^*) - s_1 f(k_1^*)$ から $f(k_1^*) - s_{\text{gold}} f(k_1^*)$ に減少するが，k は k_{gold} に漸近していき，一人当たりの消費経路も c_{gold} に漸近していく。

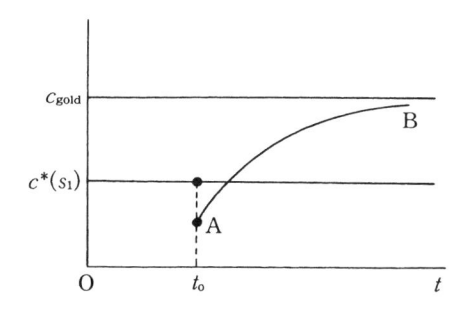

したがって，$c^*(s_1)$ に恒久的にとどまる経路と，$[0, t_0)$ において $c^*(s_1)$ にとどまり，$[t_0, \infty)$ については消費経路 AB に沿っていく変更後の経路とは単純な比較は不可能である。

8) (1.24) の資本シェアについては次のことを参照せよ。
$$\frac{kf'(k)}{f(k)} = \frac{Lkf'(k)}{Lf(k)} = \frac{KF_K(K,L)}{F(K,L)}.$$

9) y の成長率を γ_y と表す。ここでは，記号の簡単化のため，独立変数は明示しないでおく。
$$\begin{aligned}\frac{d\gamma_y}{dk} &= sf'' - (n+\delta)\frac{d}{dk}\left\{\frac{kf'}{f}\right\} \\ &= sf'' - (n+\delta)\left[\frac{f'f}{f^2} + \frac{kf''}{f} - \frac{kf'^2}{f^2}\right] \\ &= \frac{f''\cdot k}{f}\left\{s\frac{f}{k} - (n+\delta)\right\} - (n+\delta)\frac{f'}{f}\left[1 - \frac{kf'}{f}\right] \\ &= \frac{f''\cdot k}{f}\cdot\gamma_k - \frac{(n+\delta)f'}{f}\left[1 - \mathrm{Sh}(k)\right].\end{aligned}$$

(ここで, $\mathrm{Sh}(k) = \dfrac{k\cdot f'(k)}{f(k)}$)

10) $\beta > 0$ を所与として，k^* の閉近傍 $[k^*-\beta, k^*+\beta]$ を考えることにする。

(1) $\dfrac{(n+\delta)f'(k)}{f(k)}[1 - \mathrm{Sh}(k)]$ は k の連続関数であるので，その閉近傍において最小値が存在する。それをMとする。ここで，$M > 0$。

(2) 同様に，$\dfrac{f''(k)k}{f(k)}$ の上記の閉近傍における最大値をmとする。ここで，$m < 0$。

任意の $k \in [k^*-\beta, k^*+\beta]$ に対して，
$$m\gamma_k(k) - M \geq \frac{d\gamma_y(k)}{dk}.$$
ここで，$k \to k^* \Rightarrow \gamma_k(k) \to 0$ であるので，k を k^* に充分近づけると，
$$\frac{d\gamma_y(k)}{dk} < 0$$
ということが成立する。

11) (1.31) を変形すると，
$$\log(y_{it}/y_{i,t-1}) = \log(y_{it}) - \log(y_{i,t-1}) = a - b\log(y_{i,t-1}) + u_{it}.$$
したがって，
$$\frac{d\log(y_{it}/y_{i,t-1})}{d\log(y_{i,t-1})} = -b < 0.$$

12) この点は次の図から明らかである。

訳　注　　　　　　　　　　117

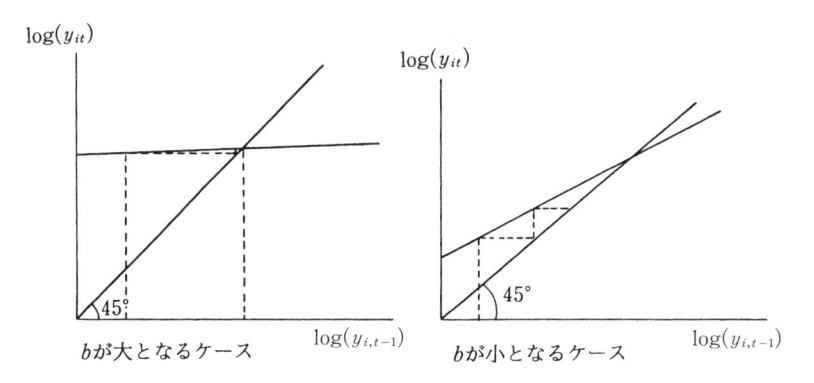

```
log(y_it)                          log(y_it)

         45°                               45°
   bが大となるケース   log(y_{i,t-1})    bが小となるケース   log(y_{i,t-1})
```

13) (1.31) より，次のことが成立する。
$$\frac{1}{N}\{\sum_i \log(y_{it})\} = a+(1-b)\frac{1}{N}\{\sum_i \log(y_{i,t-1})\}+\frac{1}{N}\sum_i u_{it}.$$
ここで，$\frac{1}{N}\sum_i u_{it} = 0$（大数の法則）であるので，
$$\mu_t = a+(1-b)\mu_{t-1}.$$
したがって，
$$(\log(y_{it})-\mu_t)^2 = \{(1-b)(\log(y_{i,t-1})-\mu_{t-1})+u_{it}\}^2$$
$$= (1-b)^2(\log(y_{i,t-1})-\mu_{t-1})^2 +$$
$$2(1-b)(\log(y_{i,t-1})-\mu_{t-1})u_{it}+u_{it}^2.$$
$$D_t = (1-b)^2 D_{t-1}+2(1-b)\frac{1}{N}\sum_i\{\log(y_{i,t-1})-\mu_{t-1}\}u_{it}+\frac{1}{N}\sum_i u_{it}^2.$$
ここで，u_{it} の平均値が 0（大数の法則）であるので，
$$\frac{1}{N}\sum_i u_{it}^2 \cong \sigma_u^2.$$
したがって，
$$D_t \cong (1-b)^2 D_{t-1}+\sigma_u^2.$$

14) $D^* = (1-b)^2 D^* + \sigma_u^2$
であるので，
$$D_t - D^* = (1-b)^2 (D_{t-1}-D^*)$$
$$= (1-b)^2(1-b)^2(D_{t-2}-D^*) = (1-b)^4(D_{t-2}-D^*)$$
$$= (1-b)^{2t}(D_0-D^*).$$

15) Galton の誤謬についてのこの例について若干言及しておくことにする。たとえば，それぞれの家庭の収束のスピードが同じで，それぞれの家庭の収束する値の分布の分散の程度が以前と同じになっている場合，確かに，この誤謬が成立する。

16) 文献によって，資本節約的，労働節約的という用語は幾つかの異なった意味で使用されている。注意が必要である。

17) $\dot{\hat{k}}/\hat{k}$ は次のように表される。
$$\dot{\hat{k}}/\hat{k} = sA\hat{k}^{-(1-\alpha)} - (x+n+\delta)$$
$$= sAe^{-(1-\alpha)\log\hat{k}} - sAe^{-(1-\alpha)\log\hat{k}^*}.$$
ここで，$G(\log\hat{k}) = sAe^{-(1-\alpha)\log\hat{k}}$ とおくと，
$$\frac{dG(\log\hat{k})}{d\log\hat{k}} = -sA(1-\alpha)e^{-(1-\alpha)\log\hat{k}}.$$
上記の $\dot{\hat{k}}/\hat{k}$ の式の右辺を $\log\hat{k}^*$ のまわりでテイラー展開を行うことにしよう。
$$\dot{\hat{k}}/\hat{k} = G(\log\hat{k}) - G(\log\hat{k}^*)$$
$$\cong G'(\log\hat{k}^*)(\log\hat{k}-\log\hat{k}^*)$$
$$= -sA(1-\alpha)e^{-(1-\alpha)\log\hat{k}^*}[\log(\hat{k}/\hat{k}^*)]$$
$$= -(1-\alpha)sA\hat{k}^{*-(1-\alpha)}[\log(\hat{k}/\hat{k}^*)]$$
$$= -(1-\alpha)(x+n+\delta)[\log(\hat{k}/\hat{k}^*)].$$

18) $\hat{y} = A\hat{k}^\alpha$，$\hat{y}^* = A\hat{k}^{*\alpha}$ であるので，
$$\log(\hat{y}/\hat{y}^*) = \log(\hat{k}/\hat{k}^*)^\alpha = \alpha\log(\hat{k}/\hat{k}^*).$$

19) $\log\hat{y}(t) - \log\hat{y}^* = X(t)$ とおくと，(1.47) は次のように書き換えることができる。
$$\frac{d}{dt}X(t) = -\beta^*X(t).$$
したがって，$X(0) = \log\hat{y}(0) - \log\hat{y}^*$ を初期値とするこの微分方程式の解は次のように表される。
$$X(t) = e^{-\beta^*t}X(0), \text{ つまり,}$$
$$\log\hat{y}(t) - \log\hat{y}^* = e^{-\beta^*t}(\log\hat{y}(0) - \log\hat{y}^*).$$

20) $\log\hat{y}(t) = \log\hat{y}^* - e^{-\beta^*t}(\log\hat{y}^* - \log\hat{y}(0))$.
この式より，
$$e^{-\beta^*t} = \frac{1}{2}$$
とすると，
$$\beta^*t = \log 2.$$
このことより，
$$t = \frac{\log 2}{\beta^*} = \frac{0.69}{0.05} \cong 14.$$
同様に，$e^{-\beta^*t} = \frac{1}{4}$ とおくことにしよう。そのとき，
$$\beta^*t = 2\times 0.69.$$
したがって，$t = \frac{2\times 0.69}{0.05} \cong 28.$

21) 内生的成長の可能性を考察する場合，実行可能な経路についての厳密な定義は重要である。その意味で，ここでは，AK モデルのケースをも含んで広く実行可能性を規定する必要がある。

22) $\frac{K^*(t)}{L^*(t)} = k^*$ とし，次のことが成立するとしよう。

訳　注　　　　　　　　　　　　119

$\dfrac{K^*(t)}{L^*(t)} > \dfrac{B}{A}$，つまり，$AK^*(t) > BL^*(t)$.

したがって，労働者は完全雇用の状態にあり，そのときの生産量は $BL^*(t)$ である。

そのとき，$\hat{K}(t) = \dfrac{B}{A} L^*(t)$ のみが使用され，残りの $K^*(t) - \hat{K}(t) = k^* L^*(t)$

$- \dfrac{B}{A} L^*(t) = \left(k^* - \dfrac{B}{A}\right) L^*(t)$ が未使用である。

23) ここでは，$L(0) = 1, K(0) = 1$ ということが仮定されている。

24) $\dfrac{\psi'(\chi)}{\psi(\chi)} = -\dfrac{z}{(n+x-z-r_k^*)} \dfrac{1}{\chi}$.

したがって，$\int \dfrac{\psi'(\chi)}{\psi(\chi)} d\chi = -\dfrac{z}{(n+x-z-r_k^*)} \int \dfrac{1}{\chi} d\chi$.

∴ $\log \psi(\chi) = -\dfrac{z}{(n+\chi-z-r_k^*)} \log \chi$.

25) ここでは，持続状態に限定して議論が展開されている。

$Y = K e^{zt} \psi[e^{(n+x-z-r_k^*)t}]$

$\quad =$（定数）$e^{r_k^* t} e^{zt} \{e^{(n+x-z-r_k^*)t}\}^{1-\alpha}$

$\quad =$（定数）$e^{r_k^* t} e^{zt} \{e^{-(z+r_k^*)t}\}^{1-\alpha} \{L(t) e^{xt}\}^{1-\alpha}$

$\quad =$（定数）$\{K(t) e^{zt}\}^\alpha \{L(t) e^{xt}\}^{1-\alpha}$.

第 2 章

消費者の最適化を伴う成長モデル
(ラムゼイ・モデル)

　第1章で分析されたモデルの欠点の1つは，貯蓄率（それゆえ，所得に対する消費の比率）が外生的で，しかも一定であるということである。消費者が最適に行動できなかったので，前章の分析では，種々のインセンティブが経済にどのように影響を及ぼすかについて論じることは不可能であった。特に，経済が利子率，税率，あるいはその他の変数にどのように反応するかについて考察できなかった。第1章では，企業が最適に行動できるように設定を変更しても，ソロー=スワン・成長モデルの基本的な帰結はなんら変わらないことが確認された。その主な理由は，経済の総投資量は依然として家計の貯蓄によって与えられ，しかも貯蓄は外生的なものに留まっていたからである。

　経済の成長プロセスについてのより完全な描写を行うために，競争的市場において相互に影響しあっている最適行動主体の家計と企業によって消費経路と貯蓄率が決定されるように修整する必要がある。本章では，通時的な予算制約条件のもとで，その家系の効用を最大にするように消費と貯蓄の選択を行おうとする無限生存家計が取り扱われる。消費者行動に関するこの定式化は Ramsey(1928) によって設定され，Cass(1965) と Koopmans(1965) によって彫琢されたラムゼイ・モデルの主要な要素である。

　本章で得られる帰結の1つは，貯蓄率は一般的に一定ではなく，一人当たり資本ストック k の関数であるということである。そのために，ソロー=スワン・モデルが次の2点で修整される。第1に，貯蓄率の平均水準が明確にされる。第2に，経済の発展過程で貯蓄率が上昇するか低下するかが決定される。さらに，貯蓄率が利子率と資産，さらに後の章では，税率と補助金に

どのように依存しているかを検討する。

貯蓄率の平均水準は特に持続状態における種々の変数の水準の決定にとって重要である。特に，ラムゼイ・モデルにおける最適条件によって，ソロー=スワン・モデルにおいて可能であった非効率な過剰貯蓄というケースが排除されることになる。

経済発展に伴って，貯蓄率が上昇したり，低下する傾向は，移行動学に対して，たとえば，持続状態への収束速度に対して影響を及ぼすことになる。k の上昇に伴って貯蓄率が上昇する（低下する）場合には，収束速度はソロー=スワン・モデルのケースよりも低速（高速）である。しかし，貯蓄率が上昇している場合にも，ラムゼイ・モデルにおいて，かなり一般的な条件のもとで収束性が成立することになる。すなわち，経済は，持続状態からの距離が大となるほど，一人当たり資本ストックの点で早く成長する傾向にあるということができる。

一定の貯蓄率を持つソロー=スワン・モデルはラムゼイ・モデルの特殊ケースであることが示される。さらに，このケースは妥当な一連のパラメータに対応しているということも確認される。したがって，最適化を伴うモデルに対する（処理が容易な）近似的モデルとして，ソロー=スワン・モデルから分析を開始したのは意味があるということができる。しかし，持続状態への移行の過程で，一人当たり所得の増加に伴って，貯蓄率も一般的に上昇することが実証的データによって示唆されることにも注意しよう。ラムゼイ・モデルはこのようなパターンと矛盾がなく，しかも，このモデルでは，移行動学に対するこのような貯蓄の動きの関係が検討可能になる。さらに，最適化を伴うモデルは，ラムゼイ・モデルが種々の点で一般化され，政府の政策の可能な役割が検討されるときに，以下の章で不可欠なものになるであろう。一般的に，そのような政策は貯蓄動機に影響を及ぼすであろう。

2.1 家　　計

2.1.1 モデルの設定

ここで設定される経済では，家計は賃金と交換に労働サービスを提供し，

資産から利子所得を受け取り，消費のために財を購入し，追加的な資産を蓄積することによって貯蓄を行うことになる．基本モデルでは，全く同じ多数の家計の存在が仮定される．すなわち，各家計は同一の選好パラメータを持ち，（すべての労働者の生産性は同じであるとしているので）同一の賃金率に直面し，一人当たり同額の資産を持って生涯を開始し，しかも同一の人口成長率を持っていると仮定する．これらの仮定を所与として，以下の分析では（均衡が単一の家計の選択から導出される）通常の代表的主体のフレームワークが使用される．種々の次元の家計の異質性が考慮されるときに，帰結がどのように拡張されるかを後の節で議論する．

各家計には，現世代の労働力人口の構成員である成人が一人以上含まれているものとする．計画を立案する際に，これらの成人は将来の子孫の厚生と資源を考慮にいれると仮定しよう．本章のモデルでは，現世代は無限時間視野にわたる予算制約を考慮し，効用の最大化を行うと想定することにより，このような世代間の相互作用が取り扱われている．すなわち，個人の寿命は有限であるが，ここでは，不滅の拡張された家計が考察されることになる．利他的な両親がその子供に移転を行い，さらに，その子供も自分の子供に移転をする等々，ということが成立する場合には，このようなモデルは適切なものだということができる．不滅の家計は，利他主義に基づく有効な世代間移転のパターンによって連結される多数の有限寿命の個人に対応している[1]．

現世代の成人は，拡張された家計の規模が，出生率と死亡率の純効果により，n の率で成長すると予想するものとしよう．第9章では，合理的な経済主体が，子供を養育する費用と便益の比較・検討を行うことを通じて，どのようにして出生率を決定するかが検討される．しかし，ここでは，以前と同様に n を外生的で，しかも一定なものとして取り扱うことによって，分析の簡単化が行われる．さらに，第9章のもう1つの検討課題である個人の移

---

1) Barro(1974)を参照せよ．ここでは，家庭の間の相互作用がもたらされる結婚は捨象されている．この問題に関する議論については，Bernheim and Bagwell(1988)を参照せよ．

住の問題は分析から捨象される。0時点における成人の人数を1に基準化すると，t 時点における（成人の人口に相応する）家計の規模は次のように表される。

$$L(t)=e^{nt}.$$

$C(t)$ が t 時点における総消費であるとすると，$c(t)\equiv C(t)/L(t)$ は成人一人当たりの消費である。

各家計は，次のように与えられる総効用 U を最大にすると想定することにしよう。

$$U=\int_0^\infty u[c(t)]\cdot e^{nt}\cdot e^{-\rho t}dt. \qquad (2.1)$$

この定式化では，0時点における家計の効用は，将来のすべての効用フロー $u(c)$ の加重和であるということが仮定されている。（効用関数と呼ばれている）関数 $u(c)$ では，一人当たり消費量 c に一人当たり効用フローが対応づけられている。$u(c)$ は c に関して増加的で，しかも凹関数であると仮定される。つまり，$u'(c)>0$，$u''(c)<0$ と仮定される[2]。この凹性の仮定により，通時的に滑らかな消費の需要がもたらされることになる。すなわち，家計は，c がある期では非常に小となるが，他の期では非常に大となるような消費パターンよりも比較的一様なパターンのほうを選好することになる。このような滑らかな消費支出の欲求は，所得が比較的低い場合借り入れをし，所得が相対的に高いケースでは貯蓄をする傾向があるので，家計の貯蓄行動を御することになる。さらに，$u(c)$ は稲田条件を満足するものとする。つまり，$c\to 0$ ならば $u'(c)\to\infty$，$c\to\infty$ ならば，$u'(c)\to 0$ と仮定することにしよう。

(2.1) において，$u(c)$ に家計の規模 $L=e^{nt}$ を乗じることによって，t 時点で生存しているすべての家計の構成員の効用が加算されるということが

---

[2] 種々の帰結は効用関数のプラスの一次変換に関しては不変であるが，任意のプラスの単調変換に関して不変であるわけではない。したがって，この分析は限定されたタイプの基数的効用に依存している。詳細な議論については，Koopmans(1965) を参照せよ。

表されている。他の乗数 $e^{-\rho t}$ は時間選好率 $\rho>0$ に関係している。ρ の値がプラスであることは，時間的に後で享受する効用ほど低く評価されることを意味している[3]。ここでは，$\rho>n$ と仮定することにしよう。c が通時的に一定である場合には，この仮定によって，(2.1) における U は有限値になる。

ρ がプラスの値である根拠の1つは，より将来の効用はより将来の世代の消費に対応しているということである。各世代における一人当たりの消費水準が同じであるということを前提として，親は自分の子供の1単位の消費よりも自分自身の1単位の消費のほうを選好すると想定してみることにしよう。このような親の**利己主義**は，(2.1) の定式化では，$\rho>0$ ということに対応している。より完全な定式化では，個人が異時点で自分自身の効用フローを割り引く率（この場合には，$\rho=0$ が成立するかもしれない）と異世代に適用される割引率との区別がなされることになろう。ただ分析の容易さのために，(2.1) では，個人の生涯における割引率は異世代に関するそれと同一であると仮定されている。

さらに，親は子供の人数に関して限界効用逓減性を持っている可能性もある。時間選好率 ρ が人口の成長率 n の増加とともに上昇することを考慮することによって，この効果をモデルの中に組み込むことができるであろう[4]。ここでは，n は外生的であるとみなされているので，ρ の n に対する依存性は実質的に本章の分析を変化させることはない。しかしながら，人口の成長の内生的決定が考慮される第9章では，この効果が検討されること

---

3) Ramsey(1928) は $\rho=0$ と仮定していた。彼は現在の世代はもちろんのこと，将来の世代についての消費と貯蓄の選択を行う経済主体として，競争的家計ではなく，社会的計画者を想定していた。将来世代の効用を割り引くことは（$\rho>0$ ということは），Ramsey によると「倫理的に弁護できない」とされていた。$\rho=0$ というケースについては，数学付論で検討がなされている。

4) 成長論の文献における通常のケースでは，ρ は n と1対1の関係で上昇する，つまり，$\rho=\rho^*+n$ という仮定がなされている。ただし，ρ^* は0の人口成長のもとで成立するプラスの時間選好率である。この場合，時点 t における効用は，(2.1) では，$u(c)e^{-\rho^* t}$ というように考慮されることになる。そして，それは時点 t における家計の規模ではなく，一人当たりの効用に依存している。このような定式化は，たとえば，Sidrauski(1967) と Blanchard and Fischer(1989, 第2章) によって使用されている。

になる。

　家計は，（後で導入されることになる）資本に対する所有権の形態で，あるいはローン（貸し付け）として資産を保持することになる。負のローンは負債である。引き続き，閉鎖経済を仮定することにしよう。したがって，いかなる資産の国際的な取引も不可能である。家計は他の家計と貸し借りを行うことができるが，均衡では代表的家計の純ローンの保有は 0 になるであろう。資本とローンという 2 種類の資産は価値の貯蔵手段として完全代替的であると仮定されるので，それらには同一の実質収益率 $r(t)$ の支払いがなされなければならない。以下では，$a(t)$ は家計の一人当たりの純資産を表すことにする。ただし，$a(t)$ は実質値で，すなわち，消費財の単位で測定されているものとする。

　家計は，それぞれ利子率 $r(t)$ と労働サービス 1 単位に支払われる賃金率 $w(t)$ を所与とみなすという意味で，競争的である。各成人は単位時間当たり 1 単位の労働サービスを非弾力的に供給すると仮定しよう。（第 9 章では，労働と余暇の選択問題が検討される。）均衡では，労働市場の需給は一致し，家計は望ましい雇用量を確保する。すなわち，このモデルでは，"非自発的失業"の問題は捨象されている。

　各成人は単位時間当たり 1 単位の労働サービスを提供するので，成人一人当たりの賃金所得は $w(t)$ である。総家計によって稼得される所得の総額は，労働所得の総額 $w(t)L(t)$ と資産所得 $r(t)$（総資産）の合計額である。

　家計は消費に支出しない所得分を使って，資産の蓄積を行う。

$$\frac{d(\text{総資産})}{dt} = r \cdot (\text{総資産}) + wL - C. \tag{2.2}$$

以下，曖昧さが生じることがない場合，常に，時間成分が省略される。a は一人当たりの資産であるので，次のことが成立する。

$$\dot{a} = \left(\frac{1}{L}\right) \cdot \left[\frac{d(\text{総資産})}{dt}\right] - na.$$

したがって，(2.2) を L で割ると，一人当たりの変数で表された予算制約式が次のように与えられる。

$$\dot{a} = w + ra - c - na. \tag{2.3}$$

　各家計が現行の利子率 $r(t)$ で無制限の金額を借りることができる場合には，一種のチェーン・レター方式（連鎖手紙方式）あるいはポンジ・ゲームを遂行しようとする誘因が生じるであろう。家計は借金をして，現在の消費の資金を調達し，その後，将来の各期の借り入れを使って，利子支払いに充当し，元金の返済の引き延ばしを行うことができる。この場合，家計の負債は利子率 $r(t)$ で永久に増加していくことになる。元金は返済されないので，現在の消費の追加額は実際には無料である。したがって，このような借り入れを行うことができる家計は，任意に高い消費水準の資金の調達を永久に行うことができるであろう。

　チェーン・レター方式のような可能性を除外するために，信用市場では，借り入れ額に制限が課されていると仮定することにしよう。適切な制約は，資産の現在価値は最終的に非負でなければならないということ，すなわち，次の条件が成立することである。

$$\lim_{t \to \infty} \left\{ a(t) \cdot \exp\left[-\int_0^t [r(\nu) - n] d\nu \right] \right\} \geq 0. \tag{2.4}$$

この制約式では，長期的に，一人当たりの家計の負債（$a(t)$ がマイナスの値になる場合）は $r(t) - n$ と同じ速度で増加することは不可能であり，その結果，負債の水準も $r(t)$ と同じ速度で増加することはできないことが示されている。この制約によって，上述のチェーン・レター方式のようなタイプの資金調達は排除されることになる。後の議論では，(2.4)で表されている信用市場制約は市場均衡では自然に成立するということが確認される。

　家計の最適問題は，(2.3)における予算制約式，初期資産のストック $a(0)$，(2.4)における借り入れに関する制限という条件のもとで，(2.1)における U を最大にすることである。不等号制約条件 $c(t) \geq 0$ も成立する必要がある。しかし，$c(t)$ が0に近づいていくときには，稲田条件によって，消費の限界効用は無限大になる。したがって，上記の不等号制約条件は拘束的ではなくなり，何ら分析に支障なく無視することができる。

2.1.2 一階条件

上述の動学的最適問題を解くための数理的手法は，本書の最後にある数学付論で展開されている。ここでは，詳細な展開を行うことなく，これらの結果が使用される。まず，現在価値ハミルトニアンを次のように設定することにしよう。

$$J = u(c)e^{-(\rho-n)t} + \nu \cdot [w(t) + (r(t)-n)a - c]. \tag{2.5}$$

ただし，括弧の中の式は(2.3)における $\dot{a}$ の式に一致している。変数 ν は現在価値で表された所得のシャドウ・プライスである。それは，t 時点で受け取られた所得の増分の（0時点における効用の単位で表された）価値を表している[5]。各"制約"に対してシャドウ・プライスが1つ存在し，しかも，家計は各時点でそれぞれ1つの連続した制約の系列に直面しているので，このシャドウ・プライスは時間に依存していることに注意しよう。U の最大化ための一階の条件は次のように与えられる。

$$\frac{\partial J}{\partial c} = 0 \Longrightarrow \nu = u'(c)e^{-(\rho-n)t}, \tag{2.6}$$

$$\dot{\nu} = -\frac{\partial J}{\partial a} \Longrightarrow \dot{\nu} = -(r-n)\nu. \tag{2.7}$$

横断性条件は次のように与えられる。

$$\lim_{t \to \infty}[\nu(t) \cdot a(t)] = 0. \tag{2.8}$$

オイラー方程式 (2.6)を時間で微分し，(2.6)の式の ν と(2.7)の $\dot{\nu}$ を代入すると，通時的な消費を求めるための次のような基本的条件が得られる。

$$r = \rho - \left(\frac{du'/dt}{u'}\right) = \rho - \left[\frac{u''(c) \cdot c}{u'(c)}\right] \cdot (\dot{c}/c). \tag{2.9}$$

---

[5] これとは別に，シャドウ・プライス $\nu e^{(\rho-n)t}$ で分析することも可能である。このシャドウ・プライスでは，時点 t の効用の単位で測定された時点 t の所得の増分の価値が測定されている（本書の最後にある数学付論における議論を参照せよ）。

この式では，時間選好率 ρ プラス（一人当たりの消費 c の成長による）消費の限界効用 u' の減少率を収益率 r に一致させるように家計は消費の選択を行うことが示されている。

(2.9) の最左辺の利子率 r は貯蓄の収益率である。(2.9) の最右辺は消費の収益率と解釈可能である。経済主体は次の2つの理由で，明日の消費よりも今日の消費を選好する。第1に，家計は ρ の率で将来の効用を割り引くので，この率は今日の消費の収益率の一部である。第2に，$\dot{c}/c>0$ ならば，今日の c のほうが明日のそれよりも小である。($u''(c)<0$ であるため，）経済主体は通時的消費をスムーズにすることを好ましいと思うので，将来の消費を現在に前倒しすることによって，消費フローを均等化しようとする。最右辺の2番目の項では，この効果が示されている。家計が最適化を行っている場合には，家計は両方の収益率を一致させ，その結果，限界的に消費と貯蓄は無差別になるということが，(2.9) では示されている。

(2.9) を解釈するもう1つの方法は，$r=\rho$ となる場合には，家計は $\dot{c}/c=0$ となるような均等な消費経路を選択するということである。ρ を充分上回る利子率 r によって補償がなされる場合にかぎって，この均等な消費パターンから離れて，明日のより多くの消費のために今日の消費を犠牲にする（すなわち，$\dot{c}/c>0$ を待忍する）ことを厭わないであろう。(2.9) の最右辺の項 $[(-u''(c)c)/(u'(c))]\dot{c}/c$ によって，必要な補償額が与えられている。括弧 [ ] の中の項は，c に関する $u'(c)$ の弾力性の大きさを表していることに注意しよう。$u(c)$ の凹性の尺度であるこの弾力性によって，r が ρ を超過しなければならない大きさが決定される。弾力性の絶対値が大きければ，$\dot{c}/c$ の所与の値に対して，ρ を上回る r の必要なプレミアムはより大きくなるということができる。

限界効用の弾力性の絶対値 $[(-u''(c)c)/(u'(c))]$ は時に異時点間の代替の弾力性の逆数とも呼ばれている[6],[訳注1]。(2.9) では，r と $\dot{c}/c$ が一定である持続状態を求めるために，この弾力性が一定でなければならないということが示されている。したがって，次のような関数型を仮定するという通常の慣習に従うことにする。

$$u(c) = \frac{c^{(1-\theta)} - 1}{(1-\theta)}. \tag{2.10}$$

ここで，$\theta > 0$ である．結果的に，限界効用の弾力性は定数 $-\theta$ に一致することになる[7]．この効用関数の異時点間の代替の弾力性は定数 $\sigma = 1/\theta$ で与えられる．それゆえ，この関数は，**固定的な異時点間の代替の弾力性を持つ (CIES)** 効用関数と呼ばれている．θ が大となるほど，c の増加に呼応した $u'(c)$ の比例的減少の速度は早くなり，その結果，家計が通時的な c の均等経路からの乖離を受け入れるのを厭わない程度はより小さくなる．θ が 0 に近づいていくと，効用関数は c に関する線型の関数に近づいていくことになる．$r = \rho$ が成立する場合には，この線型性によって，家計は消費のタイミングに関しては無差別になるということができる．

(2.10) における $u(c)$ の関数の場合には，(2.9) の最適条件は次のように単純なものになる．

$$\dot{c}/c = (1/\theta) \cdot (r - \rho). \tag{2.11}$$

したがって，家計によって選択される一人当たりの消費のパターンは，r と ρ の関係によって，時間の経過とともに，上昇するか，一定に留まるか，あ

---

6) 時点 t_1 と時点 t_2 の消費の間の異時点間代替の弾力性は，比 $c(t_1)/c(t_2)$ の比例的変化に対する，無差別曲線の勾配絶対値についての比例的変化の逆数で表される．この弾力性を σ と表すと，次のことが成立する．

$$\sigma = \left[\frac{c(t_1)/c(t_2)}{-u'[c(t_1)]/u'[c(t_2)]} \cdot \frac{d\{u'[c(t_1)]/u'[c(t_2)]\}}{d[c(t_1)/c(t_2)]} \right]^{-1}.$$

ただし，$-u'[c(t_1)]/u'[c(t_2)]$ は無差別曲線の勾配の絶対値である．t_2 を t_1 に近づけていくと，次のような瞬時的弾力性が得られる．

$$\sigma = -u'(c)/[c \cdot u''(c)].$$

これは限界効用の弾力性の絶対値の逆数である．

7) 効用関数の式の中に -1 の項を含んでいるのは，$\theta \to 1$ となるときに，$u(c)$ は $\log(c)$ に近づいていくということが示されるので，好都合である．（このことは，ロピタルの法則を使って証明することができる．）しかし，家計の選択は効用関数の一次変換に関しては不変であるので，項 $-1/(1-\theta)$ は以後の帰結に何ら影響を及ぼすことなく，省略することができる（脚注 2 を参照せよ）．

るいは減少するかが決定されることになる。異時点間の代替の程度が減少すると（つまり，θ の値が上昇すると），r と ρ のギャップに対する $\dot{c}/c$ の感応度は低下する。

横断性条件　　(2.8) における横断性条件では，数量 $a(t)$ とシャドウ・プライス $\nu(t)$ の積に等しい家計の一人当たり資産の価額は時間が無限大に増加していくとき，0 に近づかなければならないということが示されている。厳密ではないが，無限大を計画時間視野の期末とみなすことにすると，この直感的な含意は最適化を行う経済主体は期末に貴重な資産を残したいとは思わないということである[8]。実際には浪費されることになる資産が有限のある時点で消費の増加のために使用されたとすると，効用は増加するであろう。

シャドウ・プライス ν は (2.7) に従って通時的に変動する。この式を時間で積分すると，次の式が成立する。

$$\nu(t) = \nu(0) \cdot \exp\left\{-\int_0^t [r(v) - n]\, dv\right\}.$$

この式の中の項 $\nu(0)$ は $u'[c(0)]$ に一致している。（U が有限である場合には，）$c(0)$ は有限値であり，しかも，$u'(c)$ は c が有限値である限りプラスの値をとると仮定されているので，$u'[c(0)]$ はプラスの値である。

$\nu(t)$ の式を (2.8) に代入すると，横断性条件は次のようになる。

$$\lim_{t\to\infty}\left\{a(t)\cdot\exp\left[-\int_0^t [r(v)-n]dv\right]\right\} = 0. \tag{2.12}$$

この式では，一人当たりの資産の量 a は漸近的に $r-n$ ほどの高率で成長することはない，言い換えると，資産の水準は r ほどの高率で成長しないということが示されている。家計が r 以上の率で永久にプラスの資産を蓄積することは準最適なものになるであろう。その理由は，これらの資産が有限時点で消費されるとすると，効用が増加することになるからである。

$a(t)$ がマイナスの値である借り入れの場合には，無限生存家計は，借り入れを行うが，元金あるいは利子の返済をしないことを企てることによっ

---

[8]　無限時間視野問題の横断性条件を有限時間視野問題に対する横断性条件の極限と解釈することは必ずしも正しくない。本書の最後にある数学付論を参照せよ。

て,(2.12)に違反しようとするであろう.しかし,チェーン・レター方式のような資金調達,すなわち家計の負債が r 以上の率で永久に増加するという企図は (2.4) の制約条件によって排除される.永久に借り入れを行うためには,家計は貸すことを厭わない貸し手,すなわち,r 以上の率で増加するプラスの資産を保持することを厭わない他の家計を見いださなければならないであろう.しかし,これらの他の家計は,漸近的に,このような高率で資産を敢えて吸収しようとはしないことが横断性条件より既に確認されている.したがって,均衡では,各家計はチェーン・レターのような手法で借り入れを行うことは不可能である.言い換えると,(2.4) で示されている不等号制約条件は恣意的なものではなく,実際には均衡において信用市場によって課されることになる.この制約条件に直面して,最適行動をとる家計がせいぜい行いうることは,(2.12) で示されている条件を満足することである.すなわち,$a(t)$ がプラスの値であろうが,マイナスの値であろうが,この等式は成立することになる.

消費関数 (2.12) で表されている項 $\exp\left[-\int_0^t r(v)dv\right]$ は t 時点における 1 単位の所得を 0 時点における等価値の所得の単位に変換する現在価値因子である.$r(v)$ が定数 r に一致する場合には,現在価値因子は簡単に e^{-rt} と表される.一般的には,次のように定義される(時点 0 と t の間の)平均利子率を考えることができる.

$$\bar{r}(t) = (1/t) \cdot \int_0^t r(v) dv. \tag{2.13}$$

現在価値因子は $e^{-\bar{r}(t)t}$ となる.

 (2.11) によって,c の成長率が決定される.c の水準(すなわち,消費関数)を決定するために,各時点での予算制約式 (2.3) を使用して,家計の通時的予算制約式を導出しなければならない.(2.3) を a に関する 1 階の線型微分方程式として解くと,任意の $T \geq 0$ について成立する次のような通時的予算制約式を求めることができる[9],[訳注2].

$$a(T) \cdot e^{-[\bar{r}(T)-n]T} + \int_0^T c(t) e^{-[\bar{r}(t)-n]t} dt = a(0) + \int_0^T w(t) e^{-[\bar{r}(t)-n]t} dt.$$

ここで，(2.13) における $\bar{r}(t)$ の定義が使用されている。この通時的予算制約式では，0 と T の間の総所得の割引現在価値プラス利用可能な初期資産はすべての将来消費の割引現在価値プラス T 時点での資産の現在価値に一致しなければならないということが示されている。$T \to \infty$ というように極限をとると，([2.12] における横断性条件より，）左辺の第1項は 0 になり，通時的予算制約式は次のように表される。

$$\int_0^\infty c(t)e^{-[\bar{r}(t)-n]t}dt = a(0) + \int_0^\infty w(t)e^{-[\bar{r}(t)-n]t}dt \\ = a(0) + \tilde{w}(0). \tag{2.14}$$

したがって，消費の現在価値は初期資産 $a(0)$ と（$\tilde{w}(0)$ で表されている）賃金所得の現在価値との和で定義される生涯資産に一致することになる。

(2.11) を 0 から t まで積分し，(2.13) における $\bar{r}(t)$ の定義を使用すると，消費が次の式で与えられることを確認できる。

$$c(t) = c(0) \cdot e^{(1/\theta)[\bar{r}(t)-\rho]t}.$$

この $c(t)$ の式を (2.14) の通時的予算制約式に代入すると，0 時点における次の消費関数が求められる。

$$c(0) = \mu(0) \cdot [a(0) + \tilde{w}(0)]. \tag{2.15}$$

ただし，富からの消費性向 $\mu(0)$ は次式で与えられる。

$$[1/\mu(0)] = \int_0^\infty e^{[\bar{r}(t)\cdot(1-\theta)/\theta - \rho/\theta + n]t}dt. \tag{2.16}$$

富を所与として，平均利子率 $\bar{r}(t)$ の上昇は (2.16) における限界消費性向に2つの効果を及ぼすことになる。第1に，利子率の上昇によって，将来の消費に対する今日の消費のコストが上昇する。つまり，家計の消費を現在から将来へシフトさせる誘因となる異時点間代替効果が生じることになる。第2に，利子率の上昇によって，各時点において消費の増加をもたらす傾向がある所得効果が生じる。$\bar{r}(t)$ の上昇が $\mu(0)$ に与える純効果は2つの効果の

---

9) 可変的な係数を持つ1階の線型微分方程式の解法は数学付論で議論されている。

程度のどちらが上回っているかに依存している。

$\theta<1$ である場合には，代替効果が上回るので，$\bar{r}(t)$ が上昇すると，$\mu(0)$ は低下する。これについての直感的な含意は，θ の値が小であるときには，家計はそれほど消費のパターンを均等にしようと思わなくなり，異時点間代替効果が大きくなるということである。逆に，$\theta>1$ である場合には，代替効果が相対的に小となるので，$\bar{r}(t)$ が上昇すると，$\mu(0)$ も上昇する。最後に，$\theta=1$ の場合（つまり，対数効用関数の場合）には，2つの効果は完全に相殺され，$\mu(0)$ は，$\bar{r}(t)$ に依存しておらず，簡単に $\rho-n$ となる。$\rho-n>0$ ということが仮定されていたことを思い出すことにしよう。

富の項 $a(0)+\tilde{w}(0)$ が一定に維持される場合には，$\mu(0)$ に対する $\bar{r}(t)$ の効果は $c(0)$ に対する効果にもそのまま適応されることになる。しかし，実際には，$w(t)$ の経路を所与として，$\tilde{w}(0)$ は $\bar{r}(t)$ の上昇とともに低下する。この第3の効果によって，上述の代替効果が補強されることになる。

2.2 企　　業

企業は財を生産し，労働投入に対して賃金を支払い，資本の投入に対して賃料率の支払いを行う。各企業は次のような生産技術を利用できるものとする。

$$Y(t)=F(K(t),L(t),T(t)).$$

ただし，Y は産出のフローであり，K は（財の単位で表された）資本の投入量であり，L は（年当たりの人・時で表された）労働投入であり，$T(t)$ は一定の率 $x\geq0$ で成長すると仮定されている技術の水準である。したがって，$T(t)=e^{xt}$ と表される。ただし，初期の技術水準 $T(0)$ を1とするように基準化されている。関数 $F(\cdot)$ は第1章で議論された新古典派的な生産関数の性質を持っているものとする。特に，Y は K と L について規模に関して収穫一定的であり，各投入物に関する限界生産物の正値性と逓減性が成立するものとする。

第1章において，一定の率での技術進歩のケースでは，技術進歩が次のよ

うに労働増加的なタイプである場合に限って，持続状態が存在するということが確認された。

$$Y(t)=F(K(t),L(t)T(t)).$$

ここでも，本来の労働と技術水準の積として効率的労働の定義を行うと，つまり，$\hat{L}\equiv L\cdot T(t)$ とすると，生産関数は，次のように表される。

$$Y=F(K,\hat{L}). \tag{2.17}$$

　持続状態において一定に留まる変数で分析を行うのが都合がよいということがやがて理解されるであろう。第1章では，外生的技術進歩が存在するようなモデルの持続状態は一人当たりの変数が技術進歩率 x で成長するような時間経路であることが確認された。この性質は本章のモデルでも成立するであろう。したがって，ここでも次のように，効率的労働1単位当たりの変数で分析を行うことにする。

$$\hat{y}\equiv Y/\hat{L},\ \hat{k}\equiv K/\hat{L}.$$

(1.38) と同様に，生産関数を次のように集約的な関数で表すことができる。

$$\hat{y}=f(\hat{k}). \tag{2.18}$$

ここで，$f(0)=0$。各生産要素の限界生産物が次のように与えられることは容易に確認できる[10]。

$$\begin{aligned}&\partial Y/\partial K=f'(\hat{k}),\\&\partial Y/\partial L=[f(\hat{k})-\hat{k}\cdot f'(\hat{k})]e^{xt}.\end{aligned} \tag{2.19}$$

第1章で論じられた稲田条件によって，$\hat{k}\to 0$ ならば $f'(\hat{k})\to\infty$ であり，$\hat{k}\to\infty$ ならば $f'(\hat{k})\to 0$ となる。

---

[10] $Y=\hat{L}f(\hat{k})$ と表される。L と $T(t)$ を固定しておいて，Y を K に関して微分すると $\partial Y/\partial K=f'(\hat{k})$ が得られる。K と $T(t)$ を固定しておいて，Y を L に関して微分すると，$\partial Y/\partial L=[f(\hat{k})-\hat{k}\cdot f'(\hat{k})]e^{xt}$ が得られる。

ここでは，企業は資本を所有している家計から資本サービスを賃借すると想定されている。（企業が資本を所有しており，家計は企業の株式を所有しているとしても，何ら結果は変わらないであろう。）R を資本1単位の賃料率とすると，企業の総資本コストは K に比例しており，RK である。機械を設置するとか他の変更を行うためのコストのような追加的費用を何ら蒙ることなく，資本サービスを増減することが可能であると仮定する。第3章では，これらのタイプの調整費用が検討される。

第1章と同様に，1単位の産出量を使って，1単位の家計消費 C あるいは1単位の資本 K の追加分を生産できる一部門生産モデルを仮定しよう。したがって，産出量がすべて消費に配分されたり，新たな資本に配分されるような端点解に経済が位置していない限り，C による K の価格は1に固定されるであろう。均衡では，C は0になることはないので，産出量が新たな資本にまったく配分されない可能性，言い換えると，粗投資が0になる可能性を中心に考慮すればよいことになる。したがって，産出がすべて消費あるいはすべて新たな資本に配分されるようなコーナー解に経済が位置していない限り，C に関する K の価格は1に固定されるであろう。均衡では C はゼロでないので，産出物が新たな資本に配分されない可能性，言い換えると，粗投資がゼロになる可能性のみに関心を寄せればよい。この状況でも，既存のストックが1対1のベースで消費に振り向けられるという意味で資本が可逆的である場合には，C による K の価格は1に留まるであろう。資本が可逆的である場合には，経済の粗投資はマイナスの値をとることができ，C の単位による K の価格は1に留まることになる。このような状況は家畜のケースでは成立するかもしれないが，通常，経済学者は投資は非可逆的であると仮定している。この場合，総粗投資の非負性の制約が均衡で拘束的でない場合に限って，C の単位による K の価格は1である。以下の分析では，この仮定が保持される。付論2B（2.9節）において，非可逆的投資の分析を行う。

資本ストックは一定の率 $\delta \geq 0$ で減耗するので，1単位の資本を所有する家計の純収益率は $(R-\delta)$ となる[11]。また，家計は他の家計に貸し付けた資金に対して利子率 r を受け取ることができる。資本とローンは価値の貯蔵

手段として完全代替的であるので，$r=R-\delta$，あるいは，$R=r+\delta$ ということが成立しなければならない．

任意の時点における代表的企業の純受け取りあるいは利潤のフローは次のように与えられる．

$$\pi = F(K,\hat{L}) - (r+\delta)\cdot K - wL. \tag{2.20}$$

第1章と同様に，ここでも，利潤の現在価値を最大にするという問題は，他の期の状況を顧慮せずに，それぞれの期の利潤を最大にする問題に還元されることになる．この企業の利潤は次のように表される．

$$\pi = \hat{L}\cdot[f(\hat{k}) - (r+\delta)\cdot\hat{k} - we^{-xt}]. \tag{2.21}$$

r と w を所与とみなす競争的企業は，$\hat{L}$ を所与として，次の式を解くことによって，利潤を最大にしようとする．

$$f'(\hat{k}) = r+\delta. \tag{2.22}$$

以前と同様に，ここでも，完全市場均衡においては，w は，(2.22) を満たす $\hat{k}$ の値に対応する労働の限界生産物に一致しなければならない．つまり，次のことが成立しなければならない．

$$[f(\hat{k}) - \hat{k}\cdot f'(\hat{k})]e^{xt} = w. \tag{2.23}$$

この条件は，任意の $\hat{L}$ の値に対して，結果的に，利潤の水準が0になることを保証している．

2.3 均　衡

本章では，まず最初に，所与の利子率 r と賃金率 w に直面している競争

---

11) 一般的に，資本の価格が通時的に可変的な場合には，資本の所有者に対する実質収益率は $R/\phi - \delta + (\dot{\phi}/\phi)$ と表される．ここで，ϕ は消費財の単位で表された資本の価格である．$\phi=1$ である本章のモデルでは，$\dot{\phi}/\phi$ という資本利得の項は0となり，収益率は簡単に $R-\delta$ と表される．

的家計の行動の分析がなされた。それから，また，所与の r と w の値に直面している競争的企業が導入された。次に，家計と企業の行動を統合して，競争的市場均衡の構造を分析することができる。

閉鎖経済が取り扱われているので，経済におけるすべての負債は相殺されなければならない。したがって，成人一人当たりの資産 a は労働者一人当たりの資本 k に一致することになる。資本ストックは経済におけるいずれかの個人によってすべて所有されなければならないので，k と a は一致することになる。特に，この閉鎖経済においては，国内の資本ストックはすべてその国の居住者によって所有されなければならない。経済が国際資本市場に開かれている場合には，k と a のギャップは当該国の海外に対する純負債に対応しているであろう。第3章では，純海外負債が0でない可能性が存在する開放経済が検討される。

(2.3)における家計の予算制約式によって，$\dot{a}$ が決定される。$a=k$，$\hat{k}=ke^{-xt}$，および(2.22)と(2.23)における r と w に関する条件を使用すると，次の式が得られる。

$$\dot{\hat{k}}=f(\hat{k})-\hat{c}-(x+n+\delta)\cdot\hat{k}. \tag{2.24}$$

ここで，$\hat{c} \equiv C/\hat{L}=ce^{-xt}$ であり，$\hat{k}(0)$ は所与である。(2.24)は経済全体の資源制約式である。資本ストックの変化は，産出量マイナス消費マイナス資本減耗であり，さらに，$\hat{k}=K/\hat{L}$ の変化には率 $x+n$ での $\hat{L}$ の成長が考慮されている。

微分方程式(2.24)は通時的な $\hat{k}$ の挙動，それゆえ $\hat{y}=f(\hat{k})$ の挙動を決定する主要な関係式である。しかし，$\hat{c}$ の決定は未知の要素である。$\hat{k}$（あるいは $\hat{y}$）に対する $\hat{c}$ の関係が確認される場合，あるいは，$\hat{c}$ の動きを決定する別の微分方程式が得られる場合には，経済の完全な動態的挙動を分析することが可能となるであろう。

第1章のソロー=スワン・モデルにおいては，貯蓄率の一定性の仮定により，未知の要素が提示された。この仮定により，線型の消費関数 $\hat{c}=(1-s)f(\hat{k})$ が示された。本章のモデルでは，貯蓄率の動きはそれほど単純ではないが，家計の最適問題から，c は(2.11)に従って成長するということ

が確認されている。条件 $r=f'(\hat{k})-\delta$ と $\hat{c}=ce^{-xt}$ を使うと，次の式が成立する。

$$\frac{\dot{\hat{c}}}{\hat{c}}=\frac{\dot{c}}{c}-x=\frac{1}{\theta}\cdot[f'(\hat{k})-\delta-\rho-\theta x]. \tag{2.25}$$

(2.24) とともに，この式は $\hat{c}$ と $\hat{k}$ に関する微分方程式系を構成することになる。初期条件 $\hat{k}(0)$ と横断性条件を，この微分方程式系と一緒に用いると，$\hat{c}$ と $\hat{k}$ の時間経路が決定されることになる。

$a=k$ と $\hat{k}=ke^{-xt}$ を (2.12) に代入することによって，$\hat{k}$ に関して横断性条件を表すと，次の式が得られる。

$$\lim_{t\to\infty}\left\{\hat{k}\cdot\exp\left(-\int_0^t[f'(\hat{k})-\delta-x-n]d\nu\right)\right\}=0. \tag{2.26}$$

ソロー=スワン・モデルと同じように $\hat{k}$ は一定の持続状態値 k^* に漸近していくという結果を先取りして使用すると，この帰結を解釈することができる。(2.26) における横断性条件では，持続状態における収益率 $f'(k^*)-\delta$ が持続状態における K の成長率 $x+n$ を上回ることが必要とされている。

2.4 代替的な状況

以上では，競争的家計と競争的企業からなる分権的な経済の分析がなされた。しかし，このモデルの設定から，同一の式（それゆえ，同一の結果）が幾つかの代替的な状況のもとでも成立することを確認することができる。第1に，家計は成人の家計の構成員を労働者として雇用することによって，生産過程 $f(\hat{k})$ に従って，企業の機能を果すことができるであろう[12]。そのとき，(2.24) は直接導出される（総産出量は消費と粗投資（純投資プラス資本減耗）に配分されなければならない）。(2.24) の制約のもとで (2.1) と (2.10) における効用関数の最大化を行うとき，以前と同様に (2.25) と (2.26) は一階条件を表している。したがって，家計と企業の間の機能の分離はこの分析にとって重要なものではないということができる。

---

12) このようなモデルは第1章で検討された。

さらに，通時的な消費の選択を行い，しかも代表的な家計の効用を最大にしようと努める善意の**社会的計画者**によって経済が運営されていると敢えて想定することも可能であろう。善意の社会的計画者という設定は多くの状況で経済のファースト・ベストな解を求めるのに有益である。計画者は上で仮定されたものと同じタイプの選好（特に，同一の時間選好率 ρ と同一の効用関数 $u(c)$ を持っていると仮定される。さらに，計画者は（2.24）の資源制約式によって制約されている。したがって，計画者の解は分権的経済と同じものになるであろう[13]。独裁的な権力を保持している善意の社会的計画者はパレート最適な状態を達成するので，（計画者の帰結と一致している）分権経済における帰結もパレート最適でなければならないということができる。

2.5 持続状態

次に，均衡条件（2.24），（2.25），（2.26）は種々の変数が一定の率（ゼロでもかまわない）で成長するような持続状態の存在を保証するかどうかを検討することにしよう。最初に，第1章のソロー＝スワン・モデルと同様に，持続状態における $\hat{k}$ と $\hat{c}$ の成長率が 0 にならなければならないということを確認する。

持続状態における $\hat{k}$ の成長率を $(\gamma_k)^*$ と表し，持続状態における $\hat{c}$ の成長率を $(\gamma_c)^*$ と表すことにしよう。持続状態では，（2.24）より，次のことが成立する。

$$\hat{c} = f(\hat{k}) - (x+n+\delta)\cdot\hat{k} - \hat{k}\cdot(\gamma_k)^*. \tag{2.27}$$

---

[13] 計画者の問題は，（2.24）における経済の予算制約式，初期値 $\hat{k}(0)$，および非負制約式 $c \geq 0$，$\hat{k} \geq 0$ という制約条件のもとで，（2.1）における U を最大にするような c の経路を求めることである。この問題のハミルトニアンは次のように与えられる。

$$J = u(c)e^{-\rho t} + \nu \cdot [f(\hat{k}) - ce^{-xt} - (x+n+\delta)\cdot\hat{k}].$$

通常の一階条件により（2.25）が成立し，横断性条件により（2.26）が成立する。

この条件を時間で微分すると，次の式が持続状態において成立する。

$$\hat{\dot{c}} = \hat{k} \cdot \left\{ f'(\hat{k}) - [x + n + \delta + (\gamma_{\hat{k}})^*] \right\}. \tag{2.28}$$

大括弧の中の式は，(2.26) で示されている横断性条件から，プラスである[訳注3]。したがって，$(\gamma_{\hat{k}})^*$ と $(\gamma_{\hat{c}})^*$ は同符号でなければならない。

$(\gamma_{\hat{k}})^* > 0$ ならば $\hat{k} \to \infty$ となり，それゆえ，$f'(\hat{k}) \to 0$ となる。(2.25) によって，$(\gamma_{\hat{c}})^* < 0$ ということが成立する。このことは，$(\gamma_{\hat{k}})^*$ と $(\gamma_{\hat{c}})^*$ が同符号であるという結果に矛盾する。$(\gamma_{\hat{k}})^* < 0$ ならば，$\hat{k} \to 0$ となり，それゆえ，$f'(\hat{k}) \to \infty$ となる。(2.25) によって，$(\gamma_{\hat{c}})^* > 0$ となる。この帰結も $(\gamma_{\hat{k}})^*$ と $(\gamma_{\hat{c}})^*$ が同符号であることに矛盾する。したがって，残された唯一の可能性は $(\gamma_{\hat{k}})^* = (\gamma_{\hat{c}})^* = 0$ である。$(\gamma_{\hat{k}})^* = 0$ という帰結によって，$(\gamma_{\hat{y}})^* = 0$ ということが成立する。したがって，効率的労働1単位当たりの変数 $\hat{k}, \hat{c}, \hat{y}$ は，持続状態では一定に留まることになる。この挙動によって，一人当たりの変数 k, c, y は持続状態では x の率で成長し，水準変数 K, C, Y は持続状態では $n + x$ の率で成長することになる。持続状態における成長率に関するこれらの帰結は，貯蓄率が外生的な一定の率で与えられていたソロー=スワン・モデルと同じである。

持続状態における $\hat{c}$ と $\hat{k}$ の値は，(2.24) と (2.25) の式を0とおくことによって求められる。$\hat{c} = f(\hat{k}) - (x + n + \delta)\hat{k}$ に対応している図2.1の実線では，(2.24) において $\dot{\hat{k}} = 0$ を満足する $(\hat{k}, \hat{c})$ が示されている。$f'(\hat{k}) = \delta + x + n$ となるとき，この曲線の頂点がもたらされ，そこでは，利子率 $f'(\hat{k}) - \delta$ が持続状態における産出量の成長率 $x + n$ に一致することに注意しよう。利子率と成長率のこの一致は持続状態における $\hat{c}$ の最大値をもたらすので，それは，(第1章で述べられている) $\hat{k}$ の黄金律の水準に対応している[14]。黄金律に対応する $\hat{k}$ の値を $\hat{k}_{\text{gold}}$ と表すことにする。

---

[14] 第1章では，黄金律における k の値は持続状態における一人当たり消費を最大にするような一人当たり資本ストックとして定義された。この資本の水準は $f'(k_{\text{gold}}) = \delta + n$ となるようなものである ((1.22) を参照せよ)。外生的な技術進歩が存在する場合，黄金律における $\hat{k}$ の水準は持続状態における効率的労働1単位当たりの消費 $\hat{c} = f(\hat{k}) - (x + n + \delta)\hat{k}$ を最大にする水準と定義される。$f'(\hat{k}_{\text{gold}}) = (x + n + \delta)$ のとき，この最大値は達成されるということに注意しよう。

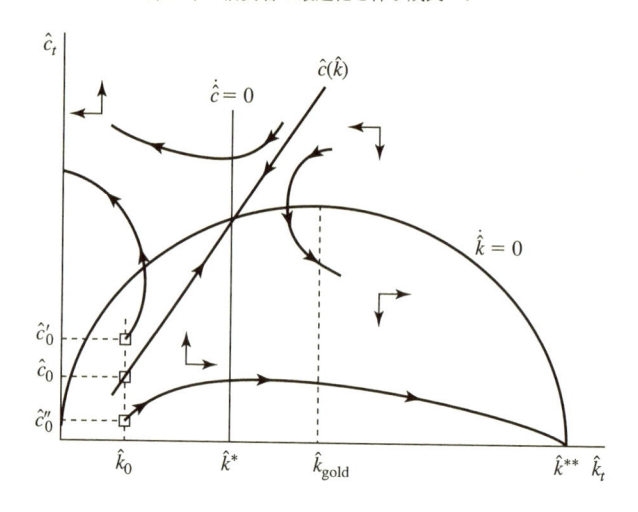

図2.1　ラムゼイ・モデルの位相図

図ではラムゼイ・モデルの移行動学が示されている。$\dot{\hat{c}}=0$軌道と$\dot{\hat{k}}=0$軌道によって，平面が4つの領域に分割されており，各領域の運動方向は矢印で示されている。このモデルでは，サドル・経路安定性が確認される。安定軌道は，原点から持続状態に至る右上がりの曲線である。低い水準の$\hat{k}$から出発する場合，最適な初期値$\hat{c}$は低い水準にある。移行過程では，$\hat{k}$と$\hat{c}$は持続状態の値に向かって増加していくことになる。

(2.25)と条件$\dot{\hat{c}}=0$によって，次の式が得られる。

$$f'(\hat{k}^*)=\delta+\rho+\theta x. \tag{2.29}$$

この式では，持続状態における利子率$f'(\hat{k})-\delta$が有効割引率$\rho+\theta x$に一致することが示されている[15]。図2.1の$\hat{k}^*$における垂直線はこの条件に対応している。この$\hat{k}$の値では，$\hat{c}$の値に関係なく，$\dot{\hat{c}}/\hat{c}=0$ということが成立することに注意しよう[16]。(2.29)における$\hat{k}^*$の決定にとって重要なものは資本の収穫逓減性である。その性質によって，$f'(\hat{k})$は$\hat{k}$の単調減少関数となる。さらに，稲田条件（$f'(0)=\infty$，$f'(\infty)=0$）によって，一意のプラ

---

15) 有効割引率のθxの部分では，率xでのcの成長による消費の限界効用逓減性の効果が捉えられている。(2.9)を参照せよ。

16) (2.25)によって，$\hat{c}=0$の場合にも，すなわち，図2.1における水平軸上でも，$\dot{\hat{c}}/\hat{c}=0$が成立することが示唆されている。

スの値 $\hat{k}^*$ で (2.29) が成立するということが保証される。

図 2.1 において確認されるように,実線と垂直線の交点で持続状態の値 ($\hat{k}^*, \hat{c}^*$) が決定される。特に,(2.29) から決定される $\hat{k}^*$ に対して,$\hat{c}^*$ の値は,(2.24) を 0 とおいた式によって,次のように求められる。

$$\hat{c}^* = f(\hat{k}^*) - (x+n+\delta)\cdot\hat{k}^*. \tag{2.30}$$

$\hat{y}^* = f(\hat{k}^*)$ は持続状態における $\hat{y}$ の値であることに注意しよう。

次に,(2.26) における横断性条件を検討することにしよう。持続状態では,$\hat{k}$ は一定であるので,持続状態における収益率 $r^* = f'(\hat{k}^*) - \delta$ が持続状態における成長率 $x+n$ を上回る場合に,この条件は成立する。(2.29) によって,この条件は次のように表される。

$$\rho > n + (1-\theta)x. \tag{2.31}$$

ρ が (2.31) を満足するほど充分に大きくなければ,c が x の率で成長する場合に無限の効用が達成されるので,家計の最適問題は適切に設定されることはない[17]。以下では,(2.31) を満足するようなパラメータの組を前提として議論を進めることにしよう。

図 2.1 では,持続状態における値 $\hat{k}^*$ は $\hat{k}_{\text{gold}}$ の左方に描かれている。横断性条件 (2.31) が満たされる場合には,この関係は常に成立する。持続状態値は $f'(\hat{k}^*) = \delta + \rho + \theta x$ という式から決定される[18]。それに対して,黄金律の値は $f'(\hat{k}_{\text{gold}}) = \delta + x + n$ ということから求められる。(2.31) における不等式によって,$\rho + \theta x > x + n$ となり,したがって,$f'(\hat{k}^*) > f'(\hat{k}_{\text{gold}})$ となる。$f''(\hat{k}) < 0$ であるので,$\hat{k}^* < \hat{k}_{\text{gold}}$ ということが成立する。

非効率的な過剰貯蓄は,何らかの一定の貯蓄率を持っているソロー=スワン・モデルでは成立するが,最適性を伴うモデルでは成立しないことが上述の含意である。無限生存家計が過剰貯蓄を行っている場合には,(横断性条件を満たしていないので) 最適化を行っていないということを自覚し,それ

---

17) 本書の末尾にある数学付論では,無限の効用が分析可能な幾つかのケースが検討されている。
18) この条件はしばしば**修正された黄金律**と呼ばれている。

ゆえ，より少ない貯蓄を伴う経路に移動するであろう。最適化を行う家計は黄金律値 $\hat{k}_{\text{gold}}$ を達成できるほど充分に貯蓄を行おうとはしないことに注意しよう。その理由は，有効割引率 $\rho + \theta x$ に反映されている待忍の程度では，持続状態においての $\hat{c}$ の最大値（すなわち，黄金律の値 $\hat{c}_{\text{gold}}$）を達成するために現在の消費をより多く犠牲にするだけの価値がないからである。

　持続状態における成長率は，生産関数 $f(\cdot)$ を規定するパラメータにも，消費と貯蓄に関する家計の態度を特徴づけている選好パラメータ ρ，θ にも依存していない。これらのパラメータは種々の変数の水準には長期的影響を及ぼすことになる。

　図 2.1 において，（ρ あるいは θ の低下によって表される）貯蓄意欲の上昇によって，$\dot{\hat{c}}/\hat{c} = 0$ 線は右方にシフトするが，$\dot{\hat{k}} = 0$ 線は不変に留まることになる。したがって，これらのシフトによって，$\hat{c}^*$ と $\hat{k}^*$ の値の増加がもたらされ，その結果，$\hat{g}^*$ の値も増加することになる。同様に，生産関数の比例的な上方シフトあるいは資本減耗率 δ の低下によって，$\dot{\hat{k}} = 0$ 線は上方にシフトし，しかも $\dot{\hat{c}}/\hat{c} = 0$ 線は右方に移動する。これらのシフトによって，$\hat{c}^*$，$\hat{k}^*$，$\hat{g}^*$ の増加がもたらされる。x の上昇によって，(2.29) における有効時間選好率の項 $\rho + \theta x$ が上昇し，また，(2.30) において，各 $\hat{k}^*$ に対応する $\hat{c}^*$ の値は低下することになる。図 2.1 において，これらの変化によって，$\dot{\hat{k}} = 0$ 線は下方に，$\dot{\hat{c}}/\hat{c} = 0$ 線は左方にシフトし，その結果，$\hat{c}^*$，$\hat{k}^*$，$\hat{g}^*$ の減少がもたらされる。（$\hat{c}$ は減少するが，x の上昇によって，$\hat{c}$ の成長率よりも c の成長率は上昇するので，効用は増加する。）最後に，ρ が固定されている場合には，$\hat{k}^*$ と $\hat{g}^*$ に対する n の影響は 0 である。(2.30) によって，$\hat{c}^*$ は低下する。（以前述べられた理由により，）n の上昇によって時間選好率の上昇がもたらされるケースでは，n の上昇によって，$\hat{k}^*$ と $\hat{g}^*$ は減少することになる。

2.6　移行動学

2.6.1　位相図

　ソロー=スワン・モデルと同様に，ラムゼイ・モデルも，初期の要素比率

$\hat{k}(0)$ から持続状態の比率 $\hat{k}^*$ に至る移行経路上での種々の成長率と他の変数の動きに関する帰結の点で, 非常に興味深いものである。(2.24), (2.25), および (2.26) によって, $\hat{k}(0)$ の所与の値に対して, $\hat{k}$ と $\hat{c}$ の経路が決定される。図 2.1 の位相図では, 動態的挙動の性質が示されている[19]。

最初に, $\dot{\hat{c}} = 0$ 線を示すことにしよう。$\dot{\hat{c}} = \hat{c}(1/\theta) \cdot [f'(\hat{k}) - \delta - \rho - \theta x]$ であるので, $\dot{\hat{c}}$ がゼロになる 2 通りのケースが存在する。1 つは図 2.1 の水平軸に対応する $\hat{c} = 0$ であり, 他は (2.29) で定義された資本労働比率 $\hat{k}^*$ での垂直線である $f'(\hat{k}) = \delta + \rho + \theta x$ である。$\hat{c}$ は, $\hat{k} < \hat{k}^*$ の場合には増加し (したがって, この領域では, 矢印は上方を指す), $\hat{k} > \hat{k}^*$ の場合には低下する (このケースでは, 矢印は下方を指す)。

図 2.1 の実線の曲線では, (2.24) において $\dot{\hat{k}} = 0$ を満たす $\hat{k}$ と $\hat{c}$ の組が示されていることを思い出すことにしよう。また, この式により, 実線の曲線より上方に位置する $\hat{c}$ の値に対しては $\hat{k}$ は減少し (それゆえ, この領域では, 矢印は左方を指す), この曲線より下方に位置する $\hat{c}$ の値に対しては, $\hat{k}$ は上昇することになる (この場合, 矢印は右方向を指す)。

$\dot{\hat{c}} = 0$ 線と $\dot{\hat{k}} = 0$ 線は 3 回交わるので, 3 個の持続状態が存在する。第 1 の持続状態は原点 ($\hat{c} = \hat{k} = 0$) であり, 第 2 の持続状態は $\hat{k}^*$ と $\hat{c}^*$ に対応しており, 第 3 の持続状態はプラスの資本ストック $\hat{k}^{**} > 0$ とゼロ消費に対応している。原点の持続状態は興味深いものでないので無視をする。

第 2 の持続状態はサドル経路安定的である。特に, 2 つの実線によって分割される平面上の 4 つの領域の中の 2 つの領域から出発する場合には, 図 2.1 における矢印のパターンから, 経済は持続状態に収束可能であるということに注意しよう。持続状態の近傍での動学方程式系の線型近似を求め, 特性行列の行列式の符号がマイナスになることを利用して, このサドル経路安定性を証明することもできる (詳細については, 付論 2 A (2.8 節) を参照せよ)。行列式がマイナスの値を持つ場合には, 2 つの固有根は異符号であり, このことにより, システムは局所的にサドル経路安定性を持つことが示される。

---

[19] 位相図に関する議論については, 数学付論を参照せよ。

動学的均衡は、矢印つきの実線の軌道で示されている安定的なサドル経路に対応している。たとえば、初期の要素比率が、図2.1で示されているように、$\hat{k}(0)<\hat{k}^*$ で与えられているとしよう。図示されているように、初期の消費比率が $\hat{c}(0)$ である場合には、経済は持続状態における組 $(\hat{k}^*,\hat{c}^*)$ に向かって安定経路に沿って進んでいくことになる。前節で示されたように、この経路は、横断性条件を含んで、すべての一階条件を満足している。

初期の消費比率が $\hat{c}(0)$ を上回る場合と下回る場合という2つの可能性が考えられる。この比率が $\hat{c}(0)$ を上回る場合には、初期の貯蓄率は低すぎるので、経済は安定経路に留まることは不可能である。この軌道はやがて $\dot{\hat{k}}=0$ 線と交差することになる。交差後は、$\hat{c}$ は増加を続けるが、$\hat{k}$ は減少し始め、有限時間で、この経路は $\hat{k}=0$ となる垂直軸に到達することになる[20]。$f(0)=0$ という条件によって、$\hat{y}=0$ となる。したがって、この点で、$\hat{c}$ は 0 にジャンプしなければならない。このジャンプによって、(2.25) の基礎にある一階の条件が成立しなくなるので、初期の消費比率が $\hat{c}(0)$ より大である経路は均衡ではないということができる[21]。

最後の可能性は初期の消費比率が $\hat{c}(0)$ を下回っているケースである。この場合には、初期の貯蓄率が高すぎるので、サドル経路に留まることは不可能であり、経済はやがて $\dot{\hat{c}}=0$ 軌道と交差することになる。この交差の後では、$\hat{c}$ は減少していき、$\hat{k}$ は増加し続けることになる。経済は $\dot{\hat{k}}=0$ 線と水平軸が交差する点 $\hat{k}^{**}$ に収束していくことになる。特に、$\hat{k}$ は黄金律における値 $\hat{k}_{\text{gold}}$ を超えて増加し、より大なる $\hat{k}$ の値に漸近していくことに注意しよう。したがって、$f'(\hat{k})-\delta$ は $x+n$ より漸次低下していき、この経路

---

[20] この領域では、$\dot{\hat{k}}$ のマイナスの値の絶対値はますます大となっていくということを (2.24) から確認することができる。したがって、$\hat{k}$ は有限時間で 0 に到達しなければならない。

[21] 投資が可逆的である場合、この分析は成立する。投資が非可逆的な場合、軌道が垂直軸に到達する前に、制約条件 $\hat{c}\leq f(\hat{k})$ が拘束的になる。すなわち、図2.1における $\hat{c}'_0$ のような点から出発する経路はやがて $\dot{\hat{k}}=0$ 線の上方に位置している生産関数 $\hat{c}=f(\hat{k})$ に付随する曲線に到達するであろう。その後、生産関数に付随する曲線に沿って原点に近づいていく。2.9節の付論2Bでは、そのような経路は均衡ではないことが確認される。

上では，(2.26) で与えられている横断性条件は満たされなくなる。横断性条件のこの不成立によって，家計は過剰に貯蓄を行っていることが確認される。初期の段階の時点で消費を増加させると効用は増加するであろう。したがって，初期の消費比率が $\hat{c}(0)$ を下回っている経路は均衡ではないということができる。このことにより，プラスの持続状態 $\hat{k}^*$ に収束する安定的なサドル経路が唯一の可能性として残されることになる[22]。

2.6.2 横断性条件の重要性

ただ一つの均衡を決定する際に，横断性条件の役割を強調することは重要である。この点を明確にするために，すべての個人が世界はある既知の日 $T > 0$ に終焉をむかえることを認識しているという非現実的なタイプのラムゼイ・モデルを考察しよう。そのとき，(2.1) の効用関数は次のようになる。

$$U = \int_0^T u[c(t)] \cdot e^{nt} \cdot e^{-\rho t} dt.$$

さらに，非ポンジ条件は次のようになる。

$$a(T) \cdot \exp\left[-\int_0^T [r(v) - n] dv\right] \geq 0.$$

予算制約条件は以前と同様に (2.3) によって表されている。本節の問題と前節の問題との唯一の差異は最終期であるので，変更される唯一の最適条件は横断性条件であり，ここでは，次のように表される。

$$a(T) \cdot \exp\left[-\int_0^T [r(v) - n] dv\right] = 0.$$

指数の項は有限期ではゼロになることはないので，この条件によって，計画時間視野の最終期に残される資産はゼロになる。つまり，

$$a(T) = 0. \tag{2.32}$$

---

[22] 図 2.1 において経済が $\hat{k}(0) > \hat{k}^*$ から出発する場合にも類似の帰結が成立する。このケースの唯一の厄介な点は，資本が非可逆的である場合には，この領域で制約 $\hat{c} \leq f(\hat{k})$ が拘束的になる可能性があることである。2.9 節の付論 2B の議論を参照せよ。

言い換えると，時点 T における資産のシャドウ価値はプラスであるので，家計は「死去する」とき，資産を残さないようにするであろう。

企業の行動は上述の議論と同じであり，資産市場の均衡では，再び $a(t)$ $=k(t)$ ということが必要である。したがって，以前と同様に一般均衡条件は条件 (2.24) と (2.25) によって与えられ，$\dot{\hat{k}}=0$ 線と，$\dot{\hat{c}}=0$ 線は図2.1で描かれているものと全く同じである。システムの動態的挙動を表している矢印も以前のものと同じである。

$a(t)=k(t)$ であるので，(2.32) から横断性条件は次のように表される。

$$\hat{k}(T)=0. \tag{2.33}$$

図2.1を検討すると，この新たな横断性条件によって，時点 T で資本ストックがゼロに一致するように $\hat{c}(0)$ の選択がなされることが必要である。言い換えると，最適性条件によって，正確に経済が時点 T で垂直軸に到達することが必要である。このことの含意は，時点 T でゼロ資本になるように経済を誘導しないので，安定的サドル経路はもはや均衡ではないということである。安定的サドル経路以下のいかなる初期消費を選択しても，同じことが成立する。したがって，新たな均衡は安定サドル経路より上方に位置している初期消費 $\hat{c}(0)$ で特徴づけられている。

$\hat{c}$ と $\hat{k}$ のいずれもしばらく上昇することは可能である。実際，T が大である場合，移行経路は図2.1に描かれている安定的サドル経路に当初接近しているが，それよりも僅かに上方に位置している。しかし，経済はやがて $\dot{\hat{k}}$ $=0$ 線を横切ることになる。その後，$\hat{c}$ は上昇し，$\hat{k}$ は減少し，経済は時点 T でゼロ資本で終わることになる。したがって，同一の微分方程式系には，横断性条件のみに依存して，一つの均衡（安定的サドル経路）あるいは他の均衡（T で垂直軸に到達する経路）が付随することになる。

2.6.3 安定軌道の形状

図2.1で示されている安定軌道では，均衡における $\hat{c}$ が $\hat{k}$ の関数として示されている[23]。この関係はダイナミック・プログラミングにおいて**政策関数**として知られているものである。この関数によって，状態変数 $\hat{k}$ に制御

変数 $\hat{c}$ が対応づけられている。この政策関数は原点から持続状態に向かっていく右上がりの曲線で描かれる。この曲線の正確な形状はモデルのパラメータに依存している。

例として，パラメータ θ が安定軌道の形状に与える効果を検討することにしよう。経済は $\hat{k}(0)<\hat{k}^*$ から出発するとしよう。そのとき，$\hat{c}$ の将来の値は $\hat{c}(0)$ を上回ることになるであろう。θ の値が大である場合には，家計は通時的に消費を均等にしようとする強い選好を持つことになる。それゆえ，家計は将来の消費を現在にシフトさせようと努める。したがって，θ が大であるときには，図2.2で示されているように，安定軌道は $\dot{\hat{k}}=0$ 線の近くに位置することになるであろう。それに付随して生じる投資率の低下によって，移行時間は長くなる。

逆に，θ が小である場合には，家計は収益率の上昇に呼応して消費を延期するのを厭わないであろう。この場合の安定軌道は，低い値の $\hat{k}$ については，平坦になり，水平軸に接近するであろう（図2.2を参照せよ）。投資の水準が高いので，移行の速度は比較的急速であり，$\hat{k}$ が $\hat{k}^*$ に接近するにつれて，家計は $\hat{c}$ を急激に増加させる。この図から明らかなように，持続状態の周りでの線型近似ではこれらの動態的挙動は正確には捉えられることはない。

コブ=ダグラス型の生産技術 $\hat{y}=A\hat{k}^\alpha$ のケースについて，付論2C（2.10節）では，パラメータ θ の値が資本のシェア α よりも小であるか，等しいか，あるいは，大であるかに依存して，$\hat{k}(0)<\hat{k}^*$ から出発する移行過程で，$\hat{c}/\hat{k}$ は上昇するか，一定に留まるか，低下することが確認されている。したがって，θ が α より小であるか，等しいか，大であるかに応じて，安定軌道は凸関数になるか，線型の関数になるか，凹関数になる。（後で，$\theta>\alpha$ が妥当なケースであることが論じられる。）$\theta=\alpha$ である場合，したがって，移行過程において $\hat{c}/\hat{k}$ が一定である場合には，政策関数は $\hat{c}=$（定数）$\cdot\hat{k}$ という単純な形で表される。ここで，定数は $(\delta+\rho)/\theta-(\delta+n)$ である。

---

23) ソロー=スワン・モデルにおけるこれに対応する関係式 $\hat{c}=(1-s)f(\hat{k})$ は，貯蓄率の一定性の仮定によってもたらされる。

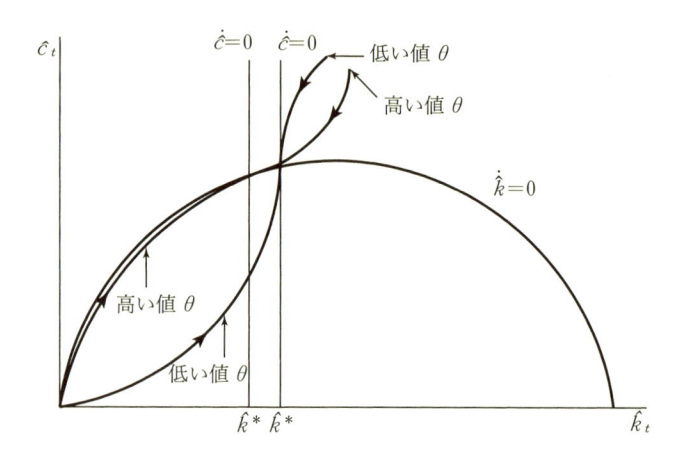

図 2.2 サドル経路の勾配

θ が低い値のときには，消費者は，通時的な消費の大きな変動を気にしない。したがって，資本ストックの水準が低いとき（そして，利子率が高いとき），消費者は比較的少量の消費をしようとする。この状況では，投資率は当初高く，そのため，経済は持続状態に急速に近づいていく。それに対して，θ が高い場合には，消費者は，通時的に消費を均等化しようという強い動機が与えられる。それゆえ，当初，消費者はほとんどの資源を消費に振り向け，投資にはほとんど配分しない（安定軌道は $\dot{\hat{k}}=0$ 線に接近する）。このケースでは，経済は持続状態にゆっくり近づいていくことになる。

2.6.4 貯蓄率の動き

粗貯蓄率は $1-\hat{c}/f(\hat{k})$ で表される[訳注4]。第1章で議論されたソロー=スワン・モデルでは，s はある恣意的な水準で一定であると仮定されていた。最適化を行う消費者を持つラムゼイ・モデルでは，経済が発展し，持続状態に近づいていくにつれて，s の経路は上昇局面と下降局面を伴う複雑なパターンを辿ることが可能である。

一般的に，貯蓄率の動きは代替効果と所得効果による相殺的な影響を伴うので明確ではない。$\hat{k}$ が増加するにつれて，$f'(\hat{k})$ が低下するので，貯蓄に対する収益率 r が低下する。貯蓄の誘因の低下（通時的代替効果）によって，経済の発展につれて，貯蓄率が低下していく傾向が生じる。第2に，貧困の状態にある経済の効率的労働者一人当たりの所得 $f(\hat{k})$ は，経済の長期所得あるいは恒常所得をかなり下回っている。家計は消費のパターンを均等にしたいと望んでいるので，貧困の状態にあるときには，所得に対して相対

的に多く消費しようとするであろう。すなわち，$\hat{k}$ が低い場合には，貯蓄率は低いであろう。$\hat{k}$ が増加していくにつれて，経常所得と恒常所得の差は縮小していくことになる。それゆえ，所得に対する消費の比率は低下していき，貯蓄率は上昇傾向を辿る。この作用（所得効果）によって，経済が発展するにつれて，貯蓄率の上昇傾向がもたらされることになる。

移行過程における貯蓄率の動きは，代替効果と所得効果のどちらが優位に立つかに依存する。一般的に，純効果は明確ではなく，移行過程における貯蓄率の経路は複雑である。しかしながら，コブ=ダグラス型の生産関数のケースでは，簡単な結果が得られる。付論2Cでは，このケースのもとで，$\hat{k}$ が増加していくとき，パラメータの値の組に依存して，貯蓄率は単調に低下する，一定に留まる，あるいは単調に上昇するということが確認される。

付論2Cでは，コブ=ダグラス型のケースのもとで，持続状態における貯蓄率 s^* が次のように与えられることが示されている。

$$s^* = \alpha \cdot (x+n+\delta)/(\delta+\rho+\theta x). \tag{2.34}$$

横断性条件によって，(2.31) が成立し，さらに，(2.34) において $s^* < \alpha$ ということ，すなわち，持続状態における貯蓄率が粗資本シェアより小であるということが確認される。

位相図を使用して，コブ=ダグラス型生産関数のケースについて移行過程での貯蓄率の動きを分析できる。この方法は，モデルの一階条件に直接には含まれない（貯蓄率のような）興味深い変数の動きを研究する方法を提示するので，より一般的なケースでも興味深いものである。この方法は一階条件に含まれる変数の変換に関係している。以上の分析で使用された動的な関係式は変数 $\hat{c}, \hat{k}$ に関するものであった。移行過程における貯蓄率 $s = 1 - \hat{c}/\hat{y}$ の動きを検討するには，これらの関係式を変数 $\hat{c}/\hat{y}$ と $\hat{k}$ で書き換えることが望ましい。そうすれば，$\hat{c}/\hat{y}$ と $\hat{k}$ に関する位相図を作成できるであろう。そのような位相図の安定軌道では，$\hat{k}$ が増加するにつれて $\hat{c}/\hat{y}$，すなわち $s = 1 - \hat{c}/\hat{y}$ がどのように動くかが示されるであろう。

まず，$\hat{c}/\hat{y}$ の成長率は $\hat{c}$ の成長率マイナス $\hat{y}$ の成長率で与えられることを指摘しておく。生産関数がコブ=ダグラス型である場合，$\hat{y}$ の成長率は $\hat{k}$ の

成長率に比例している。したがって，

$$\frac{1}{\hat{c}/\hat{y}} \cdot \frac{d(\hat{c}/\hat{y})}{dt} = (\dot{\hat{c}}/\hat{c}) - (\dot{\hat{y}}/\hat{y}) = (\dot{\hat{c}}/\hat{c}) - \alpha \cdot (\dot{\hat{k}}/\hat{k}).$$

次に，(2.24) と (2.25) で示されている均衡条件を使用すると，次式が成立する。

$$\frac{1}{\hat{c}/\hat{y}} \cdot \frac{d(\hat{c}/\hat{y})}{dt} = [(1/\theta) \cdot (\alpha A \hat{k}^{\alpha-1} - \delta - \rho - \theta x)]$$
$$- \alpha \cdot [A\hat{k}^{\alpha-1} - (\hat{c}/\hat{y}) \cdot A\hat{k}^{\alpha-1} - (x+n+\delta)]. \tag{2.35}$$

ここで，等式 $\hat{c}/\hat{k} = (\hat{c}/\hat{y}) \cdot A\hat{k}^{\alpha-1}$ が使用されている。$\hat{k}$ の成長率は次のようになる。

$$\dot{\hat{k}}/\hat{k} = [A\hat{k}^{\alpha-1} - (\hat{c}/\hat{y}) \cdot A\hat{k}^{\alpha-1} - (x+n+\delta)]. \tag{2.36}$$

(2.35) と (2.36) は変数 $\hat{c}/\hat{y}$ と $\hat{k}$ に関する微分方程式系を表していることに注意しよう。したがって，通常の位相図をこれらの変数によって描くことができる。

まず，(2.35) をゼロとおくと，次のように $\frac{d(\hat{c}/\hat{y})}{dt}=0$ 線が得られる。

$$\hat{c}/\hat{y} = \left(1 - \frac{1}{\theta}\right) + \psi \cdot \frac{\hat{k}^{1-\alpha}}{\alpha A}. \tag{2.37}$$

ここで，$\psi \equiv [(\delta+\rho+\theta x)/\theta - \alpha \cdot (x+n+\delta)]$ は定数である。ψ がプラス，マイナス，あるいはゼロであるかに応じて，この線は右上がり，右下がり，あるいは水平線になる。これらの3つの可能性は図2.3に図示されている。ψ の値とは無関係に，$\frac{d(\hat{c}/\hat{y})}{dt}=0$ 線の上方に位置する点での矢印は北方向を指し，この線の下方に位置する点での矢印は南方向を指している。

(2.36) をゼロとおくと，次のように $\dot{\hat{k}}=0$ 線が得られる。

$$\hat{c}/\hat{y} = 1 - \frac{(x+n+\delta)}{A} \cdot \hat{k}^{1-\alpha}. \tag{2.38}$$

これは確実に右下がりの曲線である[24]。この線の上方に位置する点での矢印は西方向を指し，下方に位置する点での矢印は東方向を指す。

図2.3の3つのパネルでは，ψ の値に関係なく，持続状態はサドル経路

安定的であることが示されている。しかし、安定軌道は $\psi>0$ のとき右上がりであり、$\psi<0$ のとき右下がりであり、$\psi=0$ のとき水平である。前の節の根拠に従って、無限時間視野の経済は安定軌道に常に位置することが確認される。したがって、パラメータの値に依存して、$\hat{k}$ が増加するにつれて消費率は単調に逓減したり、一定に留まったり、単調に逓増する。その際、貯蓄率は正確に逆の動きをすることになる。(異期間の消費の低い代替性に対応している) 高い値の θ の場合、$\psi<0$ が成立しがちである。その場合、移行過程では貯蓄率は上昇傾向にある。θ が高くなると、利子率による代替効果が弱まるので、この帰結が成立する。

$\psi=0$ となる特殊ケースでは、移行過程では、貯蓄率は持続状態値 $s^*=1/\theta$ で一定である。このようなパラメータの組については、富効果と代替効果が相殺され、その結果、資本ストックが持続状態に向かって増加しても、貯蓄率は一定に留まることになる。したがって、ソロー=スワン・モデルにおける一定の貯蓄率はラムゼイ・モデルの特殊ケースである。

このケースでも、ソロー=スワン・モデルとは重要な相違が存在している。ラムゼイ・モデルにおける s の水準は基礎的なパラメータによって規定されており、恣意的に選択不可能である。特に、経済において、s によって、黄金律の状態よりも大なる資本ストックの持続状態値がもたらされる場合には、ソロー=スワン・モデルにおいて、恣意的な s の選択によって、動学的に非効率的な状態をもたらすことが可能である。ラムゼイ・モデルではこのことは不可能である。

以下の議論では、それぞれ年率で、$\rho=0.02$、$\delta=0.05$、$n=0.01$、$x=0.02$ という基準値が使用される。さらに、$\alpha=0.3$ という慣用的な資本シェアが仮定される場合には、一定の貯蓄率をもたらすような θ の値は 17 となる。すなわち、θ がこの高い値を下回る場合には、経済が発展するにつれて、$s^*<1/\theta$ ということが成立し、しかも、(事実に反することではあるが) 貯蓄率は低下していくことになる。

---

24) $\psi<0$ のとき、$\dfrac{d\hat{k}}{dt}=0$ 線は $\dfrac{d(\hat{c}/\hat{g})}{dt}=0$ 線よりも勾配が急である。

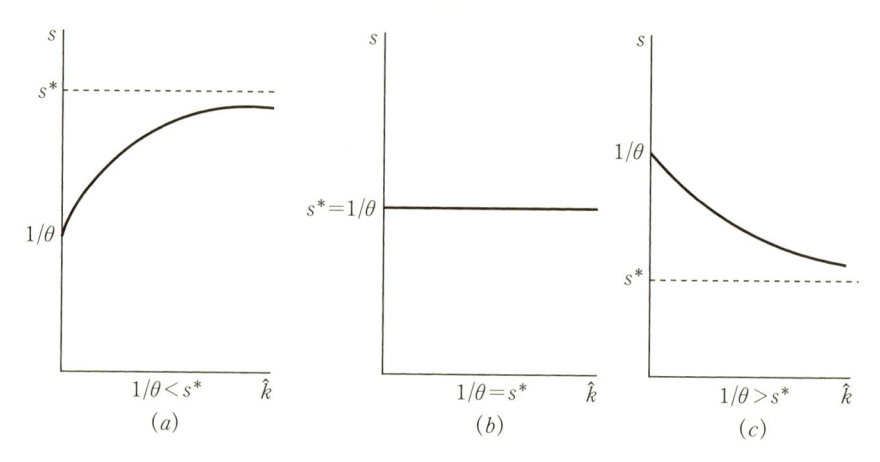

図2.3 （コブ=ダグラス型のケースの）貯蓄率の動き[訳注5]

生産関数がコブ=ダグラス型である場合，移行過程における粗貯蓄率 s は単調な動きをする。経済が低い値の $\hat{k}$ から出発するとき，$s^* > 1/\theta$ ならば貯蓄率は通時的に上昇し，$s^* = 1/\theta$ ならば一定にとどまり，$s^* < 1/\theta$ ならば通時的に低下していく。持続状態における貯蓄率 s^* は（横断性条件 $\rho + \theta x > x + n$ により）α より低い値の $\alpha \cdot (x + n + \delta)/(\rho + \theta x + \delta)$ に一致する。

ソロー=スワン・モデルについては，資本シェアの係数 α が 0.3 よりもかなり大でない場合には，理論の帰結は収束速度に関する実証結果に合致しないことが言及された。0.75 の近傍の値は実証的帰結にかなり適合しており，しかも，人的資本を含む広義の資本概念を採用する場合には，このような高い α の値は妥当なものとなる。次節では，貯蓄率の通時的な可変性が考慮されるラムゼイ・モデルでも，α に関する上述の帰結は依然として成立することが確認される。他のパラメータの基準値とともに，$\alpha = 0.75$ ということを仮定すると，一定の貯蓄率をもたらすような θ の値は 1.75 になる。すなわち，θ が 1.75 より大である（小である）場合には，経済の発展に伴って，粗貯蓄率は上昇する（低下する）ことになる。$\theta = 1.75$ の場合には，粗貯蓄率は 0.57 で一定に留まることになる。このような粗貯蓄率の高い値は，人的資本を維持・増加させる種々の支出が粗貯蓄に含まれていると解釈されなければならない。教育と訓練の費用を別にして，食料，健康などのような支出分も粗貯蓄に含まれることになるであろう。

各国にわたる実証的データを検討すると，移行過程では，一人当たり所得

の上昇に伴って，貯蓄率は適度に上昇傾向を辿ることが確認される。種々の基準パラメータと，0.75 に近い α の値と 2 を若干上回る θ の値とを組み合わせて使用すると，ラムゼイ・モデルは，収束速度に関する観察結果と同様に，このようなパターンに適合可能である。θ の値は 2 をそれほど上回ることは不可能である。その理由は（2.34）で示される持続状態における貯蓄率 s^* が過度に低下し過ぎるからである。たとえば，$\theta=10$ とすると，$s^*=0.22$ となる。この値は，人的資本の形態での粗貯蓄を含む広義の概念の場合には，低すぎることになる。

2.6.5　資本ストックの経路と産出量の経路

図 2.1 で描かれている安定軌道では，$\hat{k}(0)<\hat{k}^*$ ならば，$\hat{k}$ と $\hat{c}$ はその持続状態における値に近づくにつれて単調に増加していくことが確認される。$\hat{k}$ の経路は増加的であるので，収益率 r は初期の値 $f'[\hat{k}(0)]-\delta$ から，持続状態値 $\rho+\theta x$ まで単調に減少していくことになる。（2.25）と，r の経路が減少的であるという帰結によって，一人当たりの消費の成長率 $\dot{c}/c$ も単調に低下していく。すなわち，$\hat{k}(0)$ が小であるほど，それゆえ，$\hat{y}(0)$ が小であるほど，そのときの $\dot{c}/c$ の値はより大となる。

さらに，初期の一人当たり資本と産出量の成長率 γ_k, γ_y を，初期の比率 $\hat{k}(0)$ に関連づけることにしよう。第 1 章では，$\dot{k}/k$ と $\hat{k}(0)$ の間のマイナスの相関関係，および $\dot{y}/y$ と $\hat{y}(0)$ のマイナスの相関関係は収束効果と呼ばれた。付論 2 D（2.11 節）では，(2.15) と (2.16) の消費関数を使って，経済が発展し，持続状態に近づいていくにつれて，$\dot{k}/k$ は単調に低下していくことが確認される。言い換えると，移行過程で貯蓄率は上昇するかもしれないが，$\dot{k}/k$ と $\hat{k}$ の間のマイナスの相関関係が消滅するほど充分に上昇することは不可能である。したがって，貯蓄率が内生的に決定されるケースでも，$\hat{k}$ の収束性は消滅することはない。

(2.18) における生産関数について対数をとり，微分を行うと，効率的労働者一人当たりの産出量の成長率を次のように求めることができる。

$$\dot{\hat{y}}/\hat{y}=[\hat{k}\cdot f'(\hat{k})/f(\hat{k})]\cdot(\dot{\hat{k}}/\hat{k}). \tag{2.39}$$

すなわち，粗産出量における粗資本所得のシェアが $\hat{k}$ の成長率に掛けられている。コブ=ダグラス型の生産関数のケースでは，資本所得のシェアは定数 α に一致する。したがって，$\dot{\hat{k}}/\hat{k}$ に関する特性は，直ちに，$\dot{\hat{y}}/\hat{y}$ の特性にもなる。経済の発展に伴って，資本所得のシェアの上昇が，$\dot{\hat{k}}/\hat{k}$ の低下を相殺して余りあるほど急速でない場合には，上述の帰結はコブ=ダグラス型のケースより一層一般的なケースでも成立することになる。

2.6.6 収束速度

持続状態のまわりでの対数線型近似　次に，ラムゼイ・モデルにおける収束速度に関する数量的な分析を行うことにする。$\hat{k}$ と $\hat{c}$ に関する動学方程式系（2.24），(2.25) の対数線型近似システムについての分析から始める。この接近方法は，第1章においてソロー=スワン・モデルについて使用された方法の拡張である。ここでの唯一の相違点は，1変数ではなく，2変数のシステムを取り扱わなければならないことである。この対数線型法の利点は，収束係数の明確な解が求められることである。欠点は，それが，持続状態の近傍での近似としてのみ妥当性を持っているということである。

付論2Aでは，持続状態値のまわりでテイラー展開された (2.24) と (2.25) の対数線型化システムが検討されている。その結果は次のように表される。

$$\log[\hat{y}(t)] = e^{-\beta t} \cdot \log[\hat{y}(0)] + (1 - e^{-\beta t}) \cdot \log(\hat{y}^*). \tag{2.40}$$

ここで，$\beta > 0$。任意の $t \geq 0$ に対して，$\log[\hat{y}(t)]$ は，初期値と持続状態値，つまり $\log[\hat{y}(0)]$ と $\log[\hat{y}^*]$ の加重平均である。ここで，初期値のウェイトは β の率で指数的に低下する。収束速度 β は技術と選好に関する種々のパラメータに依存している。コブ=ダグラス型の生産関数の場合には，（持続状態値のまわりでの対数線型化によって求められる）収束係数の式は次のように与えられる。

$$2\beta = \left\{ \zeta^2 + 4 \cdot \left(\frac{1-\alpha}{\theta} \right) \cdot (\rho + \delta + \theta x) \cdot \left[\frac{\rho + \delta + \theta x}{\alpha} - (n + x + \delta) \right] \right\}^{1/2} - \zeta. \tag{2.41}$$

ただし，$\zeta = \rho - n - (1-\theta)x > 0$。後で，この式の中で，種々のパラメータ

2.6 移行動学

がどのような構成要素になっているかが論じられる。

(2.40) によって, 初期時点 0 から将来の任意の時点 $T \geq 0$ までの期間における一人当たり産出量 y の平均成長率は次のように与えられる[訳注6]。

$$(1/T) \cdot \log[y(T)/y(0)] = x + \frac{(1-e^{-\beta T})}{T} \cdot \log[\hat{y}^*/\hat{y}(0)]. \tag{2.42}$$

とりあえず, 持続状態における成長率 x, 収束速度 β, および平均化される期間 T を固定しておくことにしよう。そのとき, (2.42) から, 一人当たり産出量の平均成長率は $\hat{y}^*$ に対する $\hat{y}(0)$ の比の減少関数であるということが確認される[訳注7]。したがって, ソロー=スワン・モデルと同様に, 初期値 $\hat{y}(0)$ の効果は持続状態の値 $\hat{y}^*$ に条件づけられている。言い換えると, ラムゼイ・モデルでも絶対収束性ではなく, 条件付き収束性が成立することになる。

(2.42) において y の成長率を $\log[\hat{y}^*/\hat{y}(0)]$ に関係づけている係数 $(1-e^{-\beta T})/T$ は, β を所与として, T が上昇すると低下していく[訳注8]。$\hat{y}(0) < \hat{y}^*$ である場合, それゆえ, 成長率が長期的に低下する場合には, T の上昇によって, より多くのより低速の成長率が初期のより高い成長率と平均化されることになる。したがって, (2.42) で表されている平均成長率は T が上昇すると低下する。$T \to \infty$ となるにつれて, 持続状態における成長率 x が平均成長率で優位を占めるようになる。したがって, 係数 $(1-e^{-\beta T})/T$ は 0 に近づいていき, (2.42) における y の平均成長率は x に近づくことになる。

T を所与として, β が上昇すると, 係数 $(1-e^{-\beta T})/T$ も上昇することになる。($T \to 0$ となるとき, この係数は β に近づいていく[訳注9]。) (2.41) では, β が種々の基礎的パラメータに依存していることが示されている。最初に, 貯蓄率が一定であるソロー=スワン・モデルのケースを検討することにしよう。以前言及されたように, この状況は (2.34) で示されている持続状態における貯蓄率 s^* が $1/\theta$ に一致する場合, あるいは, 同じことであるが, 種々のパラメータの組が, $\alpha(\delta+n) - (\delta+\rho)/\theta - x(1-\alpha) = 0$ となる場合に成立することになる。

パラメータは第 1 章で使用された基準値 (それぞれ年率で, $\delta = 0.05$, n

$=0.01$, $x=0.02$) をとると想定しよう. さらに, 持続状態における利子率 $\rho+\theta x$ について妥当な値を得るために, 年率で $\rho=0.02$ と仮定することにしよう. 前の節で言及されたように, パラメータのこれらの基準値のもとでは, $\alpha=0.3$ ならば, $\theta=17$ のときに, $\alpha=0.75$ ならば, $\theta=1.75$ のときに, 貯蓄率は一定になる.

貯蓄率が一定である場合には, 収束速度 β の式は, (2.41) からソロー=スワン・モデルについて成立する式 (1.45) に単純化されることになる.

$$\beta^*=(1-\alpha)\cdot(x+n+\delta).$$

第 1 章で言及されたように, 概算で年率 0.02 での β の実証的推定値に合致させるには, α の値が約 0.75 であること(すなわち, 広義の資本の性質によって, 資本の収穫逓減性がゆっくり生じるような範囲にあること)が必要である. $x+n+\delta$ の値の低下によって, α の必要な値は減少することになるが, 依然として, 妥当な種々のパラメータの値により, 物的資本という狭義の概念に対して成立する約 0.3 の値を α はかなり上回っていなければならない.

貯蓄率が可変的である場合には, (2.41) によって, 種々のパラメータが収束速度に及ぼす全効果が決定されることになる. 新たな要素は, 移行過程における貯蓄率の時間経路の傾向に関係している. $\hat{k}$ が増加するときに, 貯蓄率が低下する(上昇する)場合には, 他のケースよりも収束速度は早くなる(遅くなる)であろう[訳注10]. たとえば, 以前確認されたことであるが, 通時的代替性のパラメータ θ の値が大である場合には, 貯蓄率は $\hat{k}$ の増加に伴って上昇する可能性が強くなる. このメカニズムを通じて, θ の上昇によって, (2.41) における収束速度 β は低下する.

時間選好率 ρ が上昇する場合には, 貯蓄率の水準は低下することになる([2.34] を参照せよ). しかしながら, 収束速度への効果は, 貯蓄率の水準ではなく, 経済の発展とともに貯蓄率が上昇するか, 低下するかという傾向に依存している. ρ の値が上昇する場合には, 貯蓄率の経路は低下傾向を示すことになる. 有効時間選好率は $\rho+\theta\cdot\dot{c}/c$ である. $\hat{k}$ が増加すると, $\dot{c}/c$ は

低下するので[訳注11]，有効時間選好率に及ぼす ρ の効果は $\hat{k}$ が小のときには小である．したがって，$\hat{k}$ が小さいほど，貯蓄率の減少は小となり，貯蓄率の時間経路は右下がりの傾向を示す．それゆえ，ρ の上昇によって，(2.41) における β の値が上昇する傾向があるということができる．

　貯蓄率が可変的な場合には，ソロー＝スワン・モデルの帰結と同様に，δ と x のパラメータは β を上昇させる傾向がある．パラメータ n の全効果は明確ではないが，妥当な範囲では小さなものに留まるであろう[25]．

　貯蓄率が可変的あるいは一定であるときに成立する基本的な帰結は，他のパラメータの妥当な値を所与として，収束速度 β に関する実証的推計値に合致するには，このモデルにおける α の値が（0.75 の近傍の）高い値をとることが必要であることである．0 に近い δ の値とともに，(10 を超える) 非常に高い値の θ を仮定する場合には，α について必要とされる値を 0.5～0.6 に減少させることが可能である．しかしながら，以前言及されたように，θ の値が非常に高くなると，持続状態における貯蓄率が過度に低下することになり，しかも 0 に近い δ の値は非現実的である．さらに，後で確認されるように，0.75 をかなり下回る α の値の場合には，利子率と資本・産出比率の移行過程における動きについて，事実に反する帰結がもたらされることになる．第 3 章では，投資の調整費用によって，収束速度が減速することが議論されるが，このようなモデルの拡張によって，主要な結論が変わるわけではない．

非線型システムの数値的解法　　次に，数値的手法を用いて非線型の微分方程式系を解く第 2 の接近方法によって，モデルの収束性に関する検討を行うことにしよう．この接近方法では，モデルの線型化に内在する近似誤差が除去され，基礎的なパラメータに関する所与の規定のもとで，正確な帰結が提示される．その欠点は明確な形の解が存在しないことである．各パラメータの

---

[25] (2.41)では，β に対する効果は，α についてはマイナスであるが，δ についてはプラスであるということが明確に示されている．我々の数値的計算結果によると，他のパラメータの効果は，それ以外のパラメータの値が妥当な範囲に制限されている限り，上で述べられたような方向にあるということができる．

値を規定する度に，新たな一連の解がもたらされることになる。

　数値的手法を使って，非線型の微分方程式系の大域的解を求めることができる。コブ=ダグラス型の生産関数の場合には，(2.24) と (2.25) から，$\hat{k}$ と $\hat{c}$ の成長率は次のように表される。

$$\gamma_k \equiv \dot{\hat{k}}/\hat{k} = A \cdot (\hat{k})^{\alpha-1} - (\hat{c}/\hat{k}) - (x+n+\delta), \tag{2.43}$$

$$\gamma_c \equiv \dot{\hat{c}}/\hat{c} = (1/\theta) \cdot [\alpha A \cdot (\hat{k})^{\alpha-1} - (\delta+\rho+\theta x)]. \tag{2.44}$$

種々のパラメータの値（A, α, x, n, δ, ρ, θ）が規定されており，しかも経路に沿って，$\hat{c}$ と $\hat{k}$ の関係式（すなわち，政策関数 $\hat{c}(\hat{k})$）が求められている場合には，微分方程式を解くための標準的な数値的手法によって，$\hat{k}$ と $\hat{c}$ の完全な時間経路を解明することが可能となるであろう。数学付論では，政策関数を数値的に導出するために，**時間消去法**（time-elimination method）と呼ばれる手順をどのように使用するかが示されている（Mulligan and Sala-i-Martin [1991] を参照せよ）。ここでは，問題のこの部分は既に解かれていると仮定する。

　政策関数が求められているとすると，$\beta = -d(\gamma_k)/d[\log(\hat{k})]$ で定義される収束係数を含んで，関心のあるすべての変数の経路が決定可能である。（コブ=ダグラス型のケースでは，$\hat{y}$ の収束係数は $\hat{k}$ のそれと同じである。）図 2.4 では，種々のパラメータの基準値（$\delta=0.05$, $x=0.02$, $n=0.01$, $\rho=0.02$），$\theta=3$, $\alpha=0.3$ あるいは $\alpha=0.75$ が使用されているケースについて，β と $\hat{k}/\hat{k}^*$ の関係が示されている[26]。α の規定のどちらのケースでも，β は $\hat{k}/\hat{k}^*$ の減少関数になる。すなわち，経済が持続状態に近づくにつれて，収束の速度は減速することになる[27]。$\hat{k}/\hat{k}^*=1$ となる持続状態では，β の値（$\alpha=0.3$ の場合では 0.082，$\alpha=0.75$ の場合には 0.015）は，持続状態のまわりでの対数線型化のもとで (2.41) によって確認される。

　$\hat{k}/\hat{k}^*<1$ の場合には，β は (2.41) によって求められる値を上回っているということが，図 2.4 で示されている。たとえば，$\hat{k}/\hat{k}^*=0.5$ である場合には，$\alpha=0.3$ のケースでは $\beta=0.141$ であるが，$\alpha=0.75$ のケースでは $\beta=0.018$ となる。$\hat{k}/\hat{k}^*=0.1$ である場合には，$\alpha=0.3$ のケースでは $\beta=0.474$ であるが，$\alpha=0.75$ のケースでは $\beta=0.026$ となる。したがって，資本シェア

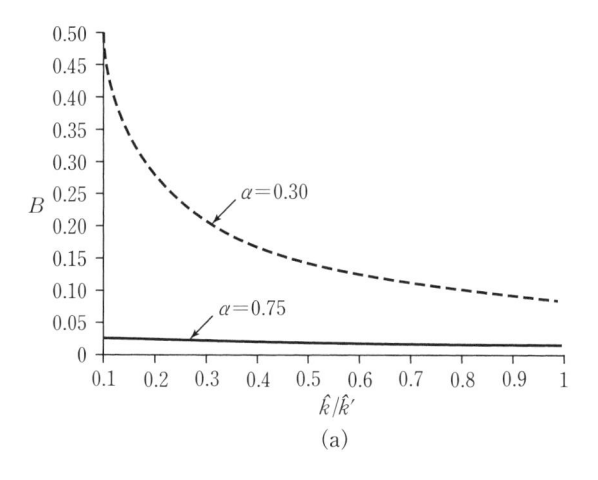

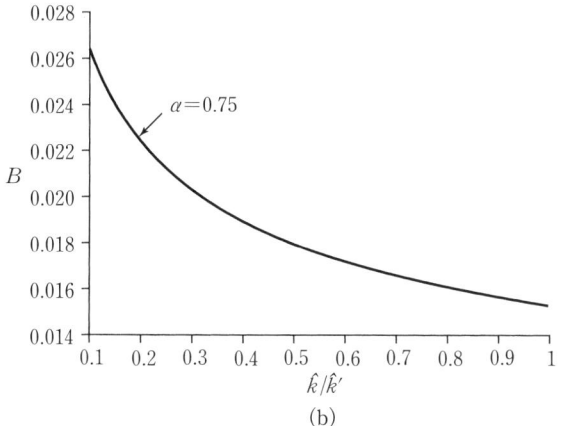

図 2.4 ラムゼイ・モデルにおける収束速度の数値的推定

(垂直軸で表されている) 正確な収束速度は，(水平軸で示されている) 持続状態からの距離 $\hat{k}/\hat{k}^*$ の減少関数である．分析では，コブ=ダグラス型の生産関数が仮定されており，$\alpha=0.3$ と $\alpha=0.75$ という2つの資本シェアの値について計算結果が示されている．移行過程における収束速度の変化は，資本シェアが低いほど顕著である．持続状態 ($\hat{k}/\hat{k}^*=1$) における収束速度の値 β は，持続状態のまわりでの対数線型近似によって解析的に求められた値である ([2.41] を参照せよ)．

の係数として，望ましい高い値 $\alpha=0.75$ が使用される場合には，収束係数 β は広範囲の $\hat{k}/\hat{k}^*$ に対して，1.5パーセントと3パーセントの間に留まることになる。この動きは第11章と第12章で議論される実証結果と一致している。そこでは，持続状態から非常に離れたところに位置している経済についても収束係数はこの範囲を上回らないことが確認されている。それに対して，$\alpha=0.3$ が仮定される場合には，$\hat{k}$ が $\hat{k}^*$ より充分下回っているときには，経済では現実に有り得ないほど極端に高い収束率がもたらされることになる。

持続状態からの距離の増大とともに収束速度は上昇するので，線型化のケースで求められたものよりも，移行期間は短縮化されることになる。$\hat{k}$ の時間経路に関する結果を使用すると，$\hat{k}^*$ からの初期のギャップについて規定されたパーセントだけ近づけるのに要する正確な時間を計算することができる。図2.5のパネル(a)では，経済が $\hat{k}/\hat{k}^*=0.1$ から出発し，$\alpha=0.3$ あるいは $\alpha=0.75$ をとるケースで，$\hat{k}$ と $\hat{k}^*$ の間のギャップが通時的にどのように除去されることになるかが示されている。例として，$\alpha=0.75$ の場合には，ギャップの50パーセントだけ近づけるには38年を要することになる。それに対して，線型近似の場合には45年が必要とされる。

図2.5のパネル(b)では，$\hat{c}/\hat{c}^*$ で表された消費の水準が示されている。パネル(c)では $\hat{y}/\hat{y}^*$ で表された所得の水準が示され，パネル(d)では $\hat{i}/\hat{i}^*$ で表された粗投資の水準が図示されている。$\alpha=0.75$ のケースでは，粗貯蓄率，それゆえ，$\hat{c}/\hat{y}$ もほんの僅かしか変化しないので，$\hat{c}/\hat{c}^*$ と $\hat{y}/\hat{y}^*$ の経路は類似している（以下の議論を参照せよ）。

パネル(e)では，$\hat{y}$ の成長率 γ_y が図示されている。$\alpha=0.3$ の場合には，($\hat{k}/\hat{k}^*=0.1$ に対応する) γ_y の初期値は年率で約15パーセントであり，そのため，γ_y は年率で17パーセントというように，異常に高くなるという非現

---

26) $\hat{k}/\hat{k}^*$ の値を所与として，コブ=ダグラス型のケースでは，パラメータ A は β に影響を及ぼすことはない。

27) この関係は一般的に成立するわけではない。特に，θ が非常に小で，α が非常に大である場合，たとえば，$\theta=0.5$，$\alpha=0.95$ である場合には，$\hat{k}/\hat{k}^*$ の増加に伴って β は上昇することができる。

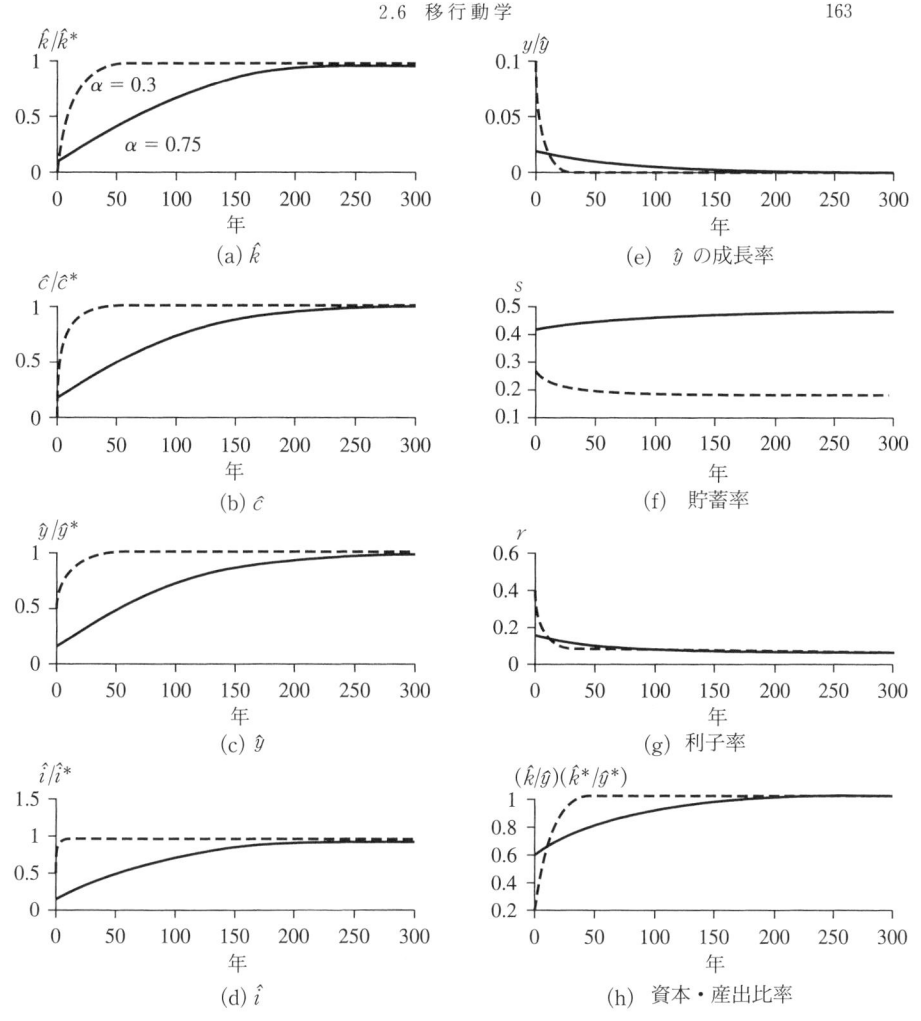

図 2.5 ラムゼイ・モデルにおける種々の動態的経路の数値的推定

8個のパネルでは次の8個の主要な変数の正確な動態的経路が描かれている。それぞれ，資本ストック，消費，産出量，および投資の効率的労働1単位当たりの値，効率的労働者一人当たりの産出量の成長率，貯蓄率，利子率，資本・産出比率。

最初の4つの変数と最後の変数は，それぞれの持続状態値に対する比で表されている。それゆえ，各変数は1に漸次近づいていく。分析では，コブ=ダグラス型の生産関数が仮定されている。各パネルの点線は $\alpha=0.3$ のケースに対応しており，実線は $\alpha=0.75$ に対応している。他のパラメータについては本文で提示されている。効率的労働1単位当たりの資本ストックの初期値は，各ケースで，持続状態における値の10分の1と仮定されている。

実的な含意が，このモデルでは提示されることになる。この帰結に基づいて，King and Rebelo(1993)は，ラムゼイ・モデルの移行過程における挙動を，実際の成長の経過に対する妥当な近似的帰結としてみなすことは不可能であるとしていた。しかし，$\alpha=0.75$ の場合には，γ_g は当初年率で約3.5パーセントであり，そのため，γ_y は年率で約5.5パーセントであるという妥当な帰結がこのモデルでは成立する。

　パネル(f)では，粗貯蓄率 $s(t)$ が図示されている。コブ=ダグラス型のケースの以前の解析結果から，(他のパラメータの仮定された値を所与として，) $\alpha=0.3$ のときには $s(t)$ は単調に低下し，$\alpha=0.75$ のときには単調に上昇することが確認されている。$\alpha=0.3$ のケースについては，このモデルでは，$\hat{k}/\hat{k}^*=0.1$ における 0.28 から，$\hat{k}/\hat{k}^*=0.5$ における 0.22，さらに，$\hat{k}/\hat{k}^*=1$ における 0.18 というように，経済の発展につれて $s(t)$ の低下が生じているという点で事実に反する結果になっている。さらに，資本を広義の概念で解釈した場合，求められた貯蓄率の水準は，現実に有り得ないほど低いということができる。それに対して，$\alpha=0.75$ のケースでは，経済の発展につれて貯蓄率の適度の上昇が生じており，現実のデータに適合している。このケースでは，貯蓄率は $\hat{k}/\hat{k}^*=0.1$ における 0.41 から，$\hat{k}/\hat{k}^*=0.5$ における 0.44，さらに，$\hat{k}/\hat{k}^*=1$ における 0.46 というように上昇する。さらに，広義の資本の概念が採用された場合，求められた貯蓄率の水準は妥当なものであるということができる。

　パネル(g)では利子率 r の動きが示されている。持続状態における利子率は $r^*=\rho+\theta x=0.08$ であり，それに対応する限界生産物は $f'(\hat{k}^*)=r^*+\delta=0.13$ であるということに注意しよう。図2.5におけるように，初期状態を $\hat{k}(0)/\hat{k}^*=0.1$ とすると，コブ=ダグラス型関数のケースでは次のことが成立する。

$$f'[\hat{k}(0)]/f'(\hat{k}^*)=[\hat{k}(0)/\hat{k}^*]^{\alpha-1}=(10)^{1-\alpha}.$$

したがって，$\alpha=0.3$ の場合には，$f'[\hat{k}(0)]=5f'(\hat{k}^*)=0.65$ となる。言い換えると，資本シェアの係数が約 0.3 である場合には，($\hat{k}(0)/\hat{k}^*=0.1$ における) 初期の利子率は約 60 パーセントという非現実的なほど高い値になる。

利子率に関するこのような事実に反する帰結が，King and Rebelo(1993)がラムゼイ・モデルの移行動学を受け入れなかったもう1つの理由である。しかし，より好ましい資本シェア係数 $\alpha=0.75$ を仮定する場合には，$f'[\hat{k}(0)]=1.8f'(\hat{k}^*)=0.23$ となり，その結果，$r(0)$ は18パーセントという妥当な値をとることになる。

図2.5における最後のパネルでは，$(\hat{k}^*/\hat{y}^*)$ に対する資本・産出比率 $(\hat{k}/\hat{y})$ の動きが示されている。Kaldor(1963)は，経済発展の過程では，この比率は比較的変化をしないということを主張しており，Maddison(1982,第3章)はこの見解を支持している。しかし，これらの見解は物的資本という狭義の概念に関係したものである。それに対して，我々のモデルでは，人的資本を含む広義の概念が採用されている。クロス・カントリー・データで確認されていることであるが，一人当たり実質GDPの高い国ほど，（教育の達成という形での）人的資本の物的資本に対する比率が高くなる傾向がある（Judson[1998]を参照せよ）。この観察結果によって，物的資本に対する人的資本の比率は，一人当たり実質GDPのより高い水準への移行過程では，上昇傾向を辿るということが示唆される（この挙動の理論的な議論については，第5章を参照せよ）。産出量に対する物的資本の比率が比較的安定している場合でも，広義の資本の測定値のケースでは，資本・産出比率は移行過程の間で上昇することになるであろう。

コブ=ダグラス型生産関数の場合には，資本・産出比率は $\hat{k}/\hat{y}=(1/A)(\hat{k})^{(1-\alpha)}$ となる。$\alpha=0.3$ の場合には，$\hat{k}$ が10倍だけ増加したときには，$\hat{k}/\hat{y}$ は5倍だけ増加する。これは，経済発展の長期間にわたる $\hat{k}/\hat{y}$ の変化の観察結果から著しく乖離することになる。それに対して，$\alpha=0.75$ の場合には，$\hat{k}$ が10倍だけ増加したときには，$\hat{k}/\hat{y}$ は1.8倍増加するだけである。広義の資本概念のもとでは，この動きは妥当性を持っているようにみえる。

図2.5における種々の時間経路の検討から得られる主要な教訓は，約0.3という慣用的な資本シェアの係数 α を持っているラムゼイ・モデルの移行動学は，経済発展の種々の側面に関する適切な説明を提供することはないということである。持続状態より遥かに下回った位置から出発する経済のもとで，不正確な帰結としては，過度の収束速度，非現実的なほど高い成長率と

利子率，粗貯蓄率の急激な低下，および資本・産出比率の通時的な急上昇があげられる。広義の資本概念が採用され，約 0.75 という高い資本シェア係数 α が仮定される場合には，これらの欠陥がすべて取り除かれる。モデルの他のパラメータの妥当な値とともに，この α の値を使用すると，第 11 章と第 12 章で検討される成長の経過に適切に合致するような帰結がもたらされることになる。

2.6.7 異種類の家計のケース

上述の分析では，経済を代表するものとして単一の家計を考察した。代表的家計の消費・貯蓄の決定は多数の家庭からなる複雑な経済における平均的な経済主体の行動を把握していると想定されていた。重要な問題は，このような**代表的**あるいは**平均的**家計が多数の異なる家庭の行動を平均した場合に得られるものに本当に一致するかどうかである。

Caselli and Ventura (2000) では，家計の種々のタイプの異質性が考慮できるようにラムゼイ・モデルの拡張がなされている[28]。彼らの分析に依拠して，経済には，(それぞれ無限生存家系である) J 個の同じ規模の家計が存在するものと仮定しよう。各家計の人数（したがって，全人口）は一定の率 n で成長するものと想定する。さらに，各家計の選好は以前と同様に (2.1) と (2.10) で表されているとしよう。ただし，選好パラメータ ρ と θ はすべての家計について同一であるとする。このケースでは，家計の間での初期資産と労働生産性の違いを考慮することは難しいことではない。

$a_j(t)$ と π_j はそれぞれ第 j 家計の一人当たり資産と労働生産性の水準を表すものとしよう。第 j 家計に支払われる賃金率は $\pi_j w$ である。ただし，w は経済における平均賃金であり，π_j は通時的に一定であるとする。π_j の平均値が 1 に一致するように基準化する。

各家計の予算制約式は次のように (2.3) と同じもので表される。

---

[28] Stiglitz (1969) では，種々の（最適性を基礎としない）貯蓄関数のもとで，異質な家計をもつモデルが展開されている。

2.6 移行動学

$$\dot{a}_j = \pi_j \cdot w + r a_j - c_j - n a_j. \tag{2.45}$$

この定式化において，各家計は異なった値の初期資産 $a_j(0)$ を持つことができるであろう。各家計の一人当たり消費の最適成長率は（2.9）のような通常の一階条件を満足する。

$$\dot{c}_j / c_j = (1/\theta) \cdot (r - \rho). \tag{2.46}$$

本章の第 1 節の分析と同様に，家計の一人当たり消費水準は c_j に関する微分方程式を解き，((2.12) のようなタイプの) 横断性条件を用いることによって，求めることができる。(2.15) と同様に，それは次のように与えられる。

$$c_j = \mu \cdot (a_j + \pi_j \tilde{w}). \tag{2.47}$$

ここで，μ は ((2.16) で与えられているように) 資産からの消費性向であり，$\tilde{w}$ は経済における平均賃金の現在価値である。

経済における一人当たり資産は $a = \left(\dfrac{1}{J}\right) \cdot \sum_1^J a_j$ であり，経済における一人当たり消費は $c = \left(\dfrac{1}{J}\right) \cdot \sum_1^J c_j$ である。人数の増加率は各家計で同じであるので，集計は容易である。(2.45) を J 個の家計について合計し，J で割ると，次のように，経済における予算制約式を導出することができる。

$$\dot{a} = w + r a - c - n a. \tag{2.48}$$

この予算制約式は（2.3）と同じである。

さらに，(2.47) の消費関数を家計について集計すると，経済における一人当たりの消費を得ることができる。

$$c = \mu \cdot (a + \tilde{w}). \tag{2.49}$$

この関係式は (2.15) 式と同一である。

最後に，(2.48) と (2.49) を使用すると，次式が成立する。

$$\dot{c}/c = (1/\theta)\cdot(r-\rho). \tag{2.50}$$

これは消費の成長に関する経済の標準的な条件式である。競争的企業に関する通常の分析を考慮すると，集計的な家計行動の記述である (2.48) と (2.50) により，標準的なラムゼイ・モデルがもたらされる。したがって，初期資産と労働生産性の点で異質であるという仮定のモデルは，通常の代表的経済主体のモデルと同じマクロ経済学的含意を持っているということができる。言い換えると，経済における家計は資産の水準と生産性に関して異なっており，しかも各家計の選好が（同一のパラメータを持っている）CIES 型であり，同一の割引率を持っている場合，これらの家計の消費，資産，所得，および資本の平均は，単一の代表的家計のケースと正確に同じ動きをするということができる。したがって，代表的経済主体のフレームワークは，上で仮定されたような異質な個人を伴う経済における諸変数の平均を正確に記述しているということができる。

代表的家計のフレームワークを使用することの援護とは別に，異質性を含むような拡張は不平等の動態に関する研究も可能にする。(2.46) によって，各家計は同じ消費の成長率を選択することが確認される。したがって，相対的消費 c_j/c は通時的に変化することはない。

このモデルでは，相対的資産 a_j/a の動態も確認される。(2.45)，(2.47)，(2.48) および (2.49) によって，相対的資産は次の式に従って変化することになる。

$$\frac{d}{dt}\left(\frac{a_j}{a}\right) = \frac{(w-\mu\tilde{w})}{a}\cdot\left(\pi_j - \frac{a_j}{a}\right). \tag{2.51}$$

（w が率 x で成長し，$r = \rho + \theta x$ となる）持続状態では，関係式 $w = \mu\tilde{w}$ が成立することが確認される。したがって，持続状態では相対的資産の状態は一定に留まる。持続状態に位置しない場合，(2.51) によって，相対的労働生産性 π_i が相対的資産状態 a_j/a と同程度であるような家計については，相対的資産状態は通時的に変化しないことが確認される。他の家計については，その挙動は $w - \mu\tilde{w}$ の符号に依存している。$w > \mu\tilde{w}$ と想定しよう。大雑把に言って，この条件は（恒常的）賃金所得からの貯蓄性向はプラスであ

ることを意味している。この場合，(2.51) によって，相対的労働生産性が相対的資産状態より大であるか，小であるかに依存して，つまり $\pi_j > a_j/a$ あるいは $\pi_j < a_j/a$ に応じて，a_j/a は通時的に上昇するか，減少することになる。したがって，相対的資産が相対的生産性に向かっていくという意味で，収束性のパターンが成立することになる。しかし，$w < \mu \tilde{w}$ の場合には，逆のパターンが成立する。持続状態に位置していない場合には，$w - \mu \tilde{w}$ の符号は賃金の成長率に対する利子率の関係に依存しており，明確ではない。したがって，このモデルでは，移行過程において a_j/a がどのように推移するかについて明確な主張はできない。

さらに，Caselli and Ventura (2000) では，家計の選好に関する一種の異質性が考慮されている。彼らは家計の選好が効用関数 $u(c + \beta_j g)$ で表されると仮定している。ここで，g は公共的に提供されるサービスと解釈される。パラメータ $\beta_j > 0$ は家計 j が公共サービスに付す価額を示している。さらに，変数 g は家計が環境，すなわち，空をながめることから，無料で得るサービスを表すと解釈することもできる。このような拡張から得られる主要な帰結は，経済における諸変数の平均が初期資産の平均値，労働生産性の平均値および平均的な選好を持っている単一の家計の場合に成立するものと同じように経済の諸変数の平均が進展するという意味で，個人の行動の集計は代表的家計モデルに相応している。この意味で，ラムゼイ・モデルの帰結は異質な個人の選好を考慮するような拡張に対して頑健性を持っているということができる。

2.7 時間選好率の非一定性

以上で分析がなされてきた新古典派成長モデルを含んで，マクロ経済学における基本的なフレームワークの多くは，家計は一定の時間選好率 ρ を持っているという仮定に依拠している。しかしながら，この仮定の根拠は明らかでない[29]。個人がプラスの時間選好率を持っているという理由自体明らかでないので，そのことの理由は明らかでない。

Ramsey(1928, p.543)はゼロの時間選好率の使用を選択していた。規範的

な文脈のもとで,「時間的に以前の喜びと比較して後のものを割り引いたりすることはない。それは倫理的に支持できないことである。」と主張することによって,このアプローチを正当化していた。同様に,Fisher(1930,第4章)は,時間選好(あるいは,そう呼ぶことを好んでいるように,非待忍)には主として個人の予見と自制の欠落が反映されていると主張していた。経済学者達がゼロの時間選好率を受け入れなかった理由の1つは長期均衡に関する難点を引き起こすということである。特に,以上で分析されたモデルにおける横断性条件では不等式 $\rho > x \cdot (1-\theta) + n$ (この項は,$\theta < 1 + (n/x)$ の場合には,プラスになる)の成立を必要としている。したがって,ほとんどの分析では,時間選好率はプラスであるが,一定であると仮定されている。

Strotz(1956)の研究および Pollack(1968) と Goldman(1980) の彫琢以来,認識されてきたように(そして Ramsey [1928][30] によってもっと以前に理解されていたように),時間選好率の非一定性はタイム・コンシスタンシー問題を惹起することになる。計画日時の経過につれて,異時点における効用フローの相対的評価が変化するのでこの問題は生じる。この文脈では,コミットされた消費の選択は,将来の消費が決定されるであろう方法を考慮して逐次的に選択されたものとは一般的に異なっている。したがって,コミットメント技術は結果にとって重要である。

Laibson(1997 a,1997 b)は,一部は熟慮により,また一部は実験的発見により刺激されて,時間選好率が変化する方法について魅力的な検討を行った[31]。個人は今日と明日の消費に関してはそれほど待忍的ではないが,ずっ

---

29) 一定の時間選好率の公理的な導出については,Koopmans(1960) と Fishburn and Rubinstein(1982) を参照せよ。

30) 時間選好を考慮している彼の分析の箇所で,Ramsey(1928,p.439) は次のように主張している。割引率を一定であると仮定する際に,私は任意の将来の日時における満足の現在価値は率 ρ で割り引くことによって得られる(ということを意味している)。後続の世代が同じ選好のシステムによって促進されるという基本的な仮説に矛盾することなく,我々が行うことができる唯一の仮定である。可変的な割引率を持つ場合(たとえば,最初の50年間は高い割引率を持つ場合),2050 A.D.における満足に関する 2000 A.D.における満足についての選好は低い率で計算されるが,2000 A.D.で生存している個人のそれは高い率で計算されるであろう。

と先の将来で展開される選択，たとえば，今日から365日目と366日目の間の選択についてはより一層待忍的であると彼は主張している。したがって，今日の観点から，時間選好率は短期では非常に高く，長期ではより低いであろう。これらの洞察と実証結果を所与として，動学的マクロ経済学のフレームワークとして（本章で分析されたモデルである）標準的な新古典派成長モデルに引き続き依拠するかどうかを確認することは重要である。

この問題を検討するために，Barro(1999)の分析に従い，(2.1)の関数を次のように変更する。

$$U(\tau)=\int_{\tau}^{\infty}u[c(t)]\cdot e^{-[\rho\cdot(t-\tau)+\phi(t-\tau)]}dt. \tag{2.52}$$

ここでは，τ は現在時点を表しており，$\phi(t-\tau)$ は標準的な指数的因子 $e^{-\rho\cdot(t-\tau)}$ によって表されない時間選好の面を考慮する関数である。分析の都合上，まず，人口の成長率がゼロ，つまり $n=0$ のケースを取り扱う。その結果，$e^{n\cdot(t-\tau)}$ の項は (2.52) には現れていない。以下では，次のように効用関数は (2.10) で与えられているような通常のタイプであると仮定する。

$$U(c)=\frac{c^{(1-\theta)}-1}{(1-\theta)}.$$

慣用的な時間選好因子のケースと同様に，新たな時間選好の項 $\phi(t-\tau)$ は時点の差 $t-\tau$ のみに依存すると仮定されている[32]。$\phi(0)=0$ となるように基準化しよう。さらに，$\phi(\cdot)$ は連続で，2回微分可能であると仮定する。$\rho+\phi'(v)$ は時間差 $v=t-\tau\geq 0$ における瞬時的時間選好率を表している。Laibson(1997a) と同様に，$\phi'(v)\geq 0, \phi''(v)\leq 0$，および v が無限大に増加していくと $\phi'(v)$ はゼロに収束するという性質が仮定される。これらの性質により，$\rho+\phi'(t-\tau)$ によって与えられる時間選好率は現在時点に近い場合には高く，遠い先の将来では低い率 ρ でほぼ一定であることが示される。これらの選好を持っている消費者は今すぐ消費するということに関しては待

---

31) 実験的な実証結果については，Thaler(1981)，Ainslie(1992)，Loewenstein and Prelec(1992)を参照せよ。

32) 基本的な帰結に影響を及ぼすことなしに，効用関数の式は歴史的時間 t，家計の年齢およびその他のライフサイクルの特徴を含むように拡張することができる。

忍的ではないが，長期的な結果を考慮することに失敗しているという意味で近視眼的であるわけではない。この分析では，この種の意思決定の失敗は全く仮定されていない。

時間選好率に関する修整を除いて，生産関数と企業の行動の規定を含んで，以前のものと同じである。分析の都合上，技術進歩率がゼロ，つまり $x=0$ となるケースから分析を開始する。

2.7.1 コミットメントのもとでの帰結

家計の消費経路 $c(t)$ の最適性の一階条件は，現在と将来の消費経路がすべて現在時点 τ でコミットメント方式で選択されうる場合には，簡単である。特に，消費の成長率に関する式は（2.11）から次のように変更されるであろう。

$$\dot{c}/c = (1/\theta) \cdot [r(t) - \rho - \phi'(t-\tau)]. \tag{2.53}$$

ここで，$t > \tau$ である。新たな要素は項 $\phi'(t-\tau)$ が ρ に加えられていることである。(2.53) は他のすべての時点における消費値を不変として，ある時点で消費が削減し，他の時点で（おそらく次の時点で）追加する通常の摂動の手法によって求められるとみなすことができる。

$\phi(\cdot)$ の性質に関する仮定のもとでは，$t-\tau$ が無限に向かうにつれて $\rho+\phi'(t-\tau)$ は高い値から出発し，ρ に向かって逓減することになる。したがって，持続状態における時間選好率は ρ になり，このモデルの持続状態は上記の分析と一致するであろう。新たな帰結は，時間選好率が ρ より大であるが，通時的に逓減することになる移行過程がもたらされることである。

この問題に関連する問題の1つは，初期時点 τ が任意であり，しかも一般的な状況では，コミットメントを行う可能性はこの時に突然起こるわけではないということである。もっと正確に表現すれば，消費に関する絶え間のないコミットメントが実行可能である場合，これらのコミットメントは過去に，おそらく無限の過去に存在していたであろう。この最後の状況では，現在および将来のすべての消費の値はより以前に決定され，しかも τ は実際

にはマイナス無限大になるであろう。その結果，$\phi'(t-\tau)$ はすべての $t \geq 0$ についてゼロになるであろう。したがって，時間選好率はすべての $t \geq 0$ について ρ に一致することになり，標準的なラムゼイの帰結は，持続状態のみでなく，終始成立するであろう。

　一層基本的な問題は，$c(t)$ の将来の選択に関するコミットメントには問題があるということである。したがって，次節では，将来の消費に関するいかなるコミットメント技術も存在しないケースで解を求めることにする。このような設定のもとでは，家計は時点 τ において消費の瞬時的フロー $c(\tau)$ のみを決定することができる。

2.7.2　コミットメントが存在しない場合の帰結：対数効用関数のケース

　(2.53) の一階条件はコミットメントがない場合には一般的に成立しないであろう。その理由は，その条件の基礎にある摂動を家計が実行できないからである。具体的には，他のすべての時点の消費を固定しておいて，家計は時点 τ で $c(\tau)$ を削減し，ある将来の時点で $c(t)$ を増加するとコミットメントをすることはできない。そのかわり，家計は時点 τ での $c(\tau)$ の規定が資産のストックをいかに変化させ，しかも資産のこの変化がその後の消費の選択にどのように影響を及ぼすかを計算しなければならない。

　最初に，$\theta=1$ となる対数効用関数のケースについて，コミットメントがない場合の完全な解が求められる。一般的な θ の値に関する持続状態の帰結は後の節で議論される。一般的な θ の値に関する移行動学の帰結は一層複雑であるが，幾つかのものは後で概説される。

　短い時間間隔 $[\tau, \tau+\epsilon]$ では一定のフロー $c(\tau)$ であるとして，時点 τ で $c(t)$ を選択することを考えることにしよう。時間間隔の長さ ϵ はやがてゼロに近づき，その結果，連続時間の帰結がもたらされる。(2.52) の効用フローの積分は次のように 2 つの部分に分割することができる。

$$U(\tau) = \int_{\tau}^{\tau+\epsilon} \log[c(t)] \cdot e^{-[\rho \cdot (t-\tau) + \phi(t-\tau)]} dt + \int_{\tau+\epsilon}^{\infty} \log[c(t)] \cdot e^{-[\rho \cdot (t-\tau) + \phi(t-\tau)]} dt$$

$$\approx \epsilon \cdot \log[c(\tau)] + \int_{\tau+\epsilon}^{\infty} \log[c(t)] \cdot e^{-[\rho \cdot (t-\tau) + \phi(t-\tau)]} dt. \tag{2.54}$$

ただし,近似式は区間 $[\tau, \tau+\epsilon]$ 上で $e^{-[\rho \cdot (t-\tau) + \phi(t-\tau)]}$ を1に等しいとおくことから求められている。この近似は ϵ がゼロに近づいていくと均衡で厳密に成立することになる。対数効用関数が仮定されていることに注意しよう[33]。

消費者は $c(\tau)$ を選択することができ,それゆえ,時点 τ における貯蓄の選択を行うことができる。この選択によって,時点 $\tau+\epsilon$ で利用可能な資産のストック $k(\tau+\epsilon)$ に影響を与えることによって,$t \geq \tau+\epsilon$ に対する $c(t)$ に影響を及ぼすことになる。(分析の便宜のためにのみ,1人あたり資産 $a(t)$ と1人あたり資本ストック $k(t)$ の均等を既に仮定している。)最適な $c(\tau)$ の値を決定するために,家計が確認しなければならないことは,第1に $c(\tau)$ と $k(\tau+\epsilon)$ の間の関係であり,第2に $k(\tau+\epsilon)$ と $c(t)$ $(t \geq \tau+\epsilon)$ の選択の間の関係である。

最初の問題は簡単である。家計の予算制約式は次のように与えられる。

$$\dot{k}(t) = r(t) \cdot k(t) + w(t) - c(t). \tag{2.55}$$

初期の資産のストック $k(\tau)$ を所与として,時点 $\tau+\epsilon$ におけるストックは次のように与えられる。

$$k(\tau+\epsilon) \approx k(\tau) \cdot [1 + \epsilon \cdot r(\tau)] + \epsilon \cdot w(\tau) - \epsilon \cdot c(\tau). \tag{2.56}$$

この近似式は時間区間 $(\tau, \tau+\epsilon)$ における重複を無視することによって(すなわち,ϵ^2 の項を無視することによって),しかも変数 $r(t)$ と $w(t)$ をこの区間で不変として取り扱うことによって,求められる。これらの仮定は,ϵ がゼロに近づく場合,均衡では満たされる。(2.56)の重要な帰結は次のよ

---

[33] Pollak (1968, 第2節) では,有限時間視野とゼロの利子率を前提とし,対数効用関数のもとで結果が求められている。

うなものである。
$$d[k(\tau+\epsilon)]/d[c(\tau)] \approx -\epsilon. \tag{2.57}$$
したがって，今日の消費が増加するほど，次の時点の資産は減少する。

　難しい計算は $k(\tau+\epsilon)$ と $c(t)$ ($t \geq \tau+\epsilon$ に対して) の関連，すなわち資産からの消費性向に関するものである。対数効用関数をもつ標準的な成長モデルでは，(利子率の経路に関連する所得効果と代替効果の相殺のために) 次のように消費は富の一定割合になることが (2.15) と (2.16) により確認される。
$$c(t) = \rho \cdot [k(t) + \tilde{w}(t)].$$
ここで，$\tilde{w}(t)$ は賃金の現在価値である。このことを議論の背景として，時間選好率が可変的であり，しかもコミットメントが存在しなくても，対数効用関数のもとでは，利子率に付随する所得効果と代替効果は以前と同様に相殺されると推測することは合理的であろう。しかし，λ で表される比例定数は ρ と必ずしも等しくならない。したがって，(やがて正しいことが明らかになる) この推測は消費が次のように表されるということである。$t \geq \tau+\epsilon$ に対して，しかもある定数 $\lambda > 0$ に対して[34]，
$$c(t) = \lambda \cdot [k(t) + \tilde{w}(t)]. \tag{2.58}$$

　上記の推測のもとで，$t \geq \tau+\epsilon$ に対して，$c(t)$ は率 $r(t)-\lambda$ で成長することが示される。したがって，任意の $t \geq \tau+\epsilon$ に対して，消費は次のように求められる。

---

[34] Phelps and Pollak (1968, 第4節) では類似の推測を使用して，彼らの問題のクールノー・ナッシュ均衡を求めている。彼らは等弾力的効用関数と線型の生産関数を仮定している。その結果，収益率は一定になる。収益率が通時的に可変的である場合，($\theta=1$ のときを除いて) 消費は富の一定割合にならないので，このことは重要である。さらに，線型の技術により移行動学がなくなり，その結果，経済は常に持続的成長の状態にあることになる。

$$\log[c(t)] = \log[c(\tau+\epsilon)] + \int_{\tau+\epsilon}^{t} r(v)dv - \lambda \cdot (t-\tau-\epsilon).$$

したがって，(2.54) の効用に関する式は次のように表される。

$$U(\tau) \approx \epsilon \cdot \log[c(\tau)] + \log[c(\tau+\epsilon)] \cdot \int_{\tau+\epsilon}^{\infty} e^{-[\rho \cdot (t-\tau) + \phi(t-\tau)]} dt$$
$$+ c(t) \text{ の経路に依存しない項}. \quad (2.59)$$

積分を次のように定義しよう。

$$\Omega(\epsilon) \equiv \int_{\epsilon}^{\infty} e^{-[\rho v + \phi(v)]} dv. \quad (2.60)$$

以上のことより，$c(\tau)$ の $U(\tau)$ に対する限界的効果は次のように計算される。

$$\frac{dU(\tau)}{dc(\tau)} \approx \frac{\epsilon}{c(\tau)} + \frac{\Omega(\epsilon)}{c(\tau+\epsilon)} \cdot \frac{dc(\tau+\epsilon)}{dk(\tau+\epsilon)} \cdot \frac{dk(\tau+\epsilon)}{dc(\tau)}.$$

(2.57) から最後の微分は $-\epsilon$ であり，(2.58) において推測される解より，最後から 2 番目の微分は λ である。したがって，$dU(\tau)/dc(\tau)$ をゼロとおくと，次式が得られる。

$$c(\tau) = \frac{c(\tau+\epsilon)}{\lambda \cdot \Omega(\epsilon)}.$$

推測された解が正しければ，ϵ がゼロに近づくにつれて，$c(\tau+\epsilon)$ は $c(\tau)$ に収束しなければならない。そうでなければ，$c(t)$ はすべての時点でジャンプし，推測された解答は間違いだったということになるであろう。この関係を実現するような唯一の λ の値は次のように求められる。

$$\lambda = 1/\Omega = \frac{1}{\int_{0}^{\infty} e^{-[\rho v + \phi(v)]} dv}. \quad (2.61)$$

ここでは，記法 $\Omega \equiv \Omega(0)$ が使用されている。

要約すると，対数効用関数のもとでの家計の消費問題の解は，任意の時点で $c(t)$ が富の λ の割合になるということである。ここで，λ は (2.61) で示された定数である。すべての時点で $c(t)$ がこのように選択された場合，

現時点で消費がこのように設定されるのが最適であるので,解はタイム・コンシスタントである[35]。

(2.61) を検討してみると,すべての v に対して $\phi(v)=0$ である標準的なラムゼイ・モデルでは $\lambda=\rho$ となる。$\phi(v)$ の λ に対する一般的な含意を吟味するために,(2.61) を次のように書き換えることは都合がよい。

$$\lambda = \frac{\int_0^\infty e^{-[\rho v + \phi(v)]} \cdot [\rho + \phi'(v)] dv}{\int_0^\infty e^{-[\rho v + \phi(v)]} dv}. \tag{2.62}$$

(2.62) の分子は1に一致するので[36],上記の式は (2.61) に一致している。

(2.62) では,λ は瞬時的な時間選好率 $\rho + \phi'(v)$ の時間不変的な加重平均であることが示されているので,(2.62) のような表現は有益である。$\phi'(v) \geq 0, \phi''(v) \leq 0$ であり,しかも $v \to \infty$ となるとき $\phi'(v) \to 0$ となるので,次のことが成立する。

$$\rho \leq \lambda \leq \rho + \phi'(0). \tag{2.63}$$

すなわち,λ は長期的な時間選好率 ρ と短期の瞬時的な率 $\rho + \phi'(0)$ の間の値をとることになる。

有効時間選好率の決定は $\phi(v)$ のタイプを具体的に規定することによって

---

[35] この接近方法では,(2.61) 式をクルノー・ナッシュ均衡として導出しているが,均衡が一意であることは確認されていない。Laibson(1996) で検討されているような有限時間視野の離散型モデルのもとでは,一意性の証明は容易である。最終期では,家計は資産をすべて消費し,それ以前の各期の唯一の解は最終点から逐次的に逆向きに求められる。等弾力的効用関数についてでなく,$u(c)$ が凹関数である限り,この結果は成立する。さらに,(連続時間を得るために) 期間の長さがゼロに近づく場合,および時間視野の長さが任意に長くなる場合,一意性は成立する。しかし,Laibson(1994) は明確なゲーム理論的な接近方法を使用して,無限時間視野のケースでの均衡の非一意性の可能性を示している。複数均衡の存在は,指定された値から消費の選択の過去の乖離を制裁する罰則に依存しており,しかも,時間視野が有限である場合,この種の均衡は解明されている。我々の無限時間視野のケースに関する分析はこれらの均衡について検討していない。

[36] 変数変換 $z = e^{-[\rho v + \phi(v)]}$ を使用しなさい。

確認できる。Laibson(1997a)では離散型で，現期間では $\phi(v)=0$ となり，それ以後の各期間で $e^{-\phi(v)}=\beta$ となるような「準双曲線」が提案されている。ここで，$0<\beta\leq 1$。(Phelps and Pollak(1968) もこのタイプの関数を使用している。) この定式化では，今日と明日の間の割引因子は因子 $\beta\leq 1$ に関連している。この因子は任意の近接した2つの期間の間で考慮されているわけではない。Laibson は，年ベースで β は1よりかなり下回っており，おそらく1/2と2/3の間にあると主張している。

次のように定式化することによって，この準双曲線のケースを連続型のモデルに適用できる。ある $V>0$ に対して，

$$\phi(v)=0\ (0\leq v\leq V \text{ に対して}),\quad e^{-\phi(v)}=\beta\ (v>V \text{ に対して}). \qquad (2.64)$$

ここで，$0<\beta\leq 1$。(この定式では，$\phi'(v)$ は $v=V$ では無限大であり，その他の v ではゼロである。) Laibson の提案は $\rho V\ll 1$ という条件が成立するように V は小さい値であるということである。

(2.64) を (2.60) の Ω の定義に代入すると，($\epsilon=0$ のとき) 次のことが成立する。

$$\Omega=(1/\rho)\cdot[1-(1-\beta)\cdot e^{-\rho V}].$$

V が無限大になるにつれて，Ω は $1/\rho$ に近づいていく。これはラムゼイのケースに相応している。条件 $\rho V\ll 1$ によって，Ω の式は近似的に β/ρ と簡略化される。したがって，次のようになる。

$$\lambda\approx\rho/\beta. \qquad (2.65)$$

β が1/2と2/3の間にある場合，λ は 1.5ρ と 2ρ の間にあることになる。したがって，ρ が年率で0.02 であるならば，将来効用に関する大なる近時割引は，ラムゼイ・モデルを有効時間選好率 λ が年率で0.03-0.04 となるようなモデルに変換している。

(2.64)の定式化では簡明な帰結がもたらされるが，この関数型では将来の時点 V で $e^{-\phi(v)}$ の奇妙な離散的ジャンプが生じる。より一般的に，短期の耐忍に関する文献による考え方は，$\rho+\phi'(v)$ は v の値が小であるときに

2.7 時間選好率の非一定性

は大であり，v が増加するにつれて ρ に向かって逓減する。滑らかな形式でこの性質をとらえている単純な関数型は次のようなものである。

$$\phi'(v) = be^{-\gamma v}. \tag{2.66}$$

ここで，$b = \phi'(0) \geq 0, \gamma > 0$。パラメータ γ によって $\phi'(v)$ が $\phi'(0)$ からゼロまで逓減する際の一定の率が決定される。

境界条件 $\phi(0) = 0$ とともに，(2.66) 式を積分すると，$\phi(v)$ に関する次の式が得られる[37]。

$$\phi(v) = (b/\gamma) \cdot (1 - e^{-\gamma v}). \tag{2.67}$$

この結果を (2.60) の式に代入すると，Ω に関する次式が得られる。

$$\Omega = e^{-(b/\gamma)} \cdot \int_0^\infty e^{[-\rho v + (b/\gamma) \cdot e^{-\gamma v}]} dv.$$

この積分は明確な形で解くことはできないが，パラメータ ρ, b, γ の値が規定されている場合，数値的に検討することができる。

Laibson(1997a) の検討結果と一致させるには，パラメータ $b = \phi'(0)$ は年率でおよそ 0.50 で，しかもパラメータ γ は年率で少なくとも 0.50 でなければならない。その結果，$\phi'(v)$ は将来の数年ではゼロに近似している。$\rho = 0.02, b = 0.50, \gamma = 0.50$ の場合，Ω は 19.3 になり，その結果，$\lambda = 1/\Omega = 0.052$ となる。他のパラメータの値は同じで，$b = 0.25$ ならば，$\Omega = 31.0, \lambda = 0.032$ となる。したがって，(2.67) におけるより魅力的な関数型は (2.64) 式と類似の含意をもっている。

(2.52) の効用関数に $\phi(\cdot)$ の項を導入したこと，およびその結果として生じた時間非整合的体系により，対数効用関数の前提のもとでは，ρ を上回る時間選好率の上昇がもたらされる。有効時間選好率 λ は一定であるので，モデルのダイナミックスと持続状態は，前節までに分析された標準的なラム

---

[37] (2.67) の式は Loewenstein and Prelec(1992, p.580) によって提示されている「一般化された双曲線」に類似している。彼らの式は $\phi(v) = (b/\gamma) \cdot \log(1 + \gamma v)$ と表現されている。

ゼイ・モデルと厳密に同じタイプのものになる。次のように，高い時間選好率は持続状態における高い利子率に一致する。

$$r^* = \lambda. \tag{2.68}$$

さらに，それによって，次の条件で決定される持続状態における低い資本集約度 k^* がもたらされる。

$$f'(k^*) = \lambda + \delta.$$

有効時間選好率 λ は一定であるので，対数効用関数をもち，しかもコミットメントをもたないモデルは通常の新古典派成長モデルと同値である。すなわち，その均衡は適当に ρ を選択したケースの標準的なモデルの均衡と一致する。パラメータ ρ は直接に観測不可能であるので，データから，非定数項 $\phi'(v)$ が瞬時的時間選好率に含まれているかどうかを推測する際に問題が生じる。

2.7.3 人口成長と技術進歩

(2.1) のように，人口成長を導入することは簡単である。対数効用関数のもとでの解は，ここでは，積分 Ω が次のように定義されることを除いて，以前の解と類似している。

$$\Omega \equiv \int_0^\infty e^{-[(\rho-n)\cdot v + \phi(v)]} dv. \tag{2.69}$$

富からの消費性向 λ と修正済み Ω の項との関係は次のように与えられる。

$$\lambda = n + (1/\Omega). \tag{2.70}$$

さらに，持続状態の利子率は $r^* = \lambda$ となる。これらの帰結の導出については読者に練習問題として残しておく。

すべての v に対して $\phi(v) = 0$ となるラムゼイ・モデルの場合には，(2.69) では $\Omega = 1/(\rho - n)$ となり，(2.70) では $\lambda = \rho$ となる。(2.64) における Laibson の準双曲線型の選好の場合には，次のことが成立する。

$$\Omega \approx \beta/(\rho-n), \quad \lambda \approx (\rho/\beta)-n\cdot(1-\beta)/\beta. \tag{2.71}$$

$0<\beta<1$ である場合，n が上昇すると λ は低下し，したがって，持続状態の利子率は $r^*=\lambda$ に低下する。

さらに，率 $x\geq 0$ での外生的な労働増加的技術進歩を導入することは容易である。λ の解はこのケースでも，(2.69) と (2.70) で示されているものになる。しかし，持続状態では一人当たり消費は率 x で成長するので，持続状態における利子率は次のようになる。

$$r^*=\lambda+x.$$

したがって，対数効用関数のケースで通常生じるように，r^* は技術進歩率 x に 1 対 1 で対応づけられている。

2.7.4　等弾力的な効用関数のもとでの帰結

すべての t に対して $\phi(t-\tau)=0$ となる標準的な分析では，$\theta=1$ でなければ，消費は富の一定割合ではない。しかし，既に確認されているように，任意の θ の値に対して，時点 τ における消費の成長の一階条件は (2.11) で与えられ，次のようになる。

$$\frac{\dot{c}}{c}(\tau)=(1/\theta)\cdot[r(\tau)-\rho]. \tag{2.72}$$

可能な推測は，(2.72) のようなタイプの式が $\phi(t-\tau)\neq 0$ の場合でも成立するが，定数 ρ が有効時間選好率を表す他の定数で置き換えられるということである。この推測は正しくない。その理由は，時点 τ における有効時間選好率は，$\phi'(t-\tau)$ の将来の値の経路と将来利子率との相互作用に関連しており，$\theta=1$ のときを除いて利子率が変化するときには，一定ではなくなるからである。

移行動学は複雑であるけれども，持続状態の特徴を分析することは簡単である。重要な点は，持続状態では，家計の資産の増加分は将来の期で一様に消費の増加として使用されるであろうということである。この性質によって，現資産に関する将来期の消費性向を計算することは容易になり，その結

果，現消費の最適性の一階条件を容易に求めることが可能となる。ここでは，結果だけが提示される。

持続状態では，利子率は次のように与えられる。

$$r^* = x + n + 1/\Omega. \tag{2.73}$$

ただし，ここでは積分 Ω は次のように定義されている。

$$\Omega \equiv \int_0^\infty e^{-\{[\rho - x \cdot (1-\theta) - n] \cdot v + \phi(v)\}} dv. \tag{2.74}$$

したがって，$\phi(v) = 0$ であれば，次のような標準的な帰結が得られる。

$$r^* = \rho + \theta x.$$

(2.64) のような Laibson の準双曲線タイプの効用関数の場合には，次のような結果になる。

$$r^* \approx \frac{\rho}{\beta} - n \cdot \frac{(1-\beta)}{\beta} + x \cdot \frac{(\beta + \theta - 1)}{\beta}. \tag{2.75}$$

ここで，$0 < \beta < 1$ ということを思い出すことにしよう。したがって，以前考察した対数効用関数（$\theta = 1$）のケースでは，x の r^* に与える効果は 1 対 1 である。一般的に，x の r^* に及ぼす効果は，θ が 1 より大であるか，1 より小であるかに依存して，1 対 1 より大になったり，小になる。

移行動学については，Barro(1999) では，任意の時点 τ における消費の成長が次式を満足することが示されている。

$$\frac{\dot{c}}{c}(\tau) = (1/\theta) \cdot [r(\tau) - \lambda(\tau)]. \tag{2.76}$$

$\lambda(\tau)$ の項は有効時間選好率であり，次のように与えられる。

$$\lambda(\tau) = \frac{\int_\tau^\infty \omega(t,\tau) \cdot [\rho + \phi'(t-\tau)] dt}{\int_\tau^\infty \omega(t,\tau) dt}. \tag{2.77}$$

ただし，$\omega(t,\tau) > 0$ である。したがって，$\lambda(\tau)$ も将来の瞬時的時間選好率 $\rho + \phi'(t-\tau)$ の加重平均である。(2.62) との違いは，$\theta = 1$ でなければ，加重

因子 $\omega(t,\tau)$ が時間可変的であることである。

Barro(1999) では，$\theta>1$ であれば，時点 τ と t の間の利子率の平均値とともに $\omega(t,\tau)$ は逓減することが確認されている。経済が持続状態値より下回る資本集約度から出発するならば，当初 $r(\tau)$ は高く，その後，持続状態値に向かって逓減する。そのとき，ずっと先の将来の時点 t に対しては加重 $\omega(t,\tau)$ は特に低い水準にある。さらに，これらの時点は比較的低い値の $\rho+\phi'(t-\tau)$ をもっているので，$\lambda(\tau)$ は当初高い状態にある。しかし，利子率が低下するにつれて，加重 $\omega(t,\tau)$ はより均等になり，$\lambda(\tau)$ は低下する。この $\lambda(\tau)$ の逓減的な経路によって，実際に家計は通時的により待忍的になる。しかし，$\theta<1$ の場合には，種々の効果はすべて逆になる。上で検討したケース $\theta=1$ は移行過程で加重が一定に留まる中間的なものになる。したがって，この場合，有効時間選好率は移行過程で変化することはない。

2.7.5　コミットメントの程度

以上の分析では，(2.53) におけるような完全なコミットメントのケースと (2.76) のようなゼロのコミットメントのケースが考察された。さらに，Barro(1999) では，コミットメントが長さ T の期間にわたって可能である中間的なケースが検討されている。ここで，$0 \leq T \leq \infty$。コミットメントの範囲が拡大すれば，すなわち，T が大となれば，長期的に有効時間選好率は低下し，その結果，利子率の低下と資本集約度の上昇がもたらされる。しかし，T の変化によって，移行過程に対する影響ももたらされる。当初，T の上昇は，より多く貯蓄するように「家計自身の将来」を制約する能力を突然入手するので，家計をより待忍的でないようにする傾向がある。したがって，この分析によって，当初，T の上昇は貯蓄率の低下をもたらすが，長期的には貯蓄性向を高める傾向がある。

パラメータ T が（個人の規律の範囲に影響を及ぼす法令とか金融制度あるいは文化的特徴のような）観測可能な変数と関連づけられる場合，新たな理論的帰結はやがて実証的応用をもたらすかもしれない。実際，実証的観点から，拡張されたモデルから得られた新たな主要な洞察は，利子率と貯蓄率のような変数とコミットメントの程度の関連に関するものである。コミット

メントの程度を所与として，主要な帰結は，時間選好率の非一定性を導入しても，新古典派成長モデルの主要な含意を損なうことはないということである。

2.8　付論2A：ラムゼイ・モデルの対数線型化

ラムゼイ・モデルを特徴づける微分方程式系は（2.24）と（2.25）によって次のように与えられる。

$$\dot{\hat{k}} = f(\hat{k}) - \hat{c} - (x+n+\delta) \cdot \hat{k},$$
$$\dot{\hat{c}}/\hat{c} = \dot{c}/c - x = (1/\theta) \cdot [f'(\hat{k}) - \delta - \rho - \theta x]. \quad (2.78)$$

生産関数がコブ=ダグラス型 $f(\hat{k}) = A\hat{k}^\alpha$ で与えられているケースについて，この系の対数線型化を行うことにする。

まず，(2.78) の微分方程式系を次のように $\hat{c}$ と $\hat{k}$ の対数で書き換えることにする。

$$d[\log(\hat{k})]/dt = A \cdot e^{-(1-\alpha) \cdot \log(\hat{k})} - e^{\log(\hat{c}/\hat{k})} - (x+n+\delta),$$
$$d[\log(\hat{c})]/dt = (1/\theta) \cdot [\alpha A \cdot e^{-(1-\alpha) \cdot \log(\hat{k})} - (\rho + \theta x + \delta)]. \quad (2.79)$$

$d[\log(\hat{k})]/dt = d[\log(\hat{c})]/dt = 0$ となる持続状態では，次のことが成立する。

$$A \cdot e^{-(1-\alpha) \cdot \log(\hat{k}^*)} - e^{\log(\hat{c}^*/\hat{k}^*)} = (x+n+\delta),$$
$$\alpha A \cdot e^{-(1-\alpha) \cdot \log(\hat{k}^*)} = (\rho + \theta x + \delta). \quad (2.80)$$

(2.80) によって求められる持続状態値のまわりで (2.79) の1階のテイラー展開を行うと，次式が得られる[訳注12]。

$$\begin{bmatrix} d[\log(\hat{k})]/dt \\ d[\log(\hat{c})]/dt \end{bmatrix} = \begin{bmatrix} \zeta & x+n+\delta-(\rho+\theta x+\delta)/\alpha \\ -(1-\alpha) \cdot (\rho+\theta x+\delta)/\theta & 0 \end{bmatrix} \cdot \begin{bmatrix} \log(\hat{k}/\hat{k}^*) \\ \log(\hat{c}/\hat{c}^*) \end{bmatrix} \quad (2.81)$$

ただし，$\zeta \equiv \rho - n - (1-\theta) \cdot x$。特性行列の行列式は次のようになる。

$$-[(\rho+\theta x+\delta)/\alpha-(x+n+\delta)]\cdot(\rho+\theta x+\delta)\cdot(1-\alpha)/\theta.$$

([2.31] の横断性条件から) $\rho+\theta x > x+n$ であり，しかも $\alpha<1$ であるので，行列式はマイナスになる。この条件によって，この系の 2 つの固有根は異符号である。その結果，サドル経路安定性が成立することになる（本書の最後にある数学付論の議論を参照せよ）。ϵ で表される固有根を計算するために，次の条件を使用する。

$$\det\begin{bmatrix} \zeta-\epsilon & x+n+\delta-(\rho+\theta x+\delta)/\alpha \\ -(1-\alpha)(\rho+\theta x+\delta)/\theta & -\epsilon \end{bmatrix}=0. \quad (2.82)$$

この条件は次の ϵ に関する 2 次方程式に対応している。

$$\epsilon^2-\zeta\cdot\epsilon-[(\rho+\theta x+\delta)/\alpha-(x+n+\delta)]\cdot[(\rho+\theta x+\delta)\cdot(1-\alpha)/\theta]=0. \quad (2.83)$$

この方程式の 2 つの解は次のようになる。

$$2\epsilon=\zeta\pm\left[\zeta^2+4\cdot\left(\frac{1-\alpha}{\theta}\right)\cdot(\rho+\theta x+\delta)\cdot[(\rho+\theta x+\delta)/\alpha-(x+n+\delta)]\right]^{1/2}. \quad (2.84)$$

以下，プラスの符号を持っている根 ϵ_1 はプラスであり，マイナスの符号を持っている根 ϵ_2 は負である[訳注13]。ϵ_2 は (2.41) における $-\beta$ に一致することに注意しよう。

$\log(\hat{k})$ の対数線型化における解は次のように表される。

$$\log[\hat{k}(t)]=\log(\hat{k}^*)+\psi_1\cdot e^{\epsilon_1 t}+\psi_2\cdot e^{\epsilon_2 t}. \quad (2.85)$$

ただし，ψ_1 と ψ_2 は任意定数である。$\epsilon_1>0$ であるので，$\log[\hat{k}(t)]$ が $\log(\hat{k}^*)$ に漸近していくためには，$\psi_1=0$ ということが成立しなければならない。($\psi_1>0$ の場合には，横断性条件が成立しなくなり，$\psi_1<0$ の場合には，$\hat{k}\to 0$ となる。これはこの方程式系の解が図 2.1 における垂直軸に到達するケースに対応している。）他の定数 ψ_2 は次のように初期条件から求められる。

$$\psi_2 = \log[\hat{k}(0)] - \log(\hat{k}^*). \tag{2.86}$$

$\psi_1 = 0$，(2.86) における ψ_2 の値，および，$\epsilon_2 = -\beta$ を (2.85) に代入すると，次のような $\log[\hat{k}(t)]$ の時間経路が得られる。

$$\log[\hat{k}(t)] = (1 - e^{-\beta t}) \cdot \log(\hat{k}^*) + e^{-\beta t} \cdot \log[\hat{k}(0)]. \tag{2.87}$$

$\log[\hat{y}(t)] = \log(A) + \alpha \log[\hat{k}(t)]$ であるので，$\log[\hat{y}(t)]$ の時間経路は次のように与えられる。

$$\log[\hat{y}(t)] = (1 - e^{-\beta t}) \cdot \log(\hat{y}^*) + e^{-\beta t} \cdot \log[\hat{y}(0)]. \tag{2.88}$$

この式は (2.40) に対応している。

2.9　付論 2 B：非可逆的投資

投資が非可逆的であり，その結果，$\hat{c} \leq f(\hat{k})$ が成立するものと想定しよう。このケースで，図 2.1 の $\hat{c}'_0$ のような状態で $\hat{k} < \hat{k}^*$ から出発する動的経路を再検討しよう。これらの経路はやがて生産関数 $\hat{c} = f(\hat{k})$ に到達し，その後，非可逆的投資の制約が拘束的なものになるであろう。その後，$\hat{c} = f(\hat{k})$ が成立する経路は生産関数に沿って下方に動いていく。それゆえ，資本集約度は $\dot{\hat{k}} = -(x + n + \delta)\hat{k}$ に従って逓減する。したがって，$\hat{k}$（および $\hat{c}$）は漸近的にゼロに近づいていくが，有限時間でゼロに到達することはないであろう。以下，そのような経路は均衡ではあり得ないことを論じることにする。

制約条件 $\hat{c} \leq f(\hat{k})$ が拘束的になり，その結果，すべての産出が消費に配分され，粗投資には配分されないときには，ϕ で表される資本の価格は 1 を下回ることができる。そのとき，資本の所有者の収益率は次の式を満足する（脚注 11 を参照せよ）。

$$r = R/\phi - \delta + \dot{\phi}/\phi. \tag{2.89}$$

競争企業の利潤最適化によって，以前と同様に条件 $R = f'(\hat{k})$ が成立する。

それを r の式に代入することができる。

通常の分析と同様に，消費者の最適化より次式が成立する。

$$\dot{c}/c = (1/\theta)\cdot(r-\rho).$$

したがって，(2.89) の r を代入すると，$\hat{c}$ の成長率に関する式が得られる。

$$\dot{\hat{c}}/\hat{c} = \left(\frac{1}{\theta\phi}\right)\cdot[f'(\hat{k}) + \dot{\phi} - \phi\cdot(\delta+\rho+\theta x)]. \tag{2.90}$$

$\dot{\hat{k}} = -(x+n+\delta)\hat{k}$ と条件 $\hat{c} = f(\hat{k})$ によって，$\hat{c}$ の成長率に関する次のような別の条件が成立する。

$$\dot{\hat{c}}/\hat{c} = -\alpha(\hat{k})\cdot(x+n+\delta). \tag{2.91}$$

ここで，$\alpha(\hat{k}) \equiv \hat{k}\cdot f'(\hat{k})/f(\hat{k})$ は所得のうちの資本シェアである（コブ=ダグラス型生産関数のケースでは，このシェアは一定である）。したがって，(2.90) と (2.91) より，$\dot{\phi}$ に関する次の条件が成立する。

$$\dot{\phi} = -f'(\hat{k}) + \phi\cdot[\delta + \rho + \theta x - \alpha(\hat{k})\cdot\theta\cdot(x+n+\delta)]. \tag{2.92}$$

ある時点 T で制約条件 $\hat{c} \leq f(\hat{k})$ が拘束的になると想定しよう。ここで，$\hat{k}(T) < \hat{k}^*$ が成立するものとしよう。この点では，$f'(\hat{k}) - \delta > \rho + \theta x$ となる。したがって，(ちょうど時点 T で) $\phi = 1$ となるとき，(2.92) によって $\dot{\phi} < 0$ となる。通時的に，R の上昇と ϕ の低下によって，(2.89) に従って r の上昇がもたらされる。それにもかかわらず，家計は $\hat{c}$ のマイナスの成長率で満足している（[2.91] を参照せよ）。その理由は，低い収益率 r を維持するためにキャピタル・ロスの率 $\dot{\phi}/\phi$ が絶対値で充分上昇するからである。しかし，$\hat{k}$ は減少し，$f'(\hat{k})$ は上昇するので，(2.92) によって，(0 と 1 の範囲で $\alpha(\hat{k})$ にいかなることが生じるかに関係なく) やがて $\dot{\phi}$ は絶対値で無限大に向かって上昇することになる。したがって，ϕ は有限時間でゼロになり，その後マイナスになる。この条件は資本の請求権に関して自由処分性に抵触する。したがって，非可逆性の制約条件 $\hat{c} \leq f(\hat{k})$ が拘束的であるような経路は $\hat{k} < \hat{k}^*$ となる領域では存在できない。

$\hat{k} > \hat{k}^*$ となる領域では，制約条件 $\hat{c} \le f(\hat{k})$ は拘束的であることが可能である。この可能性は Arrow and Kurz(1970) によって指摘され，議論されている。

2.10　付論2C：貯蓄率の動き

本節では，移行過程における貯蓄率の動きに関する数理的分析が提示される。$\hat{k}$ と $\hat{c}$ が時間の経過とともに増加していく移行過程について考察する。ここでは，$f(\hat{k}) = A\hat{k}^\alpha$ というように，コブ=ダグラス型の生産関数が仮定される。

粗貯蓄率 s は $1 - \hat{c}/f(\hat{k})$ と表される。持続状態では，(2.24) における $\dot{\hat{k}}$ と (2.25) における $\dot{\hat{c}}/\hat{c}$ は 0 に一致する。これらの条件と，コブ=ダグラス型のケースで成立する $f(\hat{k})/\hat{k} = f'(\hat{k})/\alpha$ という条件を用いると，持続状態における貯蓄率は次のようになる[訳注14]。

$$s^* = \alpha \cdot (x + n + \delta)/(\rho + \theta x + \delta). \tag{2.93}$$

(2.31) における横断性条件によって，$\rho + \theta x > x + n$ ということが成立し，その結果，$s^* < \alpha$ となる。

$s = 1 - \hat{c}/f(\hat{k})$ であるので，s は消費の比率 $\hat{c}/f(\hat{k})$ と逆方向に移動する。$z \equiv \hat{c}/f(\hat{k})$ と定義し，この比率を微分すると，次の式が得られる。

$$\gamma_z \equiv \dot{z}/z = \dot{\hat{c}}/\hat{c} - \frac{f'(\hat{k}) \cdot \dot{\hat{k}}}{f(\hat{k})} = \dot{\hat{c}}/\hat{c} - \alpha \cdot (\dot{\hat{k}}/\hat{k}). \tag{2.94}$$

ただし，右辺の最後の項はコブ=ダグラス型の場合には成立する。(2.24) と (2.25) を (2.94) に代入すると，次の式が成立する[訳注15]。

$$\gamma_z = f'(\hat{k}) \cdot [z(t) - (\theta - 1)/\theta] + (\delta + \rho + \theta x) \cdot (s^* - 1/\theta). \tag{2.95}$$

ここでも，コブ=ダグラス型のケースで成立する条件 $f(\hat{k})/\hat{k} = f'(\hat{k})/\alpha$ が使用されている。

z の挙動は，s^* が $1/\theta$ より大であるか，等しいか，小であるかに依存している。最初に，$s^* = 1/\theta$ と仮定しよう。そのとき，(2.95) において，

2.10 付論2C：貯蓄率の動き

$z(t)=(\theta-1)/\theta$ は $\gamma_z=0$ と矛盾していない．それに対して，ある t で $z(t)>(\theta-1)/\theta$ とすると，すべての t に対して $\gamma_z>0$ となる[訳注16]．このことは，z が持続状態に近づいているということに矛盾する．同様に，$z(t)<(\theta-1)/\theta$ ということも，すべての t に対して $\gamma_z<0$ となるので，棄却されることになる．したがって，$s^*=1/\theta$ である場合には，z は $(\theta-1)/\theta$ で一定であり，それゆえ，貯蓄率 s は定数 $1/\theta$ に一致することになる．同様の理由によって，$s^*>1/\theta$ の場合には，すべての t に対して $z(t)<(\theta-1)/\theta$ となるが，$s^*<1/\theta$ の場合には，すべての t に対して $z(t)>(\theta-1)/\theta$ となるということが確認される．

(2.95) を時間について微分すると，次の式が得られる．

$$\dot{\gamma}_z = f''(\hat{k})\cdot\dot{\hat{k}}\cdot[z(t)-(\theta-1)/\theta] + f'(\hat{k})\cdot\gamma_z\cdot z(t). \tag{2.96}$$

さて，$s^*>1/\theta$ と仮定しよう．その結果，すべての t に対して $z(t)<(\theta-1)/\theta$ が成立する．そのとき，$(f''(\hat{k})<0,\ f'(\hat{k})>0,\ \dot{\hat{k}}>0$ であるので，) ある t に対して $\gamma_z>0$ とすると，(2.96) において $\dot{\gamma}_z>0$ となる．したがって，すべての t に対して $\gamma_z>0$ となる．このことは，経済が持続状態に近づいているということに矛盾する．したがって，$s^*>1/\theta$ の場合には，$\gamma_z<0$ となり，それゆえ，$\dot{s}>0$ となる．同様の議論によって，$s^*<1/\theta$ の場合には，$\gamma_z>0$，$\dot{s}<0$ となる．

以上の結果を次のように要約することができる．

$s^*=1/\theta$ ならば $s(t)=1/\theta$ （一定）;
$s^*>1/\theta$ ならば $s(t)>1/\theta$, および $\dot{s}(t)>0$;
$s^*<1/\theta$ ならば $s(t)<1/\theta$, および $\dot{s}(t)<0$.

これらの結果は図2.3の曲線で描かれている．

(2.93) における s^* の式を使うと，$s^*\geq 1/\theta$ ならば，$\theta \geq (\rho+\theta x+\delta)/[\alpha\cdot(x+n+\delta)]>1/\alpha$ ということを確認することができる．したがって，$\theta\leq 1/\alpha$ の場合には，パラメータは通時的に $\dot{s}<0$ ということが成立する範囲になければならない．言い換えると，$\theta\leq 1/\alpha$ の場合には，移行過程で貯蓄率が低下することを保証するほど充分に通時的代替効果は強力でなけれ

ばならない。しかしながら，0.75 の近傍における α の好ましい値については，不等式は $\theta \leq 1.33$ となり，成立しそうにはない。

同様にして，消費・資本比率 $\hat{c}/\hat{k}$ の挙動が分析可能である。その結果は次のようになる[訳注17]。

$\theta = \alpha$ ならば $\hat{c}/\hat{k} = (\delta+\rho)/\theta - (\delta+n)$ (一定) となる。
$\theta < \alpha$ ならば $\hat{c}/\hat{k} < (\delta+\rho)/\theta - (\delta+n)$, しかも $\hat{c}/\hat{k}$ は通時的に上昇する。
$\theta > \alpha$ ならば $\hat{c}/\hat{k} > (\delta+\rho)/\theta - (\delta+n)$, しかも $\hat{c}/\hat{k}$ は通時的に低下する。

2.11　付論2D：経済が $\hat{k}(0) < \hat{k}^*$ から出発する場合，γ_k は単調に減少するということの証明

まず，任意の $\nu \geq 0$ に対して，ある区間で $r(\nu)$ が上昇する場合，$\hat{c}(0)$ は減少するということを証明する必要がある[38]。(2.15) と (2.16) によって，次の式が成立する。

$$\hat{c}(0) = \frac{\hat{k}(0) + \int_0^\infty \hat{w}(t) e^{-[\bar{r}(t)-n-x]t} dt}{\int_0^\infty e^{[\bar{r}(t)\cdot(1-\theta)/\theta - \rho/\theta + n]t} dt}. \tag{2.97}$$

ここで，(2.13) で定義されているように，$\bar{r}(t)$ は 0 から t までの平均利子率である。任意の $0 \leq \nu \leq t$ に対して，$r(\nu)$ の値が上昇すると，$\bar{r}(t)$ が上昇し，(2.97) の分子の値は減少する。$\theta \leq 1$ である場合には，$r(\nu)$ の上昇によって，分母の値は増加する。したがって，$\theta \leq 1$ の場合には，上述の帰結は直ちに成立する。次に，$\theta > 1$ と仮定することにしよう。そのとき，$r(\nu)$ の上昇に伴って分母の値は減少する。$r(\nu)$ は持続状態における利子率 $\rho + \theta x$ を上回っており，さらに，横断性条件によって，持続状態における利子率は $x+n$ より大であるので，$\theta > 1$ の場合には，$r(\nu) \cdot (1-\theta)/\theta - \rho/\theta + n < 0$ ということを確認することができる[訳注18]。したがって，θ の値が大であるほど，(2.97) における分母の値は（マイナスの方向で）$r(\nu)$ に対してより感応的になる[訳注19]。ゆえに，$\theta \to \infty$ についてこの帰結を証明すると，

---

38)　この部分の証明に関する助力に対して，Olivier Blanchard に感謝する。

2.11 付論2D：経済が $\hat{k}(0) < \hat{k}^*$ から出発する場合，$\gamma_{\hat{k}}$ は単調に減少するということの証明

任意の $\theta > 0$ に対してこの帰結は成立することになる。$\theta \to \infty$ とすると，(2.97) は次のように簡単な式になる。

$$\hat{c}(0) = \frac{\hat{k}(0) + \int_0^\infty \hat{w}(t) e^{-[\bar{r}(t)-x-n]t} dt}{\int_0^\infty e^{-[\bar{r}(t)-n]t} dt}. \tag{2.98}$$

(2.98) は次のように書き換えることができる[訳注20]。

$$\hat{c}(0) = \frac{\int_0^\infty \psi(t) e^{-[\bar{r}(t)-n-x]t} dt}{\int_0^\infty \phi(t) e^{-[\bar{r}(t)-n-x]t} dt}. \tag{2.99}$$

ただし，$\psi(t) = \hat{k}(0) \cdot [r(t) - n - x] + \hat{w}(t)$，$\phi(t) = e^{-xt}$。$\dot{\phi} < 0$ は直ちに成立する。諸条件 $r(t) = f'(\hat{k}(t)) - \delta$，$\hat{w}(t) = f[\hat{k}(t)] - \hat{k}(t) f'[\hat{k}(t)]$，$\hat{k}(t) > \hat{k}(0)$，$\dot{\hat{k}} > 0$ を使用すると，$\dot{\psi} > 0$ ということを確認することができる[訳注21]。したがって，$0 \le \nu \le t$ に対して $r(\nu)$ の上昇によって，$\bar{r}(t)$ は上昇し，その結果，(2.99) の分母よりも分子に対して大きなマイナスの効果を及ぼすことになる。したがって，$r(\nu)$ の上昇が $\hat{c}(0)$ に及ぼす純効果はマイナスである。必要な結果が得られたことになる。

この結果は，$\hat{c}(0)$ の下界を得るために使用することができる。$r(0) > \bar{r}(t)$ であるので，(2.97) において，$\bar{r}(t)$ に $r(0)$ を代入し，$\hat{w}(t)$ に $\hat{w}(0)$ を代入すると，$\hat{c}(0)$ は低下しなければならない。したがって，次のことが成立する[39]。

$$\hat{c}(0)/\hat{k}(0) > [r(0) \cdot (\theta-1)/\theta + \rho/\theta - n] \cdot \left[1 + \frac{\hat{w}(0)}{\hat{k}(0) \cdot [r(0)-n-x]}\right]. \tag{2.100}$$

この不等式は後で使用される[訳注22]。

(2.24) によって，$\hat{k}$ の成長率は次のように表される。

$$\gamma_{\hat{k}} = f(\hat{k})/\hat{k} - \hat{c}/\hat{k} - (n+x+\delta). \tag{2.101}$$

ここで，時間の添え字は省略されている。(2.101) を時間で微分すると，次の式が得られる。

---

[39] $[r(0)(\theta-1)/\theta + \theta/\rho - n] > 0$ という条件が成立する場合には，(2.97) の右辺の積分を行うことによって，この式は導出される。この条件が非正である場合には，(2.100) の不等号が成立するのは自明である。

$$\dot{\gamma}_k = -(\hat{w}/\hat{k}) \cdot \gamma_k - d(\hat{c}/\hat{k})/dt.$$

ここで，条件 $\hat{w} = f(\hat{k}) - \hat{k}f'(\hat{k})$ が使用されている。$\hat{k}$ と $\hat{c}$ が増加する移行過程で $\dot{\gamma}_k < 0$ が成立するということを確認することにしよう。(2.25) における $\hat{c}/\hat{c}$ の式と (2.24) における $\hat{k}$ の式を使用すると，次の式が得られる[訳注23]。

$$\dot{\gamma}_k = -(\hat{w}/\hat{k}) \cdot \gamma_k + (\hat{c}/\hat{k}) \cdot \{\hat{w}/\hat{k} + [f'(\hat{k}) - \delta] \cdot (\theta - 1)/\theta + \rho/\theta - n - \hat{c}/\hat{k}\}. \tag{2.102}$$

したがって，$\hat{c}/\hat{k} \geq \hat{w}/\hat{k} + [f'(\hat{k}) - \delta] \cdot (\theta - 1)/\theta + \rho/\theta - n$ である場合には，$\gamma_k > 0$ ということから，$\dot{\gamma}_k < 0$ となる。　　　　　　Q.E.D.

ゆえに，次のことを仮定することにしよう。

$$\hat{c}/\hat{k} < \hat{w}/\hat{k} + [f'(\hat{k}) - \delta] \cdot (\theta - 1)/\theta + \rho/\theta - n. \tag{2.103}$$

(2.102) における括弧の左の項の $\hat{c}/\hat{k}$ を (2.103) における不等式の右辺の式で置き換え，(2.101) における γ_k の式を使い，$f(\hat{k})/\hat{k}$ を $\hat{w}/\hat{k} + f'(\hat{k})$ で置き換えると，次の式が得られる。

$$\gamma_k < -(\hat{w}/\hat{k}) \cdot [f'(\hat{k}) - \delta - \rho - \theta x]/\theta + \left[\rho/\theta - n + [f'(\hat{k}) - \delta] \cdot (\theta - 1)/\theta\right]^2$$
$$+ \left[\rho/\theta - n + [f'(\hat{k}) - \delta] \cdot (\theta - 1)/\theta\right] \cdot (\hat{w} - \hat{c})/\hat{k}. \tag{2.104}$$

$\rho/\theta - n + [f'(\hat{k}) - \delta] \cdot (\theta - 1)/\theta \leq 0$ である場合には，(2.103) における不等式を使って，$\dot{\gamma}_k < 0$ ということを示すことができる。　　Q.E.D.

したがって，次のことを仮定することにしよう。

$$\rho/\theta - n + [f'(\hat{k}) - \delta] \cdot (\theta - 1)/\theta > 0. \tag{2.105}$$

(2.105) における不等式を所与として，(2.104) において，(2.100) における $\hat{c}/\hat{k}$ についての下界の式を使用し，若干の計算を行うと，次の式が得られる。

$$\gamma_{\hat{k}} < -\frac{(\hat{w}/\hat{k}) \cdot [f'(\hat{k}) - \delta - \rho - \theta x]^2}{[f'(\hat{k}) - \delta - n - x] \cdot \theta^2} < 0. \tag{2.106}$$

ここで，条件 $r = f'(\hat{k}) - \delta$ が使用されている。$f'(\hat{k}) - \delta$ は持続状態における利子率 $\rho + \theta x$ を上回り，横断性条件によって，持続状態における利子率は $n + x$ より大であるので，(2.106) における括弧の中の式はそれぞれプラスである。したがって，$\gamma_{\hat{k}} < 0$ ということが成立する。　　　　Q.E.D.

問　題

2.1　ラムゼイ・モデルにおける借り入れの不可能性　　ラムゼイ・モデルにおける家計の最適化問題を考察することにしよう。消費者はただ貯蓄目的でのみ借り入れを行うことは不可能である場合，結果はどのように変化するであろうか。

2.2　ラムゼイ・モデルにおける投資の非可逆性　　経済は $\hat{k}(0) > \hat{k}^*$ から出発すると想定しよう。資本が可逆的（1対1の基準で消費財に変換可能）であるか，あるいは非可逆的であるかに依存して，移行経路はどのように変化するか。

2.3　指数的効用関数　　無限時間視野の家計が (2.1) のタイプの効用関数を最大化すると仮定しよう。ただし，ここでは，$u(c)$ は次のような指数関数で与えられているものとする。

$$u(c) = -(1/\theta) \cdot e^{-\theta c}.$$

ここで，$\theta > 0$。企業の行動は技術進歩が存在しないラムゼイ・モデルと同じであるとする。

(a)　θ を効用関数の凹性および通時的な消費の均等化の要求と関連づけなさい。通時的代替の弾力性を計算しなさい。それは一人当たりの消費水準 c とどのような関連があるかを説明しなさい。

(b)　上述のタイプの $u(c)$ で与えられた選好を持っている代表的家計の一

階条件を求めなさい。

(c) 代表的家計の一階条件と企業の一階条件とをまとめて，通時的な $\hat{k}$ と $\hat{c}$ の挙動を説明しなさい。($\hat{k}(0)$ は持続状態値を下回っていると仮定しなさい。)

(d) 移行過程はパラメータ θ にどのように依存しているか。この結果を本文で議論されたモデルの結果と比較しなさい。

2.4 ストーン=ギアリー・選好 代表的家計の瞬時的効用関数が (2.10) から次のようなストーン=ギアリー・タイプの関数に変更されるということを除いて，ラムゼイ・モデルの通常の条件が成立するものと仮定しよう。

$$u(c) = \frac{(c-\bar{c})^{1-\theta}-1}{1-\theta}.$$

ただし，$\bar{c} \geq 0$ は一人当たり消費の生存水準を表しているものとする。

(a) 新たなタイプの効用関数の通時的代替の弾力性はどのようなものか。$\bar{c} \geq 0$ の場合には，c が上昇するにつれて，この弾力性はどのように変化するか。

(b) このような効用の改訂によって，(2.11) における消費の成長に関する式はどのように変化するか。新たな結果に関する直感的な見解を提示しなさい。

(c) 効用関数の修正によって，持続状態値 $\hat{k}^*$，$\hat{c}^*$ はどのように変化するか。

(d) $\hat{k}$ と $\hat{c}$ の移行動学について，それゆえ，収束率について，どのような種類の変化が起こりそうに思われるかを説明しなさい。(この改訂されたシステムでは，正確な結果を得るには数値的手法が必要になる。)

2.5 世界の終焉モデル すべての個人が世界は $T>0$ 時点で確定的に終末を迎えるという情報を持っていると想定しよう。横断性条件の重要性を議論した際，本文で，この問題が解かれた。ここでは，次のようなステップで分析を実行しなさい。

(a) このような修正によって，(2.24) と (2.25) における $\hat{k}$ と $\hat{c}$ に関する運動方程式はどのような影響を受けるか。

(b) このような修正は横断性条件にどのような影響を及ぼすか。

(c) 図2.1を使用して，この経済における新たな移行経路を描きなさい。

(d) T が大になるにつれて，新たな移行経路と図2.1で示されている移行経路の関連はどのようなものか。T が無限大になるとどういうことが生じるかを説明しなさい。

2.6 ラムゼイ・モデルにおける土地　　生産関数は，独立変数として労働 L, 資本 K, 土地 Λ を持っており，収穫一定的な次のような CES 型の関数で与えられていると想定することにしよう。

$$Y = A \cdot [a \cdot (K^{\alpha}L^{1-\alpha})^{\psi} + (1-a) \cdot \Lambda^{\psi}]^{1/\psi}.$$

ただし，$A>0$, $a>0$, $0<\alpha<1$, $\psi<1$。技術進歩は存在せず，L は一定の率 $n>0$ で成長するものとする。土地の量 Λ は固定されているものとする。資本減耗は 0 とする。ここで，所得には，資本と労働への支払いはもちろんのこと，土地に対するレントも含まれる。

(a) 競争的な要素支払いは生産総額に一致するということを確認しなさい。

(b) ψ に関するどのような条件のもとで，持続状態において，一人当たり産出量の水準 y は一定になるか。どのような条件のもとで，長期的に，y は持続的に低下するか。これらの結果によって，成長過程における土地のような固定的な生産要素の役割に関して示唆されるものは何か。

2.7 別の制度的状況　　本文では競争的家計と競争的企業という状況のもとで，ラムゼイ・モデルが詳細に検討された。

(a) 家計が生産を直接行い，家族の構成員を労働者として使用する場合にも同じ帰結が得られることを示しなさい。

(b) 社会的計画者の選好は検討されてきたモデルにおける代表的家計の選好と全く同じであると仮定しよう。計画者が通時的な消費の選択を規定できる場合には，その帰結は競争的家計と競争的企業からなるモデルで得られた結果と同じになるということを示しなさい。分権的経済の均衡のパレート最適性について，この帰結が持つ含意は何か。

2.8 ラムゼイ・モデルにおける貨幣とインフレーション（Sidrauski [1967], Brock [1975] および Fischer [1979] に基づくモデル）　　政府は法定不換

紙幣を発行すると仮定しよう。貨幣のストック M はドルで表され，（通時的に変化してもよい）率 μ で増加するものとしよう。新たな貨幣は家計に対する一括移転として供給されるものとする。ここでは，家計は資本に対する請求権，貨幣，内部ローンという形態で資産を保有することになる。家計の効用は，$u(c)$ が $u(c,m)$ で置き換えられていることを除いて，(2.1) で与えられているものとする。ただし，$m \equiv M/PL$ は実質貨幣残高であり，P は価格水準（財1単位当たりのドル）であるとする。効用関数の偏微分係数については，$u_c > 0$，$u_m > 0$ と仮定する。インフレ率を $\pi \equiv \dot{P}/P$ と表す。人口は n の率で成長すると仮定する。経済の生産の側面は技術進歩が存在しない通常のラムゼイ・モデルと同じであるとする。

(a) 代表的家計の予算制約式はどのように表されるか。

(b) c と m の選択に関する一階条件は何か。

(c) μ は長期において一定であり，m は持続状態では一定であると仮定しよう。μ の長期の値の変化は持続状態における c，k，y の値にどのように影響を及ぼすことになるか。この変化は持続状態の値 π と m にどのような影響を与えるか。さらに，それは持続状態で達成される効用 $u(c,m)$ にどのような影響を及ぼすか。このモデルでは，どのような長期的値 μ が最適に選択されることになるか。

(d) $u(c,m)$ は c と m の分離可能関数であると仮定しよう。この場合，μ の経路は c，k，y の移行経路にどのような影響を与えることになるか。

2.9 ラムゼイ・モデルにおける財政政策（Barro [1974] と McCallum [1984] に基づくモデル）

無限時間視野の家計，(2.1) と (2.10) によって表される選好，n の率での人口の成長，新古典派的生産関数，および x の率での技術進歩というような仮定で構成される標準的なラムゼイ・モデルを検討することにしよう。ここでは，政府は G だけの財貨・サービスを購入し，T の一括税を課し，政府債 B を未払いの状態で維持する。（時間の経過とともに変化することができる）G, T, B はすべて財の単位で測定されているものとし，B の初期値は所与の値 $B(0)$ であるとする。

政府債は連続的に満期を迎え，利子 r の支払いにあてられ，しかも個々の家計によって，資本に対する請求権あるいは内部ローンと完全代替

的なものとみなされているものとする。(政府は決して債務の履行を怠ることはないと仮定しよう。)政府は G の経路に関連する公共サービスを提供することができるが,この問題では G の経路は固定されているものとする。

(a) 政府の予算制約式はどのように表されるか。
(b) 代表的家計の予算制約式はどのように表されるか。
(c) 家計は (2.11) で表されているような c の成長率に関する最適性の一階条件に依然として固執するか。
(d) 横断性条件はどのように表されるか。そして,それは長期的な B の挙動とどのように関連しているか。この条件の意味は何か。
(e) $B(0)$ の違い,あるいは B および T の経路の違いによって,移行動学と持続状態における変数 c, k, y, r の値はどのように影響されることになるか。(影響が全く存在しない場合には,このモデルでは**リカードの同値性**が確認されることになる。)

訳　注

1) この部分の詳細な議論については,O. J. Blanchard and S. Fischer, *Lectures on Macroeconomics*, MIT Press, 1989, Chapter 2, を参照せよ。
2) (2.3) の一般解は次のように求められる。
$$a(t)=e^{-\int_0^t (n-r(\nu))d\nu}\left[\int_0^t \{w(x)-c(x)\}\cdot e^{\int_0^x (n-r(\tau))d\tau}dx+C\right].$$
ここで,C は任意定数である。したがって,
$$a(T)=e^{(\bar{r}(T)-n)T}\left\{\int_0^T w(t)e^{-\{\bar{r}(t)-n\}t}dt-\int_0^T c(t)e^{-\{\bar{r}(t)-n\}t}dt+a(0)\right\}.$$
3) 持続状態が問題にされているので,
$$\hat{k}(t)=\hat{k}(0)\exp[(\gamma_k)^* t]$$
を代入して考えればよい。ただし,この議論の段階で,(2.28) の括弧の中の式は必ずしもすべての t に対してプラスになる必要はない。したがって,証明が若干変更される必要はあるが,議論は同じように行うことができる。
4) 貯蓄率の本来の定義は次のようなものである。

$$s = \frac{F[K,\hat{L}] - C}{F[K,\hat{L}]}.$$

(ここで，$K = \hat{k}\hat{L}$, $C = \hat{c}\hat{L}$)

上の定義の分母と分子を $\hat{L}$ で除し，関数の定義を考慮すると，次のようになる。

$$s = \frac{F[\hat{k},1] - \hat{c}}{F[\hat{k},1]} = 1 - \hat{c}/f(\hat{k}).$$

5) 第2版の図2.3では，$\hat{c}/\hat{y}$ と $\hat{k}$ に関する議論と $s = 1 - \hat{c}/f(\hat{k})$ の議論が適切に整理されていない。ここでは，第1版の説明を使用しておく。

6) (2.40) より次式が成立する。

$$\log \hat{y}(T) - \log \hat{y}(0) = (e^{-\beta T} - 1)\log \hat{y}(0) + (1 - e^{-\beta T})\log \hat{y}^*.$$

したがって，

$$\log(\hat{y}(T)/\hat{y}(0)) = (1 - e^{-\beta T})\{\log \hat{y}^* - \log \hat{y}(0)\}.$$
$$= (1 - e^{-\beta T}) \cdot \log[\hat{y}^*/\hat{y}(0)]. \quad \cdots ①$$

ところで，$y(t) = \hat{y}(t)e^{xt}$ であるので，

$$\log y(T) = \log \hat{y}(T) + xT, \quad \log y(0) = \log \hat{y}(0).$$

したがって，

$$\log(\hat{y}(T)/\hat{y}(0)) = \log y(T) - \log y(0) - xT$$
$$= \log[y(T)/y(0)] - xT. \quad \cdots ②$$

② を ① に代入して，整理し，両辺を T で割ると，(2.42) が得られる。

7) (2.42) の右辺を単純に次のように書き換えると，この主張を確認することができる。

$$(1/T) \cdot \log[y(T)/y(0)] = x - \frac{(1 - e^{-\beta T})}{T} \cdot \log[\hat{y}(0)/\hat{y}^*].$$

8) このことは次のことより成立する。

$$\frac{d\{1 - e^{-\beta T}\}T^{-1}}{dT} = T^{-2}\left\{\frac{1}{e^{\beta T}}(\beta T + 1) - 1\right\}.$$

上式の右辺の括弧の中はマイナスである。($\because \ e^{\beta T} = 1 + \beta T + \frac{1}{2}(\beta T)^2 + \cdots$)

9) ロピタルの定理を使って次のように証明される。

$$\lim_{T \to 0} \frac{1 - e^{-\beta T}}{T} = \lim_{T \to 0} \frac{\beta e^{-\beta T}}{1} = \beta.$$

あるいは，若干厳密さを欠くことになるが，次のように考えてもよい。

$$e^{-\beta T} = 1 + (-\beta T) + \frac{1}{2}(-\beta T)^2 + \cdots.$$

したがって，

$$1 - e^{-\beta T} = \beta T - \frac{1}{2}(\beta T)^2 + \cdots.$$

よって，

$$\frac{1 - e^{-\beta T}}{T} = \beta - \frac{1}{2}\beta^2 T + \cdots.$$

これより，

$$\lim_{T \to 0}\left\{\frac{1 - e^{-\beta T}}{T}\right\} = \beta.$$

10) このことは 2.6.3 項の最初の議論により前提とされている。
11) (2.25) より，$\dot{c}/c$ は $\hat{k}$ の減少関数ということは確認されるが，後の文章による議論は明確ではない。
12) (2.79) を次のように表すことにする。
$$d[\log(\hat{k})]/dt = f_1(\log(\hat{k}),\log(\hat{c})),$$
$$d[\log(\hat{c})]/dt = f_2(\log(\hat{k}),\log(\hat{c})).$$
したがって，線型近似の微分方程式系は次のように表される。
$$\begin{bmatrix} d[\log(\hat{k})]/dt \\ d[\log(\hat{c})]/dt \end{bmatrix} = \begin{bmatrix} \dfrac{\partial f_1}{\partial \log(\hat{k})} & \dfrac{\partial f_1}{\partial \log(\hat{c})} \\ \dfrac{\partial f_2}{\partial \log(\hat{k})} & \dfrac{\partial f_2}{\partial \log(\hat{c})} \end{bmatrix} \begin{bmatrix} \log(\hat{k}/\hat{k}^*) \\ \log(\hat{c}/\hat{c}^*) \end{bmatrix}.$$
ただし，行列の部分は，$(\log(\hat{k}^*), \log(\hat{c}^*))$ で評価されている。
ここで，
$$\frac{\partial f_1}{\partial \log(\hat{k})} = -(1-\alpha)Ae^{-(1-\alpha)\log\hat{k}^*} + e^{\log(\hat{c}^*/\hat{k}^*)}$$
$$= -Ae^{-(1-\alpha)\log\hat{k}^*} + e^{\log(\hat{c}^*/\hat{k}^*)} + \alpha Ae^{-(1-\alpha)\log\hat{k}^*}$$
$$= -(x+n+\delta) + \rho + \theta x + \delta$$
$$= \rho - n - x + \theta x$$
$$= \zeta.$$
他の成分も同様に導出される。
13) (2.81) の行列の行列式がマイナスの値をとるときには，2根の実部は異符号であるが，複素根ということはありえない。
14) $(\hat{k}^*,\hat{c}^*)$ を持続状態における値とする。(2.24) より，
$$f(\hat{k}^*) - \hat{c}^* = (x+n+\delta)\hat{k}^*.$$
また，(2.25) より，
$$f'(\hat{k}^*) = \delta + \rho + \theta x.$$
したがって，
$$s^* = \frac{f(\hat{k}^*) - \hat{c}^*}{f(\hat{k}^*)} = (x+n+\delta)\frac{\hat{k}^*}{f(\hat{k}^*)} = (x+n+\delta)\frac{\alpha}{f'(\hat{k}^*)}.$$
(ここで，コブ＝ダグラス型生産関数の特性が利用されている。)
15) 単純な計算のみであるが，示しておく。
$$\gamma_z = \frac{1}{\theta}[f'(\hat{k}) - (\delta + \rho + \theta x)] - \alpha\left\{\frac{(f(\hat{k})-\hat{c})}{f(\hat{k})}\cdot\frac{f(\hat{k})}{\hat{k}} - (x+n+\delta)\right\}$$
$$= \frac{1}{\theta}[f'(\hat{k}) - (\delta + \rho + \theta x)] - \alpha\left\{(1-z(t))\frac{f'(\hat{k})}{\alpha} - (x+n+\delta)\right\}$$
$$= f'(\hat{k})\left[z(t) - (\theta-1)\frac{1}{\theta}\right] + (\rho + \theta x + \delta)s^* - \frac{1}{\theta}(\delta + \rho + \theta x).$$
16) この部分の証明の表現は適切でないので附記しておくことにする。証明の流れは次のようなものである。
$s^* = 1/\theta$ のとき，

とすると

$$\forall t \geq t': \gamma_z(t) > 0.$$

これは持続状態に収束するということに矛盾する．ゆえに，

$$\forall t \in [0,\infty): z(t) \leq \frac{\theta-1}{\theta}.$$

同様に，

$$\exists t' \in [0,\infty): z(t') < \frac{\theta-1}{\theta}$$

というケースも矛盾が生じるので，

$$\forall t \in [0,\infty): z(t) \geq \frac{\theta-1}{\theta}.$$

以上のことより，任意の $t \in [0,\infty)$ に対して，

$$z(t) = \frac{\theta-1}{\theta}.$$

以下の部分についても，若干の表現の修正が必要である．

17)
$$\frac{d\log(\hat{c}/\hat{k})}{dt}$$
$$= \dot{\hat{c}}/\hat{c} - \dot{\hat{k}}/\hat{k}$$
$$= \frac{1}{\theta}[f'(\hat{k}) - (\delta + \rho + \theta x)] - \left[\frac{f(\hat{k})}{\hat{k}} - \frac{\hat{c}}{\hat{k}} - (x+n+\delta)\right]$$
$$= f'(\hat{k})\left\{\frac{1}{\theta} - \frac{1}{\alpha}\right\} + \left[\frac{\hat{c}}{\hat{k}} - \{(\delta+\rho)/\theta - (\delta+n)\}\right].$$

したがって，$\theta = \alpha$ のときは，付論の議論と同様に，持続状態に近づく経路上では，$\frac{\hat{c}}{\hat{k}} = (\delta+\rho)/\theta - (\delta+n)$ 以外にはありえない．他のケースも同様に証明可能である．

18) 次のことが成立している．

$$\rho + \theta x > x + n, \quad \cdots ①$$
$$r > \rho + \theta x. \quad \cdots ②$$

① より，

$$x > \frac{n-\rho}{\theta-1}. \quad \cdots ③$$

したがって，② と ③ より，

$$r > \rho + \frac{\theta(n-\rho)}{\theta-1}.$$

これを整理すると，この式が得られる．

19) $\bar{r}(t)$ の係数は $-\left(1 - \frac{1}{\theta}\right)$ であるので，θ が大きくなるほど感応的になる．

20) この点については次のことを参考にするとよい．

$$\int_0^\infty \hat{k}(0)(r(t)-n-x)e^{-\int_0^t (r(s)-n-x)ds}dt$$
$$=\hat{k}(0)\left[-e^{-\int_0^t (r(s)-n-x)ds}\right]_0^\infty$$
$$=\hat{k}(0).$$

(ここで，任意の ν に対して，
$$r(\nu) > \rho + \theta x > x + n$$
であるので，ある $\epsilon > 0$ が存在して，
$$r(\nu) \geq x + n + \epsilon.$$
したがって，
$$e^{\int_0^t (r(s)-n-x)ds} \geq e^{\epsilon t}.$$
よって，任意の $t \geq 0$ に対して，
$$0 < e^{-\int_0^t (r(s)-n-x)ds} \leq e^{-\epsilon t}.$$
ゆえに，$t \to \infty \Rightarrow e^{-\int_0^t (r(s)-n-x)ds} \to 0.$)

21) $\dot{\psi}(t) = \hat{k}(0)f''(\hat{k}(t))\dot{\hat{k}}(t) - \hat{k}(t)f''(\hat{k}(t))\dot{\hat{k}}(t)$
 $= f''(\hat{k}(t))\dot{\hat{k}}(t)\{\hat{k}(0) - \hat{k}(t)\} > 0.$

22) 移行過程では，任意の $t > 0$ に対して $\dot{\hat{w}}(t) > 0$ であるので，$\hat{w}(0) < \hat{w}(t)$.
また，移行過程では，$r(t)$ は減少関数であるので，任意の $t > 0$ に対して，
$$\int_0^t r(\tau)d\tau < r(0)t.$$
よって，
$$r(0) > \frac{1}{t}\int_0^t r(\tau)d\tau = \bar{r}(t).$$
したがって，
$$\hat{c}(0) > \frac{\hat{k}(0) + \hat{w}(0)\int_0^\infty e^{-[r(0)-n-x]t}dt}{\int_0^\infty e^{-[r(0)(\theta-1)/\theta + \rho/\theta - n]t}dt}$$
$$= \{r(0)(\theta-1)/\theta + \rho/\theta - n\}\left\{\hat{k}(0) + \hat{w}(0)\frac{1}{r(0)-n-x}\right\}.$$

23) 以下のような単純な計算により求められる。
$$\frac{d(\hat{c}/\hat{k})}{dt} = \dot{\hat{c}}\hat{k}^{-1} - \hat{c}\hat{k}^{-2}\cdot\dot{\hat{k}}$$
$$= (\hat{c}/\hat{k})\{(\dot{\hat{c}}/\hat{c}) - (\dot{\hat{k}}/\hat{k})\}$$
$$= (\hat{c}/\hat{k})\left\{\frac{1}{\theta}(f'(\hat{k}) - \delta - \rho - \theta x) - (f(\hat{k})/\hat{k} - \hat{c}/\hat{k} - (x+n+\delta))\right\}$$
$$= (\hat{c}/\hat{k})\left[-\left\{\frac{f(\hat{k})}{\hat{k}} - f'(\hat{k})\right\} - \{f'(\hat{k}) - \delta\}(\theta-1)/\theta - \rho/\theta + n + \hat{c}/\hat{k}\right].$$

第3章

ラムゼイ・モデルの拡張

　本章では，幾つかの方向でラムゼイ・モデルの拡張を行う．最初に，政府支出と種々のタイプの租税を導入する．第2に，物的資本の投資の過程における取り付け費用を導入する．第3に，国際的な貸し借りの可能性を考慮するために開放経済を取り扱う．最後に，有限生涯期の効果を検討する．

3.1 政　　府

3.1.1　ラムゼイ・モデルの修整

　ラムゼイ・モデルは簡単に修整して政府の機能を導入することができる．政府は総額で G だけ財貨・サービスを購入すると想定しよう．ここでは，これらの購入によって，家計の効用あるいは企業の生産に影響が及ぶことはないと仮定する．後で，これらの効果については考慮される．さらに，政府は実物で総額 V だけの家計に対する移転支払いを行うものとする．個々の家計によって受け取られる額は家計の所得あるいは他の特性に依存しないという意味で，これらの移転は一括額の形をとるものとする．

　政府はその総支出 $G+V$ の資金を種々の租税で調達するような均衡予算を維持すると仮定される．ここで考察される租税は種々の比例的税（賃金所得税 τ_w，私的資産所得税 τ_a，消費税 τ_c，企業所得課税 τ_f）である．したがって，政府の予算制約式は次のようになる．

$$G+V=\tau_w wL+\tau_a r\cdot(資産)+\tau_c C+\tau_f\cdot(企業所得). \tag{3.1}$$

以前と同様に，w は賃金率であり，r は資産に関する収益率である．変数

L と C はそれぞれ労働と消費の集計量である．後で，企業所得の定義について検討を行う．資産収益に関する税率 τ_a は，内部ローンからあるいは資本所有への支払いから発生するかどうかにかかわらず，同一であるとする．さらに，種々の税率は通時的に一定であると仮定する．

種々の租税と移転が存在するので，代表的家計の予算制約式は (2.3) から次の式に修整される．

$$\dot{a} = (1-\tau_w) \cdot w + (1-\tau_a) \cdot ra - (1+\tau_c) \cdot c - na + v. \tag{3.2}$$

ここで，a, c, v はそれぞれ資産，消費，および移転の一人当たりの額である．以前と同様に，各家計は（時間単位当たり1単位とおかれた）一定量の労働を提供すると仮定する．さらに，n は人口成長率であり，しかも労働力人口の成長率でもある．

第2章と同様に，家計の消費選択の一階条件を導出できる．次のような一定の異時点代替弾力性をもつ効用関数の場合には，

$$u(c) = \frac{c^{1-\theta}-1}{1-\theta}$$

一人当たり消費の成長率に関する帰結は (2.11) から次のように修整される[1]．

$$\dot{c}/c = (1/\theta) \cdot [(1-\tau_a) \cdot r - \rho]. \tag{3.3}$$

したがって，消費を延期する家計の決定は課税後の収益率 $(1-\tau_a)r$ に依存

---

1) オイラー方程式を求めるために，次のように，ハミルトニアンを設定しよう．

$$J = e^{-(\rho-n)t} \cdot \frac{c^{1-\theta}-1}{1-\theta} + \nu \cdot [(1-\tau_w) \cdot w + (1-\tau_a) \cdot ra - (1+\tau_c) \cdot c - na + v]$$

c と a に関する一階条件は次のように与えられる．
 (i) $e^{-(\rho-n)t} \cdot c^{-\theta} = \nu \cdot (1+\tau_c)$.
 (ii) $-\dot{\nu} = \nu \cdot [(1-\tau_a) \cdot r - n]$.
(i) の対数を取り，時間微分を行い，(ii) に代入すると，

$$\frac{\dot{c}}{c} = \frac{1}{\theta}[(1-\tau_a) \cdot r - \frac{\dot{\tau}_c}{1+\tau_c} - \rho]$$

が得られる．消費税率が通時的に一定であれば，$\dot{\tau}_c$ はゼロになり，オイラー方程式は (3.3) になる．

している。消費税率 τ_c は通時的に一定であるので，一階条件に含まれていない。この税率が通時的に可変的な場合には，それはいつ消費すべきかの選択に影響を及ぼし，したがって，(3.3) に含まれることになる。さらに，課税後の収益率 $(1-\tau_a)r$ は横断性条件にも含まれることになる。横断性条件は (2.12) から次のように修整される。

$$\lim_{t\to\infty}\left\{a(t)\cdot\exp\left[-\int_0^t[(1-\tau_a)\cdot r(v)-n]dv\right]\right\}=0. \tag{3.4}$$

以前と同様に，企業は (2.17) で与えられている次のような生産関数を持っているとする。

$$Y=F(K,\hat{L}).$$

ここで，K は資本の投入量であり，$\hat{L}=Le^x$ は効率的労働投入量である。企業は労働サービス L の1単位当たり賃金率 w を支払い，資本サービス K の1単位当たりレンタル率 $R=r+\delta$ を支払うものとする。ここで，δ は資本減耗率である。政府は企業の課税所得を次のように産出額マイナス賃金支払いマイナス資本減耗額と定義する[2]。

$$課税所得=F(K,\hat{L})-wL-\delta K. \tag{3.5}$$

したがって，課税後の企業の利潤は次のように表される。

$$課税後利潤=(1-\tau_f)\cdot[F(K,\hat{L})-wL-\delta K]-rK. \tag{3.6}$$

課税後の利潤を最大にするように $\hat{k}\equiv K/\hat{L}$ を選択する企業の一階条件は次のように (2.22) を修整した式になる。

$$f'(\hat{k})=\frac{r}{1-\tau_f}+\delta. \tag{3.7}$$

したがって，r を所与として，τ_f が上昇すると，資本の限界生産物 $f'(\hat{k})$ は

---

2) 減耗分は税控除できるが，賃料支払いの実質利子分は税控除可能ではないということに注意しよう。通例のように，利子支払い分が企業にとって税控除可能であるならば，借金による資金調達の場合には状況が異なっているであろう。

上昇する。（資本減耗を別にして）資本に対する賃料支払いは（3.5）式で定義された租税ベースに含まれていないので，この帰結が成立する。さらに，第2章の議論と同様に，(3.6) において，代表的企業の課税後の利潤は結局ゼロになることを証明できる。したがって，企業は労働の限界生産物を賃金率に一致させようとする。

$$w = e^{xt} \cdot [f(\hat{k}) - \hat{k} \cdot f'(\hat{k})]. \tag{3.8}$$

(3.7) と (3.8) の一階条件および (3.1) における政府の予算制約式とともに，資産市場の均衡条件 $\hat{a}=\hat{k}$ を使用すると，(2.24) に対応する $\hat{k}$ の挙動に関する条件は次のようになる。

$$\dot{\hat{k}} = f(\hat{k}) - \hat{c} - (x+n+\delta) \cdot \hat{k} - \hat{g}. \tag{3.9}$$

ここで，$\hat{g}=G/\hat{L}$ である。以前と同様に，この式は経済の資源制約を表している。つまり，資本ストックの変化分は産出量マイナス消費マイナス資本ストックの減耗分マイナス政府の財貨・サービス購入である。租税も移転も経済の資源制約式に直接的には含まれていないことに注意しよう。

(3.3) と (3.7) によって確認されるように，$\hat{c}$ の挙動に関する条件式は (2.25) から次の式に修整される。

$$\dot{\hat{c}}/\hat{c} = \frac{1}{\theta} \cdot \{(1-\tau_a) \cdot (1-\tau_f) \cdot [f'(\hat{k}) - \delta] - \rho - \theta x\}. \tag{3.10}$$

したがって，資本の純限界生産物 $f'(\hat{k}) - \delta$ が資産収益に対する課税 τ_a と企業所得に対する課税 τ_f の統合効果によって減ぜられている．このモデルでは，実際，資本所得は二重に課税されている（1度目は企業レベルで所得が企業に生じる際に税率 τ_f で課され，2度目は家計レベルで賃料支払いとして所得が受け取られる時に税率 τ_a で課される）。

同様に，横断性条件についても，課税の効果を導入するために (2.26) が次のように修整される。

$$\lim_{t \to \infty} \left\{ \hat{k} \cdot \exp\left(-\int_0^t [(1-\tau_a) \cdot (1-\tau_f) \cdot [f'(\hat{k}) - \delta] - x - n] dv\right) \right\} = 0. \tag{3.11}$$

したがって，$\hat{k}=\hat{k}^*$ となる持続状態では，純限界生産物 $f'(\hat{k}^*)-\delta$ は（x

$+n)/[(1-\tau_a)\cdot(1-\tau_f)]$ より大でなければならない。

3.1.2 種々の税率の効果

賃金所得税と消費税　賃金所得に対する税率 τ_w はいずれの均衡条件にも含まれていない。家計は一定の労働量を供給すると仮定しているので，このことが成立する。この場合，賃金税は歪みのない一括税とみなすことができる。第9章で検討される労働・余暇の選択問題の場合では，τ_w はもはや一括税と同じではなく，均衡に影響を及ぼすことになるであろう。

以上では，消費税率 τ_c は一定であるので，それは通時的な消費の選択に（したがって，(3.10) に）影響を及ぼすことはないことが言及された。他方，τ_c の将来の変化は現在及び将来において (3.10) に影響を与えることになるであろう。たとえば，消費税率が将来上昇すると予想される（$\dot{\tau}_c>0$）場合，個人は現在の消費を増加し，将来の消費を減少させようとするであろう。その結果，消費の成長は低下するであろう。消費税率が将来低下すると予想される場合には逆のことが成立するであろう。

労働・余暇の選択問題のケースでは，τ_c が一定であっても，労働供給に影響することによって，均衡は影響されるであろう。しかしながら，本節のモデルでは，家計は一定の労働量を供給すると仮定されているので，この効果は機能していない。したがって，τ_c は均衡に何ら影響を与えず，一括税のように機能することになる。

$\hat{g}=\tau_a=\tau_f=0$ と仮定すると，$(\hat{k},\hat{c})$ における位相図は図2.1で描かれているものに一致する。$\hat{g}$ をプラスの定数と仮定すると，(3.9) に従って，$\dot{\hat{k}}=0$ 線は下方にシフトすることになる。それに対応する政府購入の水準 G は，移転 V の時間経路を考慮に入れて，τ_w と τ_c の組み合わせによって資金の調達がなされるであろう。これらの変数は本節のモデルでは一括税あるいは一括移転になるので，τ_w, τ_c, V の厳密な組み合わせは重要ではない。このケースの位相図は図3.1で描かれている実線の曲線の場合に対応している。

資産所得税と企業所得税　引き続き $\hat{g}$ をプラスの定数とするが，ここでは $\tau_a>0$ あるいは $\tau_f>0$ と想定しよう。$\hat{g}$ を一定にすることによって，何らか

のやり方で τ_w, τ_c, V を調整することによって，各期，(3.1) における政府の予算制約式が成立すると仮定している．再度，これらの調整の厳密な組み合わせは均衡にとって問題ではない．

τ_a と τ_f がプラスの値である場合，(3.10) における $\dot{c}$ の式を通してのみ，モデルに影響が及ぶことになる．具体的に，τ_a あるいは τ_f の上昇は，図3.1 で $(\dot{\hat{c}}=0)'$ と称されているダッシュの直線で描かれているように，$\dot{\hat{c}}=0$ 線を左方にシフトさせる．$\hat{g}$ を所与として，τ_a あるいは τ_f の上昇は $\dot{\hat{k}}=0$ 線に何ら影響を及ぼすことはない（[3.9] を参照せよ）．

位相図で示されているように，資本所得に対する課税によって，長期的な $\hat{k}^*$ と $\hat{c}^*$ の低下がもたらされる．このような税は貯蓄の誘因を低下させるので，これらの効果が生じることになる．横断性条件で保証されることであ

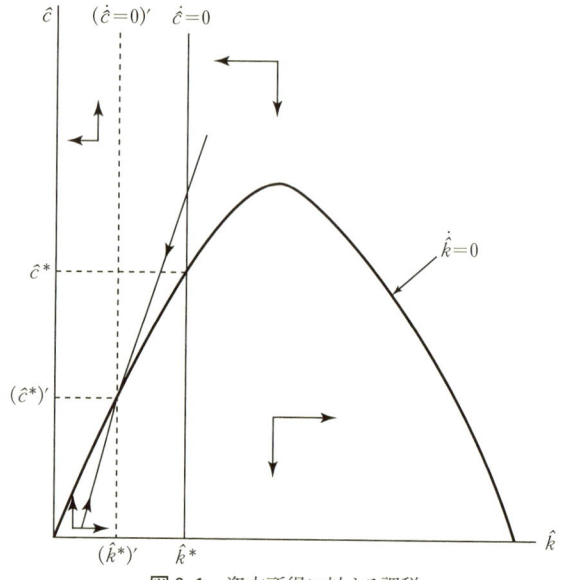

図3.1 資本所得に対する課税

実線は $\tau_a = \tau_f = 0$ のケースに対応している．$\tau_a>0$ あるいは $\tau_f>0$ であれば，$\dot{\hat{c}}=0$ 線は，ダッシュの線 $(\dot{\hat{c}}=0)'$ まで左方へシフトする．$\dot{\hat{k}}=0$ 線はいずれのケースでも同じである．したがって，$\hat{k}^*$ と $\hat{c}^*$ は低下する．

るが，時点 0 での税率の当初の上昇の後，経済は新たな安定的サドル経路上に位置することになる。資本は時点 0 でジャンプできないので，消費の初期水準が増加しなければならない。その理由は，当初，税率の上昇は課税後の収益を低下させ，その結果，個人の消費を現在の方向に代替させる動機を与えるからである。

3.1.3 政府購入の効果

次に，政府購入についての永続的で予期せざる増加の効果を考察しよう。図 3.2 では，$\hat{g}=0$ のケースと $\hat{g}>0$ となるケースの比較を行うことによって，これらの効果が検討されている。いずれのケースでも，歪みのある税率 τ_a と τ_f は同じであると仮定されている。すなわち，政府購入の資金は賃金税あるいは消費税あるいは一括的な移転支出の削減によって調達されると仮定している。したがって，ここでは，一括税の等価物によって資金調達がなされる政府購入の増加の効果を検討しようとしていることになる。歪みのある租税によって資金が賄われる政府購入の効果を検討するために，前節の議論と本節の議論を組み合わせることができる。

資金調達に関する仮定を所与として，$\hat{g}$ がいずれの値であっても，$\dot{\hat{c}}=0$ 線は同じである。しかし，$\dot{\hat{k}}=0$ 線は $\hat{g}=0$ の場合よりも，$\hat{g}>0$ のケースのほうが下方に位置することになる。持続状態の資本集約度 $\hat{k}^*$ はいずれのケースでも同じであるが，$\hat{c}^*$ は $\hat{g}>0$ のケースのほうが低い値である。したがって，政府購入は長期的に 1 対 1 のベースで消費をクラウド・アウトすることになる。一括税の等価物による資金調達ではいかなる歪みも生じることはないので，資本に対する長期的な効果は存在しない。さらに，公共支出は生産に直接影響しないと仮定している。

一定の $\hat{g}$ を持つという仮定の代わりに，比率 $\lambda=G/C$ が一定であると仮定する場合，政府購入の増加の動態的効果は一層簡単になる。そのとき，$\dot{\hat{k}}$ の式は (3.9) から次の式に修整される。

$$\dot{\hat{k}}=f(\hat{k})-(1+\lambda)\cdot\hat{c}-(x+n+\delta)\cdot\hat{k}. \qquad (3.12)$$

この場合，(3.10) と (3.12) を検討することによって，変数 $(1+\lambda)\hat{c}$ と $\hat{k}$

の完全な時間経路はλの値に関して不変であることが確認される。したがって，λの値が上昇しても，$\hat{k}$の全経路は変化することはない。ゆえに，λの値の上昇があった場合，全経路に沿って，1対1のベースでCに対するGの代替が行われていることになる。

効用関数における政府購入　以上では，家計は政府サービスから効用を享受することはないと仮定されていた。そうではなく，代表的家計の効用は$u(c,\tilde{g})$と表されると想定しよう。$\tilde{g}$の規定は公共サービスがどのように家計に影響を及ぼすかに依存している。政府購入が（無料の学校給食のような）私的財の等価物を供給するためになされている場合，$\tilde{g}=g$ということ

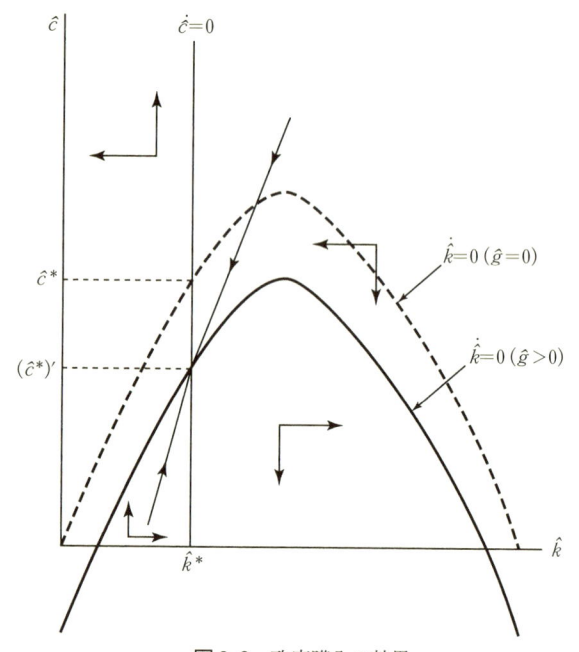

図3.2　政府購入の効果

実線の$\dot{\hat{k}}=0$線は$\hat{g}>0$のケースに対応しており，上方に位置するダッシュの$\dot{\hat{k}}=0$線は$\hat{g}=0$のケースに対応している。$\dot{\hat{c}}=0$線はいずれのケースでも同じである。それゆえ，$\hat{g}$の値が上昇すると，$\hat{c}^*$の値は減少することになる。

が成立するであろう。政府購入が（ワシントン記念塔のような）非競合的な公共財を供給するために使用される場合，$\tilde{g}=G$ ということが成立するであろう。非競合的な財の最も重要な例は研究と経験によってもたらされる基本的アイデアと知識であろう。

他の例として，政府購入が混雑を蒙ることになる非排除的な公共財を供給するために使用される場合，家計へのサービスは次のように表される。

$$\tilde{g}=g\cdot\Psi(G/C). \tag{3.13}$$

ここで，$\Psi(\cdot)>0$，$\Psi'(\cdot)>0$，$\Psi(0)=0$，および $\Psi(\infty)=1$。このアイデアは $\Psi(G/C)$ が公共サービスの混雑の程度を捉えていることである。G/C を所与とした場合，各家計に提供されるサービス $\tilde{g}$ は g に比例することになる。しかし，G が C に比して相対的に減少した場合，混雑は増すことになり，g の各単位の提供に対して，各家計の実際のサービスの享受は低下するであろう。このような定式化は高速道路，公園等によって提供されるサービスの場合には妥当するであろう。他の場合，混雑は C ではなく，産出量 Y あるいは民間資本ストック K に関連づけられるかもしれない。

ここでは，$\tilde{g}$ は外生的時間経路として与えられ，しかも $u(c,\tilde{g})$ が家計の効用の式であると仮定して，c についての代表的家計の一階条件は通常の方法で求められる。一階条件は次のように導出される。

$$r\cdot(1-\tau_a)=\rho-\left(\frac{u_{cc}c}{u_c}\right)\cdot\left(\frac{\dot{c}}{c}\right)-\left(\frac{u_{c\tilde{g}}\tilde{g}}{u_c}\right)\cdot\left(\frac{d\tilde{g}/dt}{\tilde{g}}\right). \tag{3.14}$$

$\left(\frac{u_{cc}c}{u_c}\right)=-\theta$，$\left(\frac{u_{c\tilde{g}}\tilde{g}}{u_c}\right)=0$ のときには，$\dot{c}/c$ の通常の条件が得られる。本節のケースでは，$\tilde{g}$ の通時的な変化と交差項 $\left(\frac{u_{c\tilde{g}}\tilde{g}}{u_c}\right)$ の性質を考慮に入れて，標準的な条件式は修整されている。

効用関数は異時点間の代替の弾力性の一定性の以前の規定を一般化した次のような定式で表されていると想定しよう。

$$u(c,\tilde{g})=\frac{\{[h(c,\tilde{g})]^{1-\theta}-1\}}{1-\theta}. \tag{3.15}$$

ここで，短期の効用関数 $h(c,\tilde{g})$ は $h_c>0$，$h_{\tilde{g}}>0$ を満足し，しかも c と $\tilde{g}$

に関して一次同次であるとする。この場合，(3.14) から，$\tilde{g}$ に対する c の比率が通時的に一定である限り，(3.3) で示されているような $\dot{c}/c$ の標準的な一階条件が成立することを確認できる。たとえば，$\tilde{g}=g$（公的に提供される私的財）である場合，比率 $\lambda=g/c$ が通時的に一定に留まるならば，システムの動態的挙動は (3.3) と (3.12) で与えられる。したがって，λ が一定であった以前のケースと同じ帰結（すなわち，λ の上昇があっても，$\hat{k}$ の経路は不変であり，g の上昇は各時点で1対1のベースで c をクラウド・アウトする）が得られる。λ が一定であり，しかも公的に供給される財が (3.13) の意味で混雑を蒙っている場合にも，同じ帰結が成立する。

$\tilde{g}=G$（純公共財）である場合，比率 G/c が一定であるならば，それにより，$\lambda=g/c$ が e^{-nt} に従って低下するならば，(3.3) で示されている $\dot{c}/c$ の条件が成立する。(3.12) では，λ の通時的な低下によって，$\dot{\hat{k}}=0$ 線の継続的な上方シフトがもたらされる。率 n での人口の増加によって，一人当たり公共サービスの所与の量の供給 $\tilde{g}$ は通時的に安価になるので，このようなシフトが生じることになる。持続状態では，（人口が無限大になるので）公共サービスは実際無料になり，$\dot{\hat{k}}=0$ 線は図3.2に描かれている実線の曲線に対応している。しかし，これらのことは公共サービスが完全に非競合財である場合に限って成立する。このようなカテゴリーに合致する財はほとんど存在しないであろう。

社会的計画者の解　　社会的計画者のアプローチを使って，種々のケースで，公共サービスの最適供給の問題を検討することができる。社会的計画者は資源制約条件 (3.9) のもとで，効用 $\int_0^\infty e^{-(\rho-n)t} \cdot u(c, \tilde{g}) \cdot dt$ を最大にしようとする。したがって，計画者のケースのハミルトニアンは次のように与えられる。

$$J = u(c, \tilde{g}) \cdot e^{-(\rho-n)t} + v \cdot [f(\hat{k}) - \hat{c} - (x+n+\delta) \cdot \hat{k} - \hat{g}]. \quad (3.16)$$

この問題の一階条件の1つは次のように与えられる。

$$f'(\hat{k})-\delta=\rho-\left(\frac{u_{cc}c}{u_c}\right)\cdot\left(\frac{\dot{c}}{c}\right)-\left(\frac{u_{c\tilde{g}}\tilde{g}}{u_c}\right)\cdot\left(\frac{d\tilde{g}/dt}{\tilde{g}}\right). \tag{3.17}$$

(3.7) における企業の条件と (3.14) における分権解により，$\tau_a=\tau_f=0$ ならば，(3.17) が成立する．したがって，貯蓄の決定には歪みが伴わない．

社会的計画者の他の一階条件は $\tilde{g}$ の規定に依存している．$\tilde{g}=g$ である場合，この条件は次のようになる．

$$u_c/u_{\tilde{g}}=1. \tag{3.18}$$

$\tilde{g}$ と c の間の効用代替率は1である．それはこれらの財を供給するには同程度費用がかかるからである．

$\tilde{g}=G$ である場合，社会的計画者の一階条件は次のようになる．

$$u_c/u_{\tilde{g}}=e^{nt}. \tag{3.19}$$

この場合，率 n での人口の成長によって，実際上，公共財は通時的により安価になる．したがって，$\tilde{g}$ と c の間の効用代替率は通時的に率 n で上昇する．漸近的に，これらの含意は妙なものになる．それは完全に非競合的な公共サービスという考えはありそうもないことだからである．

公共サービスが (3.13) の形態で混雑を蒙っている場合，社会的計画者の一階条件は次のようになる．

$$u_c/u_{\tilde{g}}=\Psi(g/c)+(g/c)\cdot\Psi'(g/c). \tag{3.20}$$

この結果は $\Psi(g/c)=1$ かつ $\Psi'(g/c)=0$ であるならば，(3.18) に相応している．他の場合には，一階条件には，公共サービスが混雑を伴う $\Psi(g/c)<1$ ということと g/c の上昇は混雑を緩和するという事実（$\Psi'(g/c)>0$）が考慮に入れられなければならない．

生産関数における政府購入　幾つかの公共サービスは，次のように生産関数に含めることによって自然にモデル化することができる．

$$\hat{y} = f(\hat{k}, \tilde{g}). \tag{3.21}$$

再度,公共サービスのフロー $\tilde{g}$ は公共的に供給される私的財として(したがって,$\tilde{g}=g$)あるいは非競合的公共財として($\tilde{g}=G$)モデル化してもよい。さらに,G の混雑が総産出量 Y に関係していると考える場合には,次のような形で,混雑を蒙る非排除的な公共財としてサービスをモデル化してもかまわない。

$$\tilde{g} = g \cdot \Psi(G/Y).$$

これらのケースの帰結は,公共サービスが直接に家計の効用に含められる場合に類似している。後者のケースでは,公共サービスは直接効用に影響を与えるが,前者の場合,公共サービスは生産に影響を及ぼし,ついで,間接的に効用に影響を与えることになる。

公的に供給される私的財あるいは純公共財についての1つの帰結は,社会的計画者は条件 $\partial Y/\partial G=1$ を満足するように公共支出の水準を選択するということである。この条件は,公共サービスの追加的1単位からもたらされる限界的産出量は(1に一致する)コストに等しいということである。公的に供給される私的財の場合では,コブ=ダグラス型の場合,生産関数は次のように表される。

$$\hat{y} = A\hat{k}^\alpha g^\beta. \tag{3.22}$$

ここで,$0<\beta<1$。この場合,条件 $\partial Y/\partial G=1$ は $G/Y=\beta$ を意味することが確認される。すなわち,動的経路に沿って,公共サービスは産出量の一定割合を構成することになる。

公共財の場合,コブ=ダグラス型の生産関数は次のように表される。

$$\hat{y} = A\hat{k}^\alpha G^\beta. \tag{3.23}$$

社会的生産者の条件 $G/Y=\beta$ がこのケースでも成立することが確認される。

別の重要な可能性は,所有権の制定と維持と法・治安のような公共サービスは個々の家計あるいは企業が蓄積した資産(資本)の保持を維持すること

ができる確率を上昇させることになる．家計については，所有権の改善によって，実際，資産の収益率が上昇する．この意味で，(3.10) において，所有権の改善は税率 τ_a, τ_f の低下と類似の効果がある．したがって，所有権の改善は資本形成を促進することになる．

3.2 投資の調整費用

第 2 章では，厳密な新古典派成長モデルにおける収束スピードはデータで見いだされたスピードよりも速いと言及した．既に述べられたように，モデルにおけるスピードを減速する一つの方法は投資に対する調整費用を導入することである．調整費用は資本の据え付けに付随する費用である．本節では，調整費用を含むように拡張された新古典派モデルが分析される．

3.2.1 企業の行動

第 2 章と同様に，生産関数は新古典派的であると仮定する．生産関数は次のように定義される．

$$Y = F(K, \hat{L}). \tag{3.24}$$

ただし，$F(\cdot)$ は新古典派的性質（[1.4]〜[1.6]）を持っており，しかも $\hat{L} = Le^{xt}$ は効率的労働の投入量である．各企業 i は (3.24) で表されている技術を利用できるものとする．分析の都合上，添え字 i は省略される．

ここで，分析の便宜を考慮して，企業は資本ストック K を家計から借りるのではなく，自身で所有していると考えることにする．その代わり，家計は企業の純キャッシュ・フローに対する請求権を持っているものとする．

企業の資本ストックの変化は次のように表される．

$$\dot{K} = I - \delta K. \tag{3.25}$$

ここで，I は粗投資である．各投資 1 単位当たりの（産出量の単位で表された）費用は 1 プラス調整費用であり，調整費用は I/K の増加関数であると仮定する．すなわち，

$$\text{調整費用} = I \cdot [1 + \phi(I/K)]. \tag{3.26}$$

ただし，$\phi(0)=0$，$\phi'>0$，および $\phi''\geq 0$。この仮定は調整費用が純投資 $I-\delta K$ ではなく，粗投資 I に依存しているということである。

さて，企業は各労働 L の1単位に賃金率 w を支払うものとし，L の変化に付随する調整費用は無視される。それゆえ，企業の純キャッシュ・フローは次のように表される。

$$\text{純キャッシュ・フロー} = F(K, \hat{L}) - wL - I \cdot [1 + \phi(I/K)]. \tag{3.27}$$

企業は一定の数の未払いの株式を持っており，0時点におけるこれらの株式の価額は株式市場で $V(0)$ と決定されているものとする（株式の数が1に規準化される場合には，$V(0)$ は0時点における一株当たりの価格である）。(3.27) で与えられている純キャッシュ・フローは株主にすべて支払われるものと仮定しよう[3]。したがって，$V(0)$ は0時点から無限にわたる期間に関する純キャッシュ・フローの（市場の収益率 $r(t)$ で割り引かれた）現在価値に一致する。（そのとき，株主に対する収益率は各時点で $r(t)$ になる。）企業は株主の利益を高めるように意思決定を行い，そのため，$V(0)$ を最大にしようとする。

(2.13) におけるように，再度，0時点と t 時点の間の平均利子率を $\bar{r}(t)$ と定義することにしよう。次のように表される。

$$\bar{r}(t) \equiv (1/t) \cdot \int_0^t r(\nu) d\nu.$$

---

[3] このような設定は，マイナスの純キャッシュ・フローの資金を調達するために，マイナスの配当（株主からの比例的徴収）が考慮される場合には，納得のいくものである。その代わりに，企業が利子率 $r(t)$ で借り入れを行うということを認めることも可能であろう。チェーン・レター方式の借金財政を排除する借り入れ制約が導入される場合には，この結果は本文と同じになるであろう（この制約条件は既に家計に課されたものと同じである）。また，企業は，新たな株式を発行することによって，マイナスの純キャッシュ・フローの資金にすることも可能であろう。企業の目標を既に未払いになっている株式の一株当たりの最大化として表現する場合にも，結果は同じになるであろう。

そのとき，企業の目的は，(3.25) と初期値 $K(0)$ の制約のもとで，次の式を最大にするように L と I の時間経路を選択することである。

$$V(0)=\int_0^\infty e^{-\bar{r}(t)\cdot t}\cdot\{F(K,\hat{L})-wL-I\cdot[1+\phi(I/K)]\}\cdot dt. \tag{3.28}$$

次のようなハミルトニアンを設定することによって，この最適問題を分析することができる。

$$J=e^{-\bar{r}(t)\cdot t}\cdot\{F(K,\hat{L})-wL-I\cdot[1+\phi(I/K)]+q\cdot(I-\delta K)\}. \tag{3.29}$$

ただし，q は $\dot{K}=I-\delta K$ に付随するシャドウ・プライスである。ここでは，経常価値ハミルトニアンが設定されているので，q は t 時点における資本1単位当たりの財単位で測定されている。すなわち，q は同一の時期の産出量の単位で表された（設置された）資本の経常価値シャドウ・プライスを表している。そのとき，現在価値シャドウ・プライスは次のように与えられる。

$$\nu=q\cdot e^{-\bar{r}(t)\cdot t}.$$

最大化には，$\partial J/\partial L=0$，$\partial J/\partial I=0$，$\dot{\nu}=-\partial J/\partial K$ という標準的な一階条件，および横断性条件 $\lim_{t\to\infty}(\nu K)=0$ が必要とされる。一階条件は次のように表現される。

$$[f(\hat{k})-\hat{k}\cdot f'(\hat{k})]\cdot e^{xt}=w, \tag{3.30}$$

$$q=1+\phi(\hat{i}/\hat{k})+(\hat{i}/\hat{k})\cdot\phi(\hat{i}/\hat{k}), \tag{3.31}$$

$$\dot{q}=(r+\delta)\cdot q-[f'(\hat{k})+(\hat{i}/\hat{k})^2\cdot\phi'(\hat{i}/\hat{k})].^{訳注1)} \tag{3.32}$$

ここでは，集約型の生産関数 $f(\cdot)$ が使用されており，資本と粗投資はそれぞれ効率的労働1単位当たりの量 $\hat{k}$，$\hat{i}$ で表されている[4]。

(3.30) は労働の限界生産物と賃金率の通常の均等式である。労働投入の

---

[4] w，r，q，$\dot{q}$ を所与として，(3.30)〜(3.32) によって，すべての企業が同じ値 $\hat{k}$，$\hat{i}$ を持っているということが保証される。各企業の相対的規模 $\hat{L}_i(t)/\hat{L}(t)$ は初期値 $\hat{L}_i(0)/\hat{L}(0)$ によって確定している。特に，（企業が中古の資本を売買するときでさえ，調整費用の支払いがなされなければならないと仮定するならば，）資本を設置する調整費用のために，通時的な相対的規模の変化は生じることはない。

変化に調整費用がまったく必要とされないので，この結果は成立する。(3.31) では，調整費用の存在のために，$\hat{i}>0$ の場合には，設置される資本のシャドウ・プライス q が 1 を上回るということが示されている。$\phi'(\hat{i}/\hat{k})>0$ および $\phi''(\hat{i}/\hat{k}) \geq 0$ であるので，$\hat{i}/\hat{k}$ に対する q の関係は単調増加的である[5]。(3.32) は次のように書き直される。

$$r=(1/q) \cdot [f'(\hat{k})+(\hat{i}/\hat{k})^2 \cdot \phi'(\hat{i}/\hat{k})] - \delta + \dot{q}/q.$$

この式では，市場の収益率 r が q を支払って資本 1 単位を保有することから得られる総収益率に一致することが示されている。この資本に対する収益率は，資本の限界生産物 $f'(\hat{k})$ と（I に対して，K が増加したときの）調整費用の限界低下分の和を資本費用 q で割った値；マイナス（設置された）資本の率 δ での減耗分；プラス資本利得の率 $\dot{q}/q$ である。調整費用が存在しない場合には，$\phi(\hat{i}/\hat{k})=\phi'(\hat{i}/\hat{k})=0$，$q=1$ であるので，(3.32) は慣用的な式 $r=f'(\hat{k})-\delta$ になる。横断性条件は次のように表される[訳注2]。

$$\lim_{t \to \infty}[q\hat{k} \cdot e^{-[\bar{r}(t)-n-x] \cdot t}]=0. \qquad (3.33)$$

したがって，q と $\hat{k}$ が一定値に漸近していく（実際に，このことは成立する）場合には，以前と同様に，持続状態における利子率 r^* は持続状態における成長率 $n+x$ を上回っていなければならない。

(3.31) において q は $\hat{i}/\hat{k}$ の単調増加関数であるので，この関数の逆関数を考えて，次のように $\hat{i}/\hat{k}$ を q の単調増加関数として表すことができる。

$$\hat{i}/\hat{k}=\psi(q). \qquad (3.34)$$

ここで，$\psi'(q)>0$。(3.34) のようなタイプの関係は頻繁に実証的な推計が試みられてきた[6]。これらの実証的研究は Brainard and Tobin(1968) の示唆に従っており，q の代理変数として，資本ストックに対する企業の市場価値の比率 V/K を使用している。現在では，比率 V/K は**平均** q と呼ばれて

---

5) この帰結の成立には，これよりも弱い条件 $2 \cdot \phi'(\hat{i}/\hat{k})+(\hat{i}/\hat{k}) \cdot \phi''(\hat{i}/\hat{k})>0$ で充分である。

おり，それに対して，本節の理論的分析で議論されている設置資本のシャドウ・プライスは**限界 q** と呼ばれている。しかし，q についての2つの概念は，本節のモデルでは一致することになる。

限界 q と平均 q の一致性を証明するために，(3.32)，(3.31)，(3.25)を使うと，(若干の計算の後に) 次の式が得られる[訳注3]。

$$d(qK)/dt = \dot{q}K + q\dot{K} = rqK - \hat{L}\{f(\hat{k}) - we^{-xt} - \hat{i}\cdot[1+\phi(\hat{i}/\hat{k})]\}.$$

この関係式は qK に関する一階の線型微分方程式であり，積分因子として $e^{-r(t)t}$ を使って解を求めることができる。(3.33)における横断性条件と(3.28)における V の定義を使うと，次の式が得られる。

$$qK = V.$$

したがって，V/K （あるいは平均 q ）は q （あるいは限界 q ）に一致することになる。Hayashi(1982) は，生産関数が規模に関する収穫一定性を持っており，しかも株式市場が効率的である限り，この帰結が成立することを示している[7]。

3.2.2 所与の利子率のもとでの均衡

次に，利子率 $r(t)$ が外生的に与えられているときの持続状態と移行動学を分析することにしよう。このような設定は，国民経済全体にわたる利子率を所与とする単一の企業あるいは世界利子率を所与とみなす小国開放経済に関しては妥当なものである。後者の設定は本章の後の部分で検討されるラムゼイ・モデルの拡張に相応している。（投資に対する調整費用が無視されてい

---

[6] たとえば，von Furstenberg(1977)，Summers(1981)，Blanchard, Rhee, and Summers(1993)を参照せよ。Barro(1990a)は，一階の差分型で，投資率の変化が企業の市場価値の変化に関係があるということを推計している。それから，この市場価値の変化が株式市場における収益率によって近似されることになる。

[7] 林の定理が成立するには，他の2つの条件が必要である。（ずっと仮定されてきているが）資本財が同質であることが必要であり，しかも総調整費用は I と K に関して一次同次であることが必要である（総費用は $I\cdot[1+\phi(I/K)]$ で与えられているので，このことは仮定されている）。

る）その拡張のもとでは，$\hat{k}$ と $\hat{g}$ の持続状態への収束は瞬時的なものであるということが確認される。しかし，ここでは，信用市場が完全であっても，調整費用の存在のために収束速度が有限であることが示される。

単純化のために，利子率 r は一定であると仮定することにしよう。ただし，$r > x + n$ とする。さらに，調整費用が $\hat{i}/\hat{k}$ に比例しているケースを特に議論する。すなわち，次のように仮定する。

$$\phi(\hat{i}/\hat{k}) = (b/2) \cdot (\hat{i}/\hat{k}). \tag{3.35}$$

したがって，$\phi'(\hat{i}/\hat{k}) = (b/2) > 0$ となる。パラメータ b では，総投資量に対する調整費用の感応性の程度が表されている。b の値が上昇すると，$\hat{i}/\hat{k}$ の1単位当たりに多くの調整費用が必要とされることになる。$\phi(\cdot)$ についてのこの線型の定式化は主要な帰結にとって必ずしも必要なものではないが，これによって説明が単純化される。$\phi(\cdot)$ についてのこの関数を (3.31) に代入すると，$\hat{i}/\hat{k}$ と q の間の次のような線型の関係式が得られる。

$$\hat{i}/\hat{k} = \psi(q) = (q-1)/b. \tag{3.36}$$

(3.25) と (3.36) によって，$\hat{k}$ の変化は次のように q の関数として表される。

$$\dot{\hat{k}} = \hat{i} - (x+n+\delta) \cdot \hat{k} = [(q-1)/b - (x+n+\delta)] \cdot \hat{k}. \tag{3.37}$$

(3.35) における $\hat{i}/\hat{k}$ と (3.36) を (3.32) に代入すると，q と $\hat{k}$ に関する $\dot{q}$ の関係式が得られる。これは次のように表される。

$$\dot{q} = (r+\delta) \cdot q - [f'(\hat{k}) + (q-1)^2/(2b)]. \tag{3.38}$$

(3.37) と (3.38) は状態変数 $\hat{k}$ とシャドウ・プライス q に関する2次元の微分方程式系を構成している。位相図を使用して，この微分方程式系の持続状態と移行動学を分析することができる。位相図は図3.3の $(\hat{k}, q)$ 平面に描かれている。

（$\hat{k} \neq 0$ の場合には）(3.37) から，条件 $\dot{\hat{k}} = 0$ によって，次の式が導出される。

3.2 投資の調整費用

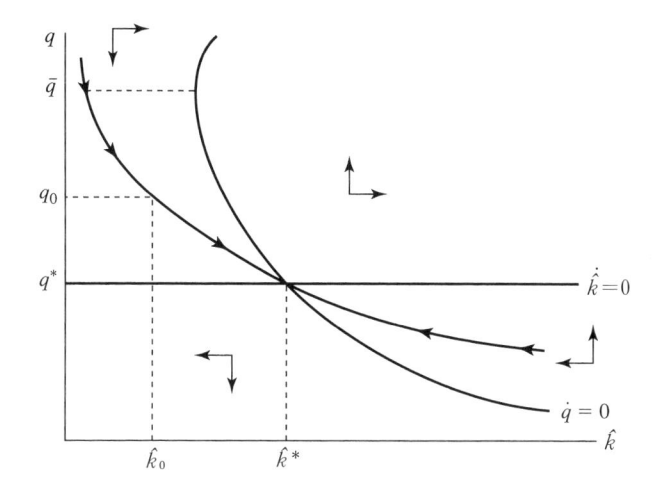

図 3.3 （固定的利子率の前提のもとでの）調整費用を持っているモデルにおける位相図
　ここでは，位相図が $(q,\hat{k})$ 平面に描かれている。ただし，q は設置された資本 1 単位当たりの市場価値である。$\dot{\hat{k}}=0$ 線は q^* における水平線である。$\dot{q}=0$ 線は持続状態の近傍で右下がりの曲線である。q が上昇するにつれて，この曲線は急勾配になり，$q>1+b(r+\delta)>\bar{q}$ のときには，曲線の勾配はプラスになる。安定軌道は終始右下がりの曲線として描かれる。したがって，$\hat{k}$ の低い値については，$q>q^*$ ということが成立している。この場合，移行動学では，$\hat{k}$ の単調な増加と q の単調な低下が確認されることになる。

$$q=q^*=1+b\cdot(x+n+\delta). \tag{3.39}$$

持続状態における q の値は 1 より大である。その理由は，持続状態において，δ の率で摩耗する資本を置換する粗投資には調整費用が含まれるからである。$\hat{L}$ が率 $x+n$ で増加するので，効率単位ではそれ以上の資本の減耗が生じている。図 3.3 では，(3.39) は $q=q^*$ における水平線として描かれている。矢印で図示されているように，(3.37) によって，$q>q^*$ の場合には $\dot{\hat{k}}>0$ となり，$q<q^*$ の場合には $\dot{\hat{k}}<0$ となる。
　(3.38) から，条件 $\dot{q}=0$ によって，次式が得られる。

$$(q-1)^2-2b\cdot(r+\delta)\cdot q+2b\cdot f'(\hat{k})=0. \tag{3.40}$$

(3.39) における $q=q^*$ を代入すると，持続状態における値 $\hat{k}^*$ は次式を満

足しなければならない。

$$f'(\hat{k}^*) = r + \delta + b \cdot (x+n+\delta) \cdot [r+\delta-(1/2)\cdot(x+n+\delta)]. \quad (3.41)$$

$r > x+n$ であるので，(3.41) によって示されているように，調整費用が存在する場合には ($b>0$)，$f'(\hat{k}^*)$ は (存在しない場合に成立する) その値 $r+\delta$ よりも大となる。その結果，$\hat{k}^*$ は調整費用の存在によって減少することになる。

$\dot{q}=0$ 線上の q と $\hat{k}$ からなる曲線の勾配は，(3.40) によって，次のように与えられる。

$$\frac{dq}{d\hat{k}} = \frac{-b \cdot f''(\hat{k})}{(q-1)-b\cdot(r+\delta)}.$$

この式の分子はプラスであり，$q<1+b(r+\delta)$ である場合には，この式の分母はマイナスになる。$r>x+n$ であるので，この不等式は持続状態における値 q^* では成立しなければならない ([3.39] を参照せよ)。したがって，図 3.3 に描かれているように，$q \leq q^*$ については $\dot{q}=0$ 線は右下がりの曲線になる[8]。$q>1+b(r+\delta)>q^*$ である場合には，この曲線の勾配はプラスである。(3.39) によって，$\dot{q}=0$ 線の左方に位置する $\hat{k}$ の値では $\dot{q}<0$，右方に位置する値では $\dot{q}>0$ となることが確認される。この図の矢印によって，q の運動方向が示されている。

図 3.3 に描かれているシステムでは，サドル経路安定性が示されている。矢印付きの実線で示されているように，安定軌道は右下がりの曲線である。したがって，経済が $\hat{k}(0)<\hat{k}^*$ から出発する場合には，$q(0)>q^*$ となる。設置される資本の市場価格が高いので，相当の量の (しかし，無限大の量ではない) 投資が刺激されることになる。すなわち，(3.36) に従って，q が大である場合には，$\hat{i}/\hat{k}$ も大となる。通時的な $\hat{k}$ の増加によって q の低下がもたらされ，それゆえ，$\hat{i}/\hat{k}$ が低下する。やがて，q は q^* に近づいていき，$\hat{i}/\hat{k}$ は $x+n+\delta$ に接近し，$\hat{k}$ は $\hat{k}^*$ に近づくことになる。

---

[8] この性質は，$2\cdot\phi'(\hat{i}/\hat{k})+(\hat{i}/\hat{k})\cdot\phi''(\hat{i}/\hat{k})>0$ を満足する任意の調整費用関数 $\phi(\cdot)$ について成立することが確認できる。

この理論的展開の帰結は，世界信用市場の利用可能性を前提として，（$\hat{k}^*$ をかなり下回る $\hat{k}(0)$ を持っている）貧困の状態にある国ほど，設置資本の価額 q が高くなり，しかも資本ストックの成長率も高くなるということである．次に，資本と産出量の収束速度についての数量的分析を行うことにしよう．

微分方程式系 (3.37), (3.38) は持続状態の近傍における $\log(\hat{k})$ と q に関する線型システムで近似することができる．生産関数はコブ＝ダグラス型 $f(\hat{k}) = A\hat{k}^\alpha$ であるとし，通常のパラメータの値（$\alpha = 0.75$，それぞれ年率で，$x = 0.02$，$n = 0.01$，$\delta = 0.05$）を使用することにしよう．さらに，世界利子率は年率で $r = 0.06$ と仮定することにしよう．ただし，r が若干高めであっても，たとえば，年率で $r = 0.08$ であっても，結果は実質的に同じである．

上記のパラメータの選択値を所与として，$\hat{k}$ と $\hat{y}$ についての収束係数 β は (3.35) における調整費用関数のパラメータ b に依存している．このパラメータの妥当な値について考察するために，$(\hat{i}/\hat{k})^* = x + n + \delta = 0.08$（年率）である持続状態では，資本 1 単位の費用は $1 + 0.04 \cdot b$ である．さらに，(3.39) によって，$q^* = 1 + 0.08 \cdot b$ となる．したがって，$b = 1$ の場合には，$q^* = 1.08$ となり，しかも，持続状態における資本の追加単位のコストは 1.04 となる．それに対して，$b = 10$ の場合には，$q^* = 1.80$ となり，資本の追加のコストは 1.40 である．$q^* = 1.80$ という値は，Blanchard, Rhee, and Summers(1993) によって提示されている q の推計値と比較して高すぎることになる．彼らの推計値は決して 1.5 を上回ることはない．それゆえ，物的資本については，10 のような b の高い値は非常に高い調整費用を意味し，それによって，事実に反するほど高い q^* の値がもたらされることになる．実際には，$\hat{k} < \hat{k}^*$ の場合には $q > q^*$ が成立するので，このモデルでは，$q > 1.5$ ということが持続状態への移行過程で生じることがないことを保証するために，b は 10 よりかなり低くなる必要がある．

b の値が 10 よりもかなり小さい場合には，非現実的なほど高い収束係数 β がもたらされるという問題が生じてくる．上記のパラメータの値を所与として，β は，$b = 0$ における無限大の値から，$b = 1$ のときの 0.16，$b = 2$ の

ときの0.11, $b=3$ のときの0.09というように，低下していくことになる。b が6を上回るまで係数 β は0.05まで低下せず，b が12に一致するまで係数 β は0.03まで下がることはない[9]。より低い b の値のもとで，β の値を0.03まで低下させるためには，0.75よりも高い資本シェアの係数 α が仮定されなければならない。たとえば，$\alpha=0.90$ の場合には，b が6に一致しているとき，β は0.03まで低下する。

我々はこの困難性を回避する2つの方法を確認している。1つの方法は，資本は人的資本を含んでおり，しかも，b の値が10以上であるということ（それに付随して q の値が高いこと）が妥当性を持っているほど充分に人的資本に付随する調整費用が高いと主張することである[10]。人的資本の収益性についての現在利用できる情報によって，この仮説をどのように検証すべきかは確認されていない。第2の方法は，経済は固定的利子率 r で投資の資金をすべて調達することができるという仮定を削除することである。そのための一つの方法は（意図された国民貯蓄に投資需要を一致させるように r が変化する）第1章と第2章で使用された閉鎖経済モデルに立ち戻ることである。第2の可能性は，開放経済をとり扱うが，単一の経済が世界の信用市場で借りることができる程度に制限を課すことである。次の項では，投資の調整費用が閉鎖経済の新古典派成長モデルに導入されたケースのもとで幾つかの結果が提示される。さらに，後の節で，開放経済における調整費用の問題が検討される。

3.2.3 固定的貯蓄率を持っている閉鎖経済における均衡

効率的労働者一人当たりの（調整費用を含む）総投資支出は次のように与

---

9) b が無限大に上昇するにつれて β は0.025に近づいていく。すなわち，調整費用のパラメータが任意に大となるにつれて，収束速度は0に近づいていくわけではない。しかし，b が無限大に上昇するにつれて，経済は，0に接近している持続状態 $\hat{k}^*$ に近づくことになる。

10) Kremer and Thomson(1993)は，若年の労働者が，徒弟―指導者の状況のもとで，老年の熟練労働者との交流を通じて恩恵を蒙るようなオーヴァーラッピング・ゼネレーションズ・モデルを使用している。このモデルでは，実際に人的資本の急速な増加に対する高い調整費用が示されている。

えられる。

$$\hat{i} \cdot [1+\phi(\hat{i}/\hat{k})].$$

閉鎖経済においては，この支出は効率的労働者一人当たりの粗貯蓄に一致している．この貯蓄は労働者一人当たりの粗産出量の一定割合 s であると仮定すると，次の式が成立する．

$$s \cdot f(\hat{k})/\hat{k} = (\hat{i}/\hat{k}) \cdot [1+\phi(\hat{i}/\hat{k})].$$

(3.35) における $\phi(\hat{i}/\hat{k})$ の線型の式とそれに対応する (3.36) における $\hat{i}/\hat{k}$ の式を使用すると，この式は次のように単純な形で表される．

$$s \cdot f(\hat{k})/\hat{k} = \frac{1}{2b} \cdot (q^2 - 1). \tag{3.42}$$

コブ=ダグラス型の生産関数 $f(\hat{k}) = A\hat{k}^\alpha$ を使用し，(3.42) において q を $\hat{k}$ に関して解いて，それを (3.37) における $\dot{\hat{k}}$ に関する式に代入すると，次の $\hat{k}$ に関する微分方程式が得られる．

$$\dot{\hat{k}}/\hat{k} = (1/b) \cdot \{[1+2bsA \cdot \hat{k}^{\alpha-1}]^{1/2} - 1\} - (x+n+\delta). \tag{3.43}$$

この結果はソロー=スワン・モデルのもとでの (1.30) の式が調整費用を考慮するように一般化されたものである．$b=0$ の場合には，ソロー=スワンの結果が成立する[11]．

以前と同様に，持続状態のまわりで (3.43) の対数線型化を行うことによって，収束係数 β を計算することができる．その結果得られる β の式は次のように与えられる[訳注4]．

$$\beta = (1-\alpha) \cdot (x+n+\delta) \cdot \left[\frac{1+(1/2) \cdot b \cdot (x+n+\delta)}{1+b \cdot (x+n+\delta)} \right]. \tag{3.44}$$

それゆえ，調整費用が存在していない（つまり，$b=0$ の）場合には，β に関する式はソロー=スワン・モデルにおける式 $(1-\alpha)(x+n+\delta)$ に一致する

---

[11] ロピタルの定理を使うと，b が 0 に近づくにつれて，(3.43) における式は結局 (1.30) で示されている式になるということを確認できる．

([1.45]を参照せよ)。$b>0$の場合には，(3.44)から確認されるように，調整費用モデルにおけるβの値はソロー=スワン・モデルにおける値よりも小であり，しかも，それはbの減少関数である。bが無限大に上昇していくとき，βは$(1/2)(1-\alpha)(x+n+\delta)$に，すなわち，ソロー=スワン・モデルにおいて規定されている値の半分に近づいていく。

以前と全く同じパラメータの値（$\alpha=0.75$, $x=0.02$, $n=0.01$, $\delta=0.05$）が使用され，しかも，調整費用係数bとして10よりもかなり低い値が考慮される場合には，調整費用は収束速度に大きな影響を与えないという主要な帰結が得られる。たとえば，$b=0$（ソロー=スワン・ケース）の場合には，$\beta=0.020$（年率）となる。$b=2$の場合には$\beta=0.019$となり，$b=10$の場合には$\beta=0.016$となる。したがって，調整費用の存在によって収束は減速するが，影響の程度は僅かなものである。以前言及されたように，顕著な効果を得るためには，求められるq^*の値，さらに，移行過程におけるqの値が（少なくとも物的資本に対して）実証的に確認されている値を上回るほど大きな調整費用係数が仮定されなければならない。

同様に，ラムゼイ・モデルにおいても調整費用を導入することができる[12]。そのときには，粗貯蓄率の一定性を仮定せずに，家計の最適性に関する通常の条件$\dot{c}/c=(1/\theta)(r-\rho)$が使用される。この分析は簡単であるが，扱いにくいものであり，しかもほとんど新たな洞察をもたらすことはない。特に，ラムゼイ・モデルで得られるものと比較して，調整費用が導入されるケースでは，収束速度が低下することを確認する（[2.34]を参照せよ）。しかし，ソロー=スワン・モデルのケースと同様に，シャドウ・プライスqの「妥当な」挙動と矛盾しない調整費用係数bが仮定される場合には，数量的な効果は僅かなものである。

3.3　開放型のラムゼイ・モデル

第1章と第2章の閉鎖経済モデルでは，資本ストックはすべて国内の居住

---

[12]　このモデルの分析については，Abel and Blanchard(1983)と問題3.5を参照せよ。

者によって所有されていた。したがって，第 i 国のもとでは，労働者一人当たりの資本 k_i は一人当たりの家計の資産 a_i に一致していた。本章では，経済を開放的なものにするように，このモデルの拡張を行うことにする。まず，最初に，国境を越える財の移動可能性と国際的な貸し借りの可能性を考慮することができるようにラムゼイ・モデルの修整を行うことにする。開放経済を考慮するような修整によって幾つかの逆説的な帰結が生じることが明らかにされる。それから，幾つかの拡張（世界の信用市場の不完全性，選好パラメータの非固定性，有限時間視野，投資の調整費用）がより妥当な解答を提示できるかどうかが検討される。

3.3.1 モデルの設定

本章のモデルでは，世界は多数の国から構成されているものとする。便宜的に，これらの国の1つの国，i 国を自国とし，それ以外の国を外国とみなすことにする。いずれの国でも家計と企業は第2章のラムゼイ・モデルと同じ目的関数と制約条件を持っているものとする。

資本に対する国内と外国の請求権は，価値の貯蔵手段として，完全に代替的であると仮定される。したがって，いずれも同一の収益率 r の支払いがなされなければならない。任意の国において，ローンと資本に対する請求権は，価値の貯蔵手段として，完全に代替的であると仮定されるので，変数 r は単一の世界利子率になるであろう。

自国は一人当たりの資産 a_i と一人当たりの資本 k_i を持っているとしよう。k_i が a_i を上回っている場合には，その差 $k_i - a_i$ は自国経済に対する外国人の純請求権に対応している。逆に，a_i が k_i を上回っている場合には，$a_i - k_i$ は外国の経済に対する自国居住者の純請求権を表している。外国人に対する自国経済の純負債（自国に対する外国の請求権マイナス外国に対する自国の請求権）を d_i と表すことにすると，次の式が得られる[訳注5]。

$$d_i = k_i - a_i. \tag{3.45}$$

同様に，国内の資産は国内の資本マイナス海外に対する負債であるということができる。つまり，$a_i = k_i - d_i$ 。

経常収支は海外に対する負債総額 $D_i=L_i d_i$ の変化のマイナス値である。ここで，L_i は i 国の人口と労働力人口である。したがって，L_i が n_i の率で成長する場合には，i 国の一人当たりの経常収支黒字は $-(\dot{d}_i+n_i d_i)$ になる[13]。

このモデルには，以前と同様に，唯一の物的な財が存在すると仮定されるが，外国人は i 国の産出物を購入することができ，i 国の居住者は外国の産出物を購入することができる。このモデルにおける国際貿易の唯一の機能は国内の生産を国内の消費支出と投資支出から乖離させることである。言い換えると，国際貿易の通時的側面は考察されるが，生産における特化のパターンの含意については無視されることになる。

以前と同様に，労働は移動不可能であると仮定する。すなわち，国内の居住者は海外で働くことは不可能であり（あるいは，海外に移住することは不可能であり），外国人も国内で働くことはできない（あるいは，国内に移住することはできない）。第9章では，移住の問題が考慮される。

i 国における代表的家計の予算制約式は (2.3) と同じ次式で与えられる。

$$\dot{a}_i = w_i + (r - n_i) \cdot a_i - c_i. \tag{3.46}$$

唯一の新たな要素は r が世界利子率であるということである。

家計の選好は第2章と同じタイプだと仮定し（[2.1], [2.10]），しかも各 i 国はそれ自身の割引率 ρ_i と通時的代替率 θ_i を持っているものとする。目的関数と制約条件が第2章のケースと同じであるので，以前と同様に，消費の一階条件は (2.11) で示された次のような式になる。

$$\dot{c}_i/c_i = (1/\theta_i) \cdot (r - \rho_i).$$

あるいは，効率的労働者一人当たりで表すと，次のようになる。

$$(1/\hat{c}_i)(d\hat{c}_i/dt) = (1/\theta_i) \cdot (r - \rho_i - \theta_i x_i). \tag{3.47}$$

---

[13] D_i は自国の対外債務の総額であるので，経常収支黒字は $-\dot{D}_i$ となる。定義 $d_i \equiv D_i/L_i$ と条件 $\dot{L}_i/L_i = n_i$ によって，$-\dot{D}_i/L_i = -(\dot{d}_i + n d_i)$ ということが示される。

(2.12) と同様に，横断性条件によって，再び，$a_i(t)$ は $r - n_i$ よりも低い速度で漸次成長することが必要になる。

さらに，再度，企業の最適条件によって，限界生産物と要素価格が一致することが必要になる（[2.22], [2.23]）。

$$f'(\hat{k}_i) = r + \delta_i, \tag{3.48}$$

$$[f(\hat{k}_i) - \hat{k}_i \cdot f'(\hat{k}_i)] \cdot e^{x_i t} = w_i. \tag{3.49}$$

(3.49) における w_i を (3.46) に代入し，(3.48) を使用すると，効率的労働者一人当たりの資産の変化に関する式は次のように求められる。

$$d\hat{a}_i/dt = f(\hat{k}_i) - (r + \delta_i) \cdot (\hat{k}_i - \hat{a}_i) - (x_i + n_i + \delta_i) \cdot \hat{a}_i - \hat{c}_i. \tag{3.50}$$

(3.45) から，$(\hat{k}_i - \hat{a}_i) = \hat{d}_i$ ということに注意しよう。閉鎖経済では，これは 0 になる。(3.50) では，(2.24) が $\hat{d}_i \neq 0$ というケースに拡張されている。

3.3.2 小国経済における資本ストックと産出量の動き

i 国の経済が世界経済に比して充分に小規模であるならば，その資産と資本ストックの蓄積は世界利子率の経路 $r(t)$ に対して無視しうるほどの効果しか及ぼさない。したがって，i 国にとっては，$r(t)$ の経路は外生的なものであるとして分析することができる。この経路を所与とすると，国内の家計による消費と貯蓄の選択問題に関係なく，(3.48) と (3.49) によって，$\hat{k}_i(t)$ と $w_i(t)$ の経路が決定される。$w_i(t)$ の時間経路を所与として，(3.47)，(3.50)，および横断性条件によって，$\hat{c}_i(t)$ と $\hat{a}_i(t)$ の経路が決定される。最後に，(3.45) から，$\hat{k}_i(t)$ と $\hat{a}_i(t)$ の経路によって，純対外債務 $\hat{d}_i(t)$ の挙動が求められる。

次に，単純化のために，世界利子率は一定値 r で与えられていると仮定しよう。その結果，世界経済は単一の閉鎖経済について以前考察された持続状態のような状態にあるとみなすことができる。i 国が閉鎖経済の状態にある場合には，（第 2 章におけるように）持続状態における利子率は $\rho_i + \theta_i x_i$ に一致するであろう。ここでは，$r \leq \rho_i + \theta_i x_i$ と仮定される。その理由は，r

$>\rho_i+\theta_i x_i$ である場合には，i 国の経済はやがて資産を充分に蓄積することになり，その結果，小国の仮定が満たされなくなるからである．さらに，$r>x_i+n_i$ ということを仮定する．すなわち，(閉鎖経済の状態にある場合に) i 国で成立する持続状態における成長率を世界利子率が上回っているということを仮定する．この仮定が存在しない場合には，賃金の現在価値は無限大になり，それゆえ，実現される効用も無限大になるであろう．

r が一定である場合には，(3.48) によって，$\hat{k}_i(t)$ は一定値になる（これを $(\hat{k}_i^*)_{\text{open}}$ と記すことにする）．この値は条件 $f'((\hat{k}_i^*)_{\text{open}})=r+\delta_i$ を満足している．言い換えると，任意の初期値 $\hat{k}_i(0)$ から $(\hat{k}_i^*)_{\text{open}}$ への収束速度は無限大であるということができる．$(\hat{k}_i^*)_{\text{open}}$ が $\hat{k}_i(0)$ を上回っている場合には，海外からの資本流入が急速に（無限大の率で）生じるので，ギャップは直ちに解消される．同様に，$\hat{k}_i(0)$ が $(\hat{k}_i^*)_{\text{open}}$ を上回っている場合には，大量に資本流出が生じることになる．$\hat{k}_i$ についての無限の収束速度という事実に反する帰結は，開放型のラムゼイ・モデルの問題点の 1 つである．

第 2 章の閉鎖経済モデルのもとでの持続状態値 $\hat{k}_i^*$ は条件 $f'(\hat{k}_i^*)-\delta_i=\rho_i+\theta_i x_i$ を満足することを思い出すことにしよう．条件 $r\leq\rho_i+\theta_i x_i$ によって，$(\hat{k}_i^*)_{\text{open}}\geq\hat{k}_i^*$ となる．すなわち，開放経済のもとでの持続状態における資本集約度は閉鎖経済における資本集約度以上の値を持つことになる．

$\hat{k}_i(t)$ が一定であるので，$\hat{y}_i(t)$ も一定であり（すなわち，$\hat{y}_i(0)$ から $(\hat{y}_i^*)_{\text{open}}$ への収束速度は無限大であり），$y_i(t)$ は一定の率 x_i で成長する．(3.49) によって，$w_i(t)$ も x_i の率で成長することが確認される．したがって，効率的労働 1 単位当たりの賃金率 $\hat{w}_i(t)=w_i(t)\cdot e^{-x_i t}$ は一定値になる．これを $(\hat{w}_i^*)_{\text{open}}$ と記すことにする．

3.3.3 小国における消費と資産の動き

(3.47) では，効率的労働者一人当たりの消費 $\hat{c}_i(t)$ は一定の率 $(r-\rho_i-\theta x_i)/\theta_i\leq 0$ で成長するということが示されている．第 2 章で求められたタイプの消費関数（[2.15]，[2.16]）を使用すると，$\hat{c}_i(t)$ は次のように表される[訳注6]．

3.3 開放型のラムゼイ・モデル

$$\hat{c}_i(t) = (1/\theta_i) \cdot [\rho_i - r \cdot (1-\theta_i) - n_i\theta_i] \cdot \left[\hat{a}_i(0) + \frac{(\hat{w}_i^*)_{\text{open}}}{r - x_i - n_i}\right] \cdot e^{[(r-\rho_i-\theta_i x_i)/\theta_i]\cdot t}. \quad (3.51)$$

右辺の最初の括弧の中の項は，条件 $\rho_i + \theta_i x_i \geq r$ と $r > x_i + n_i$ によって，プラスになる。

$r = \rho_i + \theta_i x_i$ の場合には，$\hat{c}_i(t)$ は一定である。他の場合，つまり，$r < \rho_i + \theta_i x_i$ の場合には，$\hat{c}_i(t)$ は 0 に漸近していく。i 国は，（$\rho_i + \theta_i x_i > r$ という点で待忍的ではないので）早期に借り入れをして，高い水準の消費を享受しようとするが，後で消費の低成長という形で対価を支払うことになる。それに対して，閉鎖経済では，$\hat{c}_i(t)$ は一定値に漸近していくことを思い出すことにしよう。$r < \rho_i + \theta_i x_i$ である場合に，$\hat{c}_i$ が 0 に近づいていくという帰結は開放型のラムゼイ・モデルのもう 1 つの問題点である。

(3.50) は $\hat{a}_i(t)$ に関する一階の線型微分方程式である。この式を，(3.51) における $\hat{c}_i(t)$ の式と所与の資産の初期値 $\hat{a}_i(0)$ とともに使用すると，$\hat{a}_i(t)$ の時間経路が次のように求められる[訳注7]。

$$\hat{a}_i(t) = \left[\hat{a}_i(0) + \frac{(\hat{w}_i^*)_{\text{open}}}{r - x_i - n_i}\right] \cdot e^{[(r-\rho_i-\theta_i x_i)/\theta_i]\cdot t} - \frac{(\hat{w}_i^*)_{\text{open}}}{r - x_i - n_i}. \quad (3.52)$$

右辺の最後の項は（効率的労働 1 単位当たりの）賃金所得の現在価値である。ただし，条件 $r > x_i + n_i$ によって，$(r - x_i - n_i) > 0$ となる。

$r = \rho_i + \theta_i x_i$ である場合には，$\hat{a}_i(t)$ は一定である。そうでない場合，つまり，$r < \rho_i + \theta_i x_i$ の場合には，(3.52) における指数の項 $e^{[(r-\rho_i-\theta_i x_i)/\theta_i]\cdot t}$ は時間の経過とともに 0 に向かって減少していく。したがって，$\hat{a}_i(0) > 0$ である場合には，$\hat{a}_i(t)$ はやがて 0 になる。その結果，(3.45) における $\hat{d}_i(t)$ は $(\hat{k}_i^*)_{\text{open}}$ に一致する。その後，$\hat{a}_i(t)$ はマイナスの値をとることになる。すなわち，i 国は，資本ストックを所有していないという意味だけでなく，賃金所得の現在価値を担保とする借り入れの意味でも債務者になる。$\hat{a}_i(t)$ は (3.52) における最後の項 $-[(\hat{w}_i^*)_{\text{open}}/(r - x_i - n_i)]$ に漸近的に近づいていき，その結果，$\hat{d}_i(t)$ はプラスの定数 $(\hat{k}_i^*)_{\text{open}} + [(\hat{w}_i^*)_{\text{open}}/(r - x_i - n_i)]$ に近づくことになる。言い換えると，待忍的でない国は次第に資本と労働所得をすべて抵当に入れることになる。このような事実に反する資産の動きはこのモデルのもう 1 つの問題点である。

3.3.4 世界均衡

次に，世界は $i=1,...,M$ というように番号を付けられた一連の国から構成されていると想定しよう。さらに，ここでは，人口成長率 n_i と技術進歩率 x_i はすべての国について同一の値 n，x であると仮定する。この場合，世界の産出量における各国の産出量 Y_i のシェアは時間が経過しても変化することはない。

各国は有効時間選好率 $\rho_i+\theta_i x_i$ によって順序づけがなされていると仮定しよう。ただし，第1国は最低の有効時間選好率を持っているものとする。$\rho_i+\theta_i x_i>r$ の場合には，$\hat{c}_i(t)$ は0に近づき，$\hat{a}_i(t)$ はマイナスの値に近づくということが既に確認された。それに対して，$\rho_i+\theta_i x_i<r$ である場合には，$\hat{c}_i(t)$ と $\hat{a}_i(t)$ は永久に増加し，第 i 国の消費はやがて世界の産出量を上回るようになるであろう。このことが生じる前に，世界利子率は下方に調整されるであろう。特に，持続状態では，すべての国に対して $\rho_i+\theta_i x_i \geq r$ ということが成立しなければならない。この条件を満足する唯一の方法，そして世界の資本ストックがいずれかの個人によって所有される（その結果，世界の資本ストックが世界の資産に一致する）唯一の方法は，r が最高の待忍の程度を示す国の項 $\rho_1+\theta_1 x$ に一致することである。第1国は，すべての国における資本と賃金所得の現在価値に対する請求権の意味での富を次第にすべて所有することになる。それ以外のすべての国の所有は長期的には（効率的労働1単位当たりで）無視できる程の量になる。

第1国の消費は世界の産出量の成長率と同じ率 $n+x$ で漸次成長する。世界の産出量に対する第1国の消費の比率はあるプラスの値に近づいていくが，それ以外のすべての国のその比率は0に近づいていくことになる[14]。

要約すると，開放型のラムゼイ・モデルでは，幾つかの事実に反する帰結がもたらされる。変数 $\hat{k}_i$，$\hat{g}_i$，$\hat{w}_i$ は瞬時的にそれらの持続状態値に収束す

---

14) 異なる値の時間選好の項 $\rho_i+\theta_i x$ を持っている M 個の家系からなる単一の国のケースについて類似の結果を得ることができる。再度，最も待忍の程度の高い家計が漸次すべてのものを所有することになる。家族の場合には，選好パラメータの不完全な相続可能性と家系の間の結婚によって，この結果は緩和されるであろう。特に，個人の移民を考慮にいれる場合には，類似の考察が国家間でなされる。

る。さらに，最も待忍の程度の強い国を除くすべての国については，$\hat{c}_i$ は 0 に収束し，$\hat{a}_i$ は最終的にマイナスの値になる。これらの帰結の含意は，待忍的でない国の純対外請求権と経常収支黒字はマイナスになり，しかも GDP に対してもそれらの値は絶対値で大きくなっていく。同様に，国内の消費支出と投資支出の経路は国内の生産の経路とは非常に異なった動きをすることになる。

問題点の幾つかを検討する 1 つの方法は，第 i 国が直面する時間選好率 $\rho_i + \theta_i x$ と利子率 r_i の間の関係に関連している。第 2 章の閉鎖経済のモデルにおいては，持続状態では r_i は $\rho_i + \theta_i x$ に一致するように調整されるが，開放経済モデルのもとでは，r_i は世界利子率 r に固定される。$r_i < \rho_i + \theta_i x$ の場合には，産出量に対する消費の比率は漸次 0 に近づいていく。$r_i > \rho_i + \theta_i x$ の場合には，産出量に対する消費の比率は無限大に上昇していくが，このことが生じる前に，結局，その国が世界の富をすべて所有することになり，世界利子率は $\rho_i + \theta_i x$ に一致するように調整される。この状況は最も待忍の程度の高い国で成立し，それ以外のすべての国では，結局，$r_i < \rho_i + \theta_i x$ という状況が成立し，その結果，産出量に対する消費の比率は 0 に近づいていく。このことが生じるのを阻止するために，ただ単に最高の待忍の程度を持っている国だけではなく，すべての国について r_i と $\rho_i + \theta_i x$ の間のギャップを解消するメカニズムが必要になる。すなわち，r_i が r と異なっていると否とにかかわらず，有効時間選好率 $\rho_i + \theta_i x$ は可変的でなければならない。まず，r_i が r とは異なっているモデルの検討を行うことにする。

3.4 国際的な信用に関する制約を持つ世界経済

開放型の成長モデルの帰結を改良する最初の試みは，国際的な借り入れについての制約の導入に関係している。前節では，ある開放経済では最終的にすべての資本と労働所得が抵当にとられ，GDP に対する消費の比率が 0 に近づくような均衡が説明された。Cohen and Sachs(1986) で確認されているように，このようなタイプの均衡では，そのような経済の居住者はやがて負

債を返済する義務を怠るようになるであろう。債務不履行に対する罰則が国内産出量の一定割合あるいは国内資本ストックの一定割合に制限されている限り，居住者（あるいはその政府）は，ある意味で，GDP に対する消費の比率が 0 に近づいていく経路に留まるよりも，債務不履行のほうを選択するであろう。

不可避的な債務不履行は貸し手によっておそらく予測されるので，上述の経路は，債務不履行が生じる時点以前でも，均衡ではない。特に，待忍的でない国における国内の居住者はやがて世界利子率 r で望むだけの額 $\hat{d}_i(t)$ の借り入れを行うことができない状況に到達するであろう。以下では，一定の制約条件が借り入れの能力に課されている開放経済のもとで，居住者によってなされる選択問題の再検討を行うことにしよう。

3.4.1 物的資本と人的資本を持っているモデルの設定

議論を進めるための取り扱いやすい 1 つの方法は，対外借款の担保として役に立つ資本と，担保物件としては役立たない資本というように，2 つのタイプの資本の区別を行うことである。たとえば，人的資本では借款に対する容認不可能な保証しか提示できない。それに対して，債務不履行の場合には，債権者は担保物件を入手することができるので，少なくとも幾つかのタイプの物的資本は容認可能になる。

ここでは，2 つのタイプの資本を独立変数として持っている次のような生産関数が仮定される。

$$\hat{y} = f(\hat{k},\hat{h}) = A\hat{k}^\alpha \hat{h}^\eta. \tag{3.53}$$

ただし，$\hat{k}$ は効率的労働 1 単位当たりの物的資本であり，$\hat{h}$ は効率的労働 1 単位当たりの人的資本である[15]。本節では，コブ=ダグラス型の生産関数が使用されている。ここで，α は物的資本のシェアであり，η は人的資本のシェアである。さらに，$0<\alpha<1$，$0<\eta<1$，$0<\alpha+\eta<1$。条件 $0<\alpha+\eta<1$ では，広義の資本の蓄積に関する，すなわち，物的資本と人的資本の比例的な変化に対する収穫逓減性が保証されている。

産出量の各単位は，1 対 1 のベースで，消費，物的資本の追加分，人的資

本の追加分に配分可能であるという点で，一部門生産技術の仮定が保持される。（さらに，第4章でもこのモデルが取り扱われ，第5章では，新たな人的資本を生産する別個の教育部門が導入される。）(3.50) の一般化である次のような予算制約条件が与えられる[訳注8]。

$$d\hat{a}/dt = d\hat{k}/dt + d\hat{h}/dt - d\hat{d}/dt = A\hat{k}^\alpha \hat{h}^\eta - (r+\delta)\cdot(\hat{k}+\hat{h}-\hat{a}) - (x+n+\delta)\cdot\hat{a} - \hat{c}. \quad (3.54)$$

ここで，$\hat{a} = \hat{k} + \hat{h} - \hat{d}$ であり，便宜的に国の添え字 i は省略されている。さらに，資本の減耗率 δ はいずれのタイプの資本でも同じであると仮定されている。

3.4.2 閉鎖経済

当座，閉鎖経済に立ち戻ることにすると，$d=0$, $a=k+h$ となる。成長過程に関する帰結は，ここでは，物的資本と人的資本の要素を含む広義の資本概念が明示的に採用されていることを除いて，第2章で分析されたものと同じである。投資家はそれぞれのタイプの資本の限界生産物を $r+\delta$ に一致させようとする。ここで，r は国内の利子率である。(3.53) におけるコブ＝ダグラス型の生産関数を前提にすると，この条件によって，比率 k/h は α/η で固定的なものになる[16]。持続状態では，効率的労働1単位当たりの2種類の資本の量はそれぞれ $\hat{k}^*$, $\hat{h}^*$ で一定値である。ただし，$\hat{k}^*/\hat{h}^* = \alpha/\eta$。ここで，$\hat{k}(0) < \hat{k}^*$, $\hat{h}(0) < \hat{h}^*$ から出発する場合には，移行過程では，$\hat{k}$, $\hat{h}$, $\hat{y}$

---

15) この分析は Barro, Mankiw, and Sala-i-Martin (1995) に従っている。Cohen and Sachs (1986) によって提示されている別のモデルでは1種類の資本 k で議論されているが，この資本の一部 $\nu (0 \leq \nu \leq 1)$ だけが対外ローンの担保として役に立つと仮定されている。この別のモデルにおける帰結は，2種類の資本財のモデルにおける帰結と，（2種類の資本財のモデルのほうがより簡単であるということを除いて）類似している。

16) 両方の資本が可逆的であり，その結果，k の各単位が h の単位に直ちに変換可能であり，しかも逆も成立する場合，経済では，任意の初期比率 $k(0)/h(0)$ から α/η にジャンプが生じることになる。各タイプの資本の粗投資が非負であると制限される場合には，移行動学はより一層複雑なものになる。これらのタイプの効果は第5章で検討される。

の成長が生じる。以前の分析と同様に，移行過程では，成長率は低下していくことになる。

　第2章のラムゼイ・モデルでは，持続状態への収束速度は資本シェアに依存していた。1種類の資本を持っているコブ=ダグラス型のモデルでは，そのシェアは α であったが，2種類の資本を持っている本節のモデルではそのシェアは $\alpha+\eta$ になる。ここでは，$\alpha+\eta$ が α に置き換えられることを除いて，帰結は第2章で検討されたモデルから得られたものと同じである。特に，対数線型モデルにおける収束係数 β に関する式は，(2.41) において α を $\alpha+\eta$ で置き換えると，以前と同様に次のように表される[訳注9]。

$$2\beta = \left\{\zeta^2 + 4\cdot\left(\frac{1-\alpha-\eta}{\theta}\right)\cdot(\rho+\delta+\theta x)\cdot\left[\frac{\rho+\delta+\theta x}{\alpha+\eta} - (n+x+\delta)\right]\right\}^{1/2} - \zeta. \quad (3.55)$$

ただし，$\zeta = \rho - n - (1-\theta)x > 0$。たとえば，$\alpha=0.30$, $\eta=0.45$ と仮定すると，収束速度に関する帰結は資本シェアが 0.75 であるケースの第2章の結果と一致している。それ以外のパラメータについては通常の基準値（それぞれ年率で，$n=0.01$, $x=0.02$, $\delta=0.05$, $\rho=0.02$）を採用し，$\theta=3$ を使用すると，収束係数は年率で $\beta=0.015$ となる。

3.4.3 開 放 経 済

　開放経済を考慮し，信用市場に関する制約を導入する場合に，2種類の資本の区別はより一層興味深いものになる。ここでは，対外債務の額 d はプラスになることは可能であるが，資本ストックの量 k を上回ることはできないと仮定する。物的資本は対外借款に対する担保物件として使用可能であるが，人的資本と労働は担保物件として使用不可能である。

　ここでは明示されてはいないが，国内の居住者は物的資本を所有しているが，外国人に対して債券を発行することによって，この資本ストックの一部あるいは全部の資金調達を行うことができると仮定している。外国人が債券ではなく，物的資本の一部を所有する場合の海外直接投資を考慮しても，結果は同じことになるであろう。ここでの重要な仮定は，国内の居住者は人的資本あるいは労働を担保として借り入れを行うことは不可能であり，しかも

外国人は国内の人的資本あるいは労働を所有できないということである。

借り入れに関する制約を導入する種々の理由が存在している．物的資本は人的資本より容易に回収が可能であり，そのため，借り入れによって資金調達がより容易である．さらに，物的資本は海外直接投資の対象になりやすい（各個人は工場を所有することは可能であるが，他の個人の労働所得の流列を所有することは不可能である）．最後に，「物的資本」と「人的資本」というような用語を使用せずに，必ずしもすべての投資が完全資本市場を通じて資金調達できるわけではないと想定することができる．本節のモデルにおける k と h の間の主要な区別は，資本の物的な性質ではなく，蓄積されたものが世界市場において担保物件として役に立つかどうかという点である．

以前と同様に，世界利子率 r は一定であると仮定しよう．さらに，ここでは，$r=\rho+\theta x$（国内経済が閉鎖されている場合に成立する持続状態における利子率）ということを仮定しよう．すなわち，当該国は世界全体よりも待忍の程度が低いことも高いこともないとする．（$r<\rho+\theta x$ というケースに議論の拡張を行うことは容易である．）

効率的労働者一人当たりの初期資産の量は $\hat{k}(0)+\hat{h}(0)-\hat{d}(0)$ で与えられる．主要な論点はこの量が持続状態における人的資本の量 $\hat{h}^*$ より大であるかあるいは小であるかである．$\hat{k}(0)+\hat{h}(0)-\hat{d}(0) \geq \hat{h}^*$ である場合には，借り入れの制約は拘束的ではなくなり，経済は持続状態にジャンプすることになる．それに対して，$\hat{k}(0)+\hat{h}(0)-\hat{d}(0) < \hat{h}^*$ である場合には，制約は拘束的なものになり（すなわち，$d=k$ が成立し），幾つかの新たな帰結が得られる．したがって，このケースを中心に議論を行うことにしよう[17]．

物的資本は担保物件として役に立つので，資本の純収益率 $f_k-\delta$（ここで，f_k は資本の限界生産物）はすべての時点で世界利子率 r に一致する．(3.53)のコブ=ダグラス型の生産関数から求められる f_k の式によって，次

---

[17] $r<\rho+\theta x$ である場合には，自国経済は世界信用市場においてやがて制約が課されるに違いない．それゆえ，当初の時点でそうでなかったとしても，負債の制約が課されている経済の我々の分析は将来のある時点で適応されることになる．$r>\rho+\theta x$ である場合には，小国経済の仮定がやがて成立しなくなり，r が変化しなければならないであろう．

のことが成立する。

$$\hat{k} = a\hat{y}/(r+\delta). \tag{3.56}$$

(3.56) では，持続状態への移行過程を通じて，GDP に対する物的資本ストックの比 k/y は一定であることが保証されている。それに対して，閉鎖経済のもとでは，移行過程の間，k/y は着実に上昇することになる。通時的に，k/y がほぼ一定であることは，経済発展に関する Kaldor(1963) の定型化された事実の1つである（序章の議論を参照せよ）。したがって，信用制約条件付きの開放経済のモデルの帰結がこの「事実」と一致しているということは注目に値することである[18]。

(3.56) における $\hat{k}$ の結果と (3.53) の生産関数をまとめると，次のように，$\hat{y}$ を $\hat{h}$ の関数として表すことができる。

$$\hat{y} = \tilde{A}\hat{h}^\epsilon. \tag{3.57}$$

ただし，$\tilde{A} \equiv A^{1/(1-\alpha)} \cdot [\alpha/(r+\delta)]^{\alpha/(1-\alpha)}$ [訳注10]，$\epsilon \equiv \eta/(1-\alpha)$。条件 $0 < \alpha + \eta < 1$ によって，$0 < \epsilon < \alpha + \eta < 1$ ということが成立する[訳注11]。したがって，(3.57) における縮約型の生産関数では，（限界生産物の正値性と逓減性を持っている）$\hat{h}$ の関数として $\hat{y}$ が表されている。したがって，このモデルの収束性に関する含意は閉鎖経済のケースと類似している（いずれのモデルでも，収穫逓減性の条件のもとでの資本ストックの蓄積が確認される）。

(3.54) における予算制約式，(3.57) における縮約型の生産関数，借り入れの制約条件 $d = k$（このことから，$a = h$），(3.56) における条件 $(r+\delta)\hat{k} = \alpha\hat{y}$ をまとめると，改訂された予算制約式が得られる。

$$d\hat{h}/dt = (1-\alpha) \cdot \tilde{A}\hat{h}^\epsilon - (\delta + n + x) \cdot \hat{h} - \hat{c}. \tag{3.58}$$

---

18) このモデルにおける k/y の厳密な一定性は世界利子率 r の固定性と生産関数がコブ=ダグラス型であるという仮定に依存している。この生産関数の場合には，資本の平均生産物 y/k は資本の限界生産物に比例することになる。資本の限界生産物マイナス資本減耗率は固定的な世界利子率 r に一致するので，平均生産物 y/k は一定でなければならない。

上式で，$\tilde{A}\hat{h}^\epsilon$ から差し引かれている項 $\alpha B\hat{h}^\epsilon$ は物的資本に対する賃貸料の支払い $(r+\delta)\hat{k}$ に一致していることに注意しよう（[3.56] を参照せよ）。$d=k$ であるので，この項は外国人に対する純要素支払いに対応しており，したがって，（効率的労働1単位当たりの）GNP と GDP の差に一致している。当該国は国際的信用市場に関する制約条件が課されており，そのため，プラスの対外債務 $d=k$ を持っているので，GDP は GNP を上回っているということができる。

家計が財を直接生産するというモデルが使用される場合には，家計は (3.58) における予算制約式と所与の人的資本の初期値 $\hat{h}(0)>0$ に関する制約のもとで，（[2.1] と [2.10] で与えられている）効用を最大にしようとする。（$\hat{h}(0)$ の値は所与の初期資産額に一致しており，それは $\hat{h}^*$ より小であると仮定されている）。通時的な消費の最適条件は次のように与えられる。

$$\hat{\dot{c}}/\hat{c}=(1/\theta)\cdot[(1-\alpha)\cdot\tilde{A}\epsilon\hat{h}^{\epsilon-1}-(\delta+\rho+\theta x)]. \tag{3.59}$$

ここで，$(1-\alpha)\tilde{A}\epsilon\hat{h}^{\epsilon-1}=\tilde{A}\eta\hat{h}^{\epsilon-1}=f_h$（人的資本の限界生産物）。(3.47) における r を $f_h-\delta$ に等しい国内の収益率と考えることにすると，(3.59) は (3.47) における通常の式に対応している。(3.58)，(3.59)，および通常の横断性条件によって，このモデルの移行動学が完全に表されることになる。

$r=\rho+\theta x$ と仮定したので，持続状態は物的資本と人的資本を持っている閉鎖経済と同じである。したがって，世界信用市場で借り入れを行う機会の導入によって，持続状態は何ら影響されないが，収束速度は影響されることになるであろう[19]。

(3.58)，(3.59)，および横断性条件によって規定される体系は通常の移行動学を持っている。労働者一人当たりの広義の資本ストックの総計は $k+h$ であり，資本シェアが $\alpha+\eta$ である資本財 k，h を持っている閉鎖経済モデルの帰結と本節で導出された結果を比較することができる。以前のものと異

---

[19] $r<\rho+\theta x$ と仮定した場合には（したがって，自国がその他の国よりも待忍的でない場合には）（脚注17を参照せよ），対外借り入れの利用可能性は持続状態の値に影響を及ぼすであろう。開放経済は閉鎖経済よりも持続状態における高い資本集約度 $\hat{h}^*$ と $\hat{k}^*$ を持つことになるであろう。

なる点は，(3.58)は生産関数の比例定数として$(1-\alpha)\tilde{A}$を含んでいるということ，資本ストック変数が$k+h$ではなくhであること，および資本ストックの指数が$\alpha+\eta$ではなく$\epsilon=\eta/(1-\alpha)$であることである。ϵと$\alpha+\eta$はプラスであり，しかも1より小であるので（すなわち，いずれのモデルも収穫逓減的であるので），モデルの動態的挙動は本質的に同じである。

収束係数βの式は，資本シェアのパラメータ$\alpha+\eta$が$\epsilon\equiv\eta/(1-\alpha)$によって置き換えられていることを除いて，(3.55)における閉鎖経済の係数と一致している。（生産技術の水準は収束率には何ら影響を与えないことを思い出すことにしよう。）したがって，信用に関する制約条件付きの開放経済の収束係数は次のように与えられる。

$$2\beta = \left\{\xi^2 + 4\cdot\left(\frac{1-\epsilon}{\theta}\right)\cdot(\delta+\rho+\theta x)\cdot\left[\frac{\delta+\rho+\theta x}{\epsilon}-(\delta+n+x)\right]\right\}^{1/2} - \zeta. \quad (3.60)$$

ここで，$\zeta=\rho-n-(1-\theta)x>0$。(3.60)で決定される係数は，$\alpha+\eta$ではなく広義の資本シェア$\epsilon$を持っているとした場合に，閉鎖経済のもとで生じるであろう値と同じものになる。$\epsilon\equiv\eta/(1-\alpha)$であるので，（条件$\alpha+\eta<1$を使用すると，）$\epsilon<\alpha+\eta$となる。**したがって，信用上の制約が課されている開放経済は，$\alpha+\eta$より低い広義の資本シェアを持っている閉鎖経済と同じような動きをするということができる。**（資本シェアが小であるほど，収穫逓減性はより急速に生じるので，）収束率は資本シェアの減少関数であることを思い出すことにしよう。したがって，信用上の制約付きの開放経済は閉鎖経済よりも高い収束率を持っている。しかしながら，$(\alpha+\eta)\to 1$ならば，$\epsilon\to 1$となり，その結果，(3.60)において$\beta\to 0$となることに注意しよう。それゆえ，広義の資本に関する収穫逓減性が成立しない場合（$\alpha+\eta=1$）には，このモデルでは，収束性が成立しない[20]。

人的資本$\hat{h}$が蓄積されるにつれて，収穫逓減性が生じる傾向について考

---

[20] $\alpha=0$の場合，その結果，いかなる資本も担保を構成することがない場合には，$\epsilon=\eta$となり，そして(3.60)におけるβは（資本シェアがηの場合の）閉鎖経済における(3.55)の値に一致する。$\eta=0$である場合，それゆえ，すべての資本が担保物件として役に立っている場合には，$\epsilon=0$となり，しかも，(3.60)のβは完全資本移動のケースの開放経済と同様に無限大になる。

察することによって，何故，部分的な開放経済のほうが閉鎖経済よりも急速に収束するかを理解することができる．生産関数の指数 α と η を所与として，主要な論点は k/h の移行過程における挙動である．閉鎖経済では，k/h は（α/η の値で）一定に留まっているが，開放経済のもとでは，移行過程の間を通じて，k/h は低下していく（以下の議論を参照せよ）．すなわち，開放経済のもとでは，外国の資金を利用することによって，物的資本を早急に入手することが容易になるので，最初の段階では，$\hat{k}$ は比較的高いということができる．通時的な k/h の低下によって，$\hat{h}$ に関する収穫逓減性が他の場合よりも急速に生じるようになる．したがって，収束速度は閉鎖経済よりも開放経済において大であるということができる．

信用上の制約条件付きの開放経済は閉鎖経済よりも急速に収束するが，このようなタイプの開放経済の場合には，収束速度は有限値である．$\alpha=0.30$ と $\eta=0.45$ という値を使用し，それ以外のパラメータについては以前言及された基準値を使用する場合には，（閉鎖経済の場合では $\beta=0.015$ であるのと比較して，）(3.60) で求められる収束係数は 0.025 である．0.025 という値は収束係数に関する実証的推計値にかなり合致している．

完全な資本移動を伴う開放経済は無限大の率で収束することを思い出すことにしよう．したがって，ここでの帰結は部分的な資本移動を伴う開放経済は完全な開放経済よりも閉鎖経済により類似していることを示している．以上では，この帰結が α と η の特定の値の組についてのみ求められたが，この基本的な帰結はより一般的なものである．$\alpha+\eta$ を所与として，α/η を上昇させると，資本の移動可能性の程度が上昇し，その結果，収束係数 β も上昇することになる．（$\alpha+\eta=0.75$ を含んで）他のパラメータに基準値が採用されている場合には，β は，$\alpha/\eta=0$ における 0.015 から，$\alpha/\eta=1$ における 0.030，$\alpha/\eta=2$ における 0.042，$\alpha/\eta=3$ における 0.053 というように上昇していくことになる．したがって，他のパラメータについては基準値が使用され，総資本ストックの半分以上は対外借款の担保物件を構成することはないと仮定する場合には（$\alpha/\eta\leq1$），求められる収束係数は年率で 0.015 から 0.030 という範囲に落ちつくことになる．この範囲は実証的な推計値にかなり合致している[21]．

持続状態への移行に伴って，効率的労働者一人当たりの人的資本 $\hat{h}$ は初期値 $\hat{h}(0)$ から持続状態値 $\hat{h}^*$ へ単調に増加する。(3.57) では，$\hat{y}$ の成長率は $\hat{h}$ の成長率の ϵ 倍であるということが示されている。ここで，ϵ は 0 と 1 の間の数である。したがって，h/y は移行過程を通じて持続的に上昇することになる。しかし，(3.56) では，比率 k/y が一定であることが確認されている。したがって，$\hat{k}$ は $\hat{y}$ と同じ率で成長し，物的資本に対する人的資本の比率 h/k は移行過程を通じて上昇する[訳注12]。物的資本は担保物件として完全に役に立つけれども，$\hat{k}$ は持続状態値 $\hat{k}^*$ に向かって徐々に上昇していく。その理由は，人的資本の蓄積に関する国内貯蓄の制約と生産関数における $\hat{h}$ と $\hat{k}$ の補完性である。$\hat{h}$ が低い場合には，物的資本の限界生産物に対応する曲線は低い位置にあるということができる。それゆえ，国内の生産者は対外借款によって物的資本の獲得の資金を調達することができるけれども，$\hat{k}<\hat{k}^*$ ということが成立する。人的資本の漸進的な増加は物的資本の限界生産物にプラスの効果を及ぼすことになるが，それによって $\hat{k}$ も増加することになる。

対外借款は物的資本によって保証されたローンに対してのみ生じるが，これらのローンの利子率は世界利子率 r で固定されている。さらに，代表的な国内経済主体を持っているモデルのもとでは均衡において各個人は借り入れをすることはないけれども，国内の信用市場を導入することも可能である。また，物的資本によって返済が保証されているローンについても，国内市場におけるシャドウ・利子率は r にならなければならない。人的資本と労働は国内では担保として役に立たないと仮定する場合，世界市場におけると同様に，このようなタイプの保証を持っている国内市場のシャドウ・利子率は無限大になるであろう（あるいは，少なくとも，決定される借り入れ額が

---

21) Barro, Mankiw, and Sala-i-Martin(1995) は (3.53) における生産関数をコブ＝ダグラス型から代替の弾力性の一定性を持つ CES 型に一般化している。代替性の程度は β に影響を及ぼす（生産に関して $\hat{k}$ と $\hat{h}$ の代替性の程度が低いほど β の値は大となる）。しかしながら，主要な結果は，$\alpha/\eta \leq 1$ である場合，通常の基準値パラメータについては，β は狭い区間 $(0.014, 0.035)$ に制限されるということである。それゆえ，このような一般的なケースでさえ，理論的帰結は β に関する実証的推計値に適切に合致しているということができる。

結果的に 0 になるように，充分高い水準になるであろう）。

それに対して，人的資本と労働は対外借款に対しては担保として利用できないが，国内の借り入れについては担保として利用可能であると仮定することができるであろう。貸し方が外国ではなく，国内である場合に，労働所得を基礎とするローン契約が法体系によって遵守されるならば，このような状況は成立するであろう。この場合には，労働所得によって担保が与えられている国内貸し付けのシャドウ・利子率は人的資本の純限界生産物と一致する。この純限界生産物は（低い初期ストック $\hat{h}(0)$ に対応している）比較的高い値から出発し，その後，徐々に持続状態における r の値に向かって低下していく。したがって，移行はこのようなタイプの国内利子率と世界利子率 r の差の低下という特徴を持つことになる。例としては，韓国における非公式の貸し付けに関する場外市場のケースがある（Collins and Park［1989, p.353］を参照せよ）。場外市場の利子率と世界利子率の差は，1960 年代と 1970 年代では 30 パーセント・ポイントから 40 パーセント・ポイントまでの間であったが，1980 年代の半ばまでに 15 パーセント・ポイントまで低下してしまった。

このモデルのもう 1 つの含意は，国際的な貸し付けと借り入れの存在にもかかわらず，国民総生産と国内総生産の収束の特性は同じになることである。以前言及されたように，（効率的労働 1 単位当たりの）海外からの純要素所得は $-(r+\delta)\hat{k}=-\alpha\hat{y}$ である。したがって，次のことが成立する。

$$（効率的労働 1 単位当たりの）\mathrm{GNP}=\hat{y}-\alpha\hat{y}=\hat{y}\cdot(1-\alpha). \tag{3.61}$$

GNP は（$\hat{y}$ に対応している）GDP に比例しているので，GNP と GDP の収束率は同じである。この結果によって，GDP に関連するデータ・セットでも，GNP や国民所得の種々の測定値に関するものと類似の収束率がもたらされることが示唆されている。この帰結は，Barro and Sala-i-Martin(1991) による合衆国の諸州に関する研究で，一人当たりの粗州民所得と一人当たりの州の個人所得について収束率が類似しているという形で確認されている。

このモデルでは，信用上の制約が課されている開放経済のもとでは，GDP と GNP のギャップは大きくなるということが示されている。以前仮

定されたパラメータの値のもとでは，それは概算で GDP の 20〜25 パーセントである．物的資本の変化に等しい経常収支赤字も同様に大きなものであるということができる．GNP-GDP ギャップと経常収支赤字について，このように高い値を持っている開発途上国を見いだすことは稀である[22]．次のことに注意することによって，理論の帰結と観察結果を一致させることが可能である．第1に，多くの開発途上国は信用が制約されるほど充分に生産的ではない．第2に，国際的な債務の担保は実質的には物的資本よりもさらに限定されている．係数 a が 0.3 を下回っている場合には，GDP-GNP ギャップと経常収支赤字について求められる値はより一層小さいものになるであろう．

　信用制約の導入によって，完全資本移動を伴う開放経済モデルにおける事実に反する幾つかの帰結を取り除くことができる．特に，資本ストックと産出量の収束速度はもはや無限大ではなくなる．しかし，選好パラメータの組で表される待忍の程度 $\rho_i + \theta_i x$ が国によって異なっている場合に，いかなることが生じるかを検討してみることにしよう．完全資本移動のケースでは，最も待忍的な国を除くすべての国は，$\hat{c}$ が 0 に近づくような経路に沿って進んでいくことになる．それに対して，信用制約を伴うモデルにおいては，最も待忍の程度の高い国以外のすべての国はやがて居住者が国際的信用市場に関して実際に制約される状況に到達するという帰結が得られる．信用制約の導入によって，$\hat{c}$ は（0 よりは魅力的な漸近値である）プラスの定数に近づいていくことになる．しかし，依然として不充分な帰結は，最も待忍の程度の高い国以外のすべての国はやがて信用上の制約が課されるという点である．このような結果を回避するには，有効時間選好率 $\rho_i + \theta_i x$ が可変的になるようなモデルを考察する必要がある．後の節ではこのようなタイプのモデルが検討される．

人的資本の蓄積における調整費用　　本節で概説されたモデルに関する1つの

---

[22]　1つの反例はシンガポールである．1970 年代を通じて，経常収支赤字は GDP の 10 パーセントと 20 パーセントの間であった（IMF [1991]）．

潜在的な問題は，国際信用市場において制約がない経済の収束速度は無限大だということである．Duczynski(2000)では，113ヵ国とアメリカ合衆国の50の州の純対外資産を計算した結果，21ヵ国と合衆国の50の州のおよそ半分の州がプラスの額を持っていることを見いだしている．したがって，それらの経済に借り入れの制約があると主張することは難しい．しかし，これらの経済の収束速度は無限大ではない．この実証結果から示唆されているように，前節で展開された信用制約のメカニズムはデータで求められた緩い収束性の説明としては十分なものではない．

可能性のある代替的あるいは補完的な解決法は，閉鎖経済のもとで以前議論した調整費用の存在である．再度，物的資本と人的資本の区別を行うならば，調整費用は教育課程を通じた人的資本の増大にとって特に重要であると予想できる．学習課程は基本的に時間がかかり，教育プロセスを促進しようとする試みは急速に収益率の低下に遭遇する傾向がある．これらの効果を捉えるために，ここでは，調整費用が人的資本の蓄積にのみ影響を及ぼす完全な国際資本移動をもつモデルを構成する．

企業と個人は世界の金融市場に完全に参入できるとし，しかも利子率は r で一定であるとしよう．以前と同様に，消費の成長は次のように表される．

$$\dot{c}/c = (1/\theta)\cdot(r-\rho).$$

生産関数は次のように物的資本と人的資本に関してコブ=ダグラス型であるとしよう．

$$Y = AK^{\alpha}H^{\eta}\hat{L}^{1-\alpha-\eta}. \tag{3.62}$$

物的資本は設置費用なしで投資可能であるとし，しかも人的資本投資の各単位に対して，企業は産出量単位で $\phi(I_h/H)$ だけを支払わなければならないと仮定しよう．3.2節の仮定に従って，$\phi(0)=0, \phi'(\cdot)>0, 2\phi'(\cdot)+\dfrac{I_h}{H}\cdot\phi''(\cdot)>0$ とする．企業は，以下の2つの蓄積に関する制約条件 (3.64) と (3.65) のもとで，将来の純キャッシュ・フローの割引現在価値を最大にしようとする．つまり，次の問題を解こうとする．

$$\max \int_0^\infty e^{-\bar{r}(t)\cdot t} \cdot \left\{ AK^\alpha H^\eta \hat{L}^{1-\alpha-\eta} - wL - I_k - I_h \cdot \left[1 + \phi\left(\frac{I_h}{H}\right)\right]\right\} \cdot dt \quad (3.63)$$

$$\text{subject to} \quad \dot{K} = I_k - \delta K, \quad (3.64)$$

$$\dot{H} = I_h - \delta H. \quad (3.65)$$

この問題のハミルトニアンは次のように与えられる。

$$J = e^{-\bar{r}(t)t} \cdot \left\{ AK^\alpha H^\eta \hat{L}^{1-\alpha-\eta} - wL - I_k - I_h \cdot \left[1 + \phi\left(\frac{I_h}{H}\right)\right]\right\}$$
$$+ v_k \cdot (I_k - \delta K) + v_h \cdot (I_h - \delta H). \quad (3.66)$$

ここで，v_k は物的資本に関するシャドウ・プライスであり，v_h は人的資本に関するシャドウ・プライスである．2.3節の分析に従って，経常価値シャドウ・プライスを $q_k = e^{rt}v_k, q_h = e^{rt}v_h$ と定義する．一階条件を求め[23]，経常価値シャドウ・プライスを使うと，各時点で $q_k = 1$ となることを確認できる．このことより，次のことが成立する．

$$\alpha \cdot (\hat{y}/\hat{k}) = r + \delta. \quad (3.67)$$

言い換えると，(調整費用を蒙らない資本財である) 物的資本の限界生産物は利子率プラス資本減耗率に一致する．このことによって，$\hat{k}$ と $\hat{h}$ の間の1対1の関係が次のように与えられる．

$$\hat{k} = (\hat{h})^{\eta/(1-\alpha)} \cdot \left(\frac{\alpha A}{r+\delta}\right)^{1/(1-\alpha)}. \quad (3.68)$$

I_h に関する一階条件より，次のことが成立する．

---

[23] I_k, K, I_h, H に関する一階条件はそれぞれ次のように与えられる．
 (i) $v_k = e^{-\bar{r}(t)t}$
 (ii) $-\dot{v}_k = e^{-\bar{r}(t)t} \cdot \alpha \cdot (\hat{y}/\hat{k}) - v_k \delta$
 (iii) $e^{-\bar{r}(t)t} \cdot \left(1 + \phi(\cdot) + \dfrac{\hat{i}_h}{\hat{h}} \cdot \phi'(\cdot)\right) = v_h$
 (iv) $-\dot{v}_h = e^{-\bar{r}(t)t} \cdot \eta \cdot (\hat{y}/\hat{h}) - v_h \cdot \delta$

(i) により，$q_k = 1$ となり，したがって，$\dot{q}_k = 0$ となることに注意しよう．この結果と (ii) を使用すると，$\alpha \cdot (y/k) = r + \delta$ を得ることができる．

$$q_h = 1 + \phi\left(\frac{\hat{i}_h}{\hat{h}}\right) + \frac{\hat{i}_h}{\hat{h}} \cdot \phi'\left(\frac{\hat{i}_h}{\hat{h}}\right). \tag{3.69}$$

ここで，$\hat{i}_h = I_h/\hat{L}$ は効率的労働 1 単位当たりの人的資本の投資である．この式を変形すると，次のように，人的資本投資率を人的資本のシャドウ・プライス q_h の単調関数として表すことができる．

$$\frac{\hat{i}_h}{\hat{h}} = \psi(q_h). \tag{3.70}$$

ここで，$\psi'(\cdot) > 0$．この結果を人的資本の蓄積に関する制約式に代入すると，次の式が成立する．

$$\frac{d\hat{h}}{dt} = \hat{i}_h - (\delta + n + x) \cdot \hat{h} = \psi(q_h) \cdot \hat{h} - (\delta + n + x) \cdot \hat{h}. \tag{3.71}$$

$\hat{h}$ に関する一階条件によって，次のように q_h の動学方程式が得られる．

$$\dot{q}_h = (r + \delta) \cdot q_h - \eta \cdot (\hat{y}/\hat{h}) - [\psi(q_h)]^2 \cdot \phi'[\psi(q_h)]. \tag{3.72}$$

(3.68) を使用すると，次式が成立する．

$$\dot{q}_h = (r + \delta) \cdot q_h - \tilde{A} \cdot \hat{h}^{-\frac{1-\alpha-\eta}{1-\alpha}} - [\psi(q_h)]^2 \cdot \phi'[\psi(q_h)]. \tag{3.73}$$

ここで，$\tilde{A}$ は種々の定数の関数である．

(3.71) と (3.73) は常微分方程式系を構成している．位相図は図 3.4 に描かれている．$\dot{\hat{h}} = 0$ 線は $q_h^* = 1 + \phi(\delta + n + x) + (\delta + n + x) \cdot \phi'(\delta + n + x)$ を通る水平線である．この線の上方に位置する点の矢印は右方を指し，下方に位置する点の矢印は左方を指している．$\dot{q}_h = 0$ 線は高い値の q_h については右上がりであるが，それが $\dot{\hat{h}} = 0$ 線を通過するとき右下がりである．この線の右方の点での矢印は上方を指し，左方の点での矢印は下方を指している．このシステムはサドル経路安定的であり，しかも安定軌道は右下がりである．経済が人的資本の過度に希少な状態から（すなわち，持続状態の左方から）出発する場合，このシステムでは，瞬時に持続状態にジャンプすることはない．すなわち，収束速度は無限ではない．そのかわり，安定軌道に沿って，緩慢な収束プロセスを辿ることになる．その理由は，持続状態へのジャンプには瞬時に人的資本の無限の投資が必要とされるからである．それに伴

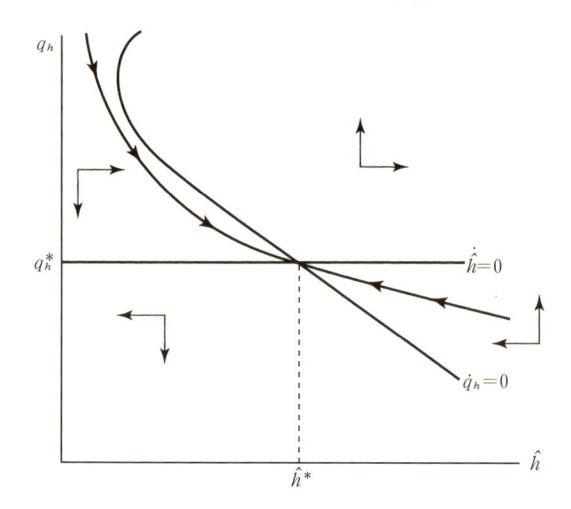

図 3.4 物的資本と人的資本をもつモデルの位相図
（人的資本の蓄積に関する調整費用を伴うケース）

位相図が $(q_h, \hat{h})$ 空間に図示されている。$\dot{\hat{h}} = 0$ 線は $q_h^* = 1 + \phi(\delta + n + x) + (\delta + n + x) \cdot \phi'(\delta + n + x)$ を通る水平線である。$\dot{q}_h = 0$ 線は持続状態のまわりでは右下りの曲線である。このシステムはサドル経路安定的であり，安定軌道は右下りの曲線である。

う調整費用は甚大であり，したがって，最適ではないであろう。それゆえ，人的資本の蓄積は徐々になされ，経済は持続状態に緩慢に収束する。h が増加するにつれて，物的資本のストックは (3.68) に従って増加する。さらに，GDP の水準も緩慢に収束することになる。

Kremer and Thomson(1998) では，生産関数が若年者の人的資本と高齢者の人的資本に依存しているような類似のモデルが分析されている。彼らは，これらの2つの人的資本要素は補完関係にあると主張している（フットボール・チームを考えてみよう。高齢者の人的資本，つまりコーチは若年者の人的資本，つまり選手に対して補完関係にある）。この文脈では，最初の世代の人的資本が小であれば，資本が完全に移動可能であっても，若年者は借り入れをして，持続状態の水準までその人的資本のストックを増加させようとはしないであろう。その理由は，高齢者がほとんど人的資本を持ってないならば，若年者の生産性はそれほど高くはないからである。したがって，

人的資本の蓄積のプロセスは緩慢である。Kremer and Thomson(1998) によって提示されたメカニズムは人的資本の蓄積に関する調整費用を導入することと同じである。

3.5 選好パラメータの可変性

選好パラメータ ρ_i と θ_i の可変性が導入される場合に，開放型のラムゼイ・モデルの不充分な含意の幾つかが除去されうるかどうかを考察することにしよう。Uzawa(1968) に由来するアイデアは，時間選好率と通時的消費の代替性が家計の富あるいは消費の水準に依存し，それゆえ，a_i と c_i の変化に伴って変化することができるということである。

ここでは，再度，信用制約なしの開放経済モデルについて議論することにしよう。このモデルの主要な特性は，高い値の時間選好率の項 $\rho_i + \theta_i x > r$ を持っている国は，$\hat{a}_i(t)$ がマイナスになり，$\hat{c}_i(t)$ が 0 に向かって低下する経路に沿って進んでいくということである[訳注13]。この不充分な結果を回避する 1 つの方法は，$\hat{a}_i(t)$ と $\hat{c}_i(t)$ が減少するにつれて，$\rho_i + \theta_i x$ が低下するという仮定を置くことである。言い換えると，国あるいは個人は貧困の程度が強くなるにつれて，より待忍の程度が大にならなければならないであろう。

Uzawa(1968) は ρ_i が $c_i(t)$ の増加関数であるという仮定をおくことによって，望ましい結果を得ている。しかしながら，消費水準の上昇に伴って，個人が時間選好率の引き上げを行うということは我々の直感に反しているので，このメカニズムは不充分なものである[24]。

また，消費水準が上昇するにつれて，個人の通時的代替性が低くなる（すなわち，θ_i が上昇する）という仮定をおくことによっても，望ましい結果を得ることができるであろう。しかし，通常使用されている仮定は逆であ

---

24) Mulligan(1993) では，利他主義の程度が両親が子供にかける時間量に依存する場合，高賃金の個人は，子供と過す時間の機会費用が高いので，利他性の程度は劣ることになる。その結果，裕福な個人は高い割引率を持つことになる。

る。(2.9)で確認されたように，有効時間選好の項は限界効用の弾力性にマイナスの値を付けたもの $-u''(c)c/u'(c)$ に関連している。今まで使用されてきた定式化では，この弾力性の絶対値は一定で，θ_i に一致している。しかし，消費の最低生存水準を導入することによって，しばしば，可変的な弾力性をもたらすように効用関数の形は次のような修正がなされている。

$$u(c_i) = \frac{(c_i - \bar{c}_i)^{(1-\theta_i)} - 1}{(1-\theta_i)}. \tag{3.74}$$

ここで，$\bar{c}_i > 0$ は一定の生存水準である（このようなタイプのものは，Stone[1954]とGeary[1950-51]に因んでストーン=ギアリー・効用関数と呼ばれている）。(3.74)のケースでは，限界効用の弾力性の絶対値は $\theta_i c_i/(c_i - \bar{c}_i)$ であることが確認される。この値は，$\bar{c}_i = 0$ の場合には θ_i であり，$\bar{c}_i > 0$ のときには c_i に関する減少関数になる。したがって，このように改訂された効用関数の設定のケースでは，有効時間選好の項は $c_i(t)$ の増加に伴って低下する。すなわち，この項は，開放経済モデルにおける問題点を解決する方向とは逆方向に動くことになる。

　各国（あるいは各家計）についてパラメータ ρ_i と θ_i の一定性が仮定されるが，有限時間視野の効果が考慮されるモデルのもとでは，より魅力的な結果が得られることになる。このタイプの最初のモデルはSamuelson(1958)とDiamond(1965)によるものであるが，そこでは，個人は，幼年期と成人期というように一定の数の離散的期間だけ生存すると仮定されている。ある世代の成人の期間は次の世代の幼年期とオーヴァーラップ（overlap）することになる。それゆえ，このモデルは慣用的にオーヴァーラッピング・ゼネレーションズ（OLG）モデルと呼ばれている。このモデルにおける個人は，（2期間だけ生存し，しかも仮定によって，その後継世代の厚生に関心を持つことはないので）有限時間視野を持っているが，経済は永久に存続する。OLGモデルは有限時間視野の諸効果を捉えているが，このモデルの1つの欠点は，均衡条件が過度に複雑になってしまうので，検討してみたいと思っている比較静学の課題の多くを実行できないことである。

　Blanchard(1985)は，個人はポアソン・プロセスに従ってランダムに死去するということを仮定することによって，より一層分析可能なモデルのもと

で有限時間視野の本質的部分を保持することを企図している。ここでの目的にとって，このモデルの主要な帰結は，各個人の時間選好の項が $a_i(t)$ とプラスの関係があるかのように**総消費**が進展するということである。しかし，これらの帰結は，年齢に関して（それゆえ，資産と消費に関して）異なっている個人の集計から導出されているのであり，個人の選好の可変性から導出されるのではない。これらの帰結を得るために，まず Blanchard のモデルを設定し，次に，それを閉鎖経済に適応し，最後に，それを使って開放経済の分析の拡張を行うことにする。本章の付論（3.8 節）では関連する OLG モデルの展開がなされている。

3.6 有限時間視野を持っているモデルにおける経済成長

3.6.1 有限時間視野のモデルにおける選択問題

　以上の分析では，家系は永続し，その結果，家計は無限時間視野にわたって計画を行うということが仮定された。次に，家系が有限時間で消滅する可能性を導入することにしよう。この消滅には，全く子孫を残さず，それゆえ，その死以後に生起する事柄に何ら配慮することはない成人の死が反映されているとみなすことができるであろう。あるいは，それには，有限期まで生存する親が，有効な世代間の移転のパターンを通じてその子供と関連づけられることがなくなる状況に到達している可能性が反映されていると考えることもできる。

　この死が必ずしも字義どおり誰かの死去に対応するわけではないが，「死去」を家族の係累の消滅として考えることにする。p で単位時間当たりの死去の確率を表すことにしよう。その結果，j 時点で誕生した個人（あるいは家計）は $t \geq j$ 時点では $e^{-p(t-j)}$ の確率で生存していることになる。集計上の処理を可能にする主要な仮定は年齢が変化しても p は不変であるということである。この仮定は，文字通り個人の死去を考える場合には現実的ではないが，家系の消滅という設定のもとではそれほど問題ではなくなる。

　t 時点で亡くなっている確率は $1 - e^{-p(t-j)}$ で与えられる。したがって，t 時点での死去の確率密度はこの式の微係数 $pe^{-p(t-j)}$ である。この確率密度

から，期待生涯期間が $1/p$ と計算される[訳注14]。それゆえ，p が上昇すると，期待生涯は短くなり，有限時間の影響はより重要になってくる。

以前と同様に，人口は一定の率 n で成長すると仮定しよう。したがって，総人口は $L(t)=e^{nt}$ となる。t 時点で誕生する世代の規模は $(p+n)e^{nt}$ でなければならない。すなわち，死去するものに対する埋め合わせ pe^{nt} と新たな成長 ne^{nt} を提供するために，充分な個人あるいは家計が誕生することになる。

再び，資産に対する確定利子率を $r(t)$ とする。死去する個人あるいは家計の資産の処分が考察されなければならない。無限時間視野のモデルの場合には，明示的ではないが，これらの資産は世代間の移転という形で子孫に遺贈されることになる。これらの移転は，ゼロの移転という端点解を個人が回避するのに充分に強力な利他的な連鎖によって動機づけられている。しかし，有限時間視野モデルのもとでは，まさに「死去」という概念自体がこれらの連鎖が有効ではないことを示している。資産が，子供に対して意図せざる遺贈として，あるいは全体としての社会に対して意図せざる移転として配分されると仮定することも可能であろう。しかし，(有限時間視野モデルにおける中心的な考え方である) 個人は自らの死去の後に生起する事柄にはまったく関心がない場合には，年金の市場を使用することによって，適切に処理を行うことができるであろう。さらに，負債を引き受ける子孫がいない状況のもとで，個人が負債を抱えて死去するということを認めるとすれば，借り手が死去する可能性をカバーするために，貸し手は r を上回る利子率を要求するであろう。

Yaari(1965) と Blanchard(1985) に従って，すべてのローンは生命保険によって支払いが保証されていると仮定しよう。個人は生きている場合には，利子率 r とローンに対する生命保険の掛け金を支払うことになる。個人が負債を抱えたまま死去した場合には，生命保険ですべてローンの清算がなされる。単位時間当たりの死亡の確率は p であるので，必要な掛け金は p である。すなわち，個人が生存している場合には，ローンに対する支払い率は $r+p$ である。生命保険会社の観点からみた場合，p の率での掛け金は死去する借り手の保険証券についての期待支払い額をちょうどカバーする額で

3.6 有限時間視野を持っているモデルにおける経済成長

ある。同様に，貸し手は，個人が生存している場合には $r+p$ だけ支払われ，死去する場合にはなにも支払われない年金を保持することができる。年金会社の観点からすると，p の率での支払いの追加額は死去する個人から得られる期待収益とちょうど一致している。有限時間視野の個人の観点からは，（生存という条件のもとでの）年金の収益率 $r+p$ は確定収益率 r よりも魅力的である。したがって，資産はすべて年金の形で保有されるであろう[25]。

生命保険と年金の市場は非常に多数の個人によって充分に利用されるので，死去した個人によって放出される資産総額 $pa(t)$ は生存している個人の（確定利率 r を上回る）超過収益と一致している。したがって，保険会社と年金会社の収益は0となる。その結果，死去に伴う資産の処分の問題が完全に説明されたことになる。さらに，（貸し手であるか借り手であるかにかかわらず）生存している個人の適切な収益率は r ではなく，$r+p$ である。

$j \leq \nu$ 時点に誕生した個人の ν 時点における消費と資産をそれぞれ $c(j,\nu)$，$a(j,\nu)$ と表すことにしよう。生産性は年齢に無関係であると仮定する。その結果，賃金率 $w(\nu)$ はすべての $j \leq \nu$ に対して同じである。現在時点 t から出発するとして，個人は次の期待効用を最大にしようとする。

$$E_t U = E_t \left[\int_t^\infty \log[c(j,\nu)] \cdot e^{-\rho(\nu-t)} d\nu \right]. \tag{3.75}$$

ここでは，(2.10) において $\theta = 1$ のケースに対応している効用関数 $u(c) = \log(c)$ が仮定されている。対数効用関数は便利であるが，持続状態に関する帰結は $\theta \neq 1$ となるケースに容易に一般化可能である（$\theta \neq 1$ の場合でも移行動学の分析は可能であるが，厄介である）。

(3.75) の定式は，一人当たり効用関数の乗数として人口の項 e^{nt} が除か

---

[25] 社会保障制度による私的養老年金あるいは政府の養老年金は一般的であるけれども，終身年金は実際の世界で量的に重要でないと主張して，経済学者はこの可能性を否定している。いずれにしても，確定年金がそれほど使用されていないということは，世代間の利他的な連鎖が仮定される無限時間視野モデルが好ましいフレームワークであるということを暗示しているかもしれない。このモデルでは，確定年金の需要は少なく，しかも，観察される確定年金の量も小規模であろう。

れている点で，ラムゼイ・モデルにおける (2.1) とは異なっている。有限時間視野モデルの仮定は，個人は効用関数あるいは以下で考察される予算制約式において子孫にまったく配慮しないということであった。t 時点で生存しているという条件のもとで，それ以後の $\nu \geq t$ 時点でも生存している確率は $e^{-p(\nu-t)}$ であるので，期待効用は次のように表される。

$$E_t U = \int_t^\infty \log[c(j,\nu)] \cdot e^{-(\rho+p)\cdot(\nu-t)} d\nu. \tag{3.76}$$

したがって，$\rho+p$ は不確実な生涯期間という状況のもとでの有効時間選好率である。ここでは，家計の予算制約式は次のように与えられる。

$$da(j,\nu)/d\nu = [r(\nu)+p] \cdot a(j,\nu) + w(\nu) - c(j,\nu). \tag{3.77}$$

各家計は，(3.77) と初期資産の量 $a(j,j)$ の制約のもとで，(3.76) における期待効用を最大にしようとする。消費の一階条件は以前求められたものと同じである（$\theta=1$ となる [2.11] を参照せよ）。

$$\frac{dc(j,t)/dt}{c(j,t)} = r - \rho. \tag{3.78}$$

死亡確率 p は有効時間選好率 $\rho+p$ と収益率 $r+p$ に均等に影響を与えるので，p は相殺されていることに注意しよう。横断性条件は次のように表される。

$$\lim_{\nu \to \infty} [e^{-[\bar{r}(t,\nu)+p]\cdot(\nu-t)} \cdot a(j,\nu)] = 0. \tag{3.79}$$

ただし，$\bar{r}(t,\nu)$ は t 時点と ν 時点間の「平均」利子率である（0 と t の間の期間に関係している [2.13] を参照せよ）。(3.77) と (3.79) によって，家計の生涯期間の予算制約式は次のように与えられる。

$$\int_t^\infty c(j,\nu) \cdot e^{-[\bar{r}(t,\nu)+p]\cdot(\nu-t)} d\nu = a(j,t) + \tilde{w}(t). \tag{3.80}$$

ただし，$\tilde{w}(t) = \int_t^\infty w(\nu) \cdot e^{-[\bar{r}(t,\nu)+p]\cdot(\nu-t)} d\nu$ は賃金所得の現在価値である。(3.80) は無限時間視野モデルにおける (2.14) に対応している。

さらに，(3.78) と (3.80) を使って，「富」の関数としての消費が次のように求められる[訳注15]。

3.6 有限時間視野を持っているモデルにおける経済成長

$$c(j,t)=(\rho+p)\cdot[a(j,t)+\tilde{w}(t)]. \tag{3.81}$$

この式は無限時間視野モデルにおける（$\theta=1$ のケースの）(2.15) と (2.16) に対応している．対数効用関数という単純化によって，富に関する限界消費性向は一定値 $\rho+p$ である．

集計的変数 $C(t)$, $A(t)$, $\tilde{W}(t)$ は誕生の時点 $j\leq t$ で指数化された世代に関して集計することによって求められる．各世代は，最初の規模 $(p+n)e^{nj}$ に，$t\geq j$ 時点において依然として生存している割合 $e^{-p(t-j)}$ を乗じた値によってウェイトが付けられている[26]．したがって，集計的消費と集計的資産は次のように与えられる．

$$C(t)=\int_{-\infty}^{t} c(j,t)\cdot(p+n)\cdot e^{nj}e^{-p(t-j)}dj, \tag{3.82}$$

$$A(t)=\int_{-\infty}^{t} a(j,t)\cdot(p+n)\cdot e^{nj}e^{-p(t-j)}dj. \tag{3.83}$$

賃金率は年齢とは関係がないので，賃金所得の現在価値の集計量は次のように表される．

$$\tilde{W}(t)=\tilde{w}(t)\cdot e^{nt}=e^{nt}\cdot\int_{t}^{\infty} w(\nu)\cdot e^{-[\bar{r}(t,\nu)+p]\cdot(\nu-t)}d\nu. \tag{3.84}$$

(3.81) における富に関する消費性向は年齢 j とは無関係な $\rho+p$ であるので，集計値の間の関係も個人の場合と同じである．次のことが成立する[訳注16]．

$$C(t)=(\rho+p)\cdot[A(t)+\tilde{W}(t)]. \tag{3.85}$$

(3.82) を使って，個人の消費に関する通時的変化を規定している (3.78) に対応する集計量の類似式を求めることにする．消費の集計値の通時的変化 $\dot{C}$ は富の総額の通時的変化 $\dot{A}+d\tilde{W}/dt$ に依存している．

(3.83) を時間 t で微分することによって $\dot{A}$ を計算することができる．この結果は次のように与えられる[訳注17]．

---

26) 人口の年齢構造は常に持続状態における分布状態にあると仮定している．しかし，本節の文脈では，死去確率 p と賃金率 w は年齢に依存していないので，年齢構造は問題にならない．

$$\dot{A} = r(t) \cdot A(t) + w(t) \cdot e^{nt} - C(t). \tag{3.86}$$

ただし，$w(t)e^{nt}$ は t 時点において支払われる総賃金である。(3.86) の導出には，(3.77) における個人の予算制約式と条件 $a(j,j)=0$ (すなわち，個人の資産は誕生時には0であるという条件) が使われている。集計値の資産の収益率は r であるが，(生存している) 個人の資産の収益率は $r+p$ であるということを除いて，集計量の式は (3.77) における個人の式に対応している。

さらに，(3.84) を時間 t で微分することによって，$\tilde{W}$ の変化を計算することができる。この結果は次のように与えられる[訳注18]。

$$d\tilde{W}/dt = [r(t)+p+n] \cdot \tilde{W}(t) - w(t) \cdot e^{nt}. \tag{3.87}$$

右辺の最後の項は総賃金に一致しており，実際には資産ストック $\tilde{W}(t)$ に支払われる配当分である。右辺の最初の項では，(個人が死去するときには賃金は0になるので) 率 $r(t)+p$ での個人の賃金の割引と率 n での人口の成長が反映されている。

(3.81)～(3.87) を使って，集計的消費の通時的変化 $\dot{C}$ を決定することができる。一人当たりの消費の成長率で表すと，この結果は次のようになる[27],[訳注19]。

$$\dot{c}/c = r(t) - \rho - (p+n) \cdot (\rho+p) \cdot a(t)/c(t). \tag{3.88}$$

$c(t)$ は生存している個人の消費ではなく，総人口によって割られた総消費であることに注意しよう。生存している個人の消費 $c(j,t)$ の変化は (3.78) で与えられている。

(3.88) における新たな主要な要素は右辺の最後の項 $(p+n)(\rho+p) \cdot a(t)/c(t)$ である。$\rho+p$ は資産からの消費性向であるので，$(\rho+p)a(t)$ は $a(t)$ に

---

27) $\theta \neq 1$ に対して，$r(t)$ が定数 r である場合には，この帰結は次のように一般化される。

$$\dot{c}/c = (1/\theta) \cdot (r-\rho) - (1/\theta) \cdot [\rho + \theta p - (1-\theta) \cdot r] \cdot (p+n) \cdot a(t)/c(t).$$

関連する一人当たりの消費である。経済では，個人は新たに $p+n$ の率で生まれてくる。これらの新たな個人は資産を持たずに生まれてくるので，これらの個人の流入によって，一人当たりの平均消費が $(p+n)(\rho+p)a(t)$ だけ引き下げられることになる。最後に，これを $c(t)$ で割ると，一人当たり消費の成長率 $\dot{c}/c$ の低下に対するこの項の寄与分が求められる。

この議論から，重要な特徴は，（資産を持たずに）新たな個人が出現することであり，老人の離脱ではないことに注意しよう。したがって，Weil (1989) が指摘しているように，新たな個人が誕生する（$n>0$）場合には，主要な結果は無限の生涯期間（$p=0$）についても成立する。しかし，第2章における無限時間視野のモデルで仮定された利他的連鎖のようには，老人が新たな個人に関心を持たないということが決定的に重要な点である。それゆえ，（Weil [1989] のように）新たな個人は愛されない子供および移民とみなすことができる。第9章では移民の問題が明確に分析される。

3.6.2 閉鎖経済のもとでの有限時間視野モデル

1種類の資本 k からなるモデルを考察することにしよう。閉鎖経済のもとでは，$\hat{a}=\hat{k}$，$f'(\hat{k})=r+\delta$，$\hat{w}=f(\hat{k})-\hat{k}f'(\hat{k})$ となる。したがって，$\hat{k}$ を決定する式は無限時間視野の場合の式（2.24）とまったく同じであり，それは次のように与えられる。

$$\dot{\hat{k}}=f(\hat{k})-\hat{c}-(x+n+\delta)\cdot\hat{k}. \tag{3.89}$$

(3.88) と条件 $\hat{a}=\hat{k}$ と $r=f'(\hat{k})-\delta$ によって，次の式が得られる。

$$\dot{\hat{c}}/\hat{c}=f'(\hat{k})-(\delta+\rho+x)-(p+n)\cdot(\rho+p)\cdot\hat{k}/\hat{c}. \tag{3.90}$$

図3.5では，$\hat{k}$ と $\hat{c}$ に関する位相図が描かれている。$\dot{\hat{k}}=0$ に対応する凹関数の形状の実線は図2.1における無限時間視野のケースの曲線と同じである。$\hat{k}^*$ における実線の垂直線は（$\theta=1$ の場合の）無限時間視野モデルにおける持続状態値に対応している（$f'(\hat{k}^*)=\delta+\rho+x$）。(3.90) において $\hat{k}/\hat{c}$ を含んでいる項は，$p+n>0$ の場合には，実質的に時間選好率 ρ に加算される。したがって，図3.5において，$\dot{\hat{c}}=0$ 線を表している破線は完全に垂

直線の左側に位置する。$\hat{k}$に対する$\hat{c}$の比率は破線に沿って上昇していくので，$\hat{k}/\hat{c}$を含む項の大きさは0に向かって減少していく。したがって，破線は垂直線に漸近的に近づいていくことになる。

閉鎖経済のもとでの有限時間視野モデルの持続状態の値は実線と破線の交点で決定され，図3.5では，$\hat{k}^*_{\text{fin}}$，$\hat{c}^*_{\text{fin}}$と表されている。重要な帰結は，有効時間選好率が高い場合には，資本の限界生産物も高くなり，その結果，効率的労働に対する資本の低い比率がもたらされることである。したがって，$\hat{k}^*_{\text{fin}} < \hat{k}^*$ということが成立する。それに付随して，持続状態においては，利子率は無限時間視野の場合よりも高くなり（$r^*_{\text{fin}} > r^* = \rho + x$）[28]，効率的労働者一人当たりの消費は低くなる（$\hat{c}^*_{\text{fin}} < \hat{c}^*$）。

初期比率$\hat{k}(0)$から$\hat{k}^*_{\text{fin}}$への移行は無限時間視野モデルにおける移行過程に類似している。$\hat{k}(0) < \hat{k}^*_{\text{fin}}$の場合には，図3.5で矢印が付けられた実線に沿って$\hat{k}$は単調に増加する。他の変数（$\hat{c}$，r，および，それぞれ，$\hat{k}$，$\hat{y}$，$\hat{c}$の成長率）の動態的挙動も無限時間視野の場合と類似している。

$\hat{k}^*_{\text{fin}} < \hat{k}^*$ということが成立しているので，$\hat{k}^*_{\text{fin}} < \hat{k}_{\text{gold}}$となる[29]（図3.1を参照せよ）。したがって，閉鎖経済のもとでの有限時間視野モデルでは，$\hat{k}$の漸近的な挙動については，恣意的な貯蓄率を持つソロー＝スワン・モデルで成立可能な非効率な過剰貯蓄は生じることはない。Diamond(1965)は，閉鎖経済のもとでの2期間オーヴァーラッピング・ゼネレーションズ・モデルでは，過剰貯蓄が生じる可能性があるということを確認した。ここでの（Blanchard［1985］に基づく）帰結で確認されたように，過剰貯蓄の可能性をもたらすダイヤモンド・モデルの特徴は，個人の時間視野が有限である点に存在するのではない。正確にいえば，本節で検討されてきたモデルとの主要な相違は賃金所得に関するライフ・サイクル・パターンの仮定である。ダ

---

[28] 脚注27の式を使って，$\theta \neq 1$の場合にもこの帰結が成立するということを示すことができる。このケースでは，$r^* = \rho + \theta x$．さらに，$r^*_{\text{fin}} < \rho + \theta x + p + n$ということを示すこともできる。

[29] 無限時間視野モデルにおいては，$\hat{k}^* < \hat{k}_{\text{gold}}$ということを保証するために条件$\rho > n$が使用された。ここでも，$\rho > n$という条件が有限時間視野のもとでも成立すると仮定されている。

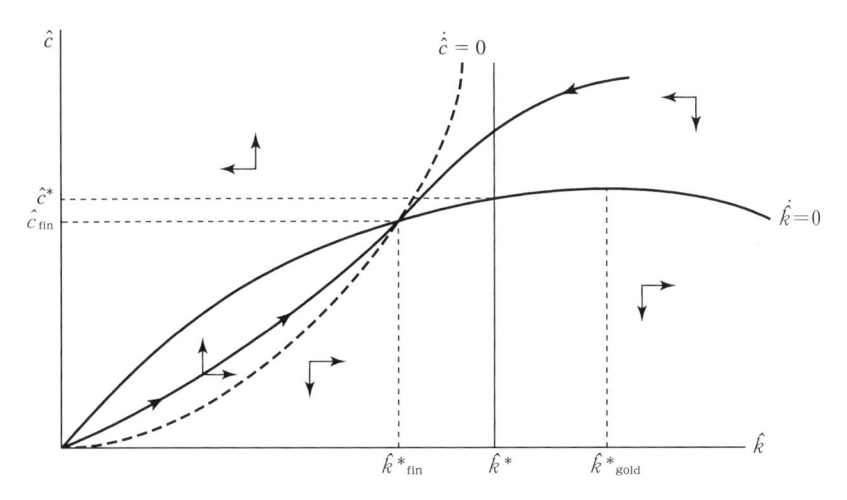

3.6 有限時間視野を持っているモデルにおける経済成長　　259

図 3.5　有限時間視野の閉鎖経済における動態的挙動
$\dot{\hat{k}}=0$ 線は通常の逆 U 字型で表されている。$\dot{\hat{c}}=0$ 線は原点を通り，逓増的に増加し，垂直線 $\hat{k}=\hat{k}^*$ に漸近していく。安定軌道の形状，したがって，このモデルの移行動学はラムゼイ・モデルと類似している。

イヤモンド型の OLG モデルでは，賃金は最初の期（労働期間）ではプラスであり，第 2 期（引退期間）では 0 となる。したがって，そのタイプのモデルでは，賃金所得がライフ・サイクルにわたって急激に低下するのに対して，ここで検討されてきた有限時間視野モデルでは，賃金所得は年齢にかかわらず不変と仮定されている。年齢とともに賃金所得が低下していく傾向があるので，追加的な貯蓄の動機が与えられる。この効果が非常に強力である場合には，非効率的な過剰貯蓄が生じる可能性がある。

ライフ・サイクルにわたって労働生産性の低下が成立可能なように，上で分析された有限時間視野モデルを拡張することができる（このようなケースの分析については，Blanchard [1985] を参照せよ）。年齢とともに労働生産性，それゆえ賃金率が ω の率で低下する場合には，(3.90) は次のように修整される[30]。

$$\dot{\hat{c}}/\hat{c} = f'(\hat{k}) - (\delta + \rho + x - \omega) - (p+n+\omega) \cdot (\rho+p) \cdot \hat{k}(t)/\hat{c}(t). \quad (3.91)$$

(3.91) における ω の上昇によって，ρ からの控除分の増加がもたらされ，その結果，実質的に，時間選好率が低下することになる。このような貯蓄の奨励のために，ω が充分大である場合には，$\hat{k}_{\text{fin}}^* > \hat{k}^*$ ということが成立する。さらに，ω の値が上昇すると持続状態では非効率的な過剰貯蓄が生じる。すなわち，$\hat{k}_{\text{fin}}^* > \hat{k}_{\text{gold}}$ となる。

賃金所得がライフ・サイクルにわたって低下する場合には（すなわち，充分大である ω に対しては），有限時間視野の経済のもとで非効率的な過剰貯蓄は実現可能であるけれども，実際問題として，ω をプラスの値として分析してもよいという点すら明確ではない。個人の最初の就職時期（たとえば，18歳あるいは21歳の年齢）から分析を開始する場合には，賃金所得はおよそ25年間は年齢（および経験）とともに充分に上昇し，次の20〜25年間は比較的一定に留まる（Murphy and Welch [1990, p. 207] を参照せよ）。その後，賃金所得は約10〜15年の引退期間では急激に低下することになる。したがって，2期間オーヴァーラッピング・ゼネレーションズ・モデルでは，賃金所得の上昇期間が無視されており，しかも，引退期間が労働期間と同じ長さであると仮定している点でも現実にそぐわない。いずれの不適切さもライフ・サイクルにおける貯蓄の誘因を誇張する方向に作用している。

さらに，モデルを完全なものにするために，幼年期と教育期間に対応している最初の18〜21年をどのように処理すべきかを決定しなければならない。子供が独立した家計として取り扱われる場合には，生涯の最初の18〜21年は，賃金所得が生涯の平均所得よりも極端に低いという特徴を持つことになる。将来の期待賃金所得より経常的所得が下回っていることは総貯蓄性向にマイナスの影響を与えることになる。おそらく，この効果は，消費の資金を調達するために，子供が両親から借り入れを行うというように現れてくるであろう。

---

30) 再度，人口の年齢構造は持続状態の分布に対応していると仮定している。現在の文脈では，年齢構造の変化は，労働生産性と賃金率の分布に影響を与えるので，問題になる。年齢の分布を所与として，したがって，労働生産性を所与として，効率的労働の総投入量は，本書の他のモデルと同様に，$e^{(n+x)t}$ に比例するであろう。したがって，$\hat{k}$ は $Ke^{-(n+x)t}$ として測定できる。

当然，未成年の子供は別個の家計として取り扱われるべきではないと主張することもできる[31]。しかし，そのときには，18～21歳までの子供の低賃金所得の期間の存在によって，親の賃金所得を所与として，扶養されている子供を含む家族の一人当たり賃金所得が低くなるということができる。したがって，子供の賃金所得の低水準によって，両親は，一般的に中年に対応している期間では，他の場合よりも少ししか貯蓄をしないという動機が与えられる。それゆえ，この効果が，大部分の労働期間における成人の賃金所得の上昇による効果と組み合わされて，引退期間の存在のための貯蓄のプラスの効果を相殺することになる。

この議論の結果は，$\omega \approx 0$（家族の一人当たりの賃金所得の一様性）は総貯蓄性向を分析するための第一次近似として悪くないかもしれないということである。この場合には，閉鎖経済のもとでの有限時間視野モデルにおいて，過剰貯蓄の可能性が分析から除外される。

3.6.3 開放経済のもとでの有限時間視野モデル

次に，1種類の資本財 k が存在しており，しかも借り入れ制約が存在しない状況のもとで，開放経済の有限時間視野モデルを考察することにしよう。便宜的に，国の添え字 i を省略する。世界利子率 $r(t)$ が定数 r で与えられている場合には，自国における効率的労働に対する資本の比率は一定値 $(\hat{k}^*)_{\text{open}}$ になる。ただし，$f'((\hat{k}^*)_{\text{open}}) = r + \delta$。したがって，このモデルでも，$\hat{k}$ と $\hat{y}$ について無限の収束速度が確認されることになる。しかし，$\hat{c}$ と $\hat{a}$ の挙動は以前よりは妥当なものになる。

資産の変化は (3.50) で表され，次のように与えられる。

$$\dot{\hat{a}} = f[(\hat{k}^*)_{\text{open}}] - (r+\delta) \cdot [(\hat{k}^*)_{\text{open}} - \hat{a}] - (x+n+\delta) \cdot \hat{a} - \hat{c}$$
$$= (\hat{w}^*)_{\text{open}} + (r-x-n) \cdot \hat{a} - \hat{c}. \tag{3.92}$$

---

[31] しかし，両親の利他的な動機によって子供の消費に対する供給がなされる無限時間視野モデルにおいては，この議論はより一層説得的なものになる。両親が明らかに子供に関心を持たない有限時間視野モデルでは，親による未成年の子供の扶養は理解が困難である。

ここでは，条件 $f[(\hat{k}^*)_{\text{open}}]=(\hat{w}^*)_{\text{open}}+(r+\delta)(\hat{k}^*)_{\text{open}}$ が使用されている。(3.88) における家計の消費の挙動は次のように表される。

$$\dot{\hat{c}}/\hat{c}=r-\rho-x-(p+n)\cdot(\rho+p)\cdot\hat{a}/\hat{c}. \tag{3.93}$$

図 3.6 では，(3.92) と (3.93) によって示される $(\hat{a},\hat{c})$ に関する位相図が描かれている。この位相図は一定の r に対して成立する，すなわち，世界経済が持続状態にあるときの小国開放経済の動態的動きが検討されているということに注意しよう。(3.92) から導出される $\dot{\hat{a}}=0$ 線は（$(\hat{w}^*)_{\text{open}}$ に等しい）プラスの切片とプラスの勾配 $r-x-n$ を持っている。(3.93) から得られる $\dot{\hat{c}}=0$ 線は原点を通り，その勾配の符号は $r-\rho-x$ の符号に一致している。前節で考察された閉鎖経済のもとでの有限時間視野モデルでは，この最後の項はプラスである。ここで，この項は持続状態でプラスの資産を保持する任意の国ではプラスの値になることに注意しよう。図 3.6 では，$\dot{\hat{a}}=0$ 線の勾配を上回るプラスの勾配を持っている $\dot{\hat{c}}=0$ 線が描かれている[32]。

図 3.6 では，有限時間視野の開放経済における $\hat{c}$ と $\hat{a}$ の持続状態値が示されている。無限時間視野のモデルとは違って，これらの持続状態値はプラスの有限値である。広義の時間選好の項 $\rho+x+(p+n)(\rho+p)\hat{a}/\hat{c}$ が r に一致するように比率 $\hat{a}/\hat{c}$ が調整されるので，この帰結は (3.93) における $\dot{\hat{c}}=0$ と矛盾することはない。言い換えると，主要な特性は有効時間選好率が $\hat{a}/\hat{c}$ の増加関数であるということである。

ρ の値を上昇させると，図 3.6 における $\dot{\hat{c}}=0$ 線は急勾配になる（[3.93] を参照せよ）。すなわち，この直線は原点を中心に左回りに回転する。そのとき，この図から，待忍の程度の低い（より大きな ρ の値を持っている）国では，持続状態における $\hat{a}$ と $\hat{c}$ の値は減少するということができる。さらに，この図から，x，p，n が上昇すると，持続状態における $\hat{a}$ と $\hat{c}$ の値は減少することを確認できる（また，$\theta\neq 1$ の場合には，θ の上昇に伴って，それらの値は減少する）。

---

[32] $d\hat{c}/dt=0$ 線の勾配がプラスであるが，$d\hat{a}/dt=0$ 線の勾配よりも大きくない場合には，$\hat{c}$ は永久に増加することが確認される。この帰結は固定的な世界利子率 r の仮定と矛盾する。

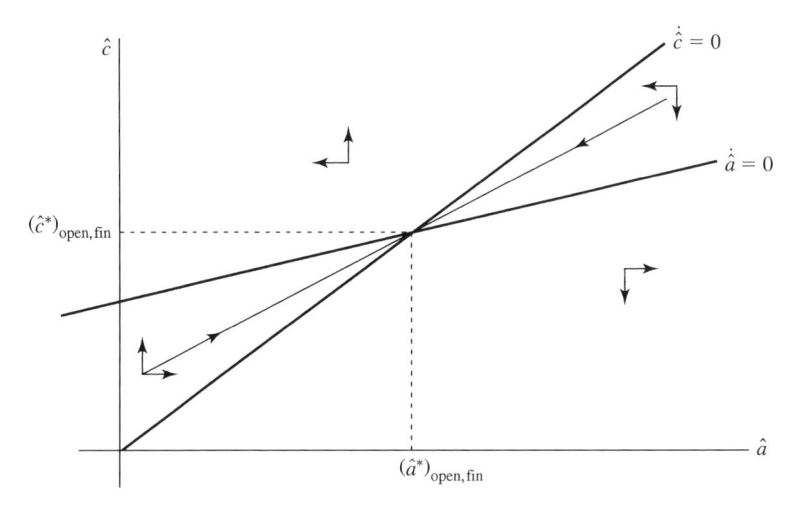

3.6 有限時間視野を持っているモデルにおける経済成長

図 3.6 （固定的利子率の場合の）有限時間視野の開放経済における位相図

世界の資本市場を所与として，この位相図では，固定的利子率に直面する小国開放経済が考察されている。この場合，$\dot{\hat{a}}=0$ 線と，$\dot{\hat{c}}=0$ 線は直線であり，このモデルではサドル経路安定性が成立している。効率的労働者一人当たりの低い資産の水準から出発する場合，この移行過程は，効率的労働者一人当たりの消費水準と資産水準が単調に上昇するということで特徴づけられることになる。

ある範囲のパラメータの値に対しては，持続状態における $\hat{a}$ の値はプラスである。すなわち，負債 $\hat{d}$ は資本ストック $\hat{k}$ を下回っている。しかし，充分大きな ρ（あるいは，x，θ）の値に対しては，$\dot{\hat{c}}=0$ 線の勾配はマイナスになり，その結果，持続状態における $\hat{a}$ の値はマイナスになる。言い換えると，充分待忍的でない経済では，$\hat{d} > \hat{k}$ ということが成立する。このような状況では，借り手は賃金所得の現在価値の一部を担保として使用することになる。

r と各国（$i=1,...,M$）の種々のパラメータの値の規定を所与として，図 3.6 から対応する一連の $\hat{a}_i$ を求めることができる。さらに，条件 $f'(\hat{k}_i)=r+\delta_i$ によって，一連の $\hat{k}_i$ を決定することも可能である。完全な持続的均衡状態では，世界利子率 r は，（各国の効率的労働力人口が乗じられた）$\hat{a}_i$ の合計額と（効率的労働力人口が乗じられた）$\hat{k}_i$ の合計額を一致させるような値である。

最も待忍の程度の高い国を除くすべての国で $\hat{c}_i$ が 0 に近づいていくということを成立させずに，異なった基礎的パラメータを持っている経済が共通の資本市場を使用することができるので，有限時間視野のフレームワークは魅力的なものである．しかし，このモデルでは，$\hat{k}_i$ と $\hat{y}_i$ の収束率は無限大であることが確認される．有限時間視野モデルと，前節で考察された信用制約に関する分析を組み合わせることにより，このことを回避することができる．信用制約付きのモデルにおいて，$\hat{k}_i$ を広義の資本 $\hat{k}_i + \hat{h}_i$ と同様に考えていくと諸結果は容易に求められる．

$(\hat{k}_i^*)_{\text{open}}$ を所与として，図 3.6 において大きな持続状態値 $\hat{a}_i$ を持っている国は信用市場で制約されることはないが，低い値の $\hat{a}_i$ を持っている国（しかも，確実にマイナスの値を持っている国）は信用制約に拘束される．このため，比較的高い値の ρ_i，x_i，p_i，n_i，θ_i を持っている国は，信用制約に拘束される傾向にあるということができる．したがって，（大きな値の ρ_i と θ_i を持っている）待忍的でない国に加えて，信用制約が拘束的になる候補としては，持続状態において成長が急速である（x_i と n_i が高い）国と死亡率が高い（p_i が高い）国が含まれることになる．

信用制約を伴う開放経済のもとでの有限時間視野モデルでは，すべての国について，$\hat{c}_i$ と $\hat{a}_i$ はプラスにとどまることが確認される．さらに，幾つかの国だけが持続状態において信用制約によって拘束されることになる．信用制約で拘束されるこれらの国については，前節で確認されたように，持続状態の近傍における $\hat{k}_i$ と $\hat{y}_i$ の収束速度は有限である．しかし，信用制約が拘束的でない国については，$\hat{k}_i$ と $\hat{y}_i$ の収束速度は依然として無限大のままである．このことを回避するために，上で検討された投資の調整費用を再導入することができる．

3.7 幾つかの結論

本章では，まず，ラムゼイ・モデルを拡張し，課税と公的支出を導入することから分析を開始した．資本所得の課税は資本形成を低下させ，財貨・サービスの政府購入は民間消費をクラウド・アウトする傾向があった．

3.7 幾つかの結論

次に，投資に対する調整費用が導入された。この費用は人的資本の蓄積にとって特に重要であると我々は考えている。世界の資本市場が完全であり，時間視野が無限大であっても，これらの費用の存在によって資本と産出量の収束速度の有限性がもたらされることになる。しかし，調整費用は，単独で，実証的に確認されている低い収束速度の説明を構成することはできない。その理由は，Brainard and Tobin (1968) の q が事実に反するほど高くなるからである。さらに，調整費用の導入によって，開放経済モデルにおける消費と資産の困惑的な挙動が解消されることはない。

さらに，国際的な貸し借りを導入することによって，ラムゼイ・モデルを開放経済に拡張するという一見単純な分析が行われた。しかし，この拡張によって，幾つかの事実に反する帰結がもたらされた。その帰結とは，資本ストックと産出量の収束速度は無限大であるということ，および，最も待忍の程度が高い国を除いて，（効率的労働者一人当たりの）消費は0に近づいていき，資産はマイナスの値になるということである。最も待忍の程度が高い国は次第にすべてのものを所有し，世界産出量をほとんどすべて消費することになる。

これらの逆説的な帰結を解消するために，ラムゼイ・モデルの幾つかの修正版が検討された。不完全な国際信用市場が導入される場合には，借り入れの能力の点で実際に信用制約が拘束的である国については，資本と産出量の収束速度は無限大にはならない。さらに，これらの国では，資産はプラスに留まり，効率的労働1単位当たりの消費は0に近づいていくことはない。しかし，検討された特定のモデルでは，最も待忍の程度が高い国を除くすべての国がやがて信用制約に拘束されることになるという事実に反する帰結がもたらされた。

個人が有限の時間視野を持っており，しかも新たな個人が経済に誕生してくるモデルのもとで分析を継続した。資産の蓄積によって，実際に，国内の時間選好率が引き上げられることになる。（選好パラメータは個人については一定であった；上述の結果は資産水準と消費水準に関して異なっている個人についての集計化から生じてくる）。したがって，信用市場の制約が存在しない場合でも，有効時間選好率の可変性によって，最も待忍の程度が高い

国が世界の富をすべて蓄積しないような誘因が与えられることになる。同様に，比較的待忍的でない国の効率的労働1人当たりの消費も0に近づいていくことはない。

有限時間視野モデルと不完全な信用市場のモデルが統合される場合には，長期均衡は，借り入れの能力の点で，実際に信用制約が拘束的でない一連の国と，実際に制約が拘束的である一連の国の存在によって特徴づけられることになる。（異なる選好パラメータを持っている）多くの国が世界信用市場において信用制約が拘束的でないという点で，この帰結は興味深いものである。さらに，制約が拘束的である国では，資本ストックと産出量の収束速度の有限性が示されることになる。しかしながら，制約が拘束的でない国については，依然として，これらの収束速度が無限大になり，このことは1つの残された問題点である。事実に反するこの最後の帰結は，投資の調整費用，特に人的資本の調整費用を再導入する場合，除去できる。

この段階では，経済学者がラムゼイ・モデルを開放経済に適用する充分納得のいく方法を確立したと主張することはできない。しかしながら，本章で実行された種々の分析によって，そのようなモデルに対する一層の接近がなされている。特に，これらの分析の組合せによって，消費と資産の挙動に関する事実に反する帰結を回避し，資本ストックと産出量の収束が低速度であるという観察結果を同時に説明することが可能となる。

3.8 付論：オーヴァーラッピング・ゼネレーションズ・モデル

本章の本文では，Blanchard(1985) によって展開された有限時間視野の家計からなるモデルが検討された。彼のモデルは，基本的に，Samuelson (1958) と Diamond(1965) によって考案されたオーヴァーラッピング・ゼネレーションズ（OLG）モデルの扱いやすい修正版である。この付論ではOLGモデルの構造が説明され，モデルの含意が明確にされる。

3.8.1 家 計

ほとんどの通常の OLG モデルでは，各個人は2期間だけ生存すると仮定

されている。個人は，第1期つまり若年期では労働をし，第2期つまり老年期では引退し，その後死去する。この設定を現実の世界に関係づけるためには，1期を1世代，たとえば30年を表すものとみなさなければならない。個人は生涯のいずれの期間でも消費を行うので，（政府あるいは他の世代の構成員からの移転が導入されない場合には，）第1期に貯蓄を行うことによって，第2期の消費の支払いに充当しなければならない。

t 時点に誕生する個人の集団を第 t 世代と呼ぶことにしよう。この世代の構成員は t 期では若年者であり，$t+1$ 期では老年者になっている。したがって，t 期間では，t 世代の若年者と $t-1$ 世代の老年者がオーヴァーラップしている。各時点では，ただ2つの世代の構成員のみが生存している。この仮定は，主として，消費と他の変数の集計を単純化するために設定されている[33]）。

各個人は生涯の2期間における消費に依存する生涯効用を最大化しようとする。個人は自らの死去の後に生じる事柄に関心を持たないものとする。特に，個人は自分の子供に対して利他的ではなく，そのため，次の世代の構成員に遺贈あるいはそれ以外の移転を行うことはないものとする。ここで考察されるタイプの生涯効用関数はラムゼイ・モデルにおいて仮定された効用関数の次のような離散時間型であるとしよう。

$$U_t = \frac{c_{1t}^{1-\theta}-1}{1-\theta} + \left(\frac{1}{1+\rho}\right) \cdot \left(\frac{c_{2t+1}^{1-\theta}-1}{1-\theta}\right). \tag{3.94}$$

ただし，$\theta>0$，$\rho>0$ であり，しかも c_{1t} は第 t 世代の若年期の（すなわち，t 期における）消費であり，c_{2t+1} は t 世代の老年期（すなわち，$t+1$ 期）における消費を表している。

t 時点で誕生する個人の生涯を考察することにしよう。以前の世代の構成員はこの個人にまったく関心を払わないので，彼は資産を持たずに誕生して

---

33) 本文で検討された Blanchard(1985) のモデルでは，すべての年齢の個人が富からの同じ消費性向を持っているので，総消費関数は単純なものになる。したがって，総消費は富の総額の単純な関数になっている。OLG モデルでは，異なる世代の個人は異なる消費性向と異なる水準の富を持っている。しかし，各時点でただ2つの世代のみが生存しているので，集計は容易である。

くると仮定することができる。若年期に，彼は1単位の労働を非弾力的に供給し，賃金所得 w_t を受け取るものとする。老年期には，彼は労働をしないものとする。t 期における貯蓄量を s_t で表すことにすると，t 期の予算制約式は次のように表される。

$$c_{1t}+s_t=w_t. \qquad (3.95)$$

$t+1$ 期には，個人は前期の貯蓄プラス（それに対して生じる）利子だけ消費することができる。

$$c_{2t+1}=(1+r_{t+1})\cdot s_t. \qquad (3.96)$$

ここで，r_{t+1} は t 期と $t+1$ 期の間の1期間ローンに対する利子率である。(3.96) 式には，個人は子孫に全く関心を示さないので，死去するときには資産を0の状態にして終わろうとするという規定が織り込まれている。借り入れ $s_t<0$ が考慮される場合には，個人は負債を抱えて死去することはできないという制約が信用市場において課されていると仮定しなければならない。

各個人は，w_t と r_{t+1} を所与として取り扱い，(3.95) と (3.96) の制約条件のもとで，(3.94) における効用を最大にするように c_{1t} と s_t（そして，それゆえ，c_{2t+1}）を選択しようとする。(3.95) と (3.96) を使って，(3.94) における効用関数の c_{1t} と c_{2t+1} に代入し，s に関する一階の条件 $\partial U/\partial s_t=0$ を計算すると次の式が導出される。

$$(s_t)^{-\theta}\cdot(1+r_{t+1})^{1-\theta}=(1+\rho)\cdot(w_t-s_t)^{-\theta}. \qquad (3.97)$$

(3.95) と (3.96) を使用すると，(3.97) は次のように表される。

$$c_{2t+1}/c_{1t}=[(1+r_{t+1})/(1+\rho)]^{1/\theta}. \qquad (3.98)$$

この式はラムゼイ・モデルにおける通常の関係式，すなわち (2.25) における式 $(1/c)(dc/dt)=(1/\theta)(r-\rho)$ に対応する離散型の関係式である。

(3.97) によって，貯蓄率は次のように表される[訳注20]。

$$s_t = w_t/\psi_{t+1}. \tag{3.99}$$

ただし、$\psi_{t+1} \equiv [1+(1+\rho)^{1/\theta}\cdot(1+r_{t+1})^{-(1-\theta)/\theta}] > 1$。$w_t$ と r_{t+1} に対する s_t の依存関係は次のように表される。

$$s_w \equiv \partial s_t/\partial w_t = 1/\psi_{t+1},$$
$$s_r \equiv \partial s_t/\partial r_{t+1} = \left(\frac{1-\theta}{\theta}\right)\cdot\left[\frac{1+\rho}{1+r_{t+1}}\right]^{1/\theta}\cdot s_t/\psi_{t+1}.$$

ここで、$0 < s_w < 1$。しかも、$\theta < 1$ である場合には $s_r > 0$、$\theta > 1$ である場合には $s_r < 0$、$\theta = 1$ の場合には $s_r = 0$。

3.8.2 企　業

企業は次のような通常の新古典派的生産関数を持っているものとしよう。

$$y_t = f(k_t). \tag{3.100}$$

ここで、$y_t \equiv Y_t/L_t$ と $k_t \equiv K_t/L_t$ は労働者一人当たりの産出量と資本である。（ここでは、単純化のために、技術進歩は無視される。すなわち、$x=0$ と仮定される。その理由は、技術進歩が導入されてもこの分析の主要な論点に影響が及ぶことはないからである。）各若年者は1単位時間労働するので、変数 L_t は経済における若年者の総数である。t 期における資本ストックは同じ期間で生産的であると仮定しよう。すなわち、生産と資本の使用に全くラグが存在しないと仮定される。競争的企業による標準的な利潤最大化によって、第2章と同様に、次のような限界生産物と要素価格の均等式が得られる。

$$w_t = f(k_t) - k_t \cdot f'(k_t), \tag{3.101}$$
$$r_t = f'(k_t) - \delta. \tag{3.102}$$

ここで、δ は資本の減耗率である。

3.8.3 均　衡

閉鎖経済を仮定することにしよう。したがって、（期首では、老年世代の構成員によってすべて所有されている）家計の資産は資本ストックに一致す

ることになる。次のように，純投資の総額は総所得マイナス消費に一致する。

$$K_{t+1}-K_t=w_tL_t+r_tK_t-c_{1t}L_t-c_{2t}L_{t-1}. \tag{3.103}$$

ここで，L_{t-1} は $t-1$ 期に誕生した個人の人数であり，t 期ではすべて老年者である。(3.101) と (3.102) における w_t と r_t を (3.103) に代入すると，経済における次のような資源の制約式が求められる。

$$K_{t+1}-K_t=F(K_t,L_t)-C_t-\delta K_t. \tag{3.104}$$

ただし，$C_t=c_{1t}L_t+c_{2t}L_{t-1}$ は消費の総量，すなわち，若年者による消費 $c_{1t}L_t$ と老年者による消費 $c_{2t}L_{t-1}$ の合計額である。

(3.95) と (3.96) によって，c_{1t} と c_{2t} を (3.103) に代入すると次の式が得られる。

$$K_{t+1}=s_tL_t{}^{34)}. \tag{3.105}$$

すなわち，若年者の貯蓄は次の期の資本ストックに一致している。(老年者は子孫に対して全く関心を持っていないので，)老年者は死ぬときに資産を残さずに終わりたいと思っており，それゆえ，すべての資本ストックを次の世代の若年者に売却するので，このことが成立する。したがって，老年者によって所有されているすべての資本と資本の純増分は，若年者によりその貯蓄でもって購入されなければならない。

t 期における貯蓄は $t+1$ 期において資本になるということに注意しよう。1期が30年だとみなされると，(3.105) では，消費されない産出量は30年

---

34) (3.95) と (3.96) を (3.103) に代入すると次の定差方程式が得られる。

$$K_{t+1}=s_tL_t+(1+r_t)\cdot(K_t-s_{t-1}L_{t-1}).$$

第1期において老年者である L_0 人の個人によって所有されている初期資本ストック K_1 から，とにかく経済を出発させなければならない。これらの老年世代は $c_{21}L_0=(1+r_1)K_1$ 量の消費を行うものとする。この条件と，(3.95) と (3.103) を組み合わせると，$K_2=s_1L_1$ となる。そのとき，上記の定差方程式によって，すべての $t\geq 2$ に対して，$K_{t+1}=s_tL_t$ ということが成立する[訳注21]。

後に生産的なものになるということが主張されているのである。この非現実的なラグの構造は2つだけの生涯期間から構成されるオーヴァーラッピング・ゼネレーションズ・モデルの不適切な副産物である。さらに，この構造によって，（r_t と δ のような）種々の比率は世代当たりの量として解釈されなければならないことになる。たとえば，年率で6パーセントの利子率は5.0の r_t の値に一致しており，年率で5パーセントの減耗率は0.78の δ の値に一致している。

$L_{t+1}/L_t = n$ というように一定の人口の成長率を仮定することにしよう（年率で1パーセントの人口の成長率は0.35の n の値に相応している）。(3.105) を一人当たりの変数で表すと，次のようになる。

$$k_{t+1} \equiv K_{t+1}/L_{t+1} = s_t/(1+n).$$

この式に，(3.99) における s_t を代入すると，次の式が得られる。

$$k_{t+1} \cdot (1+n) = w_1/\psi_{t+1}. \tag{3.106}$$

(3.99) のすぐ下の行にある式を ψ_{t+1} に代入すると，次の式が成立する。

$$k_{t+1} \cdot (1+n) \cdot \{1+(1+\rho)^{1/\theta} \cdot [1+r(k_{t+1})]^{(\theta-1)/\theta}\} = w(k_t). \tag{3.107}$$

ここで，$r(k_{t+1})$ は (3.102) で与えられており，$w(k_t)$ は (3.101) で与えられている。

(3.107) は k_t に関する非線型の定差方程式である。各 k_t の値に対して，この式によって，k_{t+1} の均衡値が陰伏的に決定される[35]。したがって，k_t の初期値を所与として，(3.107) によって，資本ストックに関する将来の完全な経路が規定されることになる。

特定のケースの生産関数と効用関数についてのみ，(3.107) は明示的な形で解くことができる。たとえば，効用関数が対数で表されている場合には（$\theta=1$），(3.107) の左辺の括弧の中の式は $2+\rho$ となる。そのときには，定差方程式は簡単に次のように表される。

---

[35] この均衡値は一意に決定されることもあるし，そうでないこともある。以下の議論を参照せよ。

$$k_{t+1}=[f(k_t)-k_t\cdot f'(k_t)]/[(1+n)\cdot(2+\rho)]. \tag{3.108}$$

持続状態　持続状態における集約度を求めるために，(3.107) において $k_{t+1}=k_t=k^*$ とおくと，次の式が得られる。

$$(1+n)\cdot\{1+(1+\rho)^{1/\theta}\cdot[1+f'(k^*)-\delta]^{(\theta-1)/\theta}\}=f(k^*)/k^*-f'(k^*). \tag{3.109}$$

特に，コブ=ダグラス型の生産関数 $f(k_t)=Ak_t^\alpha$ を使用することによって，k^* の決定の性質を確認することができる。このケースでは，(3.109) は次のように単純化される。

$$(1+n)\cdot\{1+(1+\rho)^{1/\theta}\cdot[1+\alpha A\cdot(k^*)^{\alpha-1}-\delta]^{(\theta-1)/\theta}\}=(1-\alpha)\cdot A\cdot(k^*)^{\alpha-1}. \tag{3.110}$$

資本の粗平均生産物を z^* と定義すると，すなわち，$z^*=Ak^{*\alpha-1}$ とすると，(3.110) は次のように書き換えられる。

$$(1+n)\cdot\{1+(1+\rho)^{1/\theta}\cdot[1+\alpha z^*-\delta]^{(\theta-1)/\theta}\}=(1-\alpha)\cdot z^*. \tag{3.111}$$

(3.111) の両辺を z^* の関数として描くことによって，図3.7において，グラフにより z^* が決定される。この式の右辺 (RHS) は原点を出発する勾配 $1-\alpha$ の直線である。左辺 (LHS) の形状は，θ が1に等しいか，1より小であるか，1より大であるかに依存している。これらの3つのケースは，図の3つのパネルに描かれている。

効用関数が対数関数である場合には $\theta=1$ となり，図3.7のパネル(a)に示されているように，(3.111) の左辺は $(1+n)(2+\rho)>0$ を通る水平線になる。この直線は，$(1+n)(2+\rho)/(1-\alpha)$ で与えられるプラスの値 z^* で，$(1-\alpha)z^*$ 線と交わることになる。それゆえ，持続状態における資本ストックは存在し，しかも一意に与えられる。このケースの持続状態における資本集約度は次のように求められる。

$$k^*=\left[\frac{A\cdot(1-\alpha)}{(1+n)\cdot(2+\rho)}\right]^{1/(1-\alpha)}. \tag{3.112}$$

$\theta<1$ のときには，図3.7のパネル(b)のケースが成立する。(3.111) の左辺は z^* の減少関数である。この関数は $z^*=0$ のときプラスの値を持ち，z^* が

3.8 付論：オーヴァーラッピング・ゼネレーションズ・モデル　273

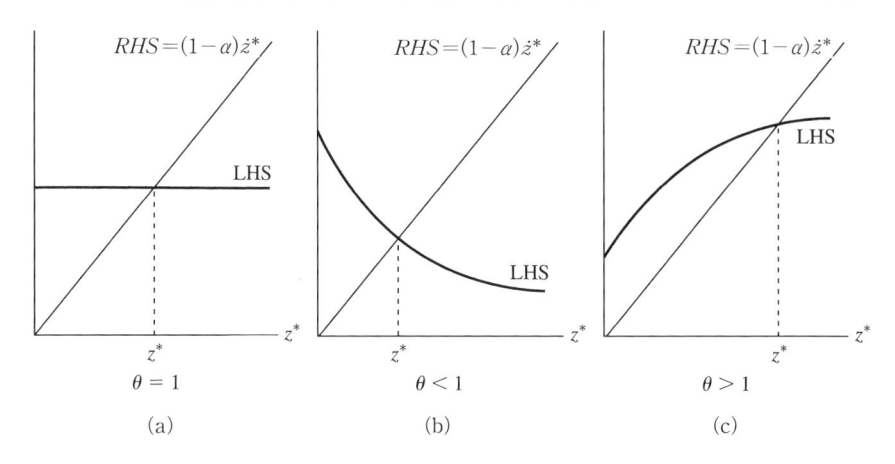

図 3.7　OLG モデルにおける持続状態の決定

(3.111) によって，コブ=ダグラス型の生産関数を持っているオーヴァーラッピング・ゼネレーションズ・モデルにおいて，資本の粗平均生産物 z^* が決定される．この図では，原点から出発する直線は (3 A.18) の右辺を表している．3 つのパネルでは，それぞれ，$\theta=1$，$\theta<1$，$\theta>1$ についての (3.111) の左辺が描かれている．それぞれのケースで，持続状態は存在し，しかも一意である．

無限大に上昇するにつれて，$1+n$ に漸近的に近づいていく．したがって，右辺に相応する直線 $(1-\alpha)z^*$ との交点は一意のプラスの z^* でもたらされる．それゆえ，持続状態における資本ストックは存在し，しかも一意的に決定される．

$\theta>1$ のときには，図 3.7 におけるパネル(c)のケースが成立する．(3.111) の左辺は z^* の増加関数である．$z^*=0$ のときにはこの関数の値はプラスであり，z^* が無限大に上昇していくと，勾配は 0 に向かって単調に減少していく．したがって，再度，右辺に相応する直線 $(1-\alpha)z^*$ との交点は一意のプラスの z^* でもたらされる．

黄金律と動学的非効率性　　次に，第 1 章のソロー=スワン・モデルで生じるような過剰貯蓄がオーヴァーラッピング・ゼネレーションズ・モデルのもとでも発生するかどうかを検討しよう．恣意的な貯蓄率が仮定されるという理由でのみソロー=スワン・モデルで過剰貯蓄の発生は可能であった．無限生存

家計が貯蓄を最適に選択しようとする第2章のラムゼイ・モデルでは，過剰貯蓄は生じることはなかった。OLG モデルにおける意外な結果は，家計が最適に貯蓄を選択するにもかかわらず，過剰貯蓄が発生可能であるということである。経済は永続するが，家計は生涯の2期間の長さに対応する有限時間視野を持っているので，この可能性が存在することになる。

まず最初に，過剰貯蓄の可能性を検討するために，持続状態における一人当たり消費の最大値をもたらすような資本集約度を求めることにしよう。任意の期において，総消費は $C_t \equiv c_{1t} L_t + c_{2t} L_{t-1}$ となる。総人口は $L_t + L_{t-1}$ であるので，一人当たり消費は $C_t/(L_t + L_{t-1})$ に一致することになる。$L_{t-1} = L_t/(1+n)$ であるので，一人当たり消費に関する式は労働者一人当たり消費 $c_t \equiv C_t/L_t$ の $(1+n)/(2+n)$ 倍になる。それゆえ，一人当たり消費の最大化は労働者一人当たり消費の最大化と同値である。

持続状態における労働者一人当たりの消費水準を求めるために，(3.111) の両辺を L_t で割ると，次式が得られる。

$$k_{t+1} \cdot (1+n) - k_t = f(k_t) - c_t - \delta k_t. \tag{3.113}$$

持続状態では $k_{t+1} = k_t = k^*$ となり，しかも持続状態における労働者一人当たり消費 c^* は次のように与えられる。

$$c^* = f(k^*) - (n+\delta) \cdot k^*. \tag{3.114}$$

したがって，c^* の最大値は，$f'(k_g) = n + \delta$ を満足する値 $k^* = k_g$ で，つまり，第1章で述べられた黄金律における値で達成されることになる。単純なタイプの効用関数と生産関数のもとで，経済の持続状態値 k^* が $k^* > k_g$ という動学的に非効率な領域に留まるということを確認することは容易である。

対数効用関数（$\theta = 1$）とコブ=ダグラス型生産関数のケースを検討してみることにしよう。このケースでは，(3.112) で確認されたように，持続状態における資本集約度は $k^* = [(1-\alpha) \cdot A/(1+n) \cdot (2+\rho)]^{1/(1-\alpha)}$ で与えられる。それに対して，黄金律における値は $k_{\text{gold}} = [\alpha A/(n+\delta)]^{1/(1-\alpha)}$ である。したがって，持続状態における集約度が黄金律における値を上回るための条件

(そして，経済が動学的非効率的領域に位置するための条件) は次のようになる。

$$\frac{1-\alpha}{(1+n)\cdot(2+\rho)} > \frac{\alpha}{n+\delta}. \tag{3.115}$$

したがって，時間選好率 ρ と人口の成長 n が小となる場合，減耗率 δ が大である場合，および資本シェア α が小である場合には，過剰貯蓄が発生しそうである。α が 1 に充分に近い値の場合には（賃金率が 0 に充分近い値であり，若年者はほとんど貯蓄することができないので），過剰貯蓄は発生不可能である。

$n=0.35$, $\rho=0.82$, $\delta=0.78$（それぞれ，年率で，0.01，0.02，0.05 に相応している）というような慣用的なパラメータの値が前提にされる場合には，(3.115) における条件は $\alpha<0.32$ と表される。すなわち，資本シェアが 1/3 以下の場合にのみ，非効率的な過剰貯蓄が発生することになる。以前，人的資本が含まれる場合には，それより高い資本シェアが妥当なものであるという主張がなされた。たとえば，$\alpha=0.75$ の場合には，妥当なパラメータ値が前提とされているときには，OLG モデルのもとで過剰貯蓄は生じることはない。

動態的挙動　OLG モデルの動態的挙動は (3.107) から導出される。最初に，(3.108) で示されているような対数効用関数（$\theta=1$）のケースを考えることにしよう。コブ=ダグラス型生産関数 $f(k)=Ak^\alpha$ を仮定すると，(3.108) は次のように表される。

$$k_{t+1}=(1-\alpha)\cdot Ak_t^\alpha/[(1+n)\cdot(2+\rho)]\equiv\Omega(k_t). \tag{3.116}$$

図 3.8 では，$\Omega(k_t)$ と表されている k_{t+1} と k_t の間の関係が示されている。$\Omega(k_t)$ の勾配は $k_t=0$ では無限大であり，k_t が無限大に増大していくにつれて，0 に向かって逓減している。関数 $\Omega(k_t)$ は 45 度線と持続状態値 k^* で交わることになる。このケースでは，時間の経過とともに資本ストックは一意的な持続状態値に単調に近づいていくことになる。言い換えると，持続状態は安定的である。その理由は，曲線 $\Omega(k_t)$ は常に右上がりで，しかも 45

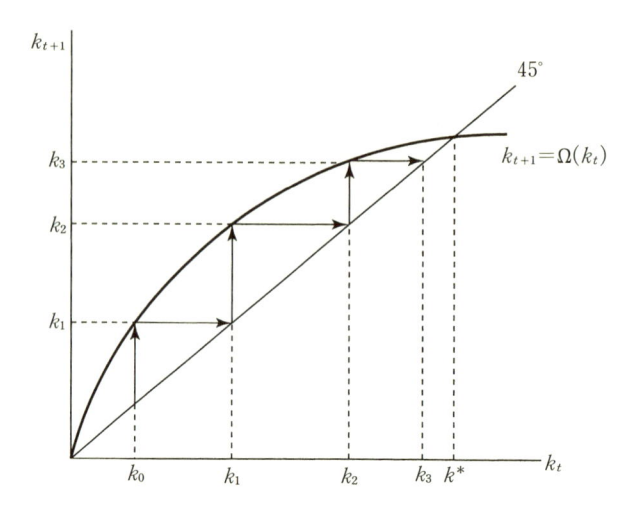

図 3.8　OLG モデルにおける動態的挙動

(3.116) では，対数効用関数とコブ=ダグラス型生産関数のケースについてのオーヴァーラッピング・ゼネレーションズ・モデルの動態的挙動が規定されている．(3.116) で与えられ，しかも図示されている関数 $\Omega(k_t)$ では，各 k_t の値に対応する k_{t+1} の値が決定されている．経済が k_0 から出発すると，図示されているように，k_1，k_2，… という系列を辿って経済は進展することになる．

度線と上方から交差するからである．

　一般的な生産関数と効用関数のもとでは，OLG 経済の動態的挙動は複雑なものになる可能性がある．$\Omega(k_t)$ 曲線が 45 度線と交差するときに右下がりになるような例を作り出すことは可能である．このケースでは，経済ではサイクルが生じる可能性がある[36]．さらに，持続状態の安定性は保証されることはない．

---

[36] しかし，サイクルの可能性は離散型というモデルの設定に依存している．個々の家計にとっては，世代の長さが表されるので，分離量という特性は妥当なものであるかもしれない．しかし，集計的なレベルでは，ライフ・サイクルにおける状況が異なっている家計を加算することによって，この分離量という特性は滑らかなものになるであろう．集計的モデルが（集計的資本ストックのような）単一の状態変数を含んでいる場合には，もはやサイクルは実現不可能であろう．

利他主義，遺贈，無限時間視野　OLG モデルにおける主要な仮定は，各個人は，その子孫に関心を払わないという意味で，有限時間視野を持っていることである。それに対して，ここでは，個人がその子供の幸福について高く評価すると仮定する（Barro [1974] を参照せよ）。利他的な連鎖が世代間の移転を可能にするほど充分に強いものであるならば，すなわち個人がこれらの移転が 0 になるような端点解で生涯を終わろうとしない場合には，有限時間視野の効果は消滅することになる。特に，世代間利他主義の程度が強い場合には，事実上，時間視野が無限大である第 2 章のラムゼイ・モデルに立ち戻ることになる。

世代間の利他的な連鎖を導入する 1 つの方法は，t 時点で誕生した個人の効用は，その生涯消費と，さらに子供の期待効用からも生じてくると仮定することである。たとえば，次のように仮定することにしよう。

$$U_t = \frac{c_{1t}^{1-\theta}-1}{1-\theta} + \left(\frac{1}{1+\rho}\right) \cdot \left(\frac{c_{2t+1}^{1-\theta}-1}{1-\theta}\right) + \left(\frac{1+n}{(1+\rho)\cdot(1+\phi)}\right) \cdot U_{t+1}. \quad (3.117)$$

右辺の最初の 2 つの項は (3.94) における式と一致しており，生涯の 2 期間における消費からもたらされる効用を表している。右辺の最後の項は後継世代の期待効用 U_{t+1} に関連している。この効用 U_{t+1} は，この後継世代の生涯の 2 期間における消費とその次の世代の効用に依存している。

(3.117) における項 U_{t+1} には後継世代の人数 $1+n$ が掛けられており，しかも 2 つの項によって割り引かれている。期待効用は 1 世代後に生じ，この点で，それ自身の老年期の消費 c_{2t+1} に対応しているので，最初の割引き $1+\rho$ が適用されることになる。個人は，（一部は，子供の将来の消費から派生する）子供の期待効用を自らの消費と同じようには評価しない可能性があるので，第 2 の割引き $1+\phi$ が導入されている。特に，$\phi>0$ の場合には，親は利己的であるということができる。その理由は，親の老年期の消費が子供の若年期の消費と一致している場合，このケースでは，親は子供の若年期の消費の追加的単位よりも自身の老年期の消費の追加的単位の方を選好するからである。

(3.117) を繰り返し使用して，U_{t+1}, U_{t+2}, … に代入していくと，次のように，効用は各世代の老年期と若年期の消費の将来にわたる加重合計とし

て表される。

$$U_t = \sum_{i=0}^{\infty} \left(\frac{1+n}{(1+\rho)\cdot(1+\phi)}\right)^i \cdot \left[\frac{c_{1t+i}^{1-\theta}-1}{1-\theta} + \left(\frac{1}{1+\rho}\right)\cdot\left(\frac{c_{2t+1+i}^{1-\theta}-1}{1-\theta}\right)\right]. \quad (3.118)$$

c_{1t+i} と c_{2t+i} が通時的に一定である場合に効用が有界であるためには，条件 $1+n<(1+\rho)(1+\phi)$ が課されなければならない。

t 時点に誕生する後継世代の各個人によって受け取られる世代間移転の額を b_t と表すことにしよう。そのとき，t 期の各老年者によって移転される額は $(1+n)b_t$ になる。したがって，生涯の2期間についての予算制約式は (3.95) と (3.96) から次のように修正される。

$$c_{1t} + s_t = w_t + b_t, \quad (3.119)$$

$$c_{2t+1} + (1+n)\cdot b_{t+1} = (1+r_{t+1})\cdot s_t. \quad (3.120)$$

移転は老年世代が生存している間に行われ，それゆえ，次の世代の若年期の消費のための資金として利用することができるように設定されている。1つの新たな要素は，個人が若年期には2つの所得の源泉，つまり賃金所得と（$b_t>0$ の場合）両親によって提供される移転額を持っていることである。さらに，個人は老年期には資源の2つの支出方法，消費と子供への移転を持っている。

t 世代の若年期の個人は，所与の移転 b_t と各世代に関する (3.119) と (3.120) によって課された制約条件のもとで，(3.118) における効用を最大にしようとする。ここでは，すべての $i \geq 0$ に対して条件 $b_{t+i} \geq 0$ が成立する（すなわち，両親が子供に移転の提供を要求することは不可能である）と仮定される。すべての $i \geq 0$ に対して，制約条件 $b_{t+i} \geq 0$ が拘束的でない場合には，この問題は簡単なものになる。ここでは，このケースのみを取り扱うことにする（これらの制約に関する議論と子供から親への逆の移転に関する分析については，Weil [1987] と Kimball [1987] を参照せよ）。

(3.118) における効用関数の規定では，老年世代が死去し，新たな世代が誕生しても，最適問題の形は変化しないということが示されている。すなわち，種々の期における消費の相対的なウェイトは新たな世代が誕生してきても変化することはない。したがって，t 世代の構成員がその子孫によってな

される選択に対して t 期においてコミットメントを行うことができると主張することもできる。

一階の条件を得るための容易な方法は，(3.119) と (3.120) を使って，(3.118) における c_{1t}，c_{2t+1}，c_{1t+1}，…に代入し，s_t と b_{t+1} に関して最大化を行うことである。最大化の条件は次のように表される[訳注22]。

$$\frac{c_{2t+1}}{c_{1t}} = \left(\frac{1+r_{t+1}}{1+\rho}\right)^{1/\theta}, \tag{3.121}$$

$$\frac{c_{2t}}{c_{1t}} = (1+\phi)^{1/\theta}. \tag{3.122}$$

(3.121) では個人の生涯の消費配分が規定されており，(3.98) と同じ式になっている。(3.122) では，t 期における親の消費と t 期の子供の消費の関係が示されている。利己主義の程度を表すパラメータ ϕ が 0 でない場合にのみ，これらの消費水準は異なった値になる。特に，$\phi>0$ の場合には，親の老年期における消費量よりも子供の若年期における消費量のほうが少ないということができる。

(3.121) と (3.122) を組み合わせると，労働者一人当たり消費の通時的な挙動を計算することができる。それは次のように与えられる[37]。

$$\frac{c_{t+1}}{c_t} = \frac{c_{1t+1}}{c_{1t}} = \frac{c_{2t+1}}{c_{2t}} = \left(\frac{1+r_{t+1}}{(1+\phi)\cdot(1+\rho)}\right)^{1/\theta}. \tag{3.123}$$

この帰結はラムゼイ・モデルにおける c_t の通時的な変化の標準的な式に対応する離散型の式である。唯一の違いは割引き因子が純時間選好率 ρ と利己主義のパラメータ ϕ の統合されたものになっている点である。ここでは，純時間選好の効果は 0 である（すなわち，$\rho=0$ が妥当なものである）とすることができ，その場合，割引きには，親の利己心の程度（$\phi>0$）のみが反映されることになる。

(3.123) を (3.113) における経済の予算制約式と組み合わせると，k_t と c_t の動態的挙動を決定することができる。しかし，このシステムを検討し

---

[37] (3.123) における c_{1t} と c_{2t} の結果は (3.121) と (3.122) から得られる。$c_t = [(1+n)c_{1t}+c_{2t}]/(1+n)$ であるので，c_{1t} の結果が成立する。c_{1t} に対する c_{2t} の比率は (3.122) で示されている定数である。

てみると，それがラムゼイ・モデルの離散型における対応する式であることが確認される。k_t と c_t の動態的方程式がラムゼイ・モデルと（離散的時間への変更ということを除いて）同じであるので，結果も同じになる。特に，持続状態と動態的挙動は適切な性質を持っており，均衡は動学的に非効率になることは不可能である。したがって，利他主義の程度が世代間の移転に関する内点解を保証するほど充分に強い場合には，OLG モデルの構造と有限の寿命という設定は経済の発展についての新たな洞察をもたらすことはない。

問　題

3.1　時間可変的な消費税率　　政府は資本所得に課税をせず，財貨・サービスの購入もせず（すなわち $\tau_a = \tau_f = G = 0$），しかも消費税率 τ_c は一定であるという状況から出発するとしよう。$\tau_a = \tau_f = G = 0$ という条件を維持して，政府が τ_c の上昇的な経路にスイッチしたとしよう。この変更は家計の消費の成長に関する一階条件にどのように影響を及ぼすか。また，この変更は経済の均衡にどのように影響を及ぼすか。時間可変的な消費税率へのシフトは良いアイデアか。

3.2　生産関数における公共サービス　　生産関数が次のように与えられているとしよう。

$$\hat{y} = f(\hat{k}, \tilde{g}).$$

ここで，$\tilde{g}$ は公共サービスのフローである。次のケースについて $\tilde{g}$ の経路が経済に及ぼす効果を分析しなさい。

(a)　$\tilde{g} = \hat{g}$ でしかも G/Y は通時的に一定である。

(b)　$\tilde{g} = G$ でしかも G/Y は通時的に一定である。

3.3　国際的な特化と多角化（Ventura [1997] に基づくモデル）　　各小国経済では，2 つの中間財 X_1, X_2 と，消費と投資に使用できる最終財 Y が生産される。生産関数は次のように与えられているものとする。

$$X_1 = (K_1)^{\alpha_1}(L_1)^{1-\alpha_1}, \tag{1}$$

$$X_2 = (K_2)^{\alpha_2}(L_2)^{1-\alpha_2}, \tag{2}$$

$$Y = (X_1)^{\alpha_3}(X_2)^{1-\alpha_3}. \tag{3}$$

ここで，α_1, α_2, $\alpha_3 > 0$；K_1 と L_1 は X_1 を生産する部門で使用される国内の資本量と労働量である；K_2 と L_2 は X_2 を生産する部門で使用される資本量と労働量である；$K_1 + K_2 = K$；および $L_1 + L_2 = L$。

通常の分析と同様に，最終財 Y は C，あるいは K の拡張に使用可能である。総労働量 L は一定であるとする。中間財は世界市場において（X_2 1 単位当たりの X_1 の単位で表された）一定の価格 p で取引が可能であると仮定される。最終財 Y および C と K は国際的には取引できないものとする。世界信用市場は存在しないものとする。したがって，各国の X_1 の販売額あるいは購入額はその国の X_2 の購入額あるいは販売額と一致しなければならない。(3)において，Y を生産するために使用される X_1 と X_2 の量は（(1)と(2)による）国内の生産量プラス海外からの純購入量である。

(a) 国内経済は $k \equiv K/L$ のどのような範囲で中間財を両方とも生産するという意味での「多角化領域」に位置することになるか。k が多角化領域に位置している場合，資本に対するレンタル率 R と賃金率 w の式を導出しなさい（生産要素の移動可能性が存在しない場合には，要素価格均等化が財の移動可能性を通じて達成されることに注意しなさい）。

(b) k は増加するが，経済が多角化領域の外部に移動するほど増加するわけではないと仮定しよう。k の増加によって，収穫逓減性がもたらされないのは何故か。（注意：この結果は Rybczinski [1955] の定理の応用である。）

(c) 無限時間視野の消費者は通常のラムゼイ・モデルの最適問題を解こうとすると想定しよう。p が一定であるということを仮定して，c と k の運動法則を導出しなさい。

(d) 世界は $k(0)$ の値を除いて同じタイプの非常に多数の小国経済から構成されているとしよう。さらに，すべての国は多角化領域に位置してい

ると仮定しよう。p の世界均衡経路を導出し、世界における c と k の運動法則を求めなさい。これらの結果は(c)における結果とどのような関係にあるか。

3.4 国際的な信用制約（Cohen and Sachs [1986] に基づくモデル）　自国、つまり、i 国は世界信用市場において一定の実質利子率 r で借り入れを行うことができるとしよう。しかし、i 国は資本ストックの一定割合 $\lambda \geq 0$ の範囲でのみ、つまり、

$$d_i \leq \lambda k_i, \tag{1}$$

という範囲でのみ、借り入れが可能であるとする。$d_i = k_i - a_i$（[3.1]）であるので、(1)によって、次の式が成立する。

$$a_i \geq (1-\lambda) \cdot k_i. \tag{2}$$

国内経済には、$\rho_i + \theta_i x_i > r$ を持っている通常の無限時間視野の消費者が存在しているものとしよう。さらに、この国は、当初、式(2)が拘束的でないように、充分に大なる資産の状態 $a_i(0)$ から出発すると想定しよう。

(a) (2)が拘束的でない場合、一階の最適条件はどのようなものになるか。この条件と 3.4.3 節で検討された条件との関係を考察しなさい。

(b) (2)は有限時間内に拘束的なものになることを検討しなさい。それから、(3.50) を使って、(2)が拘束的である場合の $\hat{k}$ に関する式を求めなさい。(2)が拘束的である場合の $\dot{c}/c$ に関する式はどのようなものになるか。$\lambda=1$、$\lambda=0$、$0<\lambda<1$ という状況のもとで、この結果の直感的な意味を説明しなさい。

(c) 持続状態における $\hat{k}$ の値はどのようなものか。この値は λ と r にどのように依存しているか。

(d) パラメータ λ は移行動学にどのような影響を及ぼすことになるか。

3.5 ラムゼイ・モデルにおける調整費用（Abel and Blanchard [1983] に基づくモデル）　本章の調整費用のモデルを検討することにしよう。消費者は通常のラムゼイ・タイプの選好を持っているものとしよう。しかし、固定的な利子率を仮定せずに、閉鎖経済における均衡を考察することにす

(a) q, i/k, $\dot c/c$, k の関数として $\dot q$ の式を求めなさい。

(b) 位相図を使用して，i/k と k の動態的挙動を解明しなさい。（注意：q よりも i/k で分析するほうが容易である。）

3.6 世界の終焉モデル(2)

効用が対数効用関数で表され（$\theta=1$），すべての個人が単位時間当たり $p \geq 0$ の確率で世界が終わりを迎えると考えているということを除いて，第2章で述べられたものと同じラムゼイ・モデルを取り扱うことにしよう。すなわち，世界が t 時点で存在するという前提のもとに，それ以後の T 時点でも存在する確率は $e^{-p(T-t)}$ で与えられることになる。

(a) $\hat k$ と $\hat c$ の移行方程式はどのように表されるか。これらの方程式は第2章における (2.23)，(2.24) や Blanchard(1985) のモデルにおける (3.89)，(3.90) とどのような関係があるか。

(b) 図 3.1 の修正版を使って，この経済の移行経路を説明しなさい。

(c) p の値が小さくなるにつれて，移行経路は図 2.1 で示されている経路とどのような関係にあるか。p が 0 に近づくにつれてどういうことが生じるか。

3.7 有限時間視野モデルにおける財政政策

本章で述べられているような閉鎖経済の Blanchard(1985) のモデルにおいて，問題 2.9 を再検討しなさい。$n=x=G=0$ と仮定し，しかも，B が $B(0)$ の値で固定されているケースで分析を開始しなさい。

(a) $B(0)$ の違いによって，経済の移行経路と持続状態はどのような影響を受けることになるか。

(b) B はある経路に従うが，最終的には一定値に近づいていくと想定しよう。この B の経路は経済の移行経路と持続状態にどのような影響を及ぼすことになるか。

訳　注

1) 現在価値ハミルトニアンを使った本来の最大値原理の適用で議論しておくことにする。
$$\dot{\nu} = -\frac{\partial J}{\partial K}$$
$$= -e^{-\bar{r}(t)t}\{F_K(K,\hat{L}) + (I/K)^2\phi'(I/K) - \delta q\}$$
$$= -e^{-\bar{r}(t)t}\{f'(\hat{k}) + (\hat{i}/\hat{k})^2\phi'(\hat{i}/\hat{k}) - \delta q\}. \qquad \cdots ①$$
(ここで, $F_K(K,\hat{L}) = F_K(K/\hat{L},1) = F_K(\hat{k},1) = f'(\hat{k})$. $\nu = qe^{-\int_0^t r(\tau)d\tau}$ であるので,
$$\dot{\nu} = \dot{q}e^{-\bar{r}(t)t} - qr(t)e^{-\bar{r}(t)t}. \qquad \cdots ②$$
したがって, ②を①に代入して整理すると, (3.32) が成立する。

2) (3.28) の最大化問題の本来の横断性条件は次のように与えられる。
$$\lim_{t \to \infty} \nu(t)K(t) = 0.$$
ここで, $\nu(t)K(t) = q(t)e^{-\bar{r}(t)\cdot t}\hat{k}(t)e^{(n+x)t} = q(t)\hat{k}(t)e^{-(\bar{r}(t)-n-x)t}$.

3) 簡単な計算であるが一応示しておく。記号の簡単化のために, $z = \hat{i}/\hat{k}$ とおくことにする。
$$\dot{q}K + q\dot{K}$$
$$= \{(r+\delta)q - (f' + z^2\phi')\}K + q\{I - \delta K\}$$
$$= rqK + qI - (f' + z^2\phi')K$$
$$= rqK - \hat{L}\{(f' + z^2\phi')\hat{k} - q\hat{i}\}$$
$$= rqK - \hat{L}\{f(\hat{k}) - we^{-xt} + z^2\phi'\hat{k} - (1 + \phi + z\phi')\hat{i}\}$$
$$= rqK - \hat{L}\{f(\hat{k}) - we^{-xt} - \hat{i}(1 + \phi)\}.$$
$(\because\ z^2\hat{k} = z\hat{i})$

記号の煩雑を回避するため, 次のようにおくことにする。
$$q(t)K(t) = M(t),$$
$$\hat{L}\{f(\hat{k}) - we^{-xt} - \hat{i}(1 + \phi(\hat{i}/\hat{k}))\} = N(t).$$
したがって, 上の微分方程式は次のように表される。
$$\dot{M}(t) - r(t)M(t) = -N(t).$$
両辺に $e^{-\bar{r}(t)t}$ を掛け, 整理すると,
$$[M(t)e^{-\bar{r}(t)t}]_0^\infty = -\int_0^\infty e^{-\bar{r}(t)t}N(t)dt.$$
(3.33) の横断性条件と, (3.28) を考慮すると,
$$-M(0) = -V(0).$$
ゆえに, $q(0)K(0) = V(0)$.

4) (3.43) より持続状態 ($\hat{k} = \hat{k}^*$) では次のことが成立している。
$$2bsA\hat{k}^{*\alpha-1} = \{b(x + n + \delta) + 1\}^2 - 1.$$
さて, (3.43) は次のように表される。
$$\dot{\hat{k}}/\hat{k} = (1/b)\{[1 + 2bsAe^{(\alpha-1)\log \hat{k}}]^{1/2} - 1\} - (x + n + \delta).$$

訳　注　　285

したがって,
$$\frac{\partial(\dot{\hat{k}}/\hat{k})}{\partial \log \hat{k}} = 1/(2b)\{1+2bsAe^{(a-1)\log \hat{k}}\}^{-1/2}(a-1)2bsAe^{(a-1)\log \hat{k}}.$$

上式を $\log \hat{k} = \log \hat{k}^*$ で評価すると,
$$\left.\frac{\partial(\dot{\hat{k}}/\hat{k})}{\partial \log \hat{k}}\right|_{\log \hat{k}=\log \hat{k}^*}$$
$$=1/(2b)\{b(x+n+\delta)+1\}^{-1}(a-1)[\{b(x+n+\delta)+1\}^2-1]$$
$$=\frac{(a-1)(x+n+\delta)\{1+(1/2)b(x+n+\delta)\}}{\{b(x+n+\delta)+1\}}.$$

ゆえに,
$$\beta=-\left.\frac{\partial(\dot{\hat{k}}/\hat{k})}{\partial \log \hat{k}}\right|_{\log \hat{k}=\log \hat{k}^*}$$
$$=(3.44)\text{ 式の右辺}.$$

5) 　　　　　　　　　第 i 国　　　　　　　　海外部門

a_i^i	a_i^f
a_f^i	a_f^f

　　　　　　　　　　　k_i　　　　　　　　　　　　k_f

ここで，a_j^m は m の資本ストックに対する j の請求権の保有額とする。
ここで,
$$a_i = a_i^i + a_i^f,$$
$$k_i = a_i^i + a_f^i.$$
よって,
$$k_i - a_i = a_f^i - a_i^f.$$

6) (3.47) より,
$$\hat{c}_i(t) = \hat{c}_i(0) e^{(r-\rho_i-\theta_i x_i)\frac{1}{\theta_i}t}. \qquad \cdots ①$$
さらに，(2.15) より,
$$\hat{c}_i(0) = \mu_i(0)[a_i(0) + \tilde{w}_i(0)]. \qquad \cdots ②$$
ここで,
$$\mu_i(0) = \frac{1}{\int_0^\infty e^{-\frac{1}{\theta_i}[\rho_i-(1-\theta_i)r-n_i\theta_i]t}dt}$$
$$= \frac{1}{\theta_i}[\rho_i - (1-\theta_i)r - n_i\theta_i]. \qquad \cdots ③$$
$$\tilde{w}_i(0) = \int_0^\infty (\hat{w}_i^*)_{\text{open}} e^{x_i t} e^{-(r-n)t} dt$$
$$= \frac{(\hat{w}_i^*)_{\text{open}}}{r-x_i-n}. \qquad \cdots ④$$

②，③，④を①に代入すると (3.51) が得られる（ここで，$\hat{a}_i(0)=a_i(0)$）。

7) (3.48)，(3.49)，(3.50) より，
$$\dot{\hat{a}}_i=f(\hat{k}_i)-(r+\delta_i)\hat{k}_i+(r+\delta_i)\hat{a}_i-(x_i+n_i+\delta_i)\hat{a}_i-\hat{c}_i$$
$$=(\hat{w}_i^*)_{\text{open}}+(r-x_i-n_i)\hat{a}_i-\hat{c}_i.$$

したがって，
$$\dot{\hat{a}}_i-(r-x_i-n_i)\hat{a}_i=(\hat{w}_i^*)_{\text{open}}-\hat{c}_i.$$

（以下，記号の簡単化のため，$r-x_i-n_i=b$ とおくことにする。）

ゆえに，
$$\hat{a}_i(t)=e^{bt}\left\{\int[(\hat{w}_i^*)_{\text{open}}-\hat{c}_i(t)]e^{-bt}dt\right\}.$$

ここで，簡単化のために，(3.51) を $\hat{c}_i(t)=Ae^{dt}$ とおくことにする。
$$\int\hat{c}_i(t)e^{-bt}dt=A\int e^{(d-b)t}dt$$
$$=A\frac{1}{(d-b)}e^{(d-b)t}.$$

したがって，
$$\hat{a}_i(t)=e^{bt}\left\{\frac{(\hat{w}_i^*)_{\text{open}}}{-b}e^{-bt}-\frac{A}{(d-b)}e^{(d-b)t}\right\}.$$

つまり，
$$\hat{a}_i(t)=\frac{A}{b-d}e^{dt}-\frac{(\hat{w}_i^*)_{\text{open}}}{b}.$$

ここで，
$$\hat{a}_i(0)=\frac{A}{b-d}-\frac{(\hat{w}_i^*)_{\text{open}}}{b}.$$

8) 次のことが成立する。
$$\dot{a}=\left[A\hat{k}^a\hat{h}^\eta-\hat{k}\frac{\partial\hat{y}}{\partial\hat{k}}-\hat{h}\frac{\partial\hat{y}}{\partial\hat{h}}\right]e^{xt}+(r-n)a-c,\quad \frac{\partial\hat{y}}{\partial\hat{k}}=r+\delta=\frac{\partial\hat{y}}{\partial\hat{h}}.$$

ここで，$\frac{\dot{a}}{e^{xt}}=\dot{\hat{a}}+x\hat{a}$ である。したがって，
$$\dot{\hat{a}}=A\hat{k}^a\hat{h}^\eta-(r+\delta)(\hat{k}+\hat{h})+(r-n-x)\hat{a}-\hat{c}$$
$$=A\hat{k}^a\hat{h}^\eta-(r+\delta)(\hat{k}+\hat{h}-\hat{a})-(x+n+\delta)\hat{a}-\hat{c}.$$

9) $\hat{k}=(a/\eta)\hat{h}$ であるので，
$$\hat{y}=A(a/\eta)^a\hat{h}^{a+\eta}.$$

したがって，閉鎖経済のもとでは，
$$\dot{\hat{k}}+\dot{\hat{h}}=\frac{a+\eta}{\eta}\dot{\hat{h}}=A(a/\eta)^a\hat{h}^{a+\eta}-(x+n+\delta)\frac{a+\eta}{\eta}\hat{h}-\hat{c}$$
$$=A(a/\eta)^a\left(\frac{\eta}{a+\eta}\right)^{a+\eta}\left(\frac{a+\eta}{\eta}\hat{h}\right)^{a+\eta}-(x+\eta+\delta)\frac{a+\eta}{\eta}\hat{h}-\hat{c}.$$

$\frac{a+\eta}{\eta}\hat{h}$ を1つの変数として取り扱うことにすると，(3.53) と上式より，収束速度の係数が求められる。後の議論では自動的に以前の結果が利用できる。ただし，a のかわりに $a+\eta$ とおきかえればよい。

10) 単純に $\hat{k}=\alpha\hat{y}/(r+\delta)$ を生産関数に代入すると，
$$\hat{y}=A\left\{\frac{\alpha}{r+\delta}\right\}^{\alpha}\hat{y}^{\alpha}\hat{h}^{\eta}.$$
したがって，
$$\hat{y}^{1-\alpha}=A\left\{\frac{\alpha}{r+\delta}\right\}^{\alpha}\hat{h}^{\eta}.$$

11) $\alpha>0,\ \eta>0,\ 0<\alpha+\eta<1$ であるので，
$$\eta<1-\alpha.$$
したがって，
$$\alpha\eta<\alpha(1-\alpha).$$
このことより，
$$\eta<\alpha(1-\alpha)+\eta(1-\alpha).$$
ゆえに，
$$\frac{\eta}{(1-\alpha)}<\alpha+\eta.$$

12) 簡単な議論であるが，一応示しておく．(3.57) から，
$$\frac{y}{h}=\frac{\hat{y}}{\hat{h}}=\tilde{A}\hat{h}^{\epsilon-1}.$$
したがって，
$$\frac{h}{y}=\tilde{A}^{-1}\hat{h}^{1-\epsilon},\ (ここで,\ 0<\epsilon<1).$$
(3.56) より，
$$\frac{k}{y}=\frac{\alpha}{r+\delta}.$$
したがって，
$$h/k=\tilde{A}^{-1}\frac{r+\delta}{\alpha}\hat{h}^{1-\epsilon},\ (0<\epsilon<1).$$

13) この点については，(3.52) より以下の議論を参照せよ．

14) $\int_{j}^{\infty}(t-j)pe^{-p(t-j)}dt$
$$=\int_{0}^{\infty}tpe^{-pt}dt$$
$$=p\left\{\left[t\left(-\frac{1}{p}e^{-pt}\right)\right]_{0}^{\infty}-\int_{0}^{\infty}\left(-\frac{1}{p}e^{-pt}\right)dt\right\}$$
$$=p\left\{\frac{1}{p}\int_{0}^{\infty}e^{-pt}dt\right\}$$
$$=\left[-\frac{1}{p}e^{-pt}\right]_{0}^{\infty}=\frac{1}{p}.$$

15) すべて，第2章の横断性条件の項と同様に導出していけばよい．計算は簡単であるが一応示しておく．t は所与とされているので，原著の (3.78) の微分方程式を次のように変形しておく．

$$\frac{dc(j,\nu)/d\nu}{c(j,\nu)} = r(\nu) - \rho.$$

この微分方程式の解は $c(j,t)$ を初期値として次のように表される。

$$c(j,\nu) = e^{\int_t^\nu (r(\tau)-\rho)d\tau} c(j,t)$$
$$= c(j,t) e^{\{\bar{r}(t,\nu)-\rho\}(\nu-t)}.$$

これを (3.80) に代入する。

(3.80) の左辺 $= c(j,t) \int_t^\infty e^{-(\rho+p)(\nu-t)} d\nu$
$= c(j,t)/(\rho+p).$

16) (3.81) に $(p+n)e^{nj}e^{-p(t-j)}$ を掛けた式の両辺の積分をとり，次のことを参考にするとこの式が得られる。

$$\int_{-\infty}^t \tilde{w}(t)(p+n)e^{nj}e^{-p(t-j)}dj$$
$$= \tilde{w}(t)(p+n)e^{-pt}\int_{-\infty}^t e^{(n+p)j}dj$$
$$= \tilde{w}(t)e^{nt}.$$

17) ライプニッツの公式が使用される。本書の数学付論あるいは一松信『解析学序説』（下），裳華房，p.25 を参照せよ。

$$\dot{A}(t) = \int_{-\infty}^t \left\{ \frac{da(j,t)}{dt}(p+n)e^{nj}e^{-p(t-j)} - a(j,t)(p+n)pe^{nj}e^{-p(t-j)} \right\}dj + a(t,t)(p+n)e^{nt}$$
$$= \int_{-\infty}^t \{(r+p)a(j,t) + w(t) - c(j,t)\}(p+n)e^{nj}e^{-p(t-j)}dj - \int_{-\infty}^t p(p+n)a(j,t)e^{nj}e^{-p(t-j)}dj$$
$$= r(t) \cdot A(t) + w(t)e^{nt} - C(t).$$

18) $\dot{\tilde{W}}(t) = n\tilde{W}(t) + e^{nt}\dfrac{d}{dt}\int_t^\infty w(\nu)e^{-[\bar{r}(t,\nu)+p](\nu-t)}d\nu.$

ここで，ライプニッツの公式を使用する。

$$\frac{d}{dt}\int_t^\infty w(\nu)e^{-\int_t^\nu r(\tau)d\tau - p(\nu-t)}d\nu$$
$$= \int_t^\infty w(\nu)(r+p)e^{-\int_t^\nu r(\tau)d\tau - p(\nu-t)}d\nu - w(t).$$

ゆえに，
$$\dot{\tilde{W}}(t) = (r(t)+p+n)\tilde{W}(t) - e^{nt}w(t).$$

19) 次のことが成立する。

$$\dot{C}(t) = (\rho+p)\{\dot{A}(t) + \dot{\tilde{W}}(t)\}$$
$$= (\rho+p)\{r(t)A(t) - C(t) + (r(t)+p+n)\tilde{W}(t)\}$$
$$= (\rho+p)\{(r(t)+p+n)(A(t)+\tilde{W}(t)) - (p+n)A(t) - C(t)\}$$
$$= (r(t)+n-\rho)C(t) - (p+n)(\rho+p)A(t).$$

上式の両式を $C(t)$ で割り，次のことを考慮すると，(3.88) を求めることができる。

$C(t) = e^{nt}c(t)$ であるので， $\dot{C}/C = n + \dot{c}/c.$

20) (3.97) は一階の条件から直ちに得られる。(3.97) より，次式が得られる。

$$\left\{\frac{s_t}{w_t - s_t}\right\}^{-\theta} = \frac{1+\rho}{(1+r_{t+1})^{1-\theta}}.$$

訳　注　　289

したがって，
$$\left\{\frac{w_t}{s_t}-1\right\}=\left\{\frac{1+\rho}{(1+r_{t+1})^{1-\theta}}\right\}^{1/\theta}.$$

21) $K_{t+1}-K_t = w_t L_t + r_t K_t - c_{1t} L_t - c_{2t} L_{t-1}$
$= w_t L_t + r_t K_t - (w_t - s_t)L_t - (1+r_t)s_{t-1}L_{t-1}$
$= s_t L_t + r_t K_t - (1+r_t)s_{t-1}L_{t-1}.$　　　…①

したがって，
$K_{t+1} - s_t L_t = (1+r_t)(K_t - s_{t-1}L_{t-1}).$　　　…②

ところで，
$K_2 - K_1 = w_1 L_1 + r_1 K_1 - c_{11} L_1 - c_{21} L_0.$

したがって，脚注のように，$c_{21}L_0 = (1+r_1)K_1$ が成立する場合には，
$K_2 = w_1 L_1 - c_{11} L_1$
$\quad = s_1 L_1.$

ゆえに，②より，すべての $t \geq 2$ に対して成立する。

22) s_{t+i} 以外の項は最適経路に相応する値が考慮されているとしよう。
ここで，
$c_{1t+i} = w_{t+i} + b_{t+i} - s_{t+i},$
$c_{2t+1+i} = (1+r_{t+1+i})s_{t+i} - (1+n)b_{t+1+i},$
$\phi(s_{t+i}) = \frac{c_{1t+i}^{1-\theta}-1}{1-\theta} + \left(\frac{1}{1+\rho}\right)\left(\frac{c_{2t+1+i}^{1-\theta}-1}{1-\theta}\right).$

s_{t+i}^* を最適経路に相応する値とすると，次式が成立する。
$$\left.\frac{d\phi(s_{t+i})}{ds_{t+i}}\right|_{s_{t+i}=s_{t+i}^*}=0.$$

したがって，
$c_{1t+i}^{-\theta} = \frac{1}{1+\rho} c_{2t+1+i}^{-\theta}(1+r_{t+1+i}).$

これより，直ちに (3.121) に対応する式が得られる。(3.122) に対応する式の導出には b_{t+i} の変化を考慮すればよいが，(3.119)，(3.120) より，1 期前をも考慮して，計算していけばよい。

第4章

一部門内生的成長モデル

　ソロー=スワン・モデルと同様に，ラムゼイ・モデルにおいても，持続状態における一人当たりの成長率は技術進歩率 x に一致する。これらのモデルでは x は外生的なものと仮定されていた。したがって，これらのモデルは移行動学を検討するための興味深いフレームワークを提示しているけれども，一人当たり所得の長期的成長の要因の理解にはそれほど役に立たないということができる。

　第1章では，内生的成長理論を構成する1つのやり方は資本が収穫逓減性を示す長期的傾向を除去することだということが言及された。単純な例として，常に資本に関する収穫一定性を示す AK モデルについて議論し，それから，資本に関する収穫は逓減的であるが，あるプラスの定数に漸近しているような生産技術が考察された。

　本章では，AK 生産関数と家計および企業の最適行動を統合することにより分析を開始する。このフレームワークのもとでは，内生的成長が成立し，しかも，その結果はラムゼイ・モデルと同様にパレート最適である。しかし，この種のモデルの帰結は収束性に関する実証的結果と一致しないという1つの欠陥が存在している。

　AK モデルの1つの解釈は，資本が物的資本と人的資本を含むように広義にとり扱われるべきであるということである。4.2節では，この解釈を明確にし，人的資本を伴なう単純なモデルを検討する。

　第1章で，集計的なレベルでの収穫一定性を持つ生産関数に，ラーニング・バイ・ドゥーイングおよび知識のスピル・オーヴァーを反映させることができるということを言及しておいた。このタイプの技術では内生的成長は

確保されるが，スピル・オーヴァーはある種の外部性を構成するので，その結果はパレート最適にはならない傾向がある。それゆえ，これらのモデルには望ましい政府の政策の可能性が存在している。本章では，さらに，政府によって供給される公共財を持つ幾つかのモデルを検討し，それらが成長と政府の政策について類似の含意を持っていることを示すことにする。

本章の最後の部分では，資本に関する収穫は逓減するが，あるプラスの定数に漸近的に近づいていくという特徴を持っている生産関数のケースで，最適行動を行う経済主体からなるモデルのもとで，移行動学が分析される。このようなモデルでは，AK モデルにおける内生的成長という特徴とラムゼイ・モデルで見いだされた収束性という性質が統合可能である。したがって，収束性に関する実証的結果はこのようなタイプの内生的成長モデルの帰結とは一致している。

4.1　AK モデル

4.1.1　家計の行動

ここでは，第 2 章の設定が使用される。つまり，

$$\dot{a} = (r-n) \cdot a + w - c \tag{4.1}$$

という制約条件のもとで，無限生存家計が次式で与えられる効用の最大化を行うと仮定される。

$$U = \int_0^\infty e^{-(\rho-n)t} \cdot \left[\frac{c^{(1-\theta)} - 1}{(1-\theta)} \right] dt. \tag{4.2}$$

ここで，a は一人当たりの資産，r は利子率，w は賃金率，n は人口の成長率である。ここでも，また，チェーン・レター方式の負債収支を排除する制約を課すことにする[訳注1]。

$$\lim_{t \to \infty} \left\{ a(t) \cdot \exp\left[-\int_0^t [r(\nu) - n] d\nu \right] \right\} \geq 0. \tag{4.3}$$

したがって，ここでも最適化の条件は，以下の (4.4) と横断性条件 (4.5) で与えられる。

4.1 AKモデル

$$\dot{c}/c = (1/\theta) \cdot (r - \rho), \tag{4.4}$$

$$\lim_{t \to \infty} \left\{ a(t) \cdot \exp \left[-\int_0^t [r(\nu) - n] d\nu \right] \right\} = 0. \tag{4.5}$$

4.1.2 企業の行動

第2章との唯一の違いは企業が次のような線型の生産関数を持っていることである。

$$y = f(k) = Ak. \tag{4.6}$$

ここで，$A>0$。資本の限界生産物が逓減的ではなく（$f''=0$），しかも，稲田条件が成立しないという点で，特に，kが0に近づいても，無限に増大しても，$f'(k) = A$となるという点で，(4.6)は新古典派的生産関数とは異なっている。本章の付論（4.7節）で，稲田条件 $\lim_{k \to \infty} [f'(k)] = 0$ の不成立が内生的成長の背後にある重要な要素であることがより一般的に示される。

(4.6)における資本の収穫逓減性の大域的な非存在性は非現実的なように思われるが，資本 K が，人的資本，知識，公共的インフラ等を含むように広義に解釈される場合には，このような考えは妥当なものになるということが第1章で言及された。本章の以下の節では，これらの解釈がより詳細に検討される。

以前と同様に，利潤の最大化の条件によって，資本の限界生産物がレンタル・プライス $R=r+\delta$ に一致することが必要になる。ここでの唯一の違いは資本の限界生産物が A で一定であることである。したがって，

$$r = A - \delta. \tag{4.7}^{訳注2)}$$

労働の限界生産物がゼロであるので，賃金率 w はゼロである。（ゼロの賃金率を，人的資本によって増大されていない本来の労働に適用されるものとして考えることができる。）

4.1.3 均　　衡

第2章と同様に，閉鎖経済が仮定される。したがって，$a=k$ ということ

が成立する[訳注3]。$a=k, r=A-\delta, w=0$ を (4.1), (4.4), (4.5) に代入すると，以下の式が得られる。

$$\dot{k}=(A-\delta-n)\cdot k-c, \tag{4.8}$$

$$\dot{c}/c=(1/\theta)\cdot(A-\delta-\rho), \tag{4.9}$$

$$\lim_{t\to\infty}\left\{k(t)\cdot e^{-(A-\delta-n)\cdot t}\right\}=0. \tag{4.10}$$

(4.9) の著しい特徴は消費の成長が一人当たりの資本ストック k に依存していないことである。言い換えると，0時点における一人当たり消費の水準が $c(0)$ であると，t 時点における一人当たり消費 $c(t)$ は次のように与えられる。

$$c(t)=c(0)\cdot e^{(1/\theta)\cdot(A-\delta-\rho)\cdot t}. \tag{4.11}$$

ただし，初期の消費水準 $c(0)$ は決定される必要がある。

生産関数は c の成長を保証するほど充分に生産的であるが，無限の効用をもたらすほど生産的ではないと仮定しよう。つまり，次のことが成立するとしよう。

$$A>\rho+\delta>(A-\delta)(1-\theta)+\theta n+\delta. \tag{4.12}$$

この条件の最初の部分からは $\dot{c}/c>0$ ということが保証される。第2章のモデルにおける $\rho+\theta x>x+n$ という条件に類似している2番目の部分により，達成された効用が有界であり[1]，横断性条件が成立することが保証されている。

労働者一人当たりの資本と産出の成長率を計算するために (4.8) を k で

---

[1] この帰結を証明するために，(4.11) の $c(t)$ を効用関数に代入すると，$U=[1/(1-\theta)]\cdot\int_0^\infty e^{-(\rho-n)t}\cdot[c(0)^{1-\theta}e^{[(1-\theta)/\theta]\cdot(A-\delta-\rho)t}-1]dt$ を得ることができる。この積分は，$\rho-n>[(1-\theta)/\theta]\cdot(A-\delta-\rho)$ でないならば，無限大になっていく。両辺に δ を加え，その式を整理すると，(4.12) の2番目の不等式を得ることができる。この条件を表現する別の方法は，$(A-\delta-n)>\gamma$ である。ただし，γ は (4.9) で与えられている一人当たり消費の成長率である。数学付論では，無限大の効用が処理されうる幾つかのケースが考察される。

割ると，次式が得られる。

$$c/k = (A - \delta - n) - \dot{k}/k.$$

(定義により，すべての変数がそれぞれ一定の率で成長する) 持続状態では，一人当たりの資本の成長率は一定である。したがって，上の c/k に関する式の右辺は一定である。その結果，c/k は一定になり，一人当たりの資本の成長率 (それゆえ，一人当たり産出 y の成長率) は (4.9) で与えられている一人当たり消費の成長率に一致する。この議論は持続状態についてのみ妥当することに注意しよう。原則として，持続状態以外では資本の成長率は一定ではないかもしれない。そうであれば，c/k は一定ではないであろう。しかし，そのように言ったが，実際には，消費と資本 (および産出) は各時点で同じ率で成長することが確認できる。言い換えれば，このモデルには，移行動学は存在しないということができる。

4.1.4 移行動学

持続状態に位置していない場合の資本の成長率を計算するために，まず，(4.11) における $c(t)$ を (4.8) に代入すると，次式が得られる。

$$\dot{k} = (A - \delta - n) \cdot k - c(0) \cdot e^{(1/\theta) \cdot (A - \delta - \rho) \cdot t}.$$

これは k に関する1階の線型微分方程式である。この微分方程式の一般解は次のように与えられる[2]。

$$k(t) = (\text{定数}) \cdot e^{(A - \delta - n) \cdot t} + [c(0)/\varphi] \cdot e^{(1/\theta) \cdot (A - \delta - \rho) \cdot t}. \tag{4.13}$$

ただし，

$$\varphi \equiv (A - \delta) \cdot (\theta - 1)/\theta + \rho/\theta - n. \tag{4.14}$$

このようなパラメータの組の別の表示方法は $\varphi \equiv (A - \delta - n) - \gamma$ であることに注意しよう。ただし，γ は (4.9) 式で与えられた一定の一人当たり消費

---

[2] このタイプの1階の線型微分方程式に関する議論については数学付論を参照せよ。

の成長率である。条件 (4.12) により $\varphi > 0$ となる。

(4.13) における $k(t)$ を (4.10) の横断性条件に代入すると，次の式が得られる。

$$\lim_{t \to \infty}\{定数 + [c(0)/\varphi] \cdot e^{-\varphi t}\} = 0.$$

$c(0)$ は有限値でしかも $\varphi > 0$ であるので，括弧の中の第 2 項目は 0 に収束する。したがって，横断性条件により，定数は 0 にならなければならない。それゆえ，(4.11) と (4.13) により，次のことが成立する。

$$c(t) = \varphi \cdot k(t),^{3)} \tag{4.15}$$
$$\dot{k}/k = \dot{c}/c = (1/\theta) \cdot (A - \delta - \rho). \tag{4.16}$$

さらに，$y = Ak$ であるので，$\dot{y}/y = \dot{k}/k = \dot{c}/c$ ということが成立する。したがって，このモデルには移行動学は存在せず，変数 $k(t)$, $c(t)$, $y(t)$ は，それぞれ，$k(0)$, $c(0) = \varphi \cdot k(0)$, $y(0) = A \cdot k(0)$ という値から出発し，その後，それらの変数いずれも一定の率 $(1/\theta)(A - \delta - \rho)$ で成長することになる。

AK モデルでは，基礎的なパラメータの変更によって，種々の変数の水準と成長率に影響がもたらされる。たとえば，人口の成長率 n の永続的上昇があっても，(4.16) で示されている一人当たりの成長率には影響はないが，一人当たりの消費水準は減少することになる（[4.14] と [4.15] を参照せよ）。A, ρ, θ の変化は c と k の水準と成長率に影響を与えることになる。

粗貯蓄率は次の式で与えられる[訳注4]。

$$s = (\dot{K} + \delta K)/Y = (1/A) \cdot (\dot{k}/k + n + \delta) = \left[\frac{A - \rho + \theta n + (\theta - 1) \cdot \delta}{\theta A}\right]. \tag{4.17}$$

ここで，$\dot{k}/k = (1/\theta)(A - \delta - \rho)$。したがって，粗貯蓄率は一定であり，しかも，$n$ を別にすると，一人当たり成長率に影響を与えるのと同じパラメータに依存している。

---

3) このモデルでは c の明確な形の政策関数が得られることに注意しよう。

4.1.5 位 相 図

k と c に関する位相図を作成することによって,経済の動態的動きを分析できる。$A > \rho + \delta$ であるので,消費の成長は常にプラスである。それゆえ,$\dot{c} = 0$ 線は存在しない。したがって,図 4.1 で描かれている矢印は北方を指している。(4.8) を使うと,$\dot{k} = 0$ 線は原点から出発し傾き $A - \delta - n$ をもつ直線になることを確認できる。この線より右方に位置している点での矢印は東方向を指し,この線の左方の点では西方向を指している。(4.15) で示唆されているように,この経済が辿る経路 (サドル経路) は傾き φ のもう一つの直線である。$\varphi = (A - \delta - n) - \gamma$ であるので,この経路の傾きは $\dot{k} = 0$ 線の傾きよりも小である。$k(0)$ を所与として,初期消費としてサドル経路よりも上方の値が選択される場合,経済は垂直線に到達するであろう。この結果はオイラー条件を満足しない (類似の議論は第 2 章で新古典派モデルについてなされた)。初期消費としてサドル経路の下方の点が選択された場合,c と k は無限に成長することになる。この経路に沿って,資本ストック k は c よりも急速に成長し,横断性条件が成立しなくなる。(横断性条件を含む) すべての一階条件を満足する唯一の選択は c/k の値の一定性を伴うサドル経路である。

4.1.6 成長率の決定要因

AK モデルと第 2 章における新古典派成長モデルの決定的な違いは長期的な一人当たり成長率の決定に関係している。AK モデルでは,(短期的成長率に一致している) 長期成長率は,(4.16) では,貯蓄の性向と資本の生産性を決定するパラメータに依存している。貯蓄の性向を高めることになる ρ と θ の値の低下によって,(4.16) における一人当たり成長率が上昇し,(4.17) における貯蓄率が引き上げられる。(資本の限界生産物と平均生産物を上昇させる) 技術水準 A の改良によっても,成長率の上昇がもたらされ,貯蓄率が変化することになる。本章の後の節で,種々のタイプの政府の政策の変更は結局 A のシフトに帰されるということが示される。したがって,生産関数の水準における文字どおりの差異以上に,パラメータ A の解釈を一般化することができる。

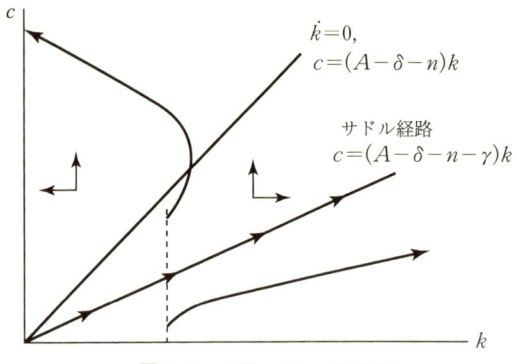

図 4.1 AK モデルの位相図

$\dot{k}=0$ 線は原点を出発し，傾き $A-\delta-n>0$ を持つ直線である。この線の右側に位置する点の矢印は右方を指し，左側の点での矢印は左方を指している。$A>\rho+\delta$ であるので，消費の成長は常にプラスである。したがって，$\dot{c}=0$ 線は存在することはなく，しかも，矢印は常に上方を指すことになる。(4.15) で示唆されているように，サドル経路は（$\dot{k}=0$ 線の傾きよりも小なる）傾き $\varphi=(A-\delta-n)-\gamma$ を持つもう一つの直線である。横断性条件とオイラー方程式により保証されているが，経済は常にサドル経路上に位置しており，その結果，資本に対する消費の比率は常に一定である。

AK モデルにおける長期成長に及ぼす諸効果と比較して，第 2 章のラムゼイ・モデルでは，長期の一人当たり成長率は外生的な技術進歩率 x で釘付けにされている。貯蓄の性向の上昇あるいは技術水準の改良によって，長期的には，効率的労働者一人当たりの資本と産出水準の上昇がもたらされるが，一人当たりの成長率の変化は何ら生じることはない。

このような結果の違いには，新古典派モデルにおける資本の収穫逓減性の存在性と AK モデルにおけるこの収穫逓減性の非存在性が反映されている。数量的には，相違の程度は収穫逓減性がいかに急速に生じるか（新古典派モデルにおいて，経済がいかに急速に持続状態に収束するかを決定する特徴）に依存している。収穫逓減性が徐々に生ずる場合には，収束期間は長くなる。この場合，貯蓄の性向あるいは技術水準のシフトは，新古典派モデルにおいて，永遠でないにしても，長期間にわたって成長率に影響を与えることになる。したがって，新古典派モデルと AK モデルの差異は，収束が急速である場合は相当大であるが，収束のスピードが遅い場合は（これが実際の

ように思われるが),それほど大きなものではなくなる。収束のスピードが極端に遅い場合には,AK モデルで生じる成長の効果は,新古典派モデルにおける長期間の成長率に与える効果の良好な近似を提示することになる。

第2章では,ラムゼイ・モデルにおける均衡状態はパレート最適であるということが示された。この結果は,その均衡状態が代表的家計と同じ目的関数を持っている仮想の社会的計画者によってもたらされる状態と一致することを示すことによって,証明された。AK モデルにおける均衡がパレート最適であることを,ここでも全く同じ手順に従って証明することは容易である[4]。生産関数における収穫逓減性の非存在(すなわち,新古典派的生産関数の AK 型生産関数による置き換え)によって,モデルに市場の失敗の要因が何ら導入されることはないので,この帰結は妥当なものといえる。

4.2 物的資本と人的資本を持っている一部門モデル

AK モデルについての1つの解釈として,資本が物的資本と人的資本を含むように広義にとらえられるべきであるということが以前言及された。本節では,この解釈を明確にするような人的資本を伴う単純なモデルを展開することにしよう。

生産関数の投入物が次のように物的資本 K と人的資本 H であると仮定することにしよう。

$$Y = F(K, H). \tag{4.18}$$

ここで,$F(\cdot)$ は,K と H についての規模に関する収穫一定性を含む標準的な新古典派的性質を持っているものとする。この生産関数は,(第3章では,K と H についての規模に関する収穫逓減性を持つコブ=ダグラス型の生産関数が仮定されたということを除いて,)第3章で使用されたものに類似している。規模に関する収穫一定性の条件を使って,生産関数を集約的

---

[4] 計画者は,(4.8)の条件,$c(t) \geq 0$,および所与の初期値 $k(0)$ の制約条件のもとで,(4.2)における U を最大にするように c の経路を選択しようとする。

な形に書き換えることができる。

$$Y = K \cdot f(H/K). \tag{4.19}$$

ここで，$f'(H/K)>0$。

　産出物は，消費，物的資本への投資，あるいは人的資本への投資に，1対1のベースで使用することができる。したがって，一部門生産関数が，消費財と物的資本の生産に対すると同様に，人的資本の生産（すなわち，教育）にも適用されると仮定する。（第5章では，独立した教育部門が導入される。）物的資本と人的資本のストックはそれぞれ δ_K と δ_H の率で減耗すると仮定する。さらに，人口 L は一定であると仮定しよう。そのとき，H の変化には人的資本の純投資のみが反映されることになる。

　R_K と R_H を，2種類の資本の使用に対して，競争的企業によって支払われるレンタル・プライスとしよう。参入障壁が存在しない場合には，企業間の競争によって，利潤は0になる。（第2章の議論と同様に）利潤最大化条件とゼロ利潤条件によって，各投入物の限界生産物はそのレンタル・プライスに一致することになる。

$$\begin{aligned}\partial Y/\partial K &= f(H/K) - (H/K) \cdot f'(H/K) = R_K, \\ \partial Y/\partial H &= f'(H/K) = R_H.\end{aligned} \tag{4.20}$$

2種類の資本は互いに完全代替的であり，また，生産側面では，消費財とも完全代替的であるので，2種類の資本の価格をそれぞれ1で一定であるとしてもよいであろう[5]。したがって，資本の所有者の収益率は，それぞれ，$R_K - \delta_K$，$R_H - \delta_H$ となり，しかも，均衡では各収益率は利子率 r に一致しなければならない。(4.20)を使い，項を整理すると，収益率の均等性により，次式が成立する。

---

5) 各タイプの資本における粗投資が非負であるという制約が拘束的でない場合，あるいは，非現実的であるが，古い資本装置が消費可能であるか，あるいは，他のタイプの資本に転換可能である場合には，この帰結が成立する。このようなタイプの制約については，第5章で，明確な形で考慮される。

$$f(H/K) - f'(H/K) \cdot (1 + H/K) = \delta_K - \delta_H. \tag{4.21}$$

この条件により，H/K の値が一意的に決定される[6]。

$A \equiv f(H/K)$（定数）と定義すると，(4.19) により $Y = AK$ ということが成立する。したがって，2種類の資本を伴う本節のモデルは，前節で分析された AK モデルと本質的に全く同じである。前節の分析により，均衡では，C, K, Y の成長率が一定で，同じになるということが確認されている。（L が一定であるので，これらの成長率は一人当たりの成長率と一致している。）H/K が固定されているので，H も他の変数と同じ率で成長することになる。

この単純なケースから得られた主要な帰結は，K を物的資本と人的資本を含む資本財の合成物の代理変数と考えることができるということである。2種類の資本に関する収穫一定性を妥当なものと見なすならば，AK モデルはこのような広義のモデルの納得のいく表現であるということができる。第5章では，一部門モデルという仮定を外し，教育の生産関数が財のそれとは異なっていると仮定した場合に生じてくる幾つかの追加的結果を検討する。

4.3 ラーニング・バイ・ドゥーイングと知識のスピル・オーヴァーを伴うモデル

4.3.1 技　術

AK モデルにおける内生的成長の秘訣は蓄積可能な生産要素に関する収穫逓減性が存在しないことである。(Frankel(1962)，Griliches(1979)，Romer(1986)，Lucas(1988) を含む) 幾人かの論者はスピル・オーヴァー効果が中心的な役割を演じる内生的成長モデルを構築した。おそらく，タイミン

---

[6] (4.21) の左辺の式は，H/K に関して単調増加関数であるということを容易に示すことができる。さらに，H/K が 0 から無限大に増加するとき，この式は $-\infty$ から ∞ の範囲を動くことになる。したがって，H/K についての解は存在し，しかも一意である。

グに関連する理由で，Romer の分析の影響が最大であった[7]。彼は資本の収穫逓減性の傾向を除去するために，Arrow(1962) のモデルを使用して，知識の創出は投資の副産物であるという仮定を採用した。物的資本の増加を試みる企業は，より効率的に生産する方法を同時に学習することになる。生産性に対する経験のこのようなプラスの効果はラーニング・バイ・ドゥーイング，あるいは，この場合には，ラーニング・バイ・インベスティング (learning-by-investing) と呼ばれる。

企業 i について次のような労働増加的な技術を伴う新古典派的生産関数を考えることにより，種々の可能性を示すことができる。

$$Y_i = F(K_i, A_i L_i). \tag{4.22}$$

ここで，L_i と K_i は慣用的な投入物であり，A_i は企業にとって利用可能な知識の指数である。生産関数 $F(\cdot)$ は第1章で詳細に説明した新古典的性質 ([1.4]～[1.6])（各投入物の限界生産物の正値性と逓減性，規模に関する収穫一定性，および稲田条件）を持っているものとする。技術は労働増加的であると仮定する。したがって，A_i が一定の率で成長する場合には，持続状態が存在することになる。しかし，ここでは第2章とは異なって，A_i は率 x で外生的に成長すると仮定されない。さらに，以下で明らかにされる理由で，総労働力人口 L は一定であると仮定される。

Arrow(1962)，Sheshinski(1967)，Romer(1986) に従って，生産性の成長に関する2つの仮定が採用される。第1に，各企業の純投資を通じて，ラーニング・バイ・ドゥーイングが生じるものとする。具体的には，企業の資本ストックの増加によって，それに相応する知識ストック A_i の上昇がもたらされるものとする。このプロセスには，知識と生産性の上昇は投資と生産活動を通して発生するという Arrow のアイデアが反映されている。このような設定は，航空機製造業，造船業，他の生産分野における生産性に対する経

---

7) Cannon (2000) はこの点について次のように主張している。「Frankel (1962) では，最新の文献で使用されているアイデアについて予想されており，広範な認識に値する。この論文がその時点で無視された理由は少々当惑的なものであり，おそらく研究と成長のプロセスにおける機会の役割の証明として役立つであろう。」

験のプラスの大きな効果についての実証的観察に基づくものである（Wright [1936], Searle [1946], Asher [1956], Rapping [1965] を参照せよ）。このようなアイデアは，（学習の代理変数としての）パテントは物的資本への投資に付随して生じているという Schmookler(1966) の実証結果によって広範に支持されている。

2番目の主要な仮定は，各企業の知識は他のどの企業でも無料で利用できる公共財だということである。言い換えると，一度発見されると，ほんの少しの知識も直ちに経済全体にスピル・オーヴァーするということである。この仮定により，各企業の技術の項の変化 $\dot{A}_i$ は経済全体のラーニングに一致し，したがって，総資本ストックの変化 $\dot{K}$ に比例して生じることになる。

ラーニング・バイ・ドゥーイングと知識のスピル・オーヴァーの仮定を組み合わせると，(4.22)における A_i を K で置き換えることができ，企業 i の生産関数を次のように書くことができる[8]。

$$Y_i = F(K_i, K \cdot L_i). \tag{4.23}$$

K と L_i が一定であれば，第2章の新古典派のモデルにおけるように，各企業は K_i に関する収穫逓減性に直面する。しかし，各生産者が K_i を増加させると，その結果，K が増加し，あらゆる企業の生産性を上昇させるスピル・オーヴァー便益がもたらされる。さらに，(4.23) は L_i を所与として，K_i と K に関する一次同次の関数である。すなわち，L を所与として，K_i と K がともに増加する場合，社会的なレベルで資本に関する収穫一定性が存在する。資本に関するこの社会的収穫の一定性により，内生的成長がもたらされることになる。

(4.23) に集約される Romer の分析のエッセンスは Frankel(1962) の論文で提示されていた。そこでは，（彼が発展修正因子と呼んだ）経済的規模での生産性因子は各企業で使用される資本ストックの和に等しくなると仮定していた。しかし，Frankel はスピル・オーヴァー過程の性質に関して詳説

---

[8] 資本がまったく生産されなかった場合に生産者が持っている任意の限界的知識が無視されている。

していなかった。特に，彼は知識の役割に焦点を当ててはいなかった。

Griliches(1979) による (4.23) の定式では，K_i は i 企業の固有の知識資本を表しており，それに対して，(再び K_i の和としてモデル化されている) K は産業における知識の総水準である。Romer(1986) との本質的な違いは，Romer が経済全体の純投資を検討していたのに対して，Griliches は知識の増大に関連のあるようなR＆D投資の議論に集中していたことである。

Lucas(1988) のストーリーでは，知識は人的資本を通じて創出され，しかも伝播すると考えられていた。したがって，K_i は企業の人的資本の雇用だとされ，K は産業あるいは国における人的資本の総水準であると解釈される。この場合，スピル・オーヴァー効果は賢い人たちとの交流を意味している。後で議論される一つの重要な論点は，スピル・オーヴァーが人的資本の総量に，あるいは平均に関係しているかどうかである。

率直に言って，知識は非競合的な性質を持っているので，スピル・オーヴァーの仮定は自然なものだと言うことができる。つまり，ある企業がアイデアを使用する場合，他の企業がそれを使用しないようにすることはできない。他方，企業は，発明に対する公式のパテント保護と同様に，その発見を内密にしようとする誘因を持っている。したがって，生産性の改善に関する知識は徐々にのみ漏出していくことになり，革新者はある期間競争上の優位性を保持するであろう。実際，分権的なモデルのもとでは，この個々の優位性が，具体的に種々の発見に向けてなされる Griliches(1979) のR＆D支出のような投資の本質的な動機になっている。しかし，この状況で生じてくる企業間の相互作用のようなものは，標準的な完全競争モデルでは充分に表すことができない。したがって，それについての考察は延期して，第6章と第7章で別の分析を行うことにする。本節では，すべての発見は投資の意図せざる副産物であり，しかも，これらの発見は直ちに共通知識になるという極端な仮定をおくことにする。このような設定によって，均衡はパレート最適ではなくなるが，完全競争のフレームワークを保持することが可能になる。

ここで採用される仮定は知識のスピル・オーヴァーが経済全体のレベルで生じるということである。それと代替的な仮定は，スピル・オーヴァーが，ある産業内，限定された地理上の地域，特定の行政管轄区域等で生じると規

4.3 ラーニング・バイ・ドゥーイングと知識のスピル・オーヴァーを伴うモデル

定することである。これらのスピル・オーヴァーが生じる範囲は，モデルの実証的含意にとって決定的に重要なものになるであろ．

企業の利潤は次のように表すことができる。

$$L_i \cdot [F(k_i, K) - (r+\delta) \cdot k_i - w]. \tag{4.24}$$

ここで，$r+\delta$ は資本のレンタル・プライスであり，w は賃金率である。通常の分析と同様に，各競争企業はこれらの要素価格を所与とみなしているものと仮定しよう。さらに，各企業は，総資本ストックに対する自身の貢献分が無視できるほど充分小さく，その結果，K を所与として取り扱うという仮定をおくことにしよう。そのとき，(第2章で詳細に議論された) 利潤最大化の条件とゼロ利潤条件により，次のことが成立する。

$$\begin{aligned}\partial y_i/\partial k_i &= F_1(k_i, K) = r+\delta, \\ \partial Y_i/\partial L_i &= F(k_i, K) - k_i \cdot F_1(k_i, K) = w.\end{aligned} \tag{4.25}$$

$F(k_i, K)$ の最初の独立変数 k_i に関する偏微係数 $F_1(\cdot)$ は，資本の**私的**限界生産物である。特に，この限界生産物では K に対する k_i の貢献分，それゆえ，総知識に対する貢献分が無視されている。

均衡では，すべての企業は同じ選択を行うので，$k_i = k$ と $K = kL$ ということが成立する。$F(k_i, K)$ は k_i と K に関して一次同次の関数であるので，資本の平均生産物は次のように表される[訳注5]。

$$F(k_i, K)/k_i = f(K/k_i) = f(L). \tag{4.26}$$

ここで，(資本の平均生産物の関数) $f(L)$ については，$f'(L) > 0$ と $f''(L) < 0$ が成立している。ラーニング・バイ・ドゥーイングとスピル・オーヴァーの両方の効果によって，収穫逓減性の傾向が除去されるので，この平均生産物は k に関して不変であることに注意しよう。しかし，平均生産物は労働力人口の大きさ L の増加関数である。この最後の性質は通常のものとは異なるが，これによって，後で議論する規模の効果がもたらされることになる。

資本の私的限界生産物は (4.26) より次のように表される[訳注6]。

$$F_1(k_i, K) = f(L) - L \cdot f'(L). \tag{4.27}$$

したがって，資本の私的限界生産物は平均生産物 $f(L)$ より小であり，しかも，k に関して不変である。($f''(L)<0$ であるので，）(4.27) により，資本の私的限界生産物は L に関して増加的である。

4.3.2 均　　衡

以前と同様に，無限生存家計が通常の方法で効用を最大にする閉鎖経済を仮定する。したがって，予算制約式は (4.1) で，一人当たりの消費の成長率は (4.4) で，横断性条件は (4.5) で与えられる。$r=F_1(k_i,K)-\delta$ という条件と (4.27) における資本の私的限界生産物の式を使うと，(4.4) は次のように表される。

$$\dot{c}/c=(1/\theta)\cdot[f(L)-L\cdot f'(L)-\delta-\rho]. \tag{4.28}$$

(L が一定である限り，）AK モデルと同様に，この成長率は一定である。種々のパラメータはプラスの成長率を保証するが，無限の効用をもたらすほど大きな成長率は保証しないと仮定することにしよう。つまり，次のことを仮定する。

$$f(L)-L\cdot f'(L)>\rho+\delta>(1-\theta)\cdot[f(L)-L\cdot f'(L)-\delta-\rho]/\theta+\delta. \tag{4.29}$$

この条件は AK モデルにおける (4.12) に対応している。

$a=k$ と (4.25) の一階条件を予算制約式 (4.1) に代入すると，k の蓄積方程式が得られる[訳注7]。

$$\dot{k}=f(L)\cdot k-c-\delta k. \tag{4.30}$$

この式と横断性条件を用いると，このモデルには移行動学が存在しないことを示すことができる。変数 k と y は常に (4.28) で示される率 $\dot{c}/c$ で成長することになる。この分析は AK モデルと本質的に同じであるので，証明は練習問題として残しておくことにする。

4.3.3 パレート非最適性と政策的含意

均衡状態がパレート最適かどうかを吟味するために，分権的解を社会的計

画者の問題の帰結と比較するという通常の分析を行うことにしよう。計画者は (4.30) における蓄積方程式の制約のもとで，(n を 0 とする) (4.2) で示されている効用を最大にしようとする。この最大化問題の重要な点は，個々の生産者とは異なって，計画者は各企業の資本ストックの増加が総資本ストックの追加をもたらし，その結果経済におけるすべての他の企業の生産性に寄与することを認識していることである。言い換えると，社会的計画者は企業間の知識のスピル・オーヴァーを**内部化**しているのである。

c と k の最適経路を見いだすために，ハミルトニアンを次のように設定しよう。

$$J = e^{-\rho t} \cdot (c^{1-\theta} - 1)/(1-\theta) + \nu \cdot [f(L) \cdot k - c - \delta k].$$

最大化の条件として，標準的な一階条件，$J_c = 0$ と $\dot{\nu} = -J_k$，さらに，横断性条件 $\lim_{t \to \infty} \nu k = 0$ が必要である。通常のやり方で一階条件を計算すると，c の成長率に関する条件式が導出される。

$$\dot{c}/c(計画者) = (1/\theta) \cdot [f(L) - \delta - \rho]. \tag{4.31}$$

(4.28) で示されている分権的解では成長率が資本の私的限界生産物 $f(L) - L \cdot f'(L)$ に関連づけられているのに対して，社会的計画者は資本の平均生産物 $f(L)$ に従って消費の成長率を設定する。私的限界生産物は平均生産物を下回っているので，分権的均衡のケースでは，成長は低いということができる。

本項のモデルでは，ラーニング・バイ・ドゥーイングとスピル・オーヴァー効果は個々の生産者が直面する収穫逓減性を完全に相殺している。したがって，社会的なレベルでは，収穫は一定であり，資本の社会的限界生産物は平均生産物 $f(L)$ に一致することになる。社会的計画者はスピル・オーヴァーを内部化するので，この社会的限界生産物は (4.31) における成長率の決定要因として現れてくる。(4.28) における分権的解のケースでは，個々の生産者はスピル・オーヴァーを内部化することはなく，すなわち，社会的限界生産物を下回っている私的限界生産物 $f(L) - L \cdot f'(L)$ に基づいて意思決定を行うので，より低い成長率がもたらされる。

社会的最適状態は，資本財の購入に補助金（投資税額控除）を与えることにより，分権的経済のもとで達成可能である。また，政府は生産に補助を与えることによって最適状態を達成することもできる。これらの補助政策は，投資の私的収益率を引き上げることになり，それにより，社会的収益に対する私的収益の不足を補う傾向があるので，ここでのモデルで適切に機能することになる。もちろん他の歪みを回避するために，資本あるいは生産に対する補助金は一括税により調達されねばならない。これらのタイプの租税は通常見いだすのが困難であるが，（労働と余暇の選択問題を含んでいない）本節のモデルでは，一定率での消費税は一括税と同じになるであろう。この種の租税は第3章で議論された。

4.3.4 コブ=ダグラス型のケース

(4.23) の生産関数がコブ=ダグラス型で与えられている場合には，企業 i の産出量は次のように表される。

$$Y_i = A \cdot (K_i)^{\alpha} \cdot (KL_i)^{1-\alpha}. \tag{4.32}$$

ここで，$0 < \alpha < 1$。$y_i = Y_i/L_i$，$k_i = K_i/L_i$，$k = K/L$ を代入し，$y_i = y$，$k_i = k$ とおくと，次のように資本の平均生産物が表される。

$$y/k = f(L) = AL^{1-\alpha}. \tag{4.33}$$

これは (4.26) の特殊ケースである。(4.33) は y/k が k に関して不変で，L に関して増加的という一般的な特徴を持っていることに注意しよう。

K と L を固定したままで，(4.32) を K_i に関して偏微分すると，資本の私的限界生産物が求められる。$k_i = k$ を代入すると次の式が得られる。

$$\partial Y_i / \partial K_i = A\alpha L^{1-\alpha}. \tag{4.34}$$

この式は (4.27) の特殊ケースである。前に言及された一般的な特徴と同様に，(4.34) における資本の私的限界生産物は k に関して不変で，L に関して増加的であり，しかも，(4.33) で示されている平均生産物を下回っている（なぜならば，$0 < \alpha < 1$）。

(4.34) を (4.28) に代入すると分権的成長率は次のように求められる。

$$\dot{c}/c = (1/\theta)\cdot(A\alpha L^{1-\alpha} - \delta - \rho).^{9)} \tag{4.35}$$

(4.33) を (4.31) に代入すると社会的計画者の成長率が次のように与えられる。

$$\dot{c}/c(計画者) = (1/\theta)\cdot(AL^{1-\alpha} - \delta - \rho). \tag{4.36}$$

$\alpha < 1$ であるので，分権的成長率は計画者の成長率より低いということができる。

社会的最適状態は，$1-\alpha$ の率での投資税額控除を導入し，その資金を一括税により調達することによって，分権的経済のもとで達成可能である。資本の購入者がコストのうちの α の割合だけ支払う場合には，資本の私的収益は社会的収益に一致する。そのとき，分権的選択は社会的計画者の選択と一致することを示すことができる。他方，同じ結果は，$(1-\alpha)/\alpha$ の率で政府によって生産に補助がなされる場合にも，達成可能である。

4.3.5 規模の効果

総労働力人口 L の増大によって，(4.28) における分権的経済と (4.31) における社会的計画者の一人当たり成長率が上昇するという点で，このモデルでは規模の効果がもたらされる。これらの結果には，それぞれ，(4.27) における資本の私的限界生産物 $f(L) - L\cdot f'(L)$ と (4.26) における平均生産物 $f(L)$ に対する L のプラスの効果が反映されている。さらに，労働力人口が通時的に増大すれば，一人当たり成長率も通時的に上昇するであろう[10]。

L を各国の総労働力人口だとみなすことができれば，この帰結の意味は

---

9) 種々のパラメータによって，プラスの成長と有限の効用が保証されていると仮定している。したがって，

$$A\alpha L^{1-\alpha} > \rho + \delta > (1-\theta)(A\alpha L^{1-\alpha} - \delta - \rho)/\theta + \delta.$$

この結果は (4.29) の特殊ケースである。

労働者の豊富な国ほど一人当たりでより急速に成長する傾向があるということである。第2次世界大戦後における多数の国について第12章で議論される実証的帰結では，一人当たり GDP の成長率とその国の人口の水準とはほとんど関係がないことが示唆されている。（一人当たり GDP の初期水準，平均的個人の教育，および他の幾つかの変数が一定に固定されている時に，これらの結果がもたらされている。）したがって，これらの実証結果によって，国の大きさの点での規模の効果の存在が支持されていない。

スピル・オーヴァーの規模の変数 L が，各国のレベルで測定された集計量と必ずしも密接に関連づけられない可能性も存在する。たとえば，生産者が他の国で蓄積された知識から便益を得ている場合には，適切な規模は国内経済の規模よりも大でありうる。Kremer(1993) は正しい規模の変数は世界人口であると主張し，世界人口と生産性の成長の間にプラスの相関関係が存在しているという長期的経過についての実証データを提示している。他方，アイデアの自由な伝達が（地理的にあるいは産業に関して）近隣に限定されている場合には，適切な規模は自国経済よりも小となるであろう。これらの注意によって，スピル・オーヴァー・モデルの実証的含意が幾分ぼやけることになり，マクロ経済データを使ったモデルの検定が困難になる。

規模の効果は，ラーニング・バイ・ドゥーイングと知識のスピル・オーヴァーが仮定されているモデルにおいて導出された。これらの要素によって，社会的レベルで，K に関して収穫一定で，K と L とに関して収穫逓増がもたらされるので，成長率に対する規模の効果が生じることになる[訳注8]。他の理由でこのような要素の収穫性のパターンが成立する場合にも，同じような規模の効果が生じることになるであろう。しかし，本節のラーニング・バイ・ドゥーイングとスピル・オーヴァーを伴うモデルは，個々の企業によって選択される生産要素 K_i，L_i に関して規模に関する収穫一定性が成立しているという点で，特殊なものだということができる。企業のレベルで，収穫逓増性が成立する場合には，企業は規模の経済から利益を得ようとしていく

---

10) この結果は $\dot{c}/c$ については直ちに成立するが，$\dot{k}/k$ と $\dot{y}/y$ は L が成長している状況のもとでは $\dot{c}/c$ に一致することはない。さらに，L が充分に増加すると，効用の有界性の条件は，$\theta<1$ の場合には，やがて成立しなくなるに違いない。

らでも成長しようとする誘因を持つので，このモデルは完全競争とは矛盾することになる．本節では，企業の技術は総資本ストック K に依存し，各企業はこの集計額への自らの貢献分を無視するという仮定をおくことによって，このことの発生を回避している．このような定式化によって，完全競争の仮定を維持することが可能となるが，競争均衡がパレート最適ではないことが示されることになる．

規模の効果を除去する1つの方法は，(4.22)における項 A_i が総資本ストック K ではなく，経済における労働者一人当たりの平均資本 K/L に依存すると主張することである．このような別の定式化は Frankel(1962) によって，その主要な分析で使用されているが，詳細な議論はなされていない．さらに，Lucas(1988) は，ラーニング・バイ・ドゥーイングとスピル・オーヴァーが人的資本に関連するとし，各生産者は人的資本の**総量**からではなく，経済における人的資本の**平均**水準から利益を得るという仮定を採用している．したがって，他の生産者の蓄積された知識あるいは経験について考察するかわりに，ここでは，平均水準の技能と知識を保持している平均的な個人との（自由な）交流を通して得られる便益について考えてみなければならない．愚かな個人の存在によって，賢明な個人によって提示された優れたアイデアを認め，使用することが難しくなっているということを想定するならば，Lucas の定式化は成立するかもしれない．

このモデルを分析するために，(4.22)において $A_i = K/L$ とおき，以前と同じように分析を進めることができる．結果に関する唯一の違いは，資本の平均生産物と資本の私的限界生産物がもはや L に依存しないということである．たとえば，コブ=ダグラス型のケースでは，(4.33)における平均生産物は $AL^{1-\alpha}$ ではなく A であり，(4.34)における私的限界生産物は $A\alpha L^{1-\alpha}$ ではなく $A\alpha$ になる．形式的な分析は以前と同じであるので，これらの結果の証明は練習問題として残しておく．

4.4 公共サービスと内生的成長

AK モデルのもとでは，基準技術の水準 A を変化させるものは何であっても長期の一人当たり成長率に影響を与えることになる。ラーニング・バイ・ドゥーイングと知識のスピル・オーヴァーを伴うモデルのもとでは，アイデアの非競合性によって，資本蓄積の収穫逓減性の傾向が除去され，その結果 AK タイプのフレームワークが可能になるであろう。本節では，政府の公共サービスが AK タイプのフレームワークの別の要因であることが確認される。この場合，公共サービスに関する政府の選択によって，係数 A が決定され，その結果，経済の長期的成長率が影響されることになる。

4.4.1 公共財のモデル

ここでは，政府の財貨・サービスの購入 G が生産関数において純公共財として取り扱われている第 3 章のモデルを拡張する。

（Barro(1990b) に従って）生産関数がコブ゠ダグラス型で表されている場合には，企業 i の生産関数は次のように表される。

$$Y_i = A L_i^{1-\alpha} \cdot K_i^{\alpha} \cdot G^{1-\alpha}. \tag{4.37}$$

ここで，$0<\alpha<1$。この式より，各企業の生産は私的投入物 L_i と K_i に関する規模に関する収穫一定性を示すということができる。さらに，総労働力人口 L は一定であると仮定しよう。固定された G を所与として，第 2 章におけるラムゼイ・モデルと同様に，経済は総資本 K の蓄積に関する収穫逓減性に直面している[訳注9]。しかし，G が K とともに増加する場合には，(4.37) で示されているように，収穫逓減性は生じることはない。すなわち，この生産関数では，一定の L_i を所与として，K_i と G に関する収穫一定性が規定されている。このために，本章の前の節で検討された AK モデルと同様に，本節のモデルでも内生的成長が可能である。さらに，G の増加によって，L_i と K_i の限界生産物の増加がもたらされるという意味で，公共サービスは私的投入物と補完関係にあるということが生産関数の形状から確認され

る訳注10)。

(4.37) における G の指数が $1-\alpha$ より小であれば，K_i と G に関して収穫逓減性が成立し，この収穫逓減性により内生的成長が成立しなくなるであろう。逆に，指数が $1-\alpha$ より大であれば，成長率は通時的に上昇傾向を辿るであろう。したがって，G の指数が正確に $1-\alpha$ に一致している特殊ケースに限定して議論を行うことにする。そのとき，K_i と G に関する収穫一定性により，この経済において内生的成長が可能となる。このような定式化は，総資本ストック K が公共財の量 G によって置き換えられていることを除いて，(4.23) におけるラーニング・バイ・ドゥーイングとスピル・オーヴァーを伴うモデルの生産関数と同じである。

政府は財貨・サービスの購入資金を一括税で賄うものとしよう（労働・余暇の選択問題が存在しない状況では，第3章で議論されたように，消費税あるいは労働所得に対する税としてもかまわないであろう）。G を所与として，利潤最大化企業はそれぞれ資本の限界生産物をレンタル・プライス $r+\delta$ に一致させようとする。したがって，(4.37) より，次式が成立する。

$$\alpha A \cdot k_i^{-(1-\alpha)} \cdot G^{1-\alpha} = r+\delta. \tag{4.38}$$

したがって，各企業は同じ資本・労働比率 $k_i = k$ を選択することになる。そのことより，(4.37) の生産関数は集計されて，次のように表現される。

$$Y = ALk^\alpha G^{1-\alpha}. \tag{4.39}$$

(4.39) より次式が成立する。

$$G = (G/Y)^{1/\alpha}(AL)^{1/\alpha} \cdot k. \tag{4.40}$$

ここで，政府は GDP に対する政府購入の比率 G/Y を一定に維持すると仮定しよう。(4.40) を使って，(4.38) の G に代入すると，次式が成立する。

$$r+\delta = \alpha A^{1/\alpha} \cdot (G/Y)^{(1-\alpha)/\alpha} \cdot L^{(1-\alpha)/\alpha}. \tag{4.41}$$

G/Y と L が一定であれば，資本の限界生産物は k に関して不変であり，それゆえ通時的に一定である。限界生産物の水準は L に関して増加的であり，

その結果，このモデルでは規模の効果が存在することになる。これらの結果はラーニング・バイ・ドゥーイングとスピル・オーヴァーを伴うモデルの帰結と類似している（[4.27] を参照せよ）。

(4.41) における資本の限界生産物の一定性は AK モデルのもとで定数 A が成長過程で果たしたものと同じ役割を演じることになる。移行動学は存在せず，しかも c,k,y の成長率はすべて同一の定数に一致する。(4.4) の消費の成長に関する式から，次のようにこの共通の成長率を求めることができる[11]。

$$\dot{c}/c = (1/\theta)\cdot[\alpha A^{1/\alpha}\cdot(G/Y)^{(1-\alpha)/\alpha}\cdot L^{(1-\alpha)/\alpha} - \delta - \rho]. \qquad (4.42)$$

公的支出 G は歪みのない租税によって資金の調達がなされると仮定しているので，この成長率は G/Y に関して増加的である。

上述の議論とは別に，G は歪みのある課税によって部分的に資金の調達がなされると仮定することもできたであろう。ここのモデルでは，第3章で検討された資本所得税 τ_a, τ_f であると考えることができるであろう。この場合，(4.42) における資本の純限界生産物の式 $\alpha A^{1/\alpha}\cdot(G/Y)^{(1-\alpha)/\alpha}\cdot L^{(1-\alpha)/\alpha} - \delta$ に $(1-\tau_a)\cdot(1-\tau_f)$ を乗じると，課税後の資本の限界生産物が得られる。そのとき，τ_a と τ_f が G/Y の増加に伴って，上昇する傾向があれば，(4.42) における G/Y が成長率に及ぼすプラスの直接的効果は税率の上昇によるマイナスの効果によって相殺されるであろう。その場合，成長率と G/Y の間の関係は単調ではなくなる傾向がある（最初増加し，その後，税率効果が優位になるときに低下する）。詳細な分析は，τ_a と τ_f がいかに G/Y に関係しているかに依存している。この分析は練習問題として残しておく。

(4.42) で仮定されているような一括税のケースに立ち戻ることにしよう。通常の分析と同様に，代表的家計によって達成される効用を最大にする賢明

[11) AK モデルとスピル・オーヴァー・モデルと同様に，成長率がプラスになり，しかも効用が有界であるために幾つかの不等式条件が必要である。前者の条件は $\partial Y_i/\partial K_i - \delta > \rho$ であり，（横断性条件に対応する）後者の条件は $[(\theta-1)/\theta]\cdot(\partial Y_i/\partial K_i - \delta) + \rho/\theta > 0$ である。$\partial Y_i/\partial K_i$ の値は (4.41) の右辺で与えられている。

な社会的計画者の選択問題を検討することによってモデルにおける最適状態を決定できる．最適性には通常の効率性条件 $\partial Y/\partial G=1$ が必要とされる[12]．生産関数の特定の関数形（4.39）によって，この条件は次のようになる，

$$G/Y=1-\alpha. \tag{4.43}$$

したがって，実際，このモデルにおいて GDP に対する政府支出の最適な比率は一定になる．

G/Y が（4.43）から決定される場合，（4.42）の分権のもとでの成長率は社会的計画者が選択するであろう値になる[13]．G の資金調達が一括税でなされるという仮定のために，分権的帰結のこのような最適性が成立する．したがって，（4.42）の成長率の条件に（4.43）を代入すると，次の式が成立する．

$$\dot{c}/c(社会的計画者)=(1/\theta)\cdot[\alpha A^{1/\alpha}\cdot(1-\alpha)^{(1-\alpha)/\alpha}\cdot L^{(1-\alpha)/\alpha}-\delta-\rho]. \tag{4.44}$$

L で表される規模の拡大によって，（4.41）における資本の限界生産物の上昇が生じ，その結果，（4.44）における成長率の上昇が生じる．したがって，公共財モデルはラーニング・バイ・ドゥーイングとスピル・オーヴァーを伴うモデルの帰結と類似した規模の効果をもっている（[4.35] と [4.36] を参照せよ）．本節のモデルでは，政府サービスは非競合財であると仮定されており，その結果，追加的な使用者の間に費用なしに流布するので，経済は規模の拡大から便益を享受する．人口成長から生じる継続的な L の増加に

---

12) 計画者は，制約条件 $\dot{k}=Ak^{\alpha}G^{1-\alpha}-c-\delta k-G/L$ のもとで $\int_0^{\infty}e^{-\rho t}\cdot\dfrac{c^{1-\theta}-1}{1-\theta}\cdot dt$ を最大にするように c,k,G を選択するであろう．ハミルトニアンは $J=e^{-\rho t}\cdot\dfrac{c^{1-\theta}-1}{1-\theta}+\nu\cdot(Ak^{\alpha}G^{1-\alpha}-c-\delta k-G/L)$ で表される．一階条件は次の式と横断性条件である．
  (i) $e^{-\rho t}\cdot c^{-\theta}=\nu$；
  (ii) $A\cdot(1-\alpha)\cdot k^{\alpha}G^{-\alpha}=1/L$；
  (iii) $-\dot{\nu}=\nu\cdot(A\alpha k^{\alpha-1}G^{1-\alpha}-\delta)$．
  (ii) は $\partial Y/\partial G=1$ に一致することに注意しよう．
13) 前の注における一階条件 (i) の対数をとり，微分を行い，この結果を (iii) に代入し，(ii) を使うと，（4.44）が成立する．

よって，一人当たりの成長率の上昇が示されるであろう。したがって，ラーニング・バイ・ドゥーイングとスピル・オーヴァーを伴うモデルと同様に，持続状態を分析するにはゼロの人口成長を仮定しなければならない。

以前言及されたように，クロス・カントリー・データによって，一人当たりGDPの成長率と人口で測定された国の規模とはほとんど関係がないことが示されている。(政府の公共財がもたらす便益が政府の政治的管轄区域にのみ流布すると考えられる場合には，国が自然な観察単位とみなされる。)より重要な規模の効果を見いだすことができなかったのは，ほとんどの政府サービスが本節のモデルで仮定されている非競合性という性質を必ずしも持っていないことによるように思われる。したがって，次に，政府のサービスが混雑という条件で制約されている別のモデルを考察することにしよう。このモデルは規模の効果と望ましい財政に関して非常に異なった含意を持っていることが示されるであろう。

4.4.2 混雑モデル

第3章で言及されたように，高速道路，水道システム，警察・消防サービス，および裁判所のような多くの政府の活動は混雑を蒙りやすいということができる。サービスの総量Gを所与として，個人にとって利用できる量は，他の使用者の施設の利用により混雑が生じるにつれて，減少していくことになる。私的生産への投入物として使用される政府活動のケースについて，第i生産者の生産関数を次のように表すことにより，この混雑の（Barro and Sala-i-Martin [1992c] におけるような）モデルの展開を行うことにする。

$$Y_i = AK_i \cdot f(G/Y). \tag{4.45}$$

ここで，$f'>0$, $f''<0$。生産プロセスは公共サービスを含む項の部分だけ修整されたAKモデルである。K_iを所与として，総産出Yに比してGが増加すると，Y_iが増加することになる。混雑のために，所与のGに対するYの増加によって，各生産者にとって利用可能な公共サービスは低下し，その結果，Y_iも低下する。このモデルでは，各利用者にとって利用可能な公共サービスを増加させるために，総生産量Yに比してGが増加しなけれ

ばならないと仮定されている。他方で，サービスの量を増加させるために，私的資本の総量 K に関して G が増加すると仮定することもできたであろう。このような設定でも，結果は本質的に同じであろう。

G と Y を所与とすると，企業の生産は私的投入物 K_i に関して収穫一定性を示すことになる。G が Y と同じ率で成長する場合には，G/Y は固定されたままであり，その結果，K_i に関する収穫一定性により，AK モデルと同様に，経済には内生的成長がもたらされるであろう。

資本の限界生産物に関する条件は（4.41）から修整されて次のようになる。

$$r+\delta = A \cdot f(G/Y). \tag{4.46}$$

公共財モデルとは異なって，限界生産物，それゆえ，収益率は規模の変数 L に依存していないことに注意しよう。c, k, y の成長率はすべて，（(4.4) によって与えられる）次の同じ定数に一致する。

$$\dot{c}/c = (1/\theta) \cdot [A \cdot f(G/Y) - \delta - \rho]. \tag{4.47}$$

この成長率は G/Y の増加に伴って上昇し，L に依存していない。L に依存していないので，このモデルでは，当惑的な規模の効果は生じない。

分権的帰結のパレート最適性を評価するために，社会的計画者の問題を再度考察することにしよう。計画者は以下の（一人当たりの変数で表現された）資源制約のもとで，通常の効用関数を最大にしようとするであろう。

$$\dot{k} = Ak \cdot f(G/Y) - c - \delta k - G/L. \tag{4.48}$$

ここで，人口の成長率はゼロとされている。この最適問題のハミルトニアンは次のように与えられる。

$$J = e^{-\rho t} \cdot \frac{c^{1-\theta}-1}{1-\theta} + v \cdot [Ak \cdot f(G/Y) - c - \delta k - G/L]. \tag{4.49}$$

$c, k,$ および G で微分を行う前に，k と G に関する生産関数の微分は若干複雑であることに注意しよう。それは総産出が総産出の式の内側に現れるからである。したがって，k に関して y の微分を行うとき，Y は項 $f(G/Y)$

を通して Y にも依存していることを考慮に入れる必要がある．問題を解く一つの方法は次のように k に関して微分を行うことである．

$$\frac{\partial y}{\partial k} = A \cdot f(G/Y) + Ak \cdot f'(G/Y) \cdot \left(\frac{-G/L}{y^2}\right) \cdot \frac{\partial y}{\partial k}. \quad (4.50)$$

$\frac{\partial y}{\partial k}$ の項をまとめ，式の整理を行うと，次の式が成立する．

$$\frac{\partial y}{\partial k} = \frac{A \cdot f(G/Y)}{1 + (G/Y) \cdot \frac{f'(G/Y)}{f(G/Y)}}. \quad (4.51)$$

同様に，G に関する y の微分は次のように与えられる．

$$\frac{\partial y}{\partial G} = L \cdot \frac{\frac{f'(G/Y)}{f(G/Y)}}{1 + (G/Y) \cdot \frac{f'(G/Y)}{f(G/Y)}}. \quad (4.52)$$

さて，計画者の一階条件を計算する準備が整ったことになる．消費に関する FOC（一階条件）により，通常の消費の成長式 $\frac{\dot{c}}{c} = \frac{1}{\theta}(-\frac{\dot{v}}{v} - \rho)$ が導出される．G に関する FOC は $\partial Y/\partial G = 1$ である．社会的計画者がこの条件を満足することは意外なことではない．効率性は限界生産物が（1で固定されている）限界単位に一致する点まで G を投入物として使用する必要がある．(4.52) を使用すると，効率性の条件は次のように書かれる．

$$\frac{f'(G/Y)}{f(G/Y)} = \frac{1}{1 - (G/Y)}. \quad (4.53)$$

この条件を満足する比率を $(G/Y)^*$ と表すことにしよう[訳注11]．資本に関する FOC は次のようになる．

$$-\dot{v} = v \cdot \left(\frac{\partial y}{\partial k} - \delta\right). \quad (4.54)$$

(4.54)，(4.51)，および (4.52) を消費の成長式に代入すると，社会的計画者の成長率が次のように与えられることを確認できる．

$$\dot{c}/c(社会的計画者) = (1/\theta) \cdot \{[1 - (G/Y)^*] \cdot A \cdot f[(G/Y)^*] - \delta - \rho\}. \quad (4.55)$$

したがって，新たな帰結は，$G/Y = (G/Y)^*$ のときでさえ，社会的計画者の

成長率は（4.47）で与えられた分権のもとでの成長率に一致することはないということである。その理由は，分権的帰結には一括課税が反映されており，公共サービスが混雑を被っている場合には，一括税は適切なものではないからである。（4.55）に関する直感的含意は次のようなものである。資本 K_i の増加，それゆえ産出 Y_i を拡張するという個々の生産者の決定は総産出 Y に寄与し，その結果，所与の公共サービスの総量 G に対して，混雑が増すことになる。一括税の場合には，個々の生産者はこれらの逆の外部効果を無視し，それゆえ過剰に K_i と Y_i を拡張する誘因を持つことになる。歪みを内部化するためには，Y_i を増加させる生産者は他の者が利用できる公共サービスを維持するために，つまり G/Y を一定に維持するのに充分な追加的資源を供給しなければならない。必要とされる補償額は Y の追加量の G/Y 倍である。これが（4.55）において資本の粗限界生産物 $Af[(G/Y)^*]$ に項 $(1-(G/Y)^*)$ がかけられている理由である。興味深いことに，産出に $(G/Y)^*$ 率での比例税が課されている場合，分権のもとでの解は社会的計画者の解に一致することになる。この税率（実際には，公的に提供されるサービスに対する使用者費用）は課税後の資本の限界生産物を（4.55）で表されている項 $[1-(G/Y)^*] \cdot A \cdot f[(G/Y)^*]$ まで低下させるであろう。

4.5 移行動学と内生的成長

本章でこれまで考察されたどのモデルにおいても，移行動学は存在しない。特に，得られた帰結は，一人当たり成長率が k と y の初期水準に依存していないということである。したがって，これらのモデルの帰結は第11章と第12章で議論される収束性に関する実証的データに合致していないことになる。

第1章では，固定的貯蓄率が仮定されているモデルにおいて，収束性が成立するような移行動学を持つ内生的成長モデルを構成することができることが示された。資本の収穫逓減性を再導入するように技術を修正し，さらに，資本ストックが無限に増大するとき資本の限界生産物が下に有界である（したがって，無限大のケースの稲田条件は成立しなくなる）と仮定すれば，こ

れらの帰結は成立する。本節では，この種の技術が，ラムゼイ・モデルにおいて成立する家計の最適化の問題とどのように統合されうるかを示すことにする。

ここで考察される技術は Jones and Manuelli(1990) によって考察された次のようなタイプのものである。

$$Y = F(K, L) = AK + \Omega(K, L). \tag{4.56}$$

ここで，$\Omega(K, L)$ は新古典派的生産関数の特徴（限界生産物の正値性と逓減性，規模に関する収穫一定性，および稲田条件（[1.4]～[1.6]））を持っているものとする。(4.56)のタイプの生産関数は，稲田条件の1つが成立しない，つまり，$\lim_{K \to \infty}[\partial Y/\partial K] = A > 0$ となるという理由でのみ，新古典派的ではない。生産関数の AK 部分によって内生的成長がもたらされ，$\Omega(K, L)$ 部分によって収束に関する挙動がもたらされる。動学的分析を処理可能にするために，$\Omega(K, L)$ の特定の関数型に限定して議論を展開することにする。

4.5.1 コブ＝ダグラス型の生産関数のケース

第1章で考察された次のような生産関数から始めることにする（[1.62]）。

$$Y = F(K, L) = AK + BK^\alpha L^{1-\alpha}.$$

ここで，$A > 0$，$B > 0$，$0 < \alpha < 1$[14]。この関数は次のように一人当たりの変数で表すことができる。

$$y = f(k) = Ak + Bk^\alpha. \tag{4.57}$$

$\lim_{k \to \infty}[f'(k)] = A > 0$ ということに注意しよう。

k と c の動学的方程式は第2章でラムゼイ・モデルについて導出された通常のものである（$x = 0$ とした場合の [2.24]と[2.25]）。

---

14) 本節で議論されるすべての結果は，L を $\hat{L}$（ここで $\hat{L} = Le^{xt}$）で置き換えても，そのまま成立する。すなわち，収穫逓減の条件を満足している生産関数の部分に外生的技術進歩を導入することは可能である。パラメータ A が通時的に持続的に成長する場合には，モデルには持続状態は存在しないであろう。

4.5 移行動学と内生的成長

$$\dot{k}/k = f(k)/k - c/k - (n+\delta) = A + B \cdot k^{\alpha-1} - c/k - (n+\delta), \quad (4.58)$$

$$\dot{c}/c = (1/\theta) \cdot [f'(k) - \delta - \rho] = (1/\theta) \cdot [A + B\alpha \cdot k^{\alpha-1} - \delta - \rho]. \quad (4.59)$$

このモデルにおいて内生的成長が達成される場合，つまり，$(\dot{k}/k)^* > 0$ となる場合には，$t \to \infty$ のとき $k \to \infty$ となり，したがって，$k^{\alpha-1}$ を含む項は 0 に次第に近づいていく。したがって，持続状態はちょうど AK モデルと同じようになり，持続状態における c，k，y の成長率は（[4.16] より）次のように与えられる[訳注12]。

$$\gamma^* = (1/\theta) \cdot (A - \delta - \rho). \quad (4.60)$$

ここで，$A > \delta + \rho$ と仮定する。したがって，$\gamma^* > 0$ となる[15]。（$A \leq \delta + \rho$ となる場合には，第2章で議論された標準的なラムゼイ・モデルと同様に $\gamma^* = 0$ となる。）

図2.1のアプローチに従って，(k, c) 空間における位相図を描くこともできるであろう。しかし，$\gamma^* > 0$ の場合には k と c が永久に増加するので，これは適切な方法ではない。分析手順が適切に機能するためには，持続状態において一定となるような変数への変換が必要である。ここでは，$z \equiv f(k)/k$ と記される資本の平均生産物の動きと $\chi \equiv c/k$ と記される資本ストックに対する消費の比の動きを検討することにしよう。z は，k と同様に，各時点における値が過去の投資と L の進展によって規定されているという点で，**状態類似変数**であるということに注意しよう。したがって，投資が有限値をとり，L がジャンプしない場合には，任意の時点で z と k はジャンプすることはできない。それに対して，χ は，c と同様に，その値がある時点でジャンプできるという点で，**制御類似変数**である。（しかし，ここで主として議論される均衡では，そのようなジャンプは最適ではないであろう。）k や c とは異なって，2つの新たな変数 z と χ は持続状態では一定値に近づいていくことになる。

---

15) また，$\rho > n$ と仮定する。したがって，$A > \delta + \rho$ ならば $A > \delta + n$ となる。後者の不等式が成立しないならば，c が通時的に一定であるとしても効用は有限ではなくなるであろう。

(4.58) と (4.59) を利用して，変換された変数 z と χ に関する動学的システムを導出することにしよう．若干の量の計算の後に，結果は次のような形で表される．

$$\dot{z} = -(1-\alpha)\cdot(z-A)\cdot(z-\chi-n-\delta), \quad (4.61)^{\text{訳注13}}$$

$$\dot{\chi} = \chi \cdot \left[(\chi-\varphi) - \frac{(\theta-\alpha)}{\theta}\cdot(z-A)\right]. \quad (4.62)^{\text{訳注14}}$$

ここで $\varphi \equiv (A-\delta)\cdot(\theta-1)/\theta + \rho/\theta - n$. 横断性条件を満足するためには，$\varphi > 0$ ということが成立しなければならない$^{\text{訳注15)}}$．さらに，この条件によって，c が (4.60) で示されている率 γ^* で成長する場合に，効用が有限値をとるということが保証される．(4.61) と (4.62) から，$\dot{z} = \dot{\chi} = 0$ ということが $z=A$, $\chi=\varphi$ のときに成立し，その結果，それらは持続状態における z と χ の値になる．($z=A$ ということにより，漸近的に生産関数の AK の部分が $BK^\alpha \cdot L^{1-\alpha}$ の部分より優位に立つことが示される．)

図 4.2 では，(z, χ) 空間における位相図が示されている．(4.62) によって，$\dot{\chi}=0$ 線は（$\chi=0$ を別にして）直線 $\chi = \varphi - A\cdot(\theta-\alpha)/\theta + z\cdot(\theta-\alpha)/\theta$ である．$\theta > \alpha$ ならば，図示されているように，この直線の勾配は 1 より小であり，プラスの値である．$\theta < \alpha$ の場合には，この直線の勾配はマイナスである．この場合には，θ が 1 より著しく低くなるという点で，現実にはあり得ないほど高い異時点間の代替の程度が必要になってくる．

(4.61) によって，$z=A$ あるいは $\chi = z-n-\delta$ という場合，$\dot{z}=0$ となる．前者の条件は図 4.2 の A における垂直線に対応している．後者の条件はマイナスの切片と勾配 1 を持つ直線で示されている．この $\dot{z}=0$ 線の傾きは，1 より緩い傾きを持っている $\dot{\chi}=0$ 線よりも急勾配でなければならないことに注意しよう．（不等式 $A > \rho+\delta$ が成立する場合には，図 4.2 に示されているように，$\dot{z}=0$ 線は，φ より大なる χ の値において，A における垂直線と交わることになる$^{\text{訳注16)}}$．）

$z = A + B\cdot k^{\alpha-1} > A$ ということが成立するので，$z < A$ となる図 4.2 の領域は不適切なものである．したがって，ここでは，$z \geq A$ となる領域に分析を限定する．$\dot{z}=0$ 線と $\dot{\chi}=0$ 線は，図のこの領域では，$z^* = A$, $\chi^* = \varphi$ でのみ交わるということに注意しよう．これが持続状態の値である．

4.5 移行動学と内生的成長

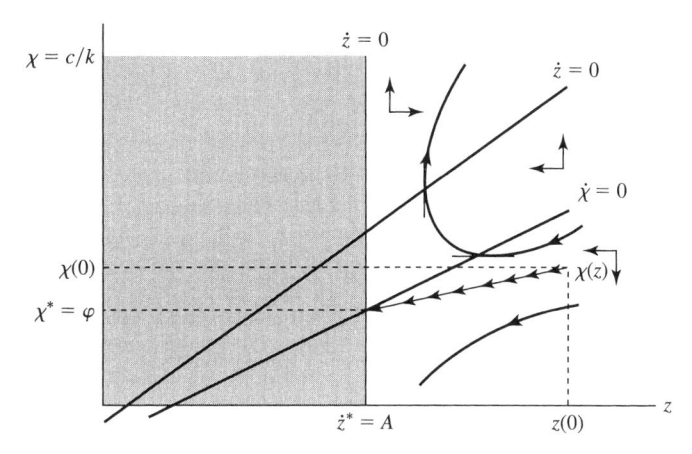

図 4.2 内生的成長モデルにおける移行動学（$F[K,L]=AK+BK^{\alpha}L^{1-\alpha}$ というケース）

位相図が (z,χ) 空間で示されている。ここで，$z\equiv f(k)/k$ は資本の粗平均生産物であり，$\chi\equiv c/k$ である。$\dot\chi=0$ 線は，$\theta>\alpha$ の場合には，図示されているように，1 より小のプラスの勾配を持っている直線である。$\dot z=0$ を満足する 2 つの条件式が存在している。1 つは $z=A$ における垂直線であり，もう 1 つは勾配 1 の右上がりの直線である。この直線は，A における垂直線と，χ^* を上回る χ の値で交わることになる。$z\equiv f(k)/k=A+Bk^{\alpha-1}>A$ であるので，唯一の持続状態は $\dot z=0$ 線が $z=A$ の垂直線と交わる点に相応している。$z>z^*$ が初期に成立しているので，移行過程の間，z と χ は単調に減少していく。（χ の経路に関するこの結果は $\theta>\alpha$ という仮定に依拠していることに注意しよう。）

次に，初期状態 $z(0)>A$ から出発する移行動学を考えることにしよう。図では，適切に選択された初期値 $\chi(0)$ に対応する安定軌道が示されている。この軌道に沿って，資本の平均生産物 z と資本に対する消費の比 χ はそれぞれ単調に減少していく[16]。z の単調減少は k の単調増加に対応している。χ の単調減少は $\theta>\alpha$ という仮定に依存している[17]。$\theta<\alpha$ ということが仮定される場合には，χ は移行過程の間，単調に増加するであろう。（$\theta=\alpha$ ということが成立する場合には，$\chi=\varphi$ となり，移行の間，持続状態にある。）

産出量のうちの資本のシェアは次のように与えられる。

$$k\cdot f'(k)/f(k)=(Ak+\alpha Bk^{\alpha})/(Ak+Bk^{\alpha}).$$

ここで，この値は，$A=0$ のとき α であり，$B=0$ のときには 1 となる。$A>0$，$B>0$ となる場合には，k が無限に増加するとき，資本のシェアは 1

に向かって上昇し，労働のシェアは 0 に向かって減少していくことになる[訳注17]。このモデルの含意は資本が工場とか設備という狭義の意味で解釈される場合には，データと矛盾するが，人的資本を加えて広義に解釈される場合には妥当なものになる。この場合には，総生産物における本来の労働のシェアは，経済が発展するにつれて，0 に向かって低下していくことが示されている。

この拡張モデルの最も重要な点は移行動学が復活するということである。移行過程では，資本の平均生産物と限界生産物が持続状態における値 A に向かって低下していく。資本の生産性の低下によって，一人当たり成長率の通時的な低下傾向がもたらされる。つまり，このモデルでは，ラムゼイ・モデルで成立する収束性が再び示されることができる。

付論2Cでは，ラムゼイ・モデルにおける移行過程の間，一人当たり資本の成長率 $\dot{k}/k$ が単調に低下していくことが確認されている[18]。証明は資本の限界生産物の逓減性 $f''(k)<0$ に依拠しており，稲田条件 $\lim_{k\to\infty}[f'(k)]=0$ には依存していない。したがって，一人当たり資本の成長率の低下傾向という意味での収束性は，生産関数が (4.57) あるいは，より一般的に，(4.56) によって与えられている本節のモデルにおいても直ちに成立する。本節のモデルは AK モデルの長期成長に関する性質と同時にラムゼイ・モデルで示されている収束性という性質も持っているのである。

---

16) 通常の議論から，不安定な経路を除外することができる。$\chi=0$，$z=A$ に近づいている経路については横断性条件が成立しない。$\chi\to\infty$，$z\to\infty$ となる経路は有限時間で資本を使い果たすことになり，そのため，やがて，下方への不連続なジャンプが生じて，消費は 0 になる。

17) 付論2Bでは，$\theta>a$ の場合，コブ=ダグラス型の生産関数を持っているラムゼイ・モデルにおいて c/k の単調減少が生じることが示された。生産関数が（本節で議論されているケースである）$f(k)=Ak+Bk^a$ に修整されても，この帰結は依然として成立する。

18) ラムゼイ・モデルでは，経済が $k(0)<k^*$ から出発する場合に，この結果は成立する。本節のケースでは，実際，k^* は無限大であり，したがって，この不等号は制約とはならない。

4.5.2 CES 型の生産関数のケース

次に,生産関数が一定の代替の弾力性を持っているタイプ(CES 型)の場合についても,内生的成長と移行動学に関する類似の帰結が得られるということを示すことにする。第 1 章では,CES 型生産関数のケースについて,生産要素 K と L の代替の弾力性が大きな値をとる場合には,内生的成長が可能であることが確認された。ここでは,具体的に次のような生産関数を仮定しよう。

$$Y = F(K,L) = B \cdot \{a \cdot (bK)^\psi + (1-a) \cdot [(1-b) \cdot L]^\psi\}^{1/\psi}. \tag{4.63}$$

ここで,$0<a<1$,$0<b<1$,$0<\psi<1$。したがって,代替の弾力性 $1/(1-\psi)$ は 1 より大である。

生産関数は一人当たりの変数によって次のように表すことができる。

$$y = f(k) = B \cdot [a \cdot (bk)^\psi + (1-a) \cdot (1-b)^\psi]^{1/\psi}. \tag{4.64}$$

第 1 章では,資本の限界生産物と平均生産物はプラスの値を持ち,逓減的で,しかも次のような極限を持っているということが示された。

$$\lim_{k \to \infty}[f'(k)] = \lim_{k \to \infty}[f(k)/k] = Bba^{1/\psi},$$
$$\lim_{k \to 0}[f'(k)] = \lim_{k \to 0}[f(k)/k] = \infty.$$

特に,k が無限に増加するとき $f'(k)$ はプラスの一定値に近づいていくので,主要な稲田条件は成立しなくなり,その結果,モデルにおいて内生的成長が可能となる。

分析を前節の議論と一致させるために,A を次のように定義することにしよう。

$$A \equiv Bba^{1/\psi}. \tag{4.65}$$

このような定義を行うと,CES 型生産関数 ($0<\psi<1$) は (4.56) の特殊ケースになる。$\Omega(K,L) = F(K,L) - AK$ と定義すれば(ここで,$F(K,L)$ は [4.63] における CES 型関数であり,A は [4.65] で与えられている),関数 $\Omega(K,L)$ は稲田条件を含むすべての新古典派的性質([1.4]〜[1.6])を

持っている。

　A は $f'(k)$ の極限値であるので，前の分析によって，内生的成長が成立するにはモデルのパラメータが条件 $A>\delta+\rho$ を満足しなければならないということが示唆される。この不等式は，技術の水準 B が高い場合，(ψ に反映されている）代替の弾力性が高い場合，およびパラメータ a と b が大きな値をとる場合には，成立しがちである（a と b の値が大であればあるほど，生産プロセスにおいて資本の貢献が大である）。

　さて，k と c に関する動態的方程式は第2章のラムゼイ・モデルで導出されたものである（$x=0$ の場合の [2.24] と [2.25]）。

$$\dot{k}/k = f(k)/k - c/k - (n+\delta),$$
$$\dot{c}/c = (1/\theta)\cdot[f'(k)-\delta-\rho].$$

前節と同様に，$z\equiv f(k)/k$，$\chi\equiv c/k$ と定義を行うこと，z と χ に関する動態的方程式を次のように導出することができる[訳注18]。

$$\begin{aligned}\dot{z}/z &= [(z/A)^{-\psi}-1]\cdot(z-\chi-n-\delta),\\ \dot{\chi}/\chi &= (A/\theta)\cdot[(z/A)^{1-\psi}-1]-(z-A)+(\chi-\varphi).\end{aligned} \quad (4.66)$$

ただし，以前と同様に，$\varphi=(A-\delta)\cdot(\theta-1)/\theta+\rho/\theta-n>0$。$f(k)/k$ は A より低下することは不可能であるので，分析は $z\geq A$ という領域で成立することになる。再び，持続状態は $z^*=A$，$\chi^*=\varphi$ で与えられる。

　モデルの動態的挙動を分析するために，図4.3における (z,χ) 平面に位相図を作図することにしよう。($z=0$ 以外に) $\dot{z}=0$ 線として2つの曲線が存在する。それらの曲線は，$z=A$ における垂直線と，切片 $-(n+\delta)$ と勾配1を持つ右上がりの直線である。2つの直線は $z=A$，$\chi=A-\delta-n$ で交わることになる。

　$\dot{\chi}=0$ 線は（$\chi=0$ 以外に）曲線 $\chi=\varphi+(z-A)-(A/\theta)\cdot[(z/A)^{1-\psi}-1]$ によって与えられる。この曲線は z の値が低い場合には右下がりで，$z=A\cdot[(1-\psi)/\theta]^{1/\psi}$ のときに最小値に達する。$\theta>1-\psi$ の場合には，図示されているように，この最小値は A の左側で生じる。$0<\psi<1$ であるので，この条件は $\theta\geq 1$ ならば成立する。（$\theta\leq 1-\psi$ となる場合の分析は練習問題と

4.6 結　語

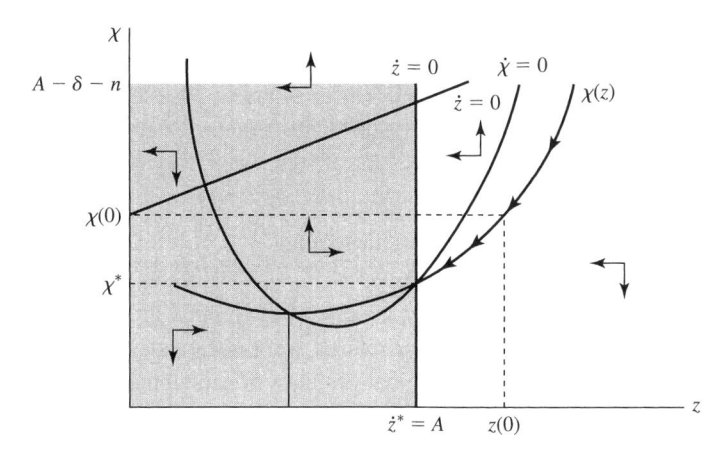

図4.3 生産関数が CES 型 $(0<\psi<1)$ である場合の内生的成長モデルにおける移行動学

図4.2と同様に，位相図が (z,χ) 平面で描かれている。ここでは，$\theta>1-\psi$ と仮定されている。そのとき，$\dot{\chi}=0$ 線は A の左側で最小値を持つU型の曲線で表される。2つの $\dot{z}=0$ 線は $\chi=A-\delta-n$ で交わっている。$\dot{\chi}=0$ 線は $A-\delta-n$ の下方で $z=A$ の垂直線と交わることになる。したがって，持続状態は $\dot{\chi}=0$ 線と垂直線 $z=A$ との交点で与えられる。経済は $z>z^*$ から出発するので，移行過程では，z と χ の値が単調に減少しているという特徴がある。(注：χ の経路に関する帰結は $\theta>1-\psi$ という仮定に依存している。)

して残しておく。) z が無限に増加していくとき，$\dot{\chi}=0$ 線の勾配は1に近づいていく。この曲線は，(仮定されているように，$A>\rho+\delta>n+\delta$ ならば，) $A-\delta-n$ より低い値で垂直線 $z=A$ と交わることになる。

図4.3では $z(0)>A$ となる値から出発する安定的サドル経路が描かれている。変数 z と χ は，前節で議論されたモデルと同様に，移行過程の間，単調に減少していく。この移行によって，k が増加するにつれて（そして z が A に近づくにつれて），$\dot{k}/k$ は下落するので，再び収束性が成立することになる。

4.6 結　語

本章では，資本の収穫が長期的にあるプラスの限界値より下落しない場合には，内生的成長が生じることが示されている。そのとき，長期的成長率は

技術の水準と貯蓄の性向に依存することになる。いくつかのモデルでは，技術の水準の効果は，生産者の間におけるスピル・オーヴァーの程度，規模の効果，および種々の公共サービスの影響を含むように一般化することができる。

　(AK モデルのような）最も単純なタイプの内生的成長モデルの結果は収束性に関する実証的結果に合致していない。しかし，拡張された内生的成長モデルでは，新古典派成長モデルの収束性と AK モデルの長期成長に関する性質が統合されている。これらの理論は収束性に関する実証的結果と良好な適合性を示している。

4.7　付論：一部門モデルにおける内生的成長

　本章では，内生的成長を可能にする幾つかのモデルが検討された。これらのモデルにおける主要な性質は，資本の平均生産物と限界生産物がプラスの下界を持っているという意味で，少なくとも漸近的には，収穫逓減性が存在しないということであった。特に，稲田条件 $\lim_{k\to\infty} f'(k)=0$ は成立しなかった。次に，一部門の内生的成長モデルのもとで，この条件の役割をより一般的に議論してみることにする。

　動態的方程式が第2章のラムゼイ・モデルで与えられている（外生的技術進歩が存在していない）モデルを検討してみることにしよう（[2.24] と [2.25] を参照）。

$$\gamma_k \equiv \dot{k}/k = f(k)/k - c/k - (n+\delta), \tag{4.67}$$

$$\gamma_c \equiv \dot{c}/c = (1/\theta) \cdot [f'(k) - \delta - \rho]. \tag{4.68}$$

$f'(k)$ と γ_k が有限値の極限に漸近していく場合には，(2.26) の横断性条件は次のように表すことができる。

$$\lim_{t\to\infty}[f'(k)-\delta] > \lim_{t\to\infty}(\gamma_k+n). \tag{4.69}$$

すなわち，左辺で与えられている資本の漸近的収益率は右辺で与えられてい

る資本ストックの漸近的成長率を上回ることになる。

　通常の分析と同様に，持続状態は種々の量 K，Y，C の成長率が一定であるような状況として定義される。第 2 章で検討された持続状態では，γ_k，γ_c のような効率的労働 1 単位当たりの変数の成長率は 0 であった。したがって，一人当たり成長率 γ_k，γ_c は x に一致し，本来の水準変数の成長率，γ_K，γ_C は $n+x$ で与えられていた。ここでは，$x=0$ ということが仮定されているので，第 2 章で考察された持続状態では，一人当たりの成長率は 0 となるであろう。したがって，$x=0$ の場合に，どのような技術の修整があれば，一人当たりの成長率が 0 ではなく，プラスの一定値をとるような持続状態が可能かを検討してみることにしよう。

　持続状態における一人当たり成長がプラス，したがって，次のことを想定してみることにしよう。

$$\lim_{t \to \infty}(\gamma_k) \equiv \gamma_k^* > 0.$$

そのとき，k は長期的にプラスの率で成長するので，$\lim_{t \to \infty}(k)=\infty$，すなわち k は無限に増大していく。したがって，(4.69) における横断性条件は次のようになる。

$$\lim_{k \to \infty}[f'(k)] > \gamma_k^* + n + \delta > n + \delta > 0. \tag{4.70}$$

(4.70) の左辺の極限は $k \to \infty$ のケースで考えられていることに注意しよう。長期的に k がプラスの一定の率で成長する場合には，これは $t \to \infty$ のとき成立する状況である。

　標準的な稲田条件 $\lim_{k \to \infty}[f'(k)]=0$ によって，(4.70) における不等式の成立の可能性が除外されている。内生的成長が新古典派的生産関数のケースで成立しないのはこのためである。しかし，資本の限界生産物がプラスの下界を持っている場合には，ここでのモデルで，k のプラスの長期的成長の成立を可能にすることができる。この漸近的限界生産物を $A>0$ と表すことにする。すなわち，ここでは，次のように仮定することにしよう。

$$\lim_{k \to \infty}[f'(k)]=A>0. \tag{4.71}$$

(4.70) の不等式により，$A>0$ が持続状態における k の成長をもたらすための十分条件ではないことが示されている。γ_k^* がプラスの値をとるための必要条件は次のようなものである。

$$A > n + \delta. \qquad (4.72)$$

したがって，資本の漸近的収益率 $A-\delta$ は，($x=0$ のケースのラムゼイ・モデルと同様に）持続状態で k が一定値をとる場合に成立する資本ストックの成長率 n を上回らなければならない。

$\gamma_k^*>0$，それゆえ，$\lim_{t \to \infty}(k)=\infty$，その結果，$\lim_{t \to \infty}[f'(k)]=A$ となる場合には，(4.68) より，次のことが成立する。

$$(\gamma_c)^* = (1/\theta) \cdot (A - \delta - \rho). \qquad (4.73)$$

したがって，$\gamma_c^*>0$ となるためには，次式が成立しなければならない。

$$A > \delta + \rho. \qquad (4.74)$$

第2章では，$x=0$ のとき，横断性条件の成立のためには $\rho>n$ でなければならないことが確認された。(ここで仮定されるように) この不等号が依然として成立する場合には，(4.74) の不等式の成立によって (4.72) の不等式の成立が保証されることになる。(4.74) の不等式が成立しない場合には，たとえ生産技術によって物理的に k の永続的成長が支持されうるとしても，($\gamma_k^*=0$ という結果を含んで) 第2章の分析が成立することになる。この場合，資本の漸近的収益率 $A-\delta$ が低くなりすぎるので，$\gamma_k^*>0$ は最適であるということはできない。以下では，(4.74) の不等号が成立すると仮定して議論の展開を行うことにしよう。

次に，$\gamma_k^*=\gamma_c^*$ ということを示すことにしよう。(4.67) によって次のことが示される。

$$\gamma_k^* = \lim_{k \to \infty}[f(k)/k] - \lim_{k \to \infty}(c/k) - (n+\delta).$$

(k が無限に増加するとき，$f(k)$ が無限に増加する場合に成立する) ロピタ

ルの公式によって，$\lim_{k\to\infty}[f(k)/k]=\lim_{k\to\infty}[f'(k)]=A$ ということが示される。したがって，次のことが成立する。

$$\gamma_k^*=A-n-\delta-\lim_{k\to\infty}(c/k). \tag{4.75}$$

$\gamma_c^*>\gamma_k^*$ ならば $\lim_{k\to\infty}(c/k)=\infty$ となる。明らかに，このことは（4.75）において $\gamma_k^*>0$ に矛盾している。$\gamma_c^*<\gamma_k^*$ ならば $\lim_{k\to\infty}(c/k)=0$。したがって，$\gamma_k^*=A-n-\delta$ となる。このことにより，$A-\delta=\gamma_k^*+n$。この式により，(4.69) で与えられている横断性条件が満たされなくなる。したがって，$\gamma_c^*<\gamma_k^*$ というケースの成立も否定される。

残されている唯一の可能性は次のケースである。

$$\gamma_k^*=\gamma_c^*=(1/\theta)\cdot(A-\delta-\rho). \tag{4.76}$$

ここでは，(4.73) における γ_c^* の式が使用された。(4.69) で示されている横断性条件が満足されれば，すなわち，$A-\delta$ が γ_k^*+n より大であれば，この解は適切なものである。(4.76) における γ_k^* の式によって，横断性条件は次のように表すことができる。

$$\varphi\equiv(A-\delta)\cdot(\theta-1)/\theta+\rho/\theta-n>0. \tag{4.77}$$

この条件は本文の (4.12) に対応している。(4.75)〜(4.77) より，次のことが成立する。

$$\lim_{k\to\infty}(c/k)=\varphi>0. \tag{4.78}$$

A が $f'(k)$ の漸近的値であると解釈される場合には，この付論で導出された条件は本章で議論されたすべてのモデルで満されることになる。特に，持続状態における一人当たりの成長率は (4.76) で与えられ，持続状態における c/k の水準は (4.78) で与えられる。

問題

4.1 新古典派成長モデルの極限としての AK モデル
第2章で議論された新古典派のモデルを考察することにしよう。生産関数はコブ=ダグラス型 $\hat{y}=A\hat{k}^\alpha$ であるとしよう。

(a) α の上昇によって，(2.24) と (2.25) における $\hat{k}$ と $\hat{c}$ に関する動態的方程式はどのような影響を受けるか。その結果，α の上昇によって，図2.1における $\dot{\hat{c}}=0$ 線と $\dot{\hat{k}}=0$ 線はどのように影響されるか。さらに，それによって，持続状態値 $\hat{k}^*$，$\hat{c}^*$ はどのような影響を蒙るか。

(b) α が1に近づいていくとき，たとえば，$\hat{k}^*$ にどういうことが生じるか。この結果は本章で議論された AK モデルとどのような関係があるか。

4.2 AK モデルにおける過剰貯蓄 (Saint Paul [1992] に基づくモデル)
第1章において，収益率 r が成長率を下回っているような持続状態に経済が近づいている場合には，その経済では過剰貯蓄が生じていることが確認されている。生産関数は $Y=AK$ で表されており，比率 c/k は持続状態における一定値 $(c/k)^*$ に収束していると仮定しよう。

(a) (4.8) を使って，K の（それゆえ，Y と C の）持続状態における成長率を求めなさい。この持続状態における成長率は (4.7) で与えられている利子率 r を上回ることはできるか。経済が持続状態に収束しており，生産関数が $Y=AK$ で表されている場合に，過剰貯蓄は可能か。

(b) AK 生産関数と，3.6節で述べられた Blanchard(1985) の有限時間視野の消費者のモデルと組み合わせるとしよう。このモデルのもとで，過剰貯蓄は可能か。AK 生産関数が第3章の付論で述べられているようなオーヴァーラッピング・ゼネレーションズ・モデルと組み合わされる場合には，どういうことが生じるか。

4.3 移行動学
4.3節で提示された知識のスピル・オーヴァーを持っているラーニング・バイ・ドゥーイング・モデルのもとでは，移行動学が存在しないことを示しなさい。すなわち，産出量と資本は (4.28) で与えられ

ている一定の消費の成長率で常に成長することを示しなさい。

4.4 労働者一人当たりの平均資本から生じるスピル・オーヴァー 4.3節で提示されたモデルにおいて，企業の生産性パラメータ A_i は総資本ストック K ではなく，経済における労働者一人当たりの平均資本 K/L に依存していると仮定しよう。生産関数は次のようなコブ=ダグラス型であると仮定する。

$$Y_i = A \cdot (K_i)^\alpha \cdot [(K/L) \cdot L_i]^{1-\alpha}.$$

分権的経済と社会的計画者の成長率をそれぞれ導出しなさい。この新しい定式化のもとで，4.3節で議論されたような規模の効果が生じることがない理由を説明しなさい。

4.5 公共財モデルにおける歪みのある税 4.4.1項のモデルで，公共支出 G の資金は率 τ_a での家計の資産所得に対する課税によって調達されるとしよう。この変更は成長率と G/Y の関係にどのように影響を及ぼすか，すなわち，(4.42) 式はどのように変化するか。

4.6 公共サービスの混雑（Barro and Sala-i-Martin [1992c] に基づくモデル）4.4.2項で議論された混雑モデルのもとで，企業 i の生産関数が次のように与えられているとしよう。

$$Y_i = AK_i \cdot f(G/K).$$

すなわち，公共サービスの混雑は（Y ではなく，）K に対する G の比に関係している。混雑に関するこの改訂された定式化のもとで，結果はどのように変化するか。特に，分権的経済と社会的計画者の解における成長率について考察しなさい。

4.7 AK 生産関数を持つ調整費用モデル（Barro and Sala-i-Martin [1992c] に基づくモデル） 企業は AK 生産関数を持っているが，投資には3.2節で述べられたような調整費用が必要とされるものとしよう。単位調整費用関数を $\phi(i/k) = (b/2)(i/k)$ とする。したがって，1単位の資本に対する購入および投資の総費用は $1+(b/2)(i/k)$ である。生産者は次のキャッシュ・フローの現在価値を最大にしようとする。

$$\int_0^\infty \{AK - I \cdot [1+(b/2)\cdot(I/K)]\} \cdot e^{-rt} \cdot dt.$$

ここで，$r = A - \delta$ である。最大化は制約条件 $\dot{K} = I - \delta K$ のもとでなされるものとする。

(a) ハミルトニアンを設定し，代表的企業についての一階条件を求めなさい。利子率と資本の成長率の関係を見いだしなさい。この関係は単調なものであるか。説明しなさい。

(b) 消費者は通常の無限時間視野のラムゼイ問題の解を求めようとしていると仮定しよう。したがって，消費の成長率は利子率とプラスの関係がある。消費の成長率は資本ストックの成長率と一致すると想定しよう。この条件によって，成長率は確定することになるか。そうでないならば，解のうちのあるものは横断性条件によって，除外することができるか。

(c) 消費の成長率は資本ストックの成長率に一致することを示しなさい。この帰結によって，モデルの移行動学についてどういうことが確認されるか。説明しなさい。

4.8 スピル・オーヴァーを伴うモデルにおける成長（Romer [1986] に基づくモデル） 企業 i の生産関数が次のように与えられていると仮定しよう。

$$Y_i = AK_i^\alpha \cdot L_i^{1-\alpha} \cdot K^\lambda.$$

ここで，$0 < \alpha < 1$，$0 < \lambda < 1$，そして K は資本ストックの総量である。

(a) $\lambda < 1 - \alpha$ であり，しかも L が一定である場合には，このモデルではラムゼイ・モデルに類似した移行動学が存在することを確認しなさい。この場合，持続状態における Y, K, C の成長率はどのようなものか。

(b) $\lambda < 1 - \alpha$ であり，しかも L が率 $n > 0$ で成長している場合，持続状態における Y, K, C の成長率はどのようなものになるか。

(c) $\lambda = 1 - \alpha$ であり，しかも L が一定である場合，持続状態と移行動学は AK モデルにおけるそれらに類似しているか。

(d) $\lambda = 1 - \alpha$ で，しかも L が率 $n > 0$ で成長する場合，どういうことが生

じるか。

訳　注

1) 第2章の議論と同様に，この条件が存在しないとすると，家計はいくらでも借り入れをして，消費を増加させるように行動するであろう。したがって，家計の主体的均衡経路は，解として，求まることはないであろう。
2) 均衡解として，端点解のケースのチェックが必要だと思われる。
3) 第2章の議論と同様に，閉鎖経済のもとでは，市場均衡解として，$a(t)=k(t)$ ということが要請されるので，非負の $a(t)(t≥0)$ の経路が結果的に選ばれることになる。
4) $s=\dfrac{\dot{K}+\delta K}{Y}=\dfrac{\dot{K}+\delta K}{AK}=\dfrac{1}{A}(\gamma_K+\delta)=\dfrac{1}{A}(\gamma_k+n+\delta)$.
5) (4.26) ということが成立するのは，あくまでも，均衡状態でのことである。このことは注意されなければならない。
6) $F(k_i,K)=k_i f(K/k_i)$.
$$F_1(k_i,K)=\frac{\partial f(k_i,K)}{\partial k_i}=f(K/k_i)-k_i f'(K/k_i)(k_i^{-2})K$$
$$=f(L)-Lf'(L).$$
7) $\dot{k}=rk+w-c$
$=\{f(L)-Lf'(L)-\delta\}k+\{F(k_i,K)-k_i F_1(k_i,K)\}-c$
$=f(L)k-\delta k-c+\{F(k_i,K)-k_i F_1(k_i,K)-Lf'(L)k_i\}.$

ここで，(4.27) より，$k_i F_1(k_i,K)=k_i f(L)-k_i Lf'(L)$。したがって，{　} の中は 0 となる。
8) この部分の意味は明確ではない。
9) 個人の数と企業の数 n を同じだとすると，$L=nL_i$, $K=nK_i$ となる。
$Y=nY_i=A(n^{1-\alpha}L_i^{1-\alpha})(n^\alpha K_i^\alpha)G^{1-\alpha}$
$\quad\quad=A(nL_i)^{1-\alpha}(nK_i)^\alpha G^{1-\alpha}$
$\quad\quad=A(L)^{1-\alpha}(K)^\alpha G^{1-\alpha}.$
10) 次のことより成立する。
$\dfrac{\partial Y_i}{\partial K_i}=AL_i^{1-\alpha}\alpha K_i^{\alpha-1}G^{1-\alpha},$
$\dfrac{\partial}{\partial G}\left(\dfrac{\partial Y_i}{\partial K_i}\right)=(1-\alpha)(AL_i^{1-\alpha}\alpha K_i^{\alpha-1})G^{-\alpha}>0.$
11) (4.53) を満たすような (G/Y) の存在を示しておくことにする。以下，$\tau=G/Y$ とおく。$f'(\tau)=\dfrac{f(\tau)}{1-\tau}$ となるような τ については図を参照せよ。

$$M(\tau) = \frac{f(\tau)}{1-\tau}.$$

(1) $M(0) = 0.$

(2) $\dfrac{dM(\tau)}{d\tau} = \dfrac{f'(\tau)(1-\tau) + f(\tau)}{(1-\tau)^2} > 0.$

$f'(\tau) > 0, f''(\tau) < 0$
$\begin{pmatrix} f'(\tau) \to \infty \, (\tau \to 0) \\ f'(\tau) \to 0 \, (\tau \to 1) \end{pmatrix}$

12) 内生的成長経路上では，(4.58) と (4.59) が $\gamma_k > 0$，$\gamma_c > 0$ で常に一定として成立していなければならない。この部分，特に，(4.58)，(4.59) より，持続状態において，$\gamma_c > 0$ と有限値の k がともに成立することはありえない。したがって，内生的成長が可能なのは k が無限大のときのみである。無限大という数が存在するわけではないので，この部分の議論は若干厳密性に欠けるが，一応記しておく。

13) $z = f(k)k^{-1}$ について時間 t で微分を行うことにする。

$$\begin{aligned}\frac{dz}{dt} &= \frac{dz}{dk} \cdot \frac{dk}{dt} \\ &= \left(\frac{f'(k)k - f(k)}{k^2}\right)\dot{k} \\ &= \frac{(\alpha-1)Bk^\alpha}{k} \cdot \frac{\dot{k}}{k} \\ &= (\alpha-1)Bk^{\alpha-1}(z - \chi - n - \delta) \\ &= -(1-\alpha)(z-A)(z-\chi-n-\delta).\end{aligned}$$

14) $\dfrac{\dot{\chi}}{\chi} = \dfrac{\dot{c}}{c} - \dfrac{\dot{k}}{k}$

$$\begin{aligned}&= Bk^{\alpha-1}\left(\frac{\alpha}{\theta}-1\right) + \frac{c}{k} + \frac{1}{\theta}(A-\delta-\rho) - (A-\delta) + n \\ &= -\left(\frac{\theta-\alpha}{\theta}\right)(z-A) + \chi - \left\{(A-\delta) - \frac{1}{\theta}(A-\delta) + \frac{\rho}{\theta} - n\right\} \\ &= -\left(\frac{\theta-\alpha}{\theta}\right)(z-A) + (\chi - \varphi).\end{aligned}$$

15) ここでは，(4.12) を使用する。

$$\rho > \frac{1-\theta}{\theta}(A-\delta-\rho) + n \Rightarrow \frac{\theta-1}{\theta}(A-\delta) + \frac{\rho}{\theta} - n > 0.$$

16) $\dot{z} = 0$ 線の $z = A$ における χ の値は $A - n - \delta$ である。また，$\dot{\chi} = 0$ 線の $z = A$ における χ の値は $\varphi = (A-\delta)\left(\dfrac{\theta-1}{\theta}\right) + \dfrac{\rho}{\theta} - n$ である。ところで，$A > \delta + \rho$ のときには，

$$\varphi = A - n - \delta - \frac{1}{\theta}(A-\delta-\rho) < A - n - \delta.$$

17) 資本シェア $= \dfrac{kf'(k)}{f(k)} = \dfrac{Ak + \alpha Bk^\alpha}{Ak + Bk^\alpha}$

訳　注　　337

$$\lim_{k\to\infty}(資本シェア)=\lim_{k\to\infty}\frac{A+a^2Bk^{a-1}}{A+aBk^{a-1}}=1.$$

$$労働シェア=\frac{f(k)-kf'(k)}{f(k)}=1-資本シェア.$$

18) $z=f(k)\cdot k^{-1}$ であるので，

$$\frac{dz}{dt}=\left\{f'(k)-\frac{f(k)}{k}\right\}\frac{\dot{k}}{k}.$$

ここで，

$$f'(k)=B\{a\cdot(bk)^\psi+(1-a)(1-b)^\psi\}^{\frac{1}{\psi}-1}(ab^\psi k^{\psi-1}),$$
$$z=B\{a\cdot(bk)^\psi+(1-a)(1-b)^\psi\}^{\frac{1}{\psi}}k^{-1}.$$

したがって，

$$f'(k)-\frac{f(k)}{k}=z[\{a\cdot(bk)^\psi+(1-a)(1-b)^\psi\}^{-1}k^\psi\cdot ab^\psi-1]$$
$$=z\{(z/B)^{-\psi}ab^\psi-1\}$$
$$=z\{(z/A)^{-\psi}-1\}.$$

このことより

$$\frac{\dot{z}}{z}=\{(z/A)^{-\psi}-1\}\cdot\gamma_k$$
$$=\{(z/A)^{-\psi}-1\}\cdot\{z-\chi-n-\delta\}.$$

$$\frac{\dot{\chi}}{\chi}=\gamma_c-\gamma_k$$

$$=\frac{1}{\theta}\{f'(k)-\delta-\rho\}-\{z-\chi-(n+\delta)\}$$

$$=\frac{1}{\theta}\{z\cdot(z/A)^{-\psi}-\delta-\rho\}-\{z-\chi-(n+\delta)\}$$

$$=\left(\frac{A}{\theta}\right)\{(z/A)^{1-\psi}-1\}+\frac{A}{\theta}-\frac{\delta}{\theta}-\frac{\rho}{\theta}+(n+\delta)-z+\chi$$

$$=\left(\frac{A}{\theta}\right)\{(z/A)^{1-\psi}-1\}-(z-A)+\chi-\left\{\frac{(A-\delta)(\theta-1)}{\theta}+\frac{\rho}{\theta}-n\right\}$$

$$=\left(\frac{A}{\theta}\right)\{(z/A)^{1-\psi}-1\}-(z-A)+(\chi-\varphi).$$

第5章

二部門内生的成長モデル
（特に人的資本の役割に注意して）

　資本の収穫が漸近的に一定である場合には，外生的技術進歩が存在していなくても，長期的な一人当たりの成長が可能である。このことは第4章で得られた教訓の一つである。物的資本と同様に人的資本も含むように，資本に関する広義の見方が採用されると，収穫の逓減性が成立しない可能性があることが議論された。本章では，物的資本と人的資本を区別するモデルが明示的な形で取り扱われる。さらに一般的に，議論の構造は，第6章と第7章で検討される蓄積された知識を含む種々の資本に適応可能であろう。

　（物的資本と人的資本が同じ生産関数によって生産されている）第3章の開放経済を検討するために使われたものと類似のモデルから始めることにする。このモデルでは，通常の一部門生産技術による生産物は，1対1の基準で，消費，物的資本への投資，人的資本への投資に使用されることができる。しかし，物的資本と人的資本への粗投資がそれぞれ非負でなければならないという制約条件を課す時，新たな結果が得られる。この制約により，物的資本と人的資本の水準の間のアンバランスが成長に及ぼす効果が生じてくる。物的資本の人的資本に対する比率と持続状態におけるこの比率の間のギャップが大となればなるほど，産出量の成長率は高くなるということができる。

　次に，物的資本と人的資本が異なった技術によって生産される可能性を考慮する。具体的には，教育（新たな人的資本の生産）が投入物としての人的資本の点で相対的に集約的であるような実証的に妥当なケースを中心に議論を展開する。たとえば，このような性質は，Uzawa(1965)によって開発され，Lucas(1988)によって使用された（既存の人的資本が教育部門において

唯一の投入物であるような）モデルにおいて成立する。このような生産構造の修正によって，物的資本と人的資本の間のアンバランスが成長率に及ぼす効果の非対称性がもたらされる。非対称性の要因は，人的資本に対する物的資本の比率が（人的資本1単位当たりの）実質賃金率に及ぼすプラスの効果，それゆえ，教育に配分される人的資本の機会費用に及ぼす効果から生じてくることになる。このモデルでは，広義の産出量の成長率は，人的資本が相対的に豊富な場合には物的資本と人的資本の間のアンバランスの大きさの増大とともに上昇し，人的資本が相対的に稀少な場合にはアンバランスの拡大とともに低下する。

人的資本の存在によって，広義の資本に関する収穫逓減性の制約が緩和され，その結果，外生的技術進歩が存在していない場合でも，一人当たりの長期的成長がもたらされる。したがって，人的資本の生産は，長期的成長を可能にするメカニズムとして，技術に関する改良の代替策であるということができる。しかし，技術進歩の形態において，人的資本の蓄積が知識の創出とは異なっている幾つかの点を強調しておきたい。人的資本を労働者に体化された技能と考える場合には，この技能をある活動で使用すれば，他の活動でそれは使用不可能になる。したがって，人的資本は競合財である。個人は本来の労働と同様に，それ自身の技能の所有権を持っているので，人的資本は排除財でもある。それに対して，アイデアとか知識は，任意の規模の活動の間で自由に流布しうるという点で非競合財であり，しかも，ある状況では非排除財となる可能性もある。この区別によって，技術進歩の理論（第6章～第8章のテーマ）は，基本的な点で，本章で考察される人的資本の蓄積に関するモデルとは異なっているのである。

5.1　物的資本と人的資本を持っている一部門モデル[訳注1]

5.1.1　基本モデル

まず，物的資本 K と人的資本 H に関する収穫一定性を持っている次のようなコブ＝ダグラス型の生産関数を仮定することにしよう。

5.1 物的資本と人的資本を持っている一部門モデル

$$Y = AK^{\alpha}H^{1-\alpha}. \tag{5.1}$$

ここで，$0 \leq \alpha \leq 1$。人的資本 H を労働者の人数 L と代表的労働者の人的資本 h の積だと考えることができる。ここでの仮定は，労働者の量 L と労働者の質 h は，Lh だけが産出で問題になるという意味で，生産に関して完全代替的だということである。このような定式化では，L を所与として，K と h を 2 倍にすると Y も 2 倍になるので，労働者の固定的人数 L は収穫逓減性の要因ではないということが示される。便宜的にのみ，ここでは，総労働力人口 L は固定されており，したがって，平均的な質 h の向上によってのみ，H は成長することになる。さらに，技術進歩が無視されている（すなわち，A は一定だと仮定している）。

産出量は，消費，物的資本への投資，人的資本への投資に使用される。物的資本と人的資本のストックは同一の率 δ で減耗すると仮定しよう。人的資本の減耗は，技能の劣化と死亡マイナス（経験による）便益からなっている。（物的資本と人的資本について異なった減耗率を採用することもできるが，この一般化では，これ以上の追加的洞察がもたらされずに，計算が複雑になるだけである。）

経済の資源の制約条件は次のように与えられる。

$$Y = AK^{\alpha}H^{1-\alpha} = C + I_K + I_H. \tag{5.2}$$

ここで，I_K と I_H はそれぞれ物的資本と人的資本に関する粗投資である。2 つの資本ストックの変化は次のように与えられる。

$$\dot{K} = I_K - \delta K, \quad \dot{H} = I_H - \delta H. \tag{5.3}$$

第 2 章では，異なった家計と企業からなるモデルでも家計が生産を実行するモデルでも同じように取り扱うことができるということを示した。この同値性は本節のモデルでも成立する。ここでも，家計が財の生産者であるようなフレームワークを使用する。人口の成長を無視すると仮定すれば，家計は (5.3) における 2 つの制約条件と経済における資源制約式 (5.2) のもとで，次の効用を最大にしようとする。

$$U = \int_0^\infty u[C(t)] \cdot e^{-\rho t} dt. \tag{5.4}$$

ハミルトニアンは次のように表される。

$$J = u(C) \cdot e^{-\rho t} + \nu \cdot (I_K - \delta K) + \mu \cdot (I_H - \delta H) + \omega \cdot (A K^\alpha H^{1-\alpha} - C - I_K - I_H). \tag{5.5}$$

ここで，ν と μ はそれぞれ $\dot{K}$ と $\dot{H}$ に付随するシャドウ・プライスであり，ω は (5.2) の予算制約式に付随するラグランジュ乗数である[1]。本章では，通常の効用関数が使用される。

$$u(C) = (C^{1-\theta} - 1)/(1-\theta).$$

C，I_K，I_H に関する J の偏微分を 0 とおき，$\dot{\nu}$ と $\dot{\mu}$ をそれぞれ $-\partial J/\partial K$，$-\partial J/\partial H$ に等しいとおき，(5.2) における予算制約式を考慮することによって，通常のやり方で，一階条件が得られる[2]。これらの条件を簡単化すると，消費の成長率に関する通常の帰結が得られる。

$$\dot{C}/C = (1/\theta) \cdot [A\alpha \cdot (K/H)^{-(1-\alpha)} - \delta - \rho]. \tag{5.6}$$

ここで，$A\alpha \cdot (K/H)^{-(1-\alpha)} - \delta$ は物的資本の純限界生産物である。

第2の条件は，物的資本の純限界生産物が人的資本の純限界生産物に一致するということである。このことによって，次のことが成立する。

$$A\alpha \cdot (K/H)^{-(1-\alpha)} - \delta = A \cdot (1-\alpha) \cdot (K/H)^\alpha - \delta.$$

したがって，2つの資本ストックの比率は次のように与えられる[3]。

$$K/H = \alpha/(1-\alpha). \tag{5.7}^{\text{訳注2}}$$

---

1) 同じことであるが，ハミルトニアンを次のように表すこともできる。

$$J = u(C)e^{-\rho t} + \nu \cdot (A K^\alpha H^{1-\alpha} - C - \delta K - I_H) + \mu \cdot (I_H - \delta H).$$

この式には，(5.5) におけるラグランジュ乗数 ω に付随する条件 $I_K = A K^\alpha H^{1-\alpha} - C - I_H$ が暗々裡に課されている。

2) ここでは，当座，不等号の制約条件 $I_K \geq 0$，$I_H \geq 0$ を無視することにしよう。

K/H に関するこの帰結によって，物的資本と人的資本の純収益率は次のように表される[4]。

$$r^* = A\alpha^\alpha \cdot (1-\alpha)^{(1-\alpha)} - \delta. \tag{5.8}$$

(5.1) の生産関数は広義の資本（K と H）に関して収穫一定性を持っているので，収益率は一定である。したがって，K/H が一定にとどまっているときには（[5.7]），すなわち K と H が同じ率で成長している場合には，収穫逓減性は成立しない。

K/H が一定であれば，(5.6) によって，$\dot{C}/C$ は一定になり，次のように表される。

$$\gamma^* = (1/\theta) \cdot [A\alpha^\alpha \cdot (1-\alpha)^{(1-\alpha)} - \delta - \rho]. \tag{5.9}$$

ここで，(5.7) の K/H が代入されている。種々のパラメータは $\gamma^* > 0$ となるように与えられていると仮定しよう。

このモデルが前の分析とどのように関連しているかを検討するために，(5.7) を (5.1) の生産関数に代入すると，次式が成立する。

$$Y = AK \cdot \left(\frac{1-\alpha}{\alpha}\right)^{(1-\alpha)}.$$

したがって，このモデルは第 4 章で検討された AK モデルと同じものだとみなすことができる。第 4 章の分析方法を使って，横断性条件が成立する場合には，Y，K，H の成長率は C の成長率に一致することを確認することができる[5]。すなわち，すべての変数は (5.9) で示されている一定の率 γ^* で成長することになる。

---

3) 2種類の資本の減耗率が異なっている場合でも，それらの純限界生産物は依然として等しくなる。この条件によって，再び，K/H が決定されるが，一般的にはその解は基礎的パラメータによる陽表的な式として表すことはできない。

4) モデルの中に競争的信用市場が導入されると，収益率 r はそのような市場で成立するであろう。

5) 横断性条件は $r^* > \gamma^*$ である。(5.8) と (5.9) によって，この条件は $\rho > (1-\theta) \cdot [A\alpha^\alpha \cdot (1-\alpha)^{(1-\alpha)} - \delta]$ と表すことができる。

(5.8) と (5.9) における r^* と γ^* に関する帰結は，第4章で展開された AK モデルで得られたものと本質的に同じである。すなわち，以上の議論の段階では，K と H という2つのタイプの資本からなるモデルと単一の形態の広義の資本からなるモデルの間の有意義な区別はいまだ明確にされていない。

5.1.2 粗投資の非負性の制約条件

経済が2つの資本ストックの状態 $K(0)$, $H(0)$ から出発すると仮定しよう。比率 $K(0)/H(0)$ が (5.7) で規定されている値 $\alpha/(1-\alpha)$ から乖離している場合には，先程求められた解は $\alpha/(1-\alpha)$ を瞬時的に達成するために，2つのストックの不連続的な調整が必要とされる。この調整は，合計額 $K+H$ が瞬時的に変化しないようなやり方で，一方のストックの増加と他方のストックの対応する減少ということで特徴づけられる。

このような解に伴う難点は，解が一方のタイプの資本におけるプラス無限大の投資率と他方の資本におけるマイナス無限大の投資率という可能性に依存していることである。言い換えると，旧式の物的資本が人的資本に変換可能であり，しかもその逆も可能であるというように，投資の可逆性が仮定されなければならない。

この仮定はそれほど現実的ではない。たとえ投資家は人的資本に投資するか物的資本に投資するかを事前に決定できるとしても，ひとたび決定されると，それは非可逆的なものになると想定される。数学的に，これらの非可逆性の制約は $I_K \geq 0$, $I_H \geq 0$ という不等号制約条件の形をとるであろう。言い換えると，我々は人的資本あるいは物的資本にマイナスの投資を行うことは不可能である。それぞれのタイプの資本に，せいぜい投資をしないようにすることはできる，すなわち，我々は $I_K = 0$ とおくことができるくらいである。このことから，率 $\dot{K}/K = -\delta$ で K の連続的な低下が生じるが，我々は実際には K にマイナスの投資を行うことはできない。$K(0)/H(0)$ が $\alpha/(1-\alpha)$ と異なっている場合には，前述の解では，ゼロ時点における資本の構成に関する不連続的変化には，一方のストックのマイナスの（無限の率での）粗投資が必要とされ，その結果，粗投資に関する不等号制約条件の1つ

が必然的に成立しなくなる。したがって，次に，これらの不等号制約条件が存在する場合のモデルの解の求め方を再検討することにしよう。詳細な議論は付論5A（5.5節）で展開されており，本文では省略されている。

$K(0)/H(0)<a/(1-a)$ [訳注3]，すなわち，当初，H が K に比して相対的に豊富にある場合には，前の解の求め方では，ゼロ時点で，H の減少と K の増大が必要とされる。$\dot{H}$ を不連続量だけ減少させるという要請があっても，ゼロ時点で（そして，その後の有限期間にわたって）$I_H \geq 0$ という不等号制約条件が拘束的なものになるであろう。この制約が拘束的な場合には，家計は $I_H=0$ を選択することになる。したがって，H の成長率は $\dot{H}/H=-\delta$ で与えられ，H は次の経路に沿って動いていくことになる。

$$H(t)=H(0)\cdot e^{-\delta t} \quad (t\geq 0). \tag{5.10}$$

経済主体は，K に比して H が豊富にあるということを認識しているが，H にマイナスの粗投資を行うことは不可能であるので，外生的に所与の率 δ で H を減耗させようとする。

$I_H=0$ の場合には，家計の最適問題は単純化されたハミルトニアンにより次のように表すことができる。

$$J=u(C)\cdot e^{-\rho t}+\nu\cdot(AK^{\alpha}H^{1-\alpha}-C-\delta K). \tag{5.11}$$

ここで，ν は（$I_H=0$ のときの）$\dot{K}$ の式の乗数である[6]。このモデルは，他の投入物（ここでは，H）の量を増加させる外生的技術進歩の制約条件のもとで，家計が消費と単一の資本 K への投資の選択を行う標準的な新古典派成長モデルと同じである。標準的なモデルでは，他の投入物，つまり効率的労働は（人口の成長が 0 の場合）x の率で成長するが，本節のモデルでは，他の投入物 H は $-\delta$ の率で成長している。

---

6) 同じことであるが，(5.5) の右辺の最後の項で $I_H=0$ とおく次のような形式で，ハミルトニアンを表すこともできるであろう。

$$J=u(C)e^{-\rho t}+\nu\cdot(I_K-\delta K)+\omega\cdot(AK^{\alpha}H^{1-\alpha}-C-I_K).$$

(5.11) では既に $I_K=AK^{\alpha}H^{1-\alpha}-C$ という条件が課されている。

標準的な新古典派成長モデルとの決定的な違いは，K/H が通時的に増加し，有限期間のうちに，(5.7)で示されている $a/(1-a)$ の値に到達することである。この点で，物的資本と人的資本の純限界生産物は一致し[訳注4]，したがって，人的資本に関する粗投資の非負性の制約条件は拘束的ではなくなる。その後，2つの資本ストックは (5.9) で示されている γ^* という率で永久に成長することになる。$\gamma^*>0$ となるように種々のパラメータが与えられると仮定しておいた。したがって，移行過程において，新古典派成長モデルと同様の動態的挙動は成立するが，広義の資本に関する収穫逓減性の非存在性のために，(外生的技術進歩が存在していなくても) 長期的成長率はプラスである。

移行動学についての幾つかの詳細な分析は付論でなされている。ここでは若干直感的な説明を行う。持続状態では，K, H と Y の成長率は $\gamma^*>0$ に一致することが確認されている。ここで，$K/H=a/(1-a)$。それ以前では，$K/H<a/(1-a)$，$I_H=0$ ということが成立する。このような状況のもとでは，K と Y の挙動は（コブ=ダグラス型生産関数を持っている）新古典派成長モデルの通常のパターンと一致している。したがって，第2章の分析により，成長率 $\gamma_K\equiv \dot{K}/K$ と $\gamma_Y\equiv \dot{Y}/Y$ が通時的に単調に減少していくという意味で，本項の解は収束性という性質を持っていることになる[訳注5]。2つの成長率が $\gamma^*>0$ に向かって単調に減少していくので，移行過程では，それらの成長率はプラスであるが逓減的でなければならない。ここで，一部は，H が（δ という率で）減少することにより，また，一部は，K が（γ^* に向かって減少していく率で）増加するために，K/H は通時的に単調に上昇する。K/H の上昇によって，物的資本の純限界生産物，したがって，収益率も単調に低下していく[7],[訳注6]。このような収益率の低下によって，通常のように，γ_c の低下がもたらされる。

これらの結果によって，比率 K/H が持続状態における値 $a/(1-a)$ より小である領域では，産出量の成長率 γ_Y と K/H は負の相関関係にあるということができる。γ_Y と K/H の間のこの関係は**アンバランス効果**と称することができる。アンバランスが大となるほど，すなわち，K/H が持続状態値より小であるほど，成長率は高くなる。

5.1 物的資本と人的資本を持っている一部門モデル

K/H が低い値をとる理由の１つとして，相当の物的資本を破壊するが，人的資本は比較的現況にとどめる戦争があげられる。第２次世界大戦後の日本とドイツの状況がこの例にあたる。この理論によると，このケースでは，持続状態値 γ^* をかなり上回る高い率で生産量が成長すると推定される。

物的資本が相対的に豊富な状態，すなわち，$K(0)/H(0) > \alpha/(1-\alpha)$ という状態から経済が出発する場合も，結果は類似したものになる。たとえば，このような状況は，人々は死去するが，工場が破壊されることはない（中世ヨーロッパにおける黒死病のような）伝染病の場合に生じるであろう。このケースでは，制約条件 $I_K \geq 0$ が拘束的になる。したがって，$I_K = 0$ となり，K は $-\delta$ の率で成長する。選択される投資が K ではなく H であるということを除いて，C と H の選択は通常の新古典派成長モデルの条件に支配されることになる。特に，γ_H と γ_Y は持続状態値 γ^* に向かって単調に減少していく。（δ の率での）K の減少と（γ^* に向かって減少していく率での）H の増加によって，通時的に K/H が低下していく。K/H の低下によって，H の純限界生産物が減少し，それによって，収益率と消費の成長率の低下がもたらされる[8]。

これらの結果によって，$K/H > \alpha/(1-\alpha)$ という領域で，K/H と γ_Y の間

---

[7] K/H の上昇によって，通時的に，H の純限界生産物の上昇がもたらされる。しかし，この純限界生産物は物的資本の限界生産物を下回っている。それゆえ，H の粗投資はその最低値である 0 にとどまることになる。既存の H に対する市場価格を観察することができれば，この価格は取り替え費用である 1 より低いが，K/H が $\alpha/(1-\alpha)$ に近づくにつれて 1 に向かって上昇していくであろう。その後，（キャピタル・ゲインと「配当」からの）H を保持する総収益率は，各時点で，K の純限界生産物に一致する。したがって，K の純限界生産物は信用市場で観察される単一の収益率に一致することになる。

[8] 収益率の動きは，H が相対的に豊富なケースのそれに類似している。K/H の減少によって，K の純限界生産物が上昇する。しかし，この純限界生産物は人的資本の純限界生産物より小であり，K への粗投資は最小値 0 にとどまる。既存の K に対する市場価格は取り替え費用である 1 より低い水準にあるが，K/H が $\alpha/(1-\alpha)$ に近づくにつれて 1 に向かって上昇していく。（キャピタル・ゲインと配当からの）K を保持することによる総収益率は，各時点で，H の純限界生産物に一致する。したがって，この純限界生産物は，信用市場で観察される単一の収益率に一致することになる。

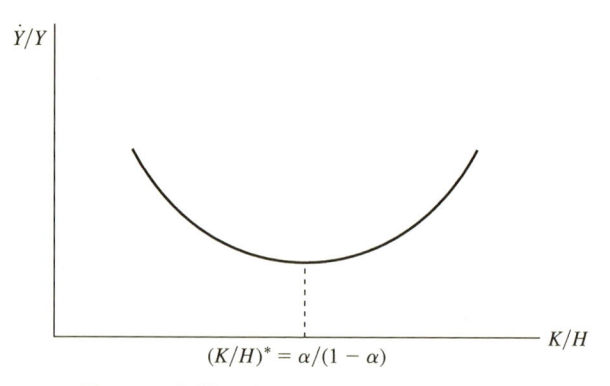

図 5.1 一部門モデルにおけるアンバランス効果

産出量の成長率は 2 つの資本ストックの比率 K/H に依存している。最低の成長率は持続状態における比率 $(K/H)^* = \alpha/(1-\alpha)$ に対応している。持続状態の右側でも左側でも，対称的に，K/H と $(K/H)^*$ の間のギャップの絶対値が大となるほど成長率は上昇する。

にプラスの相関関係が成立する。したがって，再び，アンバランス効果が存在する。つまり，K/H が持続状態値を上回るという意味でアンバランスが大となるほど成長率は上昇することができる。

図 5.1 では，K/H に対する成長率 γ_Y が図示されている。最低の成長率 γ^* は持続状態値 $\alpha/(1-\alpha)$ に対応している。持続状態の右側でも左側でも，K/H と持続状態値のギャップが大となるほど γ_Y は上昇する。

理論上は，(H ではなく K が戦争中に破壊される状況である) 物的資本の不足のケースが，(たとえば，K ではなく H を死去させる伝染病によって引き起こされる) 人的資本の不足のケースよりも必ずしも成長率に大きな効果を及ぼすわけではない。人的資本の急激な減少が成長に与える効果については，ほとんど実証的データは存在していない。しかし，Hirshleifer (1987, 第 1 章と第 2 章) における黒死病に関する議論では，このような状況では成長はそれほど急速ではないということが示唆されている。したがって，実証的には，持続状態値より K/H が上回った場合には，成長率にほんの小さなプラスの効果，あるいはマイナスの効果さえ生じるということができる。

K/H が持続状態値より低いか高いかに基づいて，非対称的な効果がもた

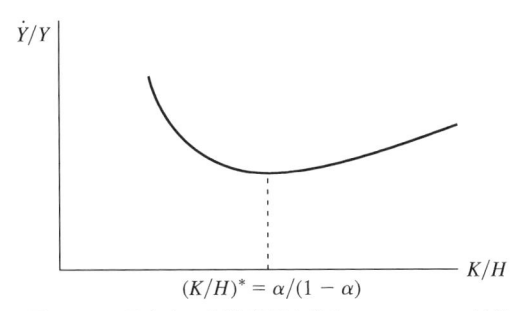

5.1 物的資本と人的資本を持っている一部門モデル 349

```
     Ẏ/Y │
         │╲                    ╱
         │ ╲                  ╱
         │  ╲                ╱
         │   ╲              ╱
         │    ╲_____╱
         │         │
         └─────────┴──────────── K/H
              (K/H)* = α/(1−α)
```

図5.2 人的資本の調整費用を伴うアンバランス効果

ここでは，人的資本を変更する調整費用のほうが物的資本を変化させるそれよりも大であると仮定する。この場合，K/H に対する成長率の感応度は，$K/H > (K/H)^*$（人的資本が相対的に稀少）である領域よりも，$K/H < (K/H)^*$（物的資本が相対的に稀少）である領域で，より高くなる。

らされる理論上の拡張の1つは，第3章で検討された資本蓄積の調整費用のようなものを導入することである。これらの調整費用は K よりも H の場合に大であろう。おそらく，教育プロセスは，投資の収益率の顕著な低下に遭遇することなしには，それほど促進されることはできないであろう。このケースでは，H の相対的な豊富さによって，K への相当な投資が必要とされ，したがって，産出量の高い成長率がもたらされるであろう。しかし，K が相対的に豊富な場合には，H への投資に及ぼす効果は小さなものであり，それゆえ，産出量の成長率に及ぼす効果も小さなものであろう。図5.2では，最低の成長率は，今まで通り，K/H が持続状態値 $α/(1−α)$ のときに生じると図示されている[9]。しかし，$K/H < α/(1−α)$ の領域における勾配のほうが $K/H > α/(1−α)$ の領域における勾配よりも急である。このモデルでは，主として H を破壊する伝染病よりも，主として K を破壊する戦争のケースのほうが経済の回復は速いことが示唆されている。

投資についての調整費用の別の含意は，K/H が持続状態値 $α/(1−α)$ から乖離している時に，両者のタイプの資本へのプラスの粗投資がなされるということである。それぞれのタイプの投資の収益率は投資率が低い場合には高

---

9) 調整費用に関するある定式化では，持続状態における比 K/H が影響されるであろうが，他の定式化では影響されないであろう。第3章の議論を参照せよ。

く，投資率が高い場合に低くなっていれば，このことは成立する。さらに，両者のタイプの資本における持続状態以外のプラスの粗投資の可能性は，C と $\dot{K}$ という財を生産する技術が，教育 $\dot{H}$ に関する技術と異なっているようなモデルで存在している。次節ではこのことを検討することにしよう。

5.2 生産と教育の異なる生産技術

5.2.1 生産の二部門モデル

以上では，物的な財と教育は同一の生産関数によって生産されると仮定してきた。このような定式化では，教育の主要な側面，つまり，教育は（投入物としての）教育を受けた人々に強く依拠しているという側面が無視されている。したがって，人的資本の生産は相対的に人的資本集約的であるという性質を反映するように，モデルの修正がなされなければならない。このような定式化の変更によって，物的資本と人的資本のアンバランスによる成長への効果に関する幾つかの結論が修整される。

Rebelo (1991) に従い，しかも次のようなコブ=ダグラス型生産関数を持っているモデルを使用する[10]。

$$Y = C + \dot{K} + \delta K = A \cdot (vK)^{\alpha} \cdot (uH)^{1-\alpha}, \tag{5.12}$$

$$\dot{H} + \delta H = B \cdot [(1-v) \cdot K]^{\eta} \cdot [(1-u) \cdot H]^{1-\eta}. \tag{5.13}$$

ここで，Y は財の産出量（消費財と物的資本への粗投資）；A，$B>0$ は技術パラメータ；α $(0 \leq \alpha \leq 1)$，η $(0 \leq \eta \leq 1)$ は各部門の産出における物的資本のシェア；v $(0 \leq v \leq 1)$，u $(0 \leq u \leq 1)$ はそれぞれ財の生産で使用される物的資本の割合と人的資本の割合である。（人的資本を生産するために）教育で使用される物的資本の割合と人的資本の割合はそれぞれ $1-v$ と $1-u$ である。

(5.12) では，消費財 C と物的資本への投資 $I_K = \dot{K} + \delta K$ は，供給サイド

---

[10] Bond, Wang, and Yip (1996) と Mino (1996) では，一般的な新古典派生産関数をもったモデルが分析されている。

では，今までと同様に完全代替的であることが示されている。言い換えると，C と I_K は財の単一の産出からもたらされる[11]。$\eta \neq \alpha$ の場合には，(5.13) により，人的資本は財の生産技術とは異なる生産技術によって創出されることになる。($\eta = \alpha$ の場合には，本節のモデルは前節で検討された一部門生産モデルと同じものになる。以下の脚注 13 を参照せよ。）既に言及されたように，$\eta < \alpha$ を実証的に妥当なケースとみなすことにする。すなわち，教育部門は相対的に人的資本集約的であるが，財部門は相対的に物的資本集約的であるとする[12]。実際，H を現実の世界における人的資本と同一視することを妥当なものとしているのが，モデルのこの特徴である。

(5.12) と (5.13) の式より，2 つの生産活動はそれぞれ 2 種類の資本の投入量について規模に関する収穫一定性を持っている。このために，本節のモデルでは，第 4 章の一部門モデルで見いだされたような内生的持続的成長が可能となるであろう。持続状態では，v と u は一定であり，C, K, H, Y は同一の率 γ^* で成長することになる。

産出量の測定値は，（人的資本の適切なシャドウ・プライスを乗じた）人的資本における粗投資 $\dot{H} + \delta H$ を含むように拡張することができる。（このシャドウ・プライスについては後で議論することにしよう。）この拡張された産出量の測定値も，持続状態では γ^* の率で成長するであろう。標準的な国民勘定で定義されている粗産出量は，人的資本への粗投資の一部を含んでいるので，狭義の産出量の概念と広義の概念の間のどこかに位置することになる。たとえば，粗生産物では教師の給与は含まれているが，学生によって先行的になされる時間価値は無視されており，さらに OJT (on-the-job training) に費された時間の価値の部分も省略されている。Kendrick (1976，表 A-1 と表 B-2) は，人的資本への粗投資の 1/2 が産出量の測定値に含まれていると

---

11) さらに，消費財と資本財の生産に（Uzawa [1964] と Srinivasan [1964] で使用された二部門モデル），あるいは，種々の最終財の生産に（Ventura [1997] を参照せよ），異なった要素集約度を導入することも可能であろう。

12) K と H を必ずしも物的資本と人的資本と解釈せずに，より一般的に，2 つの異なったタイプの資本財と解釈することができる。H の生産が H の点で相対的に集約的であるという仮定は，H がどのように解釈されるかに依存して，妥当なものになったり，そうでなかったりする。

いう合衆国についての概略的な推定を行っている。

以前検討された家計の最適化に関する標準的モデルに(5.12)と(5.13)で示されている技術を導入することができる。ハミルトニアンは次のように表される[13]。

$$J = u(C) \cdot e^{-\rho t} + v \cdot [A \cdot (vK)^{\alpha} \cdot (uH)^{1-\alpha} - \delta K - C]$$
$$+ \mu \cdot \{B \cdot [(1-v) \cdot K]^{\eta} [(1-u) \cdot H]^{1-\eta} - \delta H\}. \quad (5.14)$$

ここで，v は $\dot{K}$ の式の乗数であり，μ は $\dot{H}$ の式の乗数である。粗投資の非負性の不等号制約条件が拘束的でない場合には，解は通常の一階条件を満足することになる。この一階条件は，J を C，v，u で偏微分し，0 とおくことで得られる条件と条件 $\dot{v} = -\partial J/\partial K$ と $\dot{\mu} = -\partial J/\partial H$ から構成されている。

一階条件を計算すると，消費の成長率に関する通常の式が得られる。

$$\dot{C}/C = (1/\theta) \cdot [A\alpha \cdot (vK/uH)^{-(1-\alpha)} - \delta - \rho]. \quad (5.15)$$

上記の項 $A\alpha \cdot (vK/uH)^{-(1-\alpha)} - \delta$，つまり，財の生産における物的資本の純限界生産物は本節のモデルでは収益率 r に一致する。

いずれの生産部門に配分される場合でも，物的資本には同一の収益率がもたらされなければならない。人的資本についても同じ条件が成立する。これらの条件によって，v と u についての次の関係式が得られる。

$$\left(\frac{\eta}{1-\eta}\right) \cdot \left(\frac{v}{1-v}\right) = \left(\frac{\alpha}{1-\alpha}\right) \cdot \left(\frac{u}{1-u}\right). \quad (5.16)^{\text{訳注7}}$$

(5.16)では，v と u の間にはプラスの関係があることが示されている。ここで，$u=1$ のときには $v=1$ であり，$u=0$ のときには $v=0$ である[14]。言い換えると，α と η の値を所与として，財の生産の増加は，財部門に配分される2つの投入物 K と H の割合 u，v の同時的増加によってもたらされる

---

[13] 同じことであるが，v を $I_K - \delta K$ に乗じ，μ を $I_H - \delta H$ に乗じ，それから2つの等号制約条件 $A \cdot (vK)^{\alpha}(uH)^{1-\alpha} = C + I_K$ と $B \cdot [(1-v)K]^{\eta}[(1-u)H]^{1-\eta} = I_H$ に対応するラグランジュ乗数を導入して分析することもできる。(5.14)の定式化では既にこれらの等号制約条件が課されている。

ことになる。

　財の単位で表された人的資本のシャドウ・プライスを $p\equiv\mu/v$ と表すことにしよう。(5.16) と，K と H の収益率が均等化されるという条件によって，p に関する次式が得られる[15),訳注8]。

$$p\equiv\mu/v=(A/B)\cdot(\alpha/\eta)^\eta\cdot[(1-\alpha)/(1-\eta)]^{1-\eta}\cdot(vK/uH)^{\alpha-\eta}. \tag{5.17}$$

価格 p は教育部門における H の限界生産物に対する財部門の H の限界生産物（賃金率）の比に等しくなっている。(5.17) では，この価格は財部門で使用される H（つまり，uH）に対する財部門で使用される K（つまり，vK）の比率のみに依存するということが示されている。

　p の式を使うと，上で言及された広義の粗産出額を次のように計算することができる。

$$Q=Y+pB\cdot[(1-v)\cdot K]^\eta\cdot[(1-u)\cdot H]^{1-\eta}. \tag{5.18}$$

---

14)　$\alpha=\eta$ の場合には，(5.16) より $v=u$ となる。このことを (5.12) と (5.13) に代入すると，生産関数は次のように表される。

$$Y=AuK^\alpha H^{1-\alpha},$$
$$\dot{H}+\delta H=B\cdot(1-u)\cdot K^\alpha H^{1-\alpha}.$$

広義の産出 Q は次のように定義される。

$$Q=Y+(A/B)\cdot(\dot{H}+\delta H)=AK^\alpha H^{1-\alpha}.$$

ここで，A/B は Y の単位で表された H の一定の価格である。実際には，H の単位を $A/B=1$ となるように定義することができる。このような定義を行うと，経済の予算制約式は次のようになる。

$$Q=C+\dot{K}+\delta K+\dot{H}+\delta H.$$

そのとき，このモデルは本章の前半の部分で分析された一部門モデルと同じものになる。

15)　p は適切なシャドウ・プライスであるけれども，モデルで，人的資本の市場が導入される場合には，それは一意の市場均衡価格ではない。その理由は，このモデルでは，人的資本と財は相互に変換できないので，均衡は端点解になるということである。Quah (2002) では，均衡価格の領域は $(0, u/v)$ になることが示されている。この事実を指摘していただいたことに対して，Danny Quah に感謝している。

広義の産出量 Q は，狭義の産出量 Y と（財の単位での）人的資本の粗投資の価額 $pB\cdot[(1-v)\cdot K]^{\eta}\cdot[(1-u)\cdot H]^{1-\eta}$ の合計額である。

$\dot{\mu}$ と $\dot{v}$ に関する一階条件と（5.17）を利用すると，p の成長率の式を導出することができる。かなりの量の計算を行うと，次式が得られる[訳注9]。

$$\dot{p}/p = A\phi^{\alpha/(\eta-\alpha)}\cdot[\alpha\phi^{1/(\alpha-\eta)}\cdot p^{(1-\alpha)/(\eta-\alpha)} - (1-\alpha)\cdot p^{\eta/(\alpha-\eta)}]. \quad (5.19)$$

ただし，$\phi \equiv (A/B)\cdot(\alpha/\eta)^{\eta}\cdot[(1-\alpha)/(1-\eta)]^{1-\eta}$。ここでの主要な帰結は p の成長率が p のみに依存し，それ以外の変数に依存していないことである。

$\alpha \neq \eta$ という場合には，(5.17) によって，p と vK/uH の間の1対1の関係が決定されることになる[訳注10]。したがって，(5.19) によって，比率 vK/uH の成長率はこの比率のみに依存し，他の変数には依存していないということができる。

([5.17]と[5.19]から導出される）vK/uH の成長率の式，(5.15) の $\dot{C}/C$ の式，(5.16) による u と v の間の関係式，および予算制約式である $\dot{K}$ と $\dot{H}$ の条件式によって，u, v, C, K, H の長期的挙動が決定される。変数 v は (5.16) を使うと省略することができる。(5.1) と (5.13) における生産関数は規模に関する収穫一定性を持っているので，K, H, C の絶対的な水準は動態的挙動に何ら影響を与えず，システムはこれらの変数の比によって表現可能である。したがって，モデルを u, C/K, K/H で表すことができる。このシステムの持続状態は，u, C/K, K/H の一定値に対応している。したがって，持続状態では，C, K, H（Y と Q についても同様に）の成長率は同じになる。

(5.19) の式の形によって，動態的挙動の性質に関する帰結が直ちに得られる。この関係式は単一の変数 p の微分方程式になっている。この微分方程式は，$\alpha > \eta$ の場合には安定的であり（$\partial[\dot{p}/p]/\partial p < 0$），$\alpha < \eta$ の場合には不安定である（$\partial[\dot{p}/p]/\partial p > 0$）[訳注11]。($\alpha = \eta$ の場合には，モデルは一部門モデルと同じになる。脚注14を参照せよ。）したがって，$\alpha > \eta$ （つまり，実証的に妥当性を持っているとみなされるケース）である場合には，p は持続状態値に単調に収束していくことになる。

(5.17) によって，p と vK/uH が1対1に関係づけられているので，$\alpha >$

η の場合の p の単調収束性によって，vK/uH もその持続状態値に単調に収束するということができる。比率 vK/uH によって，財の生産における物的資本の限界生産物が決定される。したがって，（財の生産における物的資本の純限界生産物に一致する）r と（[5.15] で決定される）$\dot{C}/C$ もそれぞれの持続状態値に単調に収束していくであろう。

モデルの残りの部分は，$a>\eta\geq 0$ という一般的な状況については分析が困難になってくる。したがって，$\eta=0$ という特殊なケースから分析を始めることにする。その理由は，このケースでは，移行動学についての完全な分析的説明が可能だからである。その後で，$a>\eta>0$ というより一般的なケースについて幾つかの帰結を導出する。最後に，パラメータの値の組が妥当なものとみなされているわけではないが，$a<\eta$ というケースに言及する。

5.2.2 宇沢=ルーカス・モデル

基本的フレームワーク　次に，人的資本の生産に物的資本が全く必要とされない，すなわち，(5.13) で $\eta=0$ となる Uzawa(1965) と Lucas(1988) で研究されたモデルを特に分析することにしよう。このモデルは，教育部門が相対的に人的資本集約的（$\eta\leq a$）である極端なケースとみなすことができる。したがって，宇沢=ルーカス・モデルと（物的資本と人的資本の相対的集約度が両方の部門で全く同じである）一部門モデルとを比較することによって，相対的な要素集約度に関する仮定の主要な含意を導出することが可能である。付論 5 B（5.6 節）では，宇沢=ルーカス・モデルについての詳細な議論が展開されている。本節では，K と H の粗投資に関する非負性の制約条件が拘束的でないようなケースから出発して，種々の帰結の概略的説明を行う。

$\eta=0$ という定式化により $v=1$ となる。すなわち，教育部門において K は生産に貢献しないので，すべての資本は財部門で使用される。したがって，(5.12) と (5.13) の式は次のように簡単化される[16]。

---

[16] Arnold(1997) は一般的な新古典派生産関数で生産関数 (5.20) を置き換えることによって，一般的なモデルを展開している。

$$Y = C + \dot{K} + \delta K = A K^{\alpha} \cdot (uH)^{1-\alpha}, \tag{5.20}$$

$$\dot{H} + \delta H = B \cdot (1-u) \cdot H. \tag{5.21}$$

第4章と同様に，持続状態において一定にとどまるような変数によってシステムを表現するのが有益である。動態的分析を容易にするような定式化では，$\omega \equiv K/H$ と $\chi \equiv C/K$ という比率が使用される。(5.20) と (5.21) とともに，これらの定義を使うと，K と H の成長率に関する次の式が得られる。

$$\dot{K}/K = A \cdot u^{(1-\alpha)} \omega^{-(1-\alpha)} - \chi - \delta, \tag{5.22}$$

$$\dot{H}/H = B \cdot (1-u) - \delta. \tag{5.23}$$

したがって，ω の成長率は次のように与えられる。

$$\dot{\omega}/\omega = \dot{K}/K - \dot{H}/H = A \cdot u^{(1-\alpha)} \omega^{-(1-\alpha)} - B \cdot (1-u) - \chi. \tag{5.24}$$

一階条件を使用すると，消費の成長率が通常の式 $\dot{C}/C = (1/\theta) \cdot (r-\rho)$ で与えられることを示すことができる。ここで，r は財の生産における物的資本の純限界生産物 $\alpha A \cdot u^{(1-\alpha)} \omega^{-(1-\alpha)} - \delta$ に一致している。したがって，消費の成長率は次のように与えられる。

$$\dot{C}/C = \frac{1}{\theta} \cdot [\alpha A \cdot u^{(1-\alpha)} \omega^{-(1-\alpha)} - \delta - \rho]. \tag{5.25}$$

χ の成長率は，(5.25) と (5.22) より，次のように得られる。

$$\dot{\chi}/\chi = \dot{C}/C - \dot{K}/K = \left(\frac{\alpha - \theta}{\theta}\right) \cdot A u^{(1-\alpha)} \omega^{-(1-\alpha)} + \chi - \frac{1}{\theta} \cdot [\delta \cdot (1-\theta) + \rho]. \tag{5.26}$$

最後に，付論5Bでは，(5.17) と (5.19) によって，u の成長率が次のように与えられることが示されている。

$$\dot{u}/u = \frac{B(1-\alpha)}{\alpha} + Bu - \chi. \tag{5.27}$$

持続状態分析　付論5Bでは，持続状態において変数 u, ω, χ は一定にとどまることが確認されている。パラメータの組合せを次のように定義する。

5.2 生産と教育の異なる生産技術

$$\varphi \equiv \frac{\rho + \delta(1-\theta)}{B\theta}. \tag{5.28}$$

$\dot{u} = \dot{\omega} = \dot{\chi} = 0$ に対応する持続状態は次のように与えられる。

$$\begin{aligned}
\omega^* &= (\alpha A/B)^{1/(1-\alpha)} \cdot [\varphi + \frac{\theta-1}{\theta}], \\
\chi^* &= B(\varphi + 1/\alpha - \frac{1}{\theta}), \\
u^* &= \varphi + \frac{\theta-1}{\theta}.
\end{aligned} \tag{5.29}$$

この持続状態では，収益率と，C，K，H，Y，Q の共通の成長率は次のように与えられる。

$$r^* = B - \delta, \tag{5.30}$$

$$\gamma^* = \frac{1}{\theta}(B - \delta - \rho). \tag{5.31}$$

通常の横断性条件 $r^* > \gamma^*$ によって，(5.29) で示されている ω^*，χ^*，u^* の値はすべてプラスになるということが保証される[訳注12]。(5.31) で $\gamma^* > 0$ ならば $u^* < 1$ という条件が成立する。

移行動学　ω，χ，u の動態的システムは，(5.24)，(5.26)，(5.27) で構成されている。ω を財の生産における物的資本の粗平均生産物 z で置換する変換されたシステムで議論を行うと，分析が都合よくなされるであろう[17]。

$$z \equiv A u^{(1-\alpha)} \omega^{-(1-\alpha)}. \tag{5.32}$$

物的資本の粗**限界**生産物は αz に一致し，収益率は $r = \alpha z - \delta$ である。変数 z は状態変数 ω と制御変数 u が組み合わされたものであるが，均衡では，z は ω に単純な形で関係していることを後で示すことにする。特に，初期値 $\omega(0)$ から初期値 $z(0)$ を決定することができる。

---

17) $(A\alpha/z)^{1/(1-\alpha)}$ に一致する vK/uH という比率で議論を展開することも可能であろう。

(5.24),(5.26),(5.27) で与えられるシステムは，z，χ，u によって次のように書き換えることができる。

$$\dot{z}/z = -(1-\alpha)\cdot(z-z^*), \tag{5.33}$$

$$\dot{\chi}/\chi = \left(\frac{\alpha-\theta}{\theta}\right)\cdot(z-z^*)+(\chi-\chi^*), \tag{5.34}$$

$$\dot{u}/u = B\cdot(u-u^*)-(\chi-\chi^*). \tag{5.35}$$

ここで，z^* は持続状態における z の値である。(5.29) と (5.32) における z の定義によって，この持続状態の値は次のように与えられる。

$$z^* = B/\alpha. \tag{5.36}$$

物的資本の平均生産物，収益率，賃金率の動態的挙動　(5.33) は 1 変数の微分方程式である。これによって，z，つまり，物的資本の粗平均生産物の時間経路が決定される。この微分方程式は明示的な形で解くことができ，その解は次のように与えられる。

$$\left(\frac{z-z^*}{z}\right) = \left[\frac{z(0)-z^*}{z(0)}\right]\cdot e^{-(1-\alpha)\cdot z^* t}. \tag{5.37}$$

ここで，$z(0)$ は z の初期値である。この式により，z は初期値 $z(0)$ から持続状態値 z^* に単調に調整されることが確認される。図5.3では，安定性が図示されている。

収益率は $r = \alpha z - \delta$ で表されるので，z の動きによって r の動きが決定される。特に，$z(0) < z^*$ ならば，$r(0) < r^*$ となり，r はその持続状態値に向かって通時的に単調に上昇を続けることになる。$z(0) > z^*$ の場合には，これらの特性はすべて逆になる。

賃金率 w は財の生産に使用される人的資本 uH の限界生産物に一致する。(5.20) の生産関数と (5.32) における z の定義により，この限界生産物は次のように表すことができる。

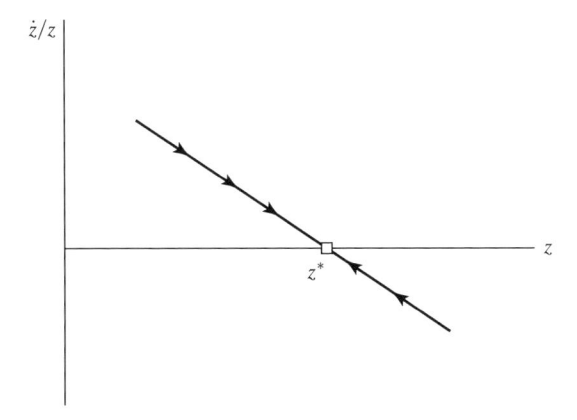

図 5.3 資本の粗平均生産物 z の安定性

宇沢=ルーカス・モデルの (5.33) は z に関する線型の微分方程式である。$z<z^*$ の場合には，z の成長率はプラスであり，z は持続状態値に向かって増加していく。$z>z^*$ の場合には，逆のパターンが成立する。したがって，持続状態値 z^* は安定的である。

$$w = A \cdot (1-\alpha) \cdot u^{-\alpha}\omega^{\alpha} = A^{1/(1-\alpha)} \cdot (1-\alpha) \cdot z^{-\alpha/(1-\alpha)}. \tag{5.38}$$

したがって，$z(0)<z^*$ の場合には，$w(0)>w^*$ となり，w は通時的にその持続状態値に向かって単調に減少していくことになる。$z(0)>z^*$ の場合には，これらの特性の逆のパターンが成立する。

$\chi \equiv C/K$ の動態的挙動 χ の挙動は (5.34) における $\dot{\chi}/\chi$ の決定要因の 1 つである $\alpha-\theta$ というパラメータの組合せに依存している。$\alpha \leq 1$ であり，通常 $\theta>1$ と仮定されるので，$\alpha<\theta$ という不等号が実際に成立しそうである。したがって，主要な分析では，$\alpha<\theta$ と仮定する。

(5.33) と (5.34) を z と χ に関する 2 次元のシステムとして取り扱い，(z, χ) 空間に通常のタイプの位相図を描くことができる（注意すべきことは，変数 u はこれらの式には現れてこないことである）。図 5.4 の右側における z^* を通る垂直線は (5.33) の $\dot{z}=0$ に対応している。この式によって，$z>z^*$ の場合には z は減少し，$z<z^*$ の場合には，z は増加するということが確認される。したがって，$\dot{z}=0$ の曲線は図で示されているように安定的で

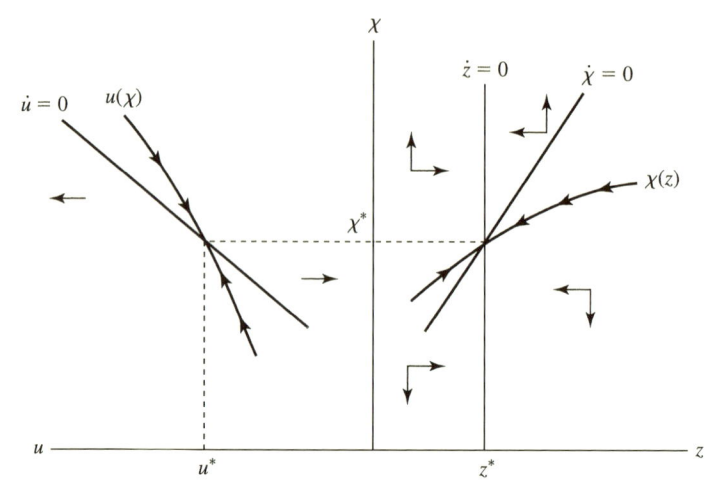

図 5.4 （$\alpha < \theta$ の場合の）宇沢=ルーカス・モデルにおける z, χ, u の動態的挙動

右側の図では、(z,χ) 平面が使われ、$\dot{z}=0$ 線、$\dot{\chi}=0$ 線、および z と χ の動態的動きが示されている。安定的サドル経路 $\chi(u)$ が右上がりの曲線として描かれている。左側の図では、(u,χ) 平面が使用され、$\dot{u}=0$ 線と u と χ の動態的動きが示されている。（このパネルにおける u の大きな値には、左方への動きが対応づけられている。）安定的サドル経路 $u(\chi)$ は右下がりの曲線で描かれている。$z(0)>z^*$ の場合には、（右側の図より）$\chi(0)>\chi^*$ となり、（左側の図より）$u(0)>u^*$ となる。移行過程では、z, χ, u は単調に減少することになる。（注意：χ と u に関する帰結は $\alpha<\theta$ という仮定に依存している。）

ある。

(5.34) によって、$\dot{\chi}=0$ の線は次のように与えられる。

$$\chi = \chi^* + \left(\frac{\theta-\alpha}{\theta}\right)\cdot(z-z^*). \tag{5.39}$$

$\theta > \alpha$ であるので、図 5.4 の右側に示されているように、これは右上がりの直線である。さらに、この直線の勾配は 1 より小である。この性質は後で使用される。(5.34) により、$\dot{\chi}=0$ 線より上方に位置する点では χ は上昇し、それより下方では χ は下落する。すなわち、図示されているように、$\dot{\chi}=0$ 線は不安定である。

図 5.4 の右図における 2 つの線の形状によって、（$\chi(z)$ と表されている）安定的サドル経路は図示されているように右上がりの曲線である。したがっ

て，$z(0)>z^*$ の場合には，$\chi(0)>\chi^*$ となり，z と χ は通時的にそれらの持続状態値に向かって単調に減少していく。$z(0)<z^*$ の場合には $\chi(0)<\chi^*$ となり，z と χ はそれらの持続状態値に向かって単調に増加していく。

生産で使用される人的資本の割合 u の動態的挙動　　u の動態的挙動を確認するために，(5.35) を使って，$\dot{u}=0$ 線を次のように求めることができる。

$$u=u^*+(\chi-\chi^*)/B. \tag{5.40}$$

図 5.4 の左の図で示されているように，$\dot{u}=0$ 線は (u,χ) 平面における右下がりの直線である（左方へ行くほど，u の値が高くなっている）。図では，u の安定的サドル経路が $u(\chi)$ で表されている。注意すべき点は，$z(0)>z^*$ ならば $\chi(0)>\chi^*$ となり，したがって，$u(0)>u^*$ となる（$u(0)\leq u^*$ あるいは $\dot{u}=0$ 線の左側の $u(0)$ では，通時的に u の u^* からの乖離がもたらされるということが図で確認される）[訳注13]。

要約すると，$\alpha<\theta$ の場合，$z(0)>z^*$ ならば，$\chi(0)>\chi^*$，$u(0)>u^*$ となり，z，χ，u はすべてそれらの持続状態値に向かって単調に減少する。逆に，$z(0)<z^*$ ならば $\chi(0)<\chi^*$，$u(0)<u^*$ となり，z，χ，u はすべてそれらの持続状態値に向かって単調に上昇する。

$\alpha\geq\theta$ の場合の動態的挙動　　同じアプローチを使用して，$\alpha\geq\theta$ というケースを取り扱うことができる。このケースは実証的に妥当なものだとしてみなしていないので，ただ結果のみを示し，それらの導出については読者の練習問題として残しておく。$\alpha>\theta$ の場合には，χ と u についての結果は，以上で求められた結果とは逆になる。たとえば，$z(0)>z^*$ ならば $\chi(0)<\chi^*$，$u(0)<u^*$ となる。その場合，z の単調な減少は χ と u の単調な増加に関連づけられる。

$\alpha=\theta$ の場合には，$\chi(0)=\chi^*$，$u(0)=u^*$ となる。すなわち，このナイフの刃のケースでは，変数 χ と u は，$z(0)$ から z^* への移行過程では，持続状態値に固定されたままである。

物的資本の粗平均生産物 z と状態変数 $\omega \equiv K/H$ との関係　　$\alpha < \theta$ というケースに立ち戻ることにしよう。動態的分析を完了するために，状態変数 ω の挙動と z の挙動（したがって，χ と u の挙動）の関係を求めなければならない。特に，ω が $\omega(0)$ から出発するという初期条件を利用することにする。

付論 5 B では，$z(0)$ と $\omega(0)$ の間には，$\omega(0) \lessgtr \omega^*$ のとき，$z(0) \gtrless z^*$ というように，逆の関係があることが示されている。言い換えると，初期時点で，H に対する K の比 ω が低い（高い）場合に，初期に，物的資本の粗平均生産物 z は高い（低い）状態にあるということができる。

例として，ω が持続状態値より高い値から出発する場合（つまり，物的資本に比して人的資本が相対的に稀少である場合には），物的資本の粗平均生産物 z と収益率 r は低い値から出発し，その後，それらの持続状態値に向かって単調に上昇する。さらに，この状況では，賃金率 w は持続状態値よりも高い値から出発し，その後低下していくことになる。それに対して，χ と u は持続状態値よりも低い値から出発し，その後上昇していく。u の挙動によって，初期時点では，相対的に少ない人的資本が財の生産に配分され，相対的に多くの人的資本が教育に配分されるということが示されている。長期的には，人的資本の配分は教育から財の生産へとシフトしていくことになる。ω が持続状態値より低い値から出発する場合，上述の結果はすべて逆になる。

χ と u の政策関数　　χ と u の結果を政策関数によって要約することができる。図5.5では，χ と u の選択値はそれぞれ ω の減少関数であるということが示されている[18]（ここでは，ただ便宜的に，両方の変数について，単一の曲線が描かれている）。このことより，人的資本が相対的に稀少な状態から出発する（$\omega > \omega^*$ となる）国について考察する場合には，ω は長期的に低下していくが，χ と u は上昇することになる。したがって，初期時点にお

---

[18]　図5.5は $\alpha < \theta$ の場合に成立する。$\alpha > \theta$ の場合には政策関数は右上がりの曲線であり，$\alpha = \theta$ の場合には水平線になる。

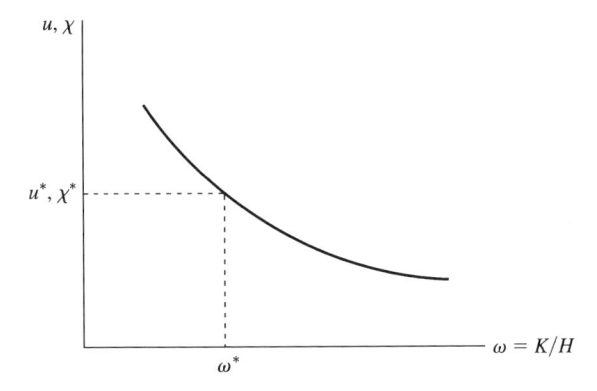

図 5.5 （$\alpha < \theta$ の場合の）u と χ の政策関数

政策関数によって，状態変数 $\omega \equiv K/H$ に制御変数 u と $\chi \equiv C/K$ の最適値が対応づけられる。$\alpha < \theta$ の場合には，各政策関数は右下がりの曲線で描かれる。（図では，便宜的に，1つの曲線で描かれている。）政策関数は，$\alpha = \theta$ の場合には水平線で描かれ，$\alpha > \theta$ の場合には，右上がりの曲線で描かれることになる。

いては，その国では，相対的に少ない消費が配分されているが（$\chi \equiv C/K$ は低い状態にあるが），教育には多くの時間が費やされている（$1-u$ は高い水準にある）。

移行過程における種々の成長率の動き　次に，ω, z, χ, u の動態的な動きが移行過程における種々の成長率の動きとどのように関連しているかを検討することにしよう。特に，K と H のアンバランス（すなわち，ω^* からの ω の超過と不足）によって，本節のモデルにおける種々の変数の成長率が上昇するか低下するかを検討する。

消費の成長率　経済が相対的に低い物的資本の状態，つまり，$\omega < \omega^*$ という状態から出発する場合には，利子率 r はその持続状態値 $B - \delta$ に向かって単調に減少していく。このような r の低下によって，$\dot{C}/C$ の減少がもたらされる。それに対して，$\omega > \omega^*$ の場合には，r と $\dot{C}/C$ は移行過程では着実に上昇を続けることになる。ω に対する $\dot{C}/C$ のグラフを描くと，図 5.6 の最も上のパネルに示されているように，右下がりの曲線が求められる。

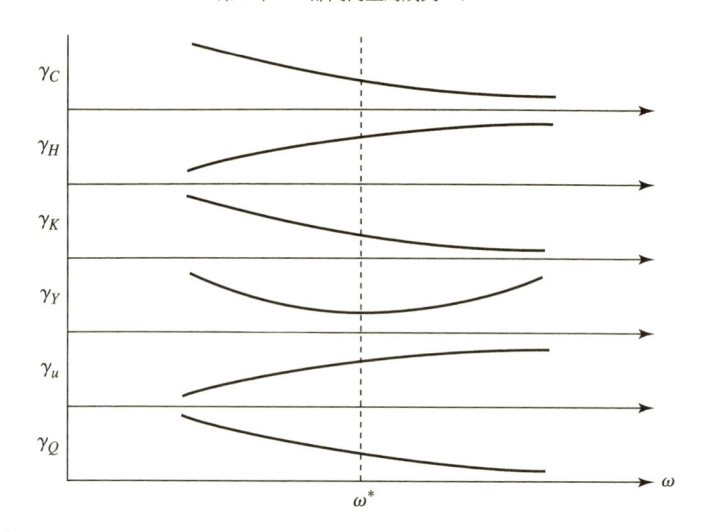

図 5.6　宇沢=ルーカス・モデルにおける成長率のパターン
図では，消費，人的資本，物的資本，財の産出量（Y），財の生産に配分される資本の割合（u），および広義の産出量（Q）の成長率の動きが描かれている。これらの変数はすべて $\omega \equiv K/H$ に関連づけられている。（注：$\dot{Y}/Y$ の最小値は持続状態値 ω^* の右側にも，左側にも位置することができる。）

粗投資に関する不等号の制約条件を持っている一部門モデルでは，$\dot{C}/C$ と ω の関係は図 5.1 で示されているような U 字型の曲線で表されたことを思い出すことにしよう。したがって，いずれの方向への K と H の間のアンバランスでも，より高い消費の成長率がもたらされることになる。それに対して，K と H に関する粗投資の不等号制約条件が拘束的でないような宇沢=ルーカス・モデルの範囲では，K の不足を伴うようなアンバランス（$\omega < \omega^*$）では $\dot{C}/C$ の高い値が達成されるが，H の不足を伴うようなアンバランス（$\omega > \omega^*$）においては，$\dot{C}/C$ の低い値がもたらされることになる。

人的資本と物的資本の成長率　　消費以外の変数の成長率に関する移行過程における動きはより複雑なものである。付論 5 B で確認されていることであるが，(5.33)〜(5.35) より，$\dot{z}/z$，$\dot{\chi}/\chi$，$\dot{u}/u$ の式を求めることができ，しかも (5.25) の $\dot{C}/C$ の条件を使うと H と K の成長率の式を次のように得る

ことができる.

$$\dot{H}/H = \gamma^* - B\cdot(u-u^*), \tag{5.41}$$

$$\dot{K}/K = \gamma^* + (z-z^*) - (\chi-\chi^*). \tag{5.42}$$

ここで，γ^* は (5.31) で与えられている持続状態における成長率 $(1/\theta)\cdot(B-\delta-\rho)$ である．

（仮定されているような）$\alpha<\theta$ という場合には，図 5.5 によって，$u-u^*$ は ω の単調減少関数である．したがって，(5.41) によって，$\dot{H}/H$ は ω の単調増加関数である．物的資本の相対的な量の拡大によって，人的資本の成長率の上昇がもたらされることになる．この性質は図 5.6 の 2 番目のパネルに描かれている．

（資本の粗平均生産物の持続状態からの乖離を表している）$z-z^*$ は，ω の単調減少関数であることを思い出すことにしよう．この効果により，(5.42) に従って，$\dot{K}/K$ は ω の上昇とともに低下する．しかし，図 5.5 で示されているように，$\chi-\chi^*$ は ω の単調減少関数であり，この効果は $\dot{K}/K$ の減少傾向を相殺することになる[19]．

図 5.7 では，$\dot{K}/K$ の決定についてのグラフによるアプローチが提示されている．まず，図 5.4 の右側における $\chi(z)$ と記されているサドル経路を再び描いておくことにする．注意すべき点は，この曲線はプラスの勾配を持っているが，少なくとも持続状態の近傍では，$\dot{\chi}=0$ の線よりも傾きが緩やかだということである．さらに，$\dot{\chi}=0$ の線の勾配はプラスであるが，1 より小であるということを (5.39) より思い出すことにしよう．したがって，$\chi(z)$ 曲線の勾配も持続状態の近傍では 1 より小でなければならない．

(5.42) を使って，等成長線，すなわち，$\dot{K}/K$ の一定値に対応する z と χ の軌跡を描くことができる．この式により，等成長線は傾き 1 の直線である．図 5.7 では幾つかの等成長線が示されている．ここで，より右側に位置しているものほど（つまり，より大きな z を持っているものほど），より高

---

19) $\alpha\geq\theta$ の場合には $\chi-\chi^*$ は z の単調増加関数であるか定値関数になる．このケースでは，確実に，$\dot{K}/K$ は ω の単調減少関数になる．

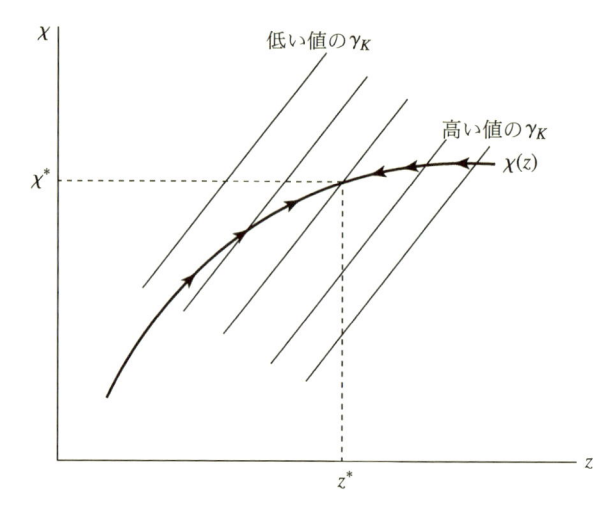

図5.7 物的資本の成長率の決定

持続状態の近傍では，等成長線はサドル経路 $\chi(z)$ よりも急勾配である。右側に位置する等成長線ほど高い $\dot{K}/K$ の値に対応している。したがって，持続状態の近傍では $\dot{K}/K$ は z が増加すると上昇することになる。z と ω の逆方向の関係によって，$\dot{K}/K$ は ω が上昇すると低下することになる。

い成長率 $\dot{K}/K$ に対応している。さらに，これらの直線は $\chi(z)$ 曲線より，少なくとも持続状態の近傍では，急勾配である。(その理由は，近傍では，$\chi(z)$ 曲線は1より緩やかな勾配を持っているからである。)

図5.7では，持続状態の近傍において，$\dot{K}/K$ が z とプラスの関係にあるということが示されている。したがって，持続状態の近傍では，$\dot{K}/K$ は ω とマイナスの関係にあるということになる。言い換えると，$\omega(0)<\omega^*$ の場合には，ω が通時的に上昇するにつれて，(5.42) の $\dot{K}/K$ の効果の点で，$z-z^*$ の減少分が $\chi-\chi^*$ の減少分を上回ることになる。

持続状態値の近傍で，広い範囲の ω の値について，$\dot{K}/K$ と ω の間にはマイナスの相関関係が成立するということを，数値的シミュレーションによって，見いだしている (Mulligan and Sala-i-Martin [1993] を参照せよ)。すなわち，検討されてきた広範囲のパラメータの値について，$z-z^*$ の減少分は $\chi-\chi^*$ の減少分を上回ることになる[20]。したがって，このモデルでは，人的資本に対する物的資本の高い比率 ω は物的資本の成長率 $\dot{K}/K$ の低い値に関

連づけられる。この性質は，図 5.6 の第 3 番目のパネルに描かれている。

財の産出量 Y の成長率　（消費財と物的資本から構成される）生産された財の量は，(5.20) によって，$Y=AK^{\alpha}\cdot(uH)^{(1-\alpha)}$ と与えられる。したがって，([5.35] における) $\dot{u}/u$ の式とともに，(5.41) と (5.42) における $\dot{H}/H$ と $\dot{K}/K$ の式を使うと，Y の成長率を次のように求めることができる。

$$\dot{Y}/Y=\gamma^{*}+\alpha\cdot(z-z^{*})-(\chi-\chi^{*}). \tag{5.43}$$

$\dot{K}/K$ に関する分析と類似した手順により，$\dot{Y}/Y$ について検討することができる。(5.43) により，(z,χ) 平面における $\dot{Y}/Y$ の等成長線は勾配 $\alpha<1$ を持つ直線だということが示される。これらの直線の幾つかが図 5.8 で描かれている。ここで，注意すべき点は，右側に位置する直線ほど高い成長率に対応していることである。前の分析との違いは，持続状態の近傍で，等成長線が必ずしも $\chi(z)$ 曲線よりも急勾配になるわけではないことである。したがって，持続状態の近傍で，z に対する $\dot{Y}/Y$ の関係は明確ではない。ω が上昇するとき，$\dot{Y}/Y$ は上昇することも下落することもありうる[21]。

我々の数値的シミュレーションによってこれらの帰結が確認されており，図 5.6 の第 4 番目のパネルに描かれているように，$\dot{Y}/Y$ と ω の関係は U 字型で表される傾向がある。$\dot{Y}/Y$ の最小値は持続状態の左側にでも右側にでも位置することができる。すなわち，持続状態の近傍では，ω の上昇に伴って $\dot{Y}/Y$ が逓増的であることも逓減的であることも可能である。

たとえば，$\alpha=0.5$ と置き，取り扱われているパラメータについて，標準的な値（$\rho=0.02$，$n=0.01$，$\delta=0.05$）を採用し，持続状態における収益率

---

20) 数値的シミュレーションによって，$\dot{K}/K$ と ω の間の逆の関係は非常に高い ω の値では逆転するということを見いだしている。しかし，ω の非常に高い値（あるいは非常に低い値）の場合には，粗投資に関する不等号制約条件が拘束的になる (2.2.4 項を参照せよ)。不等号制約条件が拘束的でないような ω の範囲でのみ検討を行う場合には，我々の数値結果によって，今まで考察されてきたすべてのパラメータの値について，$\dot{K}/K$ は ω の減少関数になるということが示されている。

21) $\alpha \geq \theta$ の場合には，$\chi-\chi^{*}$ は ω の増加関数であるか，定値関数である。したがって，確かに，$\dot{Y}/Y$ は ω の減少関数になる。

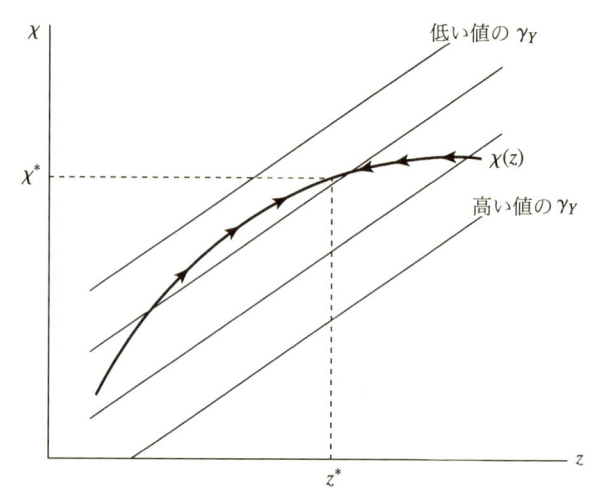

図 5.8　財の産出量の成長率の決定

持続状態の近傍で，等成長線は，サドル経路 $\chi(z)$ よりも急勾配であってもよいし，緩やかであってもよい。したがって，成長率 $\dot{Y}/Y$ と，z と ω の関係は明確ではない。注意すべき点は，$\chi(z)$ 曲線は図 5.4 の右側の図からとられており，$\alpha<\theta$ のときに成立するということである。

$B-\delta$ として，0.06 を得るために，$B=0.11$ とおくことにしよう。(そのとき，$\theta=2$ とすると，持続状態における成長率 $(1/\theta)\cdot(B-\delta-\rho)$ は 0.02 になる。) このようなパラメータの規定については，$\dot{Y}/Y$ の最小値は，$\theta=3.5$ ならば，ω の持続状態値で成立し，$\theta>3.5$ ならば持続状態値の左側に位置し，$\theta<3.5$ ならば，持続状態値の右側に位置することになる。(注意すべき点は，$\dot{Y}/Y$ の最小値が持続状態の左側に位置する場合には，持続状態の近傍において，$\dot{Y}/Y$ は z に関して増加的であるということである。逆のケースも同様に成立する。) したがって，K と H のいずれかの供給量が相対的に稀少な状態にある場合には，産出量の高い成長率がもたらされるので，アンバランス効果は対称的になることができる。持続状態の近傍で，一方のアンバランスでは成長率が上昇し，他方のアンバランスでは成長率が減少する場合には，アンバランス効果は非対称的なものになる。

広義の産出量 Q の成長率　　広義の産出量 Q は (5.18) で定義されている

（ここでは，$\eta=0$ であることを思い出そう）。(5.17) の μ/v と，(5.43) の $\dot{Y}/Y$，(5.41) の $\dot{H}/H$，および (5.35) の $\dot{u}/u$ の式を使って計算を行うと，Q の成長率が次のように得られる。

$$\dot{Q}/Q = \dot{Y}/Y - \dot{u}/u \cdot \frac{(1-\alpha)}{(1-\alpha+\alpha u)}. \tag{5.44}$$

$\dot{Y}/Y$ の決定については既に議論がなされた。したがって，$\dot{Q}/Q$ を分析するには，$\dot{u}/u$ の動態的動きを検討しなければならない。

$\dot{u}/u$ の等成長線は，図 5.4 の左側の図で表されている $\dot{u}=0$ 線と等しい勾配の直線であることが，(5.35) で示されている。図 5.9 では，これらの等成長線の幾つかが描かれている。（より大きな u の値に対する）より左方に位置する直線ほど $\dot{u}/u$ の大きな値に対応している。（$\omega(0)<\omega^*$ に対応している）$z(0)>z^*$ の場合には，$u(0)>u^*$，$\chi(0)>\chi^*$ となる。したがって，経済は，図 5.9 に描かれている $u(\chi)$ に沿って，u と χ のより小なる値に向かって下方に移動することになる。さらに，図では，$\dot{u}/u$ が上昇していくことが示されている。すなわち，ω が上昇するにつれて，$\dot{u}/u$ はマイナスの値からその持続状態値 0 に向かって上昇していくことになる。この動きは，図 5.6 の第 5 番目のパネルに描かれている。

次に，(5.44) における $\dot{Q}/Q$ の式に立ち戻ることにしよう。ω が上昇するにつれて，（上述のように）$\dot{u}/u$ は上昇し，u は低下する。したがって，この式の右辺の第 2 項は，$\dot{Q}/Q$ と ω の間の逆の関係をもたらす傾向がある。

$\dot{Q}/Q$ の式は $\dot{Y}/Y$ も含んでいる。$\dot{Y}/Y$ は，ω に対して，（持続状態の左側あるいは右側で生じる最小値を持っており，）U字型に描かれる傾向がある（図 5.6 を参照せよ）。しかし，筆者らの数値的シミュレーションによって，$\dot{Q}/Q$ は広範囲の ω の値について ω の減少関数であることが確認されている[22]。すなわち，検討されたパラメータの値については，(5.44) の右辺の

---

[22] 脚注 20 で言及されたように，ω の値が非常に低いあるいは非常に高い場合には，粗投資に関する不等号制約条件が拘束的なものになる。不等号制約条件が拘束的でないような ω の区間のみを検討する場合には，考察されてきたすべてのパラメータ値について，$\dot{K}/K$ と同様に $\dot{Q}/Q$ も ω の減少関数になるということが，我々の数値計算により確認されている。

図 5.9 $\dot{u}/u$ の決定

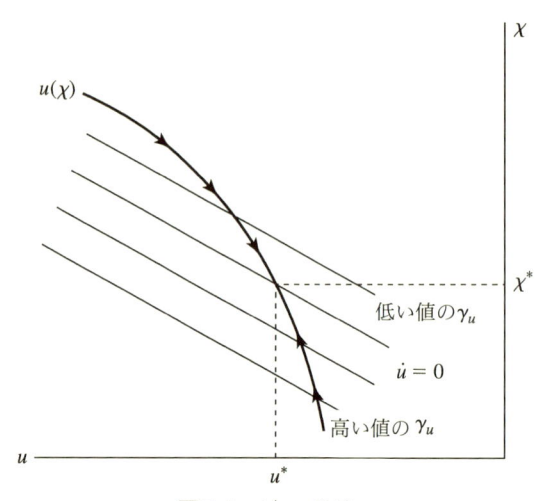

持続状態の近傍では，等成長線はサドル経路 $\chi(u)$ より緩やかな勾配である．右上方に位置する等成長線ほど $\dot{u}/u$ の低い値に対応している．したがって，持続状態のまわりでは，$\dot{u}/u$ は χ（したがって，z）が上昇すると下落する．z と ω の逆の関係によって，$\dot{u}/u$ は ω が上昇すると上昇することになる．

第2項の効果は充分強力であり，U字型を除去することが可能である．したがって，図 5.6 の最後のパネルでは，$\dot{Q}/Q$ が ω の単調減少関数として示されている．

宇沢=ルーカス・モデルにおける動態的挙動の要約　　宇沢=ルーカス・モデルでは，K と H のアンバランスの効果について，一部門モデルにおけるものとは異なる帰結が提示されている．一部門モデルでは，いずれの方向でも K と H のアンバランスが高まると，産出量の成長率と消費の成長率が上昇することになる．一部門モデルでは，産出量に消費財と2種類の資本が含まれていることに注意しよう．したがって，一部門モデルにおける産出量の成長率と，宇沢=ルーカス・モデルにおける広義の産出量の成長率とが比較されなければならない．

宇沢=ルーカス・モデルでは，$\dot{C}/C$ は常に ω とマイナスの関係にあり，

$\dot{Q}/Q$ は ω とマイナスの関係になる傾向がある(図5.6を参照)。したがって,人的資本が物的資本に比して相対的に豊富な場合には($\omega<\omega^*$),これらの成長率は,人的資本と物的資本のアンバランスの拡大とともに上昇する。それに対して,人的資本が相対的に稀少である場合($\omega>\omega^*$)には,アンバランスの拡大とともにこれらの成長率は低下する傾向にあるということができる。したがって,このモデルでは,主として人的資本を破壊する伝染病よりも,主として物的資本を破壊する戦争の場合に経済は急速に回復すると予想される。

このような新たな帰結の基礎的要因は教育部門が相対的に人的資本集約的であるという仮定である。例えば,$\omega>\omega^*$ の場合には,財部門における人的資本の限界生産物は大であり,成長は主として人的資本の高い成長率によってもたらされると期待されるであろう。しかし,ω の水準が高い場合には,賃金率は高い水準にあり,したがって,相対的に人的資本集約的な教育部門の運営費用が高騰する。言い換えると,この効果によって,人々には,相対的に稀少な生産要素 H を生産している部門である教育部門よりも,財の生産に人的資本を配分しようとする動機が与えられる。したがって,ω が ω^* より上昇する場合,この効果が経済の成長率を低下させることになる。

貯蓄率の動き　第2章では,一部門ラムゼイ・モデルにおいて,粗貯蓄率の挙動が議論された。生産関数がコブ=ダグラス型である場合には,パラメータの特定の組からなる指数がプラス,0,マイナスの値になるかどうかに依存して,移行過程ではそれぞれ貯蓄率の単調減少,一定,あるいは単調増加がもたらされた(付論2Bを参照せよ)。さらに,近似的に0.75という(広義の資本概念に対応する)高い資本シェアを仮定した場合には,妥当なパラメータの値はほぼ一定の貯蓄率と矛盾していない。

同様の分析をコブ=ダグラス型の財の生産関数を持っている宇沢=ルーカス・モデルに適用することができる。粗貯蓄を財の産出量 Y のうちで消費されない部分と定義することにしよう。すなわち,産出量と貯蓄から人的資本の生産を除外する狭義の定義が採用される。(付論2Bにおける議論と類似の手順に従って)貯蓄率の移行過程における挙動が次のように決定される。

$$\Psi = -B\cdot(1-\alpha)/\alpha + \delta - (\rho+\delta)/\theta \ >0 \implies ds/d\omega > 0, \tag{5.45}$$
$$\Psi = -B\cdot(1-\alpha)/\alpha + \delta - (\rho+\delta)/\theta \ =0 \implies s = 1-\alpha\cdot(\theta-1)/\theta,$$
$$\Psi = -B\cdot(1-\alpha)/\alpha + \delta - (\rho+\delta)/\theta \ <0 \implies ds/d\omega < 0.$$

　本節のモデルでは，貯蓄率の一定性の条件 $\Psi=0$ は成立しそうにない。第1に，$\Psi=0$ ということを得るためには，(5.45) により，$\alpha\delta > B(1-\alpha)$ ということが成立しなければならない。以前仮定されたパラメータの値 $\delta=0.05$ と $B=0.11$ の場合，この条件が成立するには $\alpha > 0.69$ でなければならない。ここでは，α は物的資本にのみ関係すると想定されているので，この不等号は成立しそうにない。第2に，(持続状態における収益率 $B-\delta$ が持続状態における成長率 $(1/\theta)\cdot(B-\delta-\rho)$ を上回るという) 本節のモデルの横断性条件を使用すると，$(1/\theta)+(1/\alpha)<2$ である場合に限って，Ψ を 0 に一致させることができる。特に，この条件によって，$\theta > 1/\alpha$ ということが必要になる。したがって，この不等式で低い値の α が適用される場合には，貯蓄率の一定性を確保するには，高い値の θ が必要になってくる。

　移行過程で貯蓄率が一定にとどまる場合，貯蓄率 $s=1-\alpha(\theta-1)/\theta$ は，α が 1 に近い値でなく，しかも θ が高い値でない場合には，非常に高い値になるであろう。例えば，$\alpha=0.5$，$\theta=2$ の場合には，$s=0.75$ となる。ここでは，貯蓄は財の産出のうち物的資本への（人的資本への投資を含まない）投資の部分のみに対応しているので，このような高い値の s は非現実的である。

　1 をかなり下回る α の値を含むパラメータの妥当な値は $\Psi<0$ のケースに対応している。したがって，(5.45) において $ds/d\omega<0$ となる。人的資本が相対的に不足している状態 $\omega>\omega^*$ から出発する発展途上国を考えてみることにしよう。本節のモデルでは，（財の産出量のうち消費されない割合と定義されている）この国の粗貯蓄率は低い値から出発し，経済が持続状態に近づくにつれて上昇すると予想される。

粗投資に関する不等号制約条件　　本章の最初の部分で分析された一部門モデルでは，$\omega \equiv K/H$ の初期値が持続状態値から乖離している場合，粗投資の

非負性についての不等号制約条件の1つが拘束的なものとなった。特に$\omega<\omega^*$の場合には，人的資本の粗投資が0に維持され，$\omega>\omega^*$の場合には，物的資本の粗投資が0におかれた。宇沢=ルーカス・モデルにおいては，不等号制約条件は持続状態値のまわりで広範囲のωについて拘束的ではなくなり，したがって，今まで検討してきた動態的動きはこの区間ではそのまま成立することになる。しかし，ωが持続状態値より充分小かあるいは大である場合には，粗投資の不等号制約条件は拘束的なものになる。

（仮定されているように，）$\alpha<\theta$の場合には，図5.5に描かれているように，ωの上昇に伴ってuは低下していく。ωがω^*を充分下回っている場合には，$u\leq 1$という制約条件が拘束的なものになる。すなわち，KがHに比して充分少ない場合には，Hの粗投資は0に維持される。この場合には，Hは一定率$-\delta$で成長し，状況は産出量がCか$\dot{K}$に使用される通常の一部門モデルと類似している。この区間では，C，K，Yの成長率はωの上昇とともに低下することになる。したがって，ωが制約条件$u\leq 1$が拘束的になるほど充分小であるときでも，図5.6において，$\dot{C}/C$と$\dot{K}/K$の右下がりの曲線と$\dot{Y}/Y$の曲線の右下がりの部分は成立する。

不等号制約条件$u\leq 1$，したがって，$\dot{H}+\delta H\geq 0$が拘束的になるには，ωがω^*よりどのくらい下回らなければならないかを数値計算によって求めることができる。$\alpha=0.5$と$\theta=2$を含んで，上で言及されたパラメータの値については，制約条件が拘束的になるには，ωはω^*の5パーセントまで低下しなければならない。ここで選択されている値とは若干異なっているパラメータを採用しても，同じような結論が得られる[23]。したがって，これらの結果により，ω^*以下の広範囲のωについて制約条件$u\leq 1$を考慮せずに済ませることが可能となる。

ω^*を充分上回るωの上昇があると，制約条件$\dot{K}+\delta K\geq 0$が拘束的になる。すなわち，KがHよりも相対的に充分豊富にある場合には，Kの粗投資は0に維持される[24]。この場合，Kは一定率$-\delta$で成長し，産出量はすべて消費にまわされる。ここで，家計の唯一の意志決定は生産（u）と教育

---

23) $\alpha\geq\theta$の場合には，$u\leq 1$という制約条件は拘束的なものにはならない。

$(1-u)$ への H の配分に関するものである。このフレームワークは消費財が一方の技術で生産され，資本 (H) が他の技術で生産される二部門モデルと結果的に一致することになる。(Uzawa [1964], Srinivasan [1964] のような) 標準的な二部門モデルとこのタイプのモデルとの唯一の違いは消費財部門は収穫逓減性を持っているが，資本財 (H) の部門は収穫一定性という特徴を持っていることである。

付論 5 B では，制約条件 $\dot{K}+\delta K \geq 0$ が拘束的である場合，宇沢＝ルーカス・モデルでは，C と Y の成長率は一定値になることが示されている。すなわち，物的資本の投資に関する非負性の制約条件が拘束的になるほど ω が充分大きな値をとる場合には，$\dot{C}/C$ と $\dot{Y}/Y$ は ($\dot{K}/K$ も同様に)，ω に関して不変にとどまる。したがって，図 5.6 では，充分大きな ω については，$\dot{C}/C$，$\dot{Y}/Y$，$\dot{K}/K$ のグラフは水平線になるということができる。

他の成長率の動きは u の動態的挙動に依存している。特に，$\alpha<\theta$ というケースでさえ，制約条件 $\dot{K}+\delta K \geq 0$ が拘束的になっている場合には，(図 5.5 に図示されたように) u の政策関数は必ずしも ω の減少関数になるわけではない。この制約的な区間で，u が ω の減少関数になっている場合には，この区間では $\dot{H}/H$ と $\dot{Q}/Q$ は ω の上昇に伴って上昇するであろう。それに対して，u が ω の増加関数になっている場合には，$\dot{H}/H$ と $\dot{Q}/Q$ は ω の上昇とともに低下するであろう。$\theta \leq 1$ の場合には，確実に後者のケースが成立するが，$\theta>1$ の場合には，いずれのケースも成立可能である。

物的資本の投資に関する非負性の制約が拘束的になるには，ω がどのくらい大きい数値でなければならないかを数値計算により求めたことがある。前に言及された種々のパラメータの値を所与とすると，制約条件が拘束的になるには ω は ω^* のほぼ 5 倍でなければならない。ここで選択された値とは幾

---

24) $\alpha<\theta$ の場合には，図 5.5 で示されているように，u は ω の上昇に伴って低下していく。ω が充分上昇すると，不等号 $u \geq 0$ が拘束的になるであろう。しかし，$c \to 0$ のとき $u'(c) \to \infty$ となるので，制約 $C \geq 0$ は拘束的条件になることはない。したがって，ω が上昇するにつれて，不等号 $u \geq 0$ が拘束的になる前に，不等号 $\dot{K}+\delta K \geq 0$ が拘束的な条件になる。さらに，$\alpha \geq \theta$ の場合でさえ，充分高い値の ω については，制約 $\dot{K}+\delta K \geq 0$ が拘束的条件になるということを数値的に確認している。

分異なったパラメータを採用する場合にも，同様の結果が得られる。したがって，これらの結果によって，ω^* を上回る ω の広い区間で，制約条件 $\dot{K} + \delta K \geq 0$ を考慮せずに適切に処理できることになる。

妥当なパラメータの値については，不等号制約条件が拘束的ではない ω の区間（ここで選択されているパラメータ値については，ω^* の 5 パーセントから ω^* の 5 倍までの区間）は実証的に妥当性を持っていると推定される K/H の区間に比して広いように思われる。したがって，本節のモデルの内点解から導出される実証的な帰結，すなわち，図 5.5 と図 5.6 で描かれているグラフから導出される帰結を中心に議論するのは妥当性を持っているように思われる。

5.2.3　一般化された宇沢=ルーカス・モデル

一般化された宇沢=ルーカス・モデルでは，教育は相対的に人的資本集約的（$\eta < a$）という仮定が採用されているが，教育部門における物的資本の存在が考慮されている（$\eta > 0$）。$\eta < a$ というケースについては既に（5.17）と（5.19）で確認されたように，vK/uH（生産に用いられる人的資本に対する物的資本の比率）は持続状態値に単調に収束する。この帰結より，収益率 r と消費の成長率 $\dot{C}/C$ もそれぞれの持続状態値に単調に収束することができる。したがって，これらの結果は宇沢=ルーカス・モデルのケース（$\eta = 0$）と同じものである。

以前のモデルと異なる点は，動態的システムを簡単化して 2 次元のシステムで表すことができず，したがって，図 5.4 で表示されているようなタイプの位相図を構成することができないことである。さらに，χ と u の政策関数が ω に単調に関連づけられるということ[25]，あるいは，K，H，Y，Q の成長率が上述のケースと質的に同じような動きをするということは一般的

---

25) 我々は，数値的シミュレーションによって，基礎的パラメータのただ特異な値についてのみであるが，u が $\omega \equiv K/H$ に単調でない形で関連づけられることを見いだしている。さらに，χ の政策関数の傾きが u の政策関数の傾きと逆方向になるような特異なパラメータ値のケースも見いだされている。このような結果は $\eta = 0$ の場合には成立不可能である。

には証明できない[26]。

　我々は，$\alpha=0.4$ とおき，パラメータ η を 0 と 0.4 の間で変化させるシミュレーションを試みた。他のパラメータについては通常の値が仮定された（代表的なケースとして，$\delta=0.05$, $\rho=0.02$, $n=0.01$, $\theta=3$）。$\eta=0$ の場合には，持続状態における利子率が 0.08，持続状態における一人当たり成長率が 0.02 となるように，$B=0.13$ とおかれている。$\eta=0$ の場合の種々の成長率のパターンは図5.6に描かれているものに対応している。η を上昇させるにつれて，上記の持続状態における利子率と成長率が維持されるように，B の値の調整がなされている[27]。

　η を α に近づけていっても，$\eta=0$ のケースについて図5.5に描かれているように，依然として，u と χ の政策関数は ω の単調減少関数であるということがシミュレーションで確認されている（しかし，脚注25を参照せよ）。さらに，η の値が大である場合に，持続状態の近傍で $\dot{Y}/Y$ が右上がりになるということを除いて，種々の変数の成長率の定性的な動きは図5.6で描かれているようなものになる。したがって，これらの数値結果により示唆されるように，基礎的パラメータとして「妥当な」値が仮定される場合には，教育部門は物的資本の投入物を持たない（$\eta=0$）という非現実的な仮定をはずしても，宇沢=ルーカス・モデルの主要な定性的帰結は維持されるように思われる。特に，K と H のアンバランスがもたらす効果についての以前の議論は依然として妥当性を持っているであろう。

　一般的なモデルにおけるもう1つの違いは，$u \leq 1$ と $\dot{K}+\delta K \geq 0$ という不等号制約条件が拘束的でないような区間は，η が α に向かって上昇するにつれて，縮小するということである。$\eta=\alpha$ のときに，この区間は縮小してしまって 0 になることが一部門モデルの以前の分析から確認されているので，この帰結は理にかなったものである。（ここで，η がプラスであっても）η が α よりも充分に小であるという妥当な仮定を設定した場合には，不等号制約条件が拘束的でないような（持続状態のまわりでの）ω の広い区間の存

---

26) Bond, Wang, and Yip (1996) と Mino (1996) では，生産関数が新古典派的特性を持っている一般的なケースで局所的安定性の証明がなされている。

27) 以下，$A=1$ というように規準化を行う。

5.2.4 逆の要素集約度を持っているモデル

以上では，教育部門が相対的に人的資本集約的である状況，すなわち，$a > \eta \geq 0$ という状況が検討されてきた．本項では，要素集約度が逆になっている（$a < \eta$）ケースの含意を簡単に考察することにしよう．教育が物的資本集約的であるという仮定は妥当性を持っているようには思われないので，このケースの分析にはそれほど時間を費やさないことにする．（K と H を物的資本と人的資本と解釈せずに，他の解釈を行う場合には，逆の要素集約度のケースは成立するかもしれない．）

以前，条件 $a < \eta$ のケースでは，(5.19) は変数 $p \equiv \mu/\nu$ に関する不安定な微分方程式になるということが確認された．（この微分方程式は，粗投資の不等号制約条件が拘束的でない限り成立する．）したがって，p の持続状態値からの何らかの乖離があった場合，それは長期的に次第に拡大していくであろう．このような不安定な動きは（[5.17] により）比率 vK/uH に伝わっていくであろう．この比率は財の生産における物的資本の限界生産物を決定し，したがって，r と $\dot{C}/C$ を決定する．したがって，vK/uH の不安定な挙動は r と $\dot{C}/C$ に伝えられることになる．これらの発散的な動きは家計の最適化と矛盾するので，ここでは，任意の時点で p が持続状態値に一致しているケースを中心に議論を行う[28]．

p の一定性により，（[5.17] から）比率 vK/uH が一定であるということが示される．したがって，r と $\dot{C}/C$ も持続状態への移行過程を通じて一定である．

付論 5 C（5.7節）では，広義の産出量の成長率 $\dot{Q}/Q$ も一定になり，しかも $\dot{C}/C$ に一致するということが示されている．したがって，（不等号制約条件が拘束的でない区間で）状態変数 $\omega \equiv K/H$ が変化しても C と Q の成長率は変化しないという意外な結果が成立することになる．言い換えると，要

[28) Bond, Wang, and Yip(1996) と Mino(1996) では，生産関数が通常の新古典派的性質を持っているより一般的なケースで類似の帰結を提示している．

素集約度が逆の場合には，アンバランス効果はこれらの成長率には作用しないということができる。

vK/uH, $\dot{C}/C$, $\dot{Q}/Q$ の一定性によって，変数 u, χ, $\dot{H}/H$, $\dot{K}/K$ の動態的動きを確認するのが容易になる。付論5Cでは，状態変数 ω が持続状態値に向かって調整されるにつれて，これらの変数もそれぞれの持続状態値に向かって単調に調整されることが示されている。ω に関する種々の変数の傾きはすべて明確であり，u と χ については右下がり，$\dot{H}/H$ については右上がり，$\dot{K}/K$ については右下がりである。

5.3　内生的成長のための条件

以上では，財と教育の両部門で規模に関する収穫一定性が成立するモデルが分析された。すなわち，(5.12) と (5.13) のようなタイプの生産関数が仮定された。([5.20]と[5.21]で表されている宇沢=ルーカス・モデルは教育部門では投入物として人的資本のみが使用される，すなわち，$\eta=0$ という特殊ケースである。）物的資本と人的資本が同じ率で成長する場合には，これらの生産関数の特性により，収穫逓減性は生じてこないことが示される。したがって，持続状態では収益率は一定にとどまり，経済は一定の率で成長することが可能となる。次に，Mulligan and Sala-i-Martin(1993) に従って，より一般的な生産関数を設定した場合，持続状態においてプラスの成長が可能かどうか，すなわち，内生的成長が可能かどうかを検討してみることにしよう。

(5.12) と (5.13) を次のように修正する。

$$Y = C + \dot{K} + \delta K = A \cdot (vK)^{\alpha_1} \cdot (uH)^{\alpha_2}, \tag{5.46}$$

$$\dot{H} + \delta H = B \cdot [(1-v) \cdot K]^{\eta_1} \cdot [(1-u) \cdot H]^{\eta_2}. \tag{5.47}$$

したがって，コブ=ダグラス型の生産関数は維持されるが，$\alpha_1 + \alpha_2$ と $\eta_1 + \eta_2$ というような和が1とは異なる可能性も考慮に入れる。その結果，規模に関する収穫一定性は必ずしも成立する必要はない。

ある部門で収穫逓減性が成立する場合，例えば $\alpha_1 + \alpha_2 < 1$ となる場合，総

供給量が固定的な本来の労働とか土地のような生産要素を生産関数に導入すれば，通常の競争的なフレームワークの範囲内で分析を行うことができる。この生産要素が $1-\alpha_1-\alpha_2$ の指数を持っている場合には，個々の生産者のレベルで収穫一定性が成立することになる。重要な点は，収穫逓減性 $\alpha_1+\alpha_2<1$ が蓄積可能な生産要素について成立することである。

さらに，このモデルにおいて，第4章で検討されたようなスピル・オーヴァー効果を導入すると，収穫逓増性，たとえば，$\alpha_1+\alpha_2>1$ というケースを競争的な設定の範囲内で考察することができる。たとえば，Y の生産について，個々の企業について収穫一定性が成立するように，企業の投入物 K と H がそれぞれ α_1 と $1-\alpha_1$ という指数を持つと想定することができる。それから，H に関する経済の集計量を $\alpha_1+\alpha_2-1$ という指数を伴って，(Lucas [1988] におけるように) 生産関数に追加的投入物として導入することができるであろう[訳注14]。ここで，$\alpha_2>1-\alpha_1$。ここでの主要な点は収穫逓増性 $\alpha_1+\alpha_2>1$ が経済全体で蓄積可能な生産要素について成立するということである[29]。

---

29) 第4章で確認されたように，このようなタイプのスピル・オーヴァーが存在する場合，競争均衡は必ずしも一般的にパレート最適なものにはなることはない。したがって，このようなモデルでは，政府の介入は一定の役割を果たす。実際には，プラスのスピル・オーヴァーを持っている産業に補助金を提供する傾向がある。スピル・オーヴァーが非常に大きくなる極端な状況では，複数均衡の可能性が生じてくる。しかも，一般的に，複数均衡はパレート規準によって順位付けが可能である。例として，個人の教育の収益率は人口の平均的教育水準が高くなるほど高くなると想定してみよう。そのとき，あるタイプの均衡では，ほとんどの個人が教育を受けているときに，残りの個人も教育を受けるのが有利であると判断するので，すべての個人が教育を受けることになる。他のタイプの均衡では，ほとんどの個人が教育を受けていない場合，残りの個人は教育を受けない方が望ましいと判断するので，いかなる個人も教育を受けようとはしない。このような複数均衡をもたらすのに必要とされるスピル・オーヴァーの量は現実にありえないほど大であると思われるので，本書では，複数均衡を持つようなモデルについては研究を行わなかった。さらに，実用的観点からいって，実現可能な種々の均衡の間での選択を行うことのないモデルは不完全である。これらのタイプのモデルの分析 (および，複数均衡に好意的評価を行っている分析) として，Krugman(1991)，Matsuyama(1991)，Ben-habib and Farmer(1996)，Boldrin and Rustichini(1994)，Chamley(1992)，Xie(1992)を参照せよ。

u と v が一定で，C，Y，K，H が（必ずしも同率でなくてもかまわない）一定の率で成長するような持続状態を求めることにしよう。($0 \leq v \leq 1$ と $0 \leq u \leq 1$ という制約があるので，u あるいは v が 0 に近づくことなしに，u と v は一定の率で成長することは不可能である。）(5.47) を H で割り，対数をとり，時間で微分すると，次式が得られる。

$$\eta_1 \gamma_K^* + (\eta_2 - 1) \cdot \gamma_H^* = 0. \tag{5.48}$$

ここで，γ^* は添え字で記されている変数の持続状態における成長率を表している。

(5.46) を K で割り，対数をとり，時間で微分を行うと次式が得られる。

$$\left(\frac{C/K}{C/K + \gamma_K^* + \delta}\right) \cdot (\gamma_C^* - \gamma_K^*) = (\alpha_1 - 1) \cdot \gamma_K^* + \alpha_2 \gamma_H^*. \tag{5.49}$$

第 4 章で使用された議論により，$\gamma_C^* = \gamma_K^*$ ということを示すことができる。($\gamma_C^* > \gamma_K^*$ ならば，[5.46] より計算される γ_K^* は $-\infty$ に向かっていく。$\gamma_C^* < \gamma_K^*$ ならば，$\gamma_K^* = r$［財部門における K の純限界生産物］となる。この等式により，横断性条件が成立しなくなる。）したがって，(5.49) は簡単化されて次式で表される。

$$(\alpha_1 - 1) \cdot \gamma_K^* + \alpha_2 \gamma_H^* = 0. \tag{5.50}$$

(5.50) とともに，(5.46) より成立する条件 $\gamma_Y^* = \alpha_1 \gamma_K^* + \alpha_2 \gamma_H^*$ を使用すると，$\gamma_Y^* = \gamma_K^*$ ということを示すことができる。したがって，持続状態では，変数 C，K，Y はすべて同じ率で成長しなければならない。

(5.48) と (5.50) は 2 つの未知数 γ_K^* と γ_H^* を持つ線型同時方程式系を構成している。この方程式は，係数行列の行列式が 0 になる場合に限って，$\gamma_K^* = \gamma_H^* = 0$ 以外の解を持つことになる[訳注15]。この条件により，パラメータが次式を満足することが必要になる。

$$\alpha_2 \eta_1 = (1 - \eta_2) \cdot (1 - \alpha_1). \tag{5.51}$$[訳注16]

(5.51) は，モデルがプラスの一定の率での内生的成長を実現する場合に成

立しなければならない主要な条件である。

(5.51) が成立する1つの例は，(既に検討された) 各部門で収穫一定性が存在するケース ($\alpha_1+\alpha_2=1$，および $\eta_1+\eta_2=1$) である。この状況では，$\gamma_H^*=\gamma_K^*$ となり，その結果，K/H という比率は持続状態では一定になる。しかし，(5.51) は他のケースでも成立することが可能である。

(Uzawa [1965] と Lucas [1988] で仮定されているケース) $\eta_1=0$ と $\eta_2=1$ の場合には，α_1 と α_2 の任意の値について (5.51) は成立する。したがって，教育が H に関して線型である場合には，財の生産が規模に関する収穫逓減性 ($\alpha_1+\alpha_2<1$) を持っている場合でさえ，持続状態においてすべての変数が成長可能である。Lucas は，結果的に条件 $\alpha_1+\alpha_2>1$ をもたらすことになる総人的資本のスピル・オーヴァーの便益を強調していた。我々の帰結により，この条件は内生的成長とは矛盾しないが，不可欠なものではないということが示されている。Lucas も仮定しているように，$\eta_1=0$ と $\eta_2=1$ の場合には，このモデルでは，人的資本のスピル・オーヴァーが存在していなくても，内生的成長が実現可能である。

$\alpha_1 \neq 1$ の場合には，(5.50) により，次式が成立する。

$$\gamma_K^* = \left(\frac{\alpha_2}{1-\alpha_1}\right)\gamma_H^*.$$

それゆえ，$\alpha_1+\alpha_2 \lessgtr 1$ の場合に $\gamma_K^* \lessgtr \gamma_H^*$ となる。したがって，$\eta_1=0$，$\eta_2=1$ の場合には，すべての変数は一定の率で成長することが可能であるが，K/H，Y/H，C/H は，$\alpha_1+\alpha_2=1$ でない場合には一定値に近づくことはない。

他の例として，α_i，$\eta_i>0$ ($i=1,2$) と仮定しよう。$\alpha_1+\alpha_2<1$ ならば，$\eta_1+\eta_2>1$ の場合に，(5.51) は成立可能である。同様に，$\alpha_1+\alpha_2>1$ は $\eta_1+\eta_2<1$ と対で考えることができる。言い換えると，ある部門における規模に関する収穫逓減性は他の部門における適当な程度の収穫逓増性によって相殺されることができる。$\alpha_1+\alpha_2<1$ の場合には $\gamma_K^*<\gamma_H^*$ となり，逆のケースも同様に成立する。

最後に，$\alpha_1=1$，$\alpha_2=0$ の場合にも，(5.51) は成立する。この定式化は第4章で検討された AK モデルに対応している。このモデルでは，人的資本

は役に立たない，つまり，財を生産するのに役に立つことはないし，さらに，効用関数で考慮されることもない。したがって，最適化を行う経済主体は H を蓄積することはなく，すべての K が財の生産に配分されることになるであろう（[5.46]と[5.47]において $v=1$）。

内生的成長，および持続状態における K と H の同じ率での成長を可能にしようとするならば，各部門が規模に関する収穫一定性 $\alpha_1+\alpha_2=1$, $\eta_1+\eta_2=1$，すなわち，(5.12) と (5.13) が満たされている場合にのみ，(5.51) は成立可能である。K/H が永久に上昇する，あるいは，下落するような経路は妥当なものだとは思われないので，本章における主要な議論では，各部門で収穫一定性が成立すると仮定された。

5.4　諸結果の要約

以上では，第4章の AK モデルが拡張され，2つの部門が考慮された。1つの部門では消費 C と物的資本 K が生産され，他の部門では人的資本 H が創出されることになる。2つの部門が同一の要素集約度を持っている場合には，成長に関する主要な新たな帰結は，各資本財における粗投資が非負でなければならないという制約条件が存在する場合にもたらされる。この制約条件が存在するケースでは，比率 K/H と持続状態値とのギャップの大きさの拡大とともに，産出量の成長率は上昇するというアンバランス効果が成立することになる。

要素集約度の均等性という仮定により，教育の重要な側面が無視されることになる。教育は投入物としての教育された人々に強く依存している。したがって，モデルの構造を修正し，人的資本の生産は相対的に人的資本集約的であると規定された。このような定式化の変更によって，アンバランス効果についての結論が変化することになる。（新たな人的資本の生産を含む広義の）産出量の成長率は，人的資本が相対的に豊富な場合には，アンバランスの程度の拡大とともに上昇し，人的資本が相対的に稀少な場合には，アンバランスの拡大とともに低下する傾向がある。これらの帰結によって，経済は，主として物的資本を破壊する戦争のケースでは急速に回復するが，主と

して人的資本を死去させる伝染病の場合には，ただ緩慢に回復していくことになる。

5.5　付論5Ａ：一部門モデルにおける粗投資に不等号の制約条件が存在しているケースの移行動学

$K(0)/H(0)>\alpha/(1-\alpha)$ というケースを考察してみることにしよう。このケースでは，家計は不連続に K を減少させ，H を増加させようとし，その結果，不等号制約条件 $I_K\geq 0$ が拘束的になるであろう。したがって，$I_K=0$ とおくことにし，$\dot{K}/K=-\delta$ となる。このような状況のもとでは，家計の問題は，K がこの経路に沿うということと，$\dot{H}=Y-C-\delta H$ という制約条件のもとで効用を最大にすることである。この問題のハミルトニアンは次のように与えられる。

$$J=u(C)\cdot e^{-\rho t}+\nu\cdot[AK^{\alpha}H^{1-\alpha}-\delta H-C]. \tag{5.52}$$

ここで，$u(C)=(C^{1-\theta}-1)/(1-\theta)$。一階の条件 $\partial J/\partial C=0$ と $\dot{\nu}=-\partial J/\partial H$ によって，通常のやり方により，次のような消費の成長率に関する条件が得られる。

$$\dot{C}/C=(1/\theta)\cdot[A\cdot(1-\alpha)\cdot(K/H)^{\alpha}-\delta-\rho]. \tag{5.53}$$

ここで，$A\cdot(1-\alpha)\cdot(K/H)^{\alpha}-\delta$ は H の純限界生産物である。この条件と予算制約条件，

$$\dot{H}=AK^{\alpha}H^{1-\alpha}-\delta H-C,$$

および，$K(t)=K(0)\cdot e^{-\delta t}$ によって，C，H，K の経路が決定される。

第4章と同様に，持続状態において一定になる2つの変数 $\omega\equiv K/H$ と $\chi\equiv C/K$ を定義することによって議論を進めることができる。$\dot{C}$ と $\dot{H}$ の条件を使って，ω と χ の推移方程式を得ることができる[訳注17]。

$$\dot{\omega}/\omega = -A\omega^{\alpha} + \chi\omega, \tag{5.54}$$

$$\dot{\chi}/\chi = (1/\theta)\cdot[A\cdot(1-\alpha)\cdot\omega^{\alpha}-\rho]+\delta\cdot(\theta-1)/\theta. \tag{5.55}$$

図 5.10 では (ω, χ) 空間における位相図が描かれている。条件 $\dot{\omega}=0$ によって，図の左下がりの曲線 $\chi = A\omega^{-(1-\alpha)}$ が得られる。この曲線より上方の（下方の）χ の値は $\dot{\omega}>0$（$\dot{\omega}<0$）に対応している。これらの運動の方向は図の矢印で示されている[訳注18]。

$\dot{\chi}=0$ という条件によって，次式が成立する。

$$\omega = \left[\frac{\rho+\delta\cdot(1-\theta)}{A\cdot(1-\alpha)}\right]^{1/\alpha} \equiv \tilde{\omega}. \tag{5.56}$$

$\tilde{\omega}$ が明確に定義され，しかも非負になるように，$\rho+\delta\cdot(1-\theta)\geq 0$ と仮定することにしよう。しかし，この条件は分析にとって必ずしも必須なものではない。$\tilde{\omega}$ より大きな（小さな）ω の値は，図において矢印で示されているように，$\dot{\chi}>0$（$\dot{\chi}<0$）に対応している。（$\rho+\delta\cdot(1-\theta)<0$ ならば，すべての $\chi\geq 0$ に対して $\dot{\chi}>0$ が成立する。）

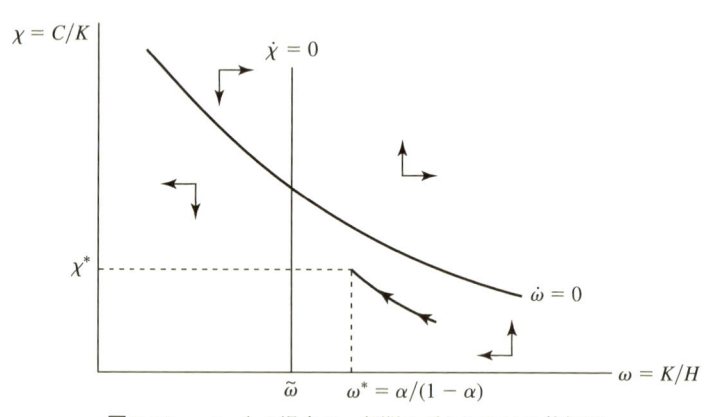

図 5.10 $\omega > \omega^*$ の場合の一部門モデルにおける位相図

この図で描かれている動態的挙動は，$\omega \equiv K/H > \omega^* = \alpha/(1-\alpha)$ のとき意味を持っている。$\omega > \omega^*$ のときには，$\chi \equiv C/K$ は単調に増加し，ω は単調に減少する経路に沿って経済は動いていくことになる。χ が値 χ^* に到達するとき，経済は（$\tilde{\omega}$ に到達する以前に）有限時間で ω^* に到達する。この点で K への粗投資がマイナスになりえないという不等号制約条件は，もはや，拘束的ではなくなる。それ以後，変数 K と H は一定のプラスの率でともに成長していくことになる。

この図では，$\tilde{\omega}<\omega^*=\alpha/(1-\alpha)$ ということが示されている。ここで，$\alpha/(1-\alpha)$ は両方のタイプの粗投資に関する有効な不等号制約条件が存在していない場合に (5.7) において成立する比率 K/H である。$\tilde{\omega}$ の式によって，上記の条件 $\tilde{\omega}<\omega^*$ は，(5.9) における $\gamma^*>0$ という仮定から成立する条件式 $\rho+\delta<A\alpha^\alpha(1-\alpha)^{(1-\alpha)}$ に対応している[訳注19]。さらに，図では，有効な不等号の制約条件がない場合に，モデルで成立する値 χ^* が示されている。このモデルでは χ^* の値は次のようになる。

$$\chi^*=\left(\frac{\theta-1}{\theta}\right)\left[A\cdot\left(\frac{1-\alpha}{\alpha}\right)^{1-\alpha}-\frac{\delta}{\alpha}\right]+\frac{\rho}{\theta\alpha}. \tag{5.57}$$

図5.10で描かれている動態的挙動は（$I_K\geq 0$ が拘束的な制約条件となるようなケース）$\omega>\omega^*$ について意味を持っている。この領域では，安定的サドル経路に沿って，χ は単調に上昇し，ω は単調に減少するということが図示されている。やがて ω は ω^* に到達し，制約条件 $I_K\geq 0$ はもはや拘束的ではなくなる。その点より先では，ω は ω^* にとどまり，K と H は (5.9) で示されている率 γ^* でともに成長する。この率は，両方のタイプの投資に関する不等号の制約条件が拘束的でないモデルで成立する。動態的経路の状態は，ω が ω^* に到達するときに，χ が (5.57) で示されている値 χ^* に到達するように確定する。したがって，物的資本の粗投資の非負性の制約条件が拘束的でないときには，消費の水準はジャンプすることはない[30]。

$K(0)/H(0)<\alpha/(1-\alpha)$ の場合にも，類似した結果が得られる。そのとき，$I_H\geq 0$ という条件が拘束的なものになり，$\dot{H}/H=-\delta$ となる。ω と χ の移行方程式は次のようになる。

$$\dot{\omega}/\omega=A\omega^{-(1-\alpha)}-\chi, \tag{5.58}$$
$$\dot{\chi}/\chi=-A\cdot\left(\frac{\theta-\alpha}{\theta}\right)\cdot\omega^{-(1-\alpha)}+\chi+\delta\cdot(\theta-1)/\theta-\rho/\theta. \tag{5.59}$$

図5.11では，$\alpha<\theta$ のケースの位相図が示されている。条件 $\dot{\omega}=0$ は $\chi=A\omega^{-(1-\alpha)}$ に対応している。条件 $\dot{\chi}=0$ は次式に対応している。

---

30) この解を提示していただいたことに対して，松山公紀氏に感謝する。

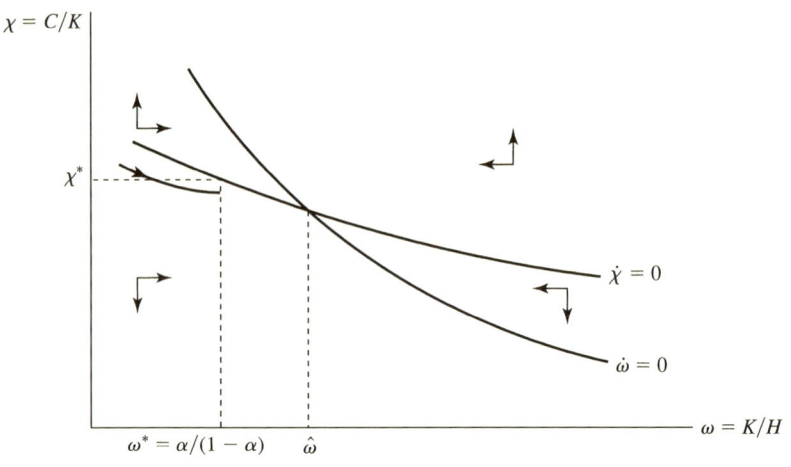

図 5.11 $\omega < \omega^*$ の場合の一部門モデルにおける位相図

図で描かれている動態的挙動は, $\omega \equiv K/H < \omega^* = \alpha/(1-\alpha)$ のときに意味がある。$\omega < \omega^*$ のときには, (この場合仮定されているように, $\alpha < \theta$ であれば,) $\chi \equiv C/K$ は単調に減少し, ω は単調に上昇する経路に沿って経済は動いていく。経済は χ が χ^* の値に到達するとき, ($\hat{\omega}$ に到達する以前に) 有限時間で ω^* に到達する。この点で, H への粗投資が非負でなければならないという不等号制約条件は拘束的ではなくなる。それ以後, 変数 K と H はともに, 一定のプラスの率で成長することになる。

$$\chi = A \cdot \left(\frac{\theta - \alpha}{\theta}\right) \cdot \omega^{-(1-\alpha)} - \delta \cdot (\theta - 1)/\theta + \rho/\theta. \tag{5.60}$$

$\alpha < \theta$ の場合には, 図示されているように, $\dot{\chi} = 0$ 線は右下がりの曲線である。この曲線の匂配は $\dot{\omega} = 0$ 線よりも匂配が緩やかである (しかし, $\alpha > \theta$ の場合には, $\dot{\chi} = 0$ 線の匂配はプラスになるであろう)。$\dot{\omega} = 0$ 線と $\dot{\chi} = 0$ 線は $\hat{\omega}$ で交わる。この $\hat{\omega}$ は $\omega^* = \alpha/(1-\alpha)$ より大であると (条件 $\gamma^* > 0$ より) 示すことができる。

図 5.11 で示されている動態的挙動は $\omega < \omega^*$ の場合に妥当なものとなる。この領域では, 安定的サドル経路に沿って, χ は単調に減少し, ω は単調に増加するということが図示されている ($\alpha > \theta$ の場合には χ は単調に増加し[訳注20], $\alpha = \theta$ の場合には χ は一定のままである)。再度, 動態的経路の状態は, ω が ω^* に到達するときに, χ が (5.57) で示されている値 χ^* に到達するように決定される。

5.6 付論5B：宇沢=ルーカス・モデルにおける解

このモデルのハミルトニアンは次のように与えられる。

$$J = u(C) \cdot e^{-\rho t} + v \cdot [AK^{\alpha} \cdot (uH)^{1-\alpha} - C - \delta K] + \mu \cdot [B \cdot (1-u) \cdot H - \delta H]. \tag{5.61}$$

最初の括弧の項は $\dot{K}$ の式に対応しており，2番目の括弧の項は $\dot{H}$ の式に対応している。$\omega \equiv K/H$，$\chi \equiv C/K$ と定義すると，K と H の成長率は次のように与えられる。

$$\dot{K}/K = Au^{1-\alpha} \cdot \omega^{-(1-\alpha)} - \chi - \delta, \tag{5.62}$$

$$\dot{H}/H = B \cdot (1-u) - \delta. \tag{5.63}$$

したがって，ω の成長率は次のように与えられる。

$$\dot{\omega}/\omega = \dot{K}/K - \dot{H}/H = Au^{1-\alpha} \cdot \omega^{-(1-\alpha)} - \chi - B \cdot (1-u). \tag{5.64}$$

一階の条件，$\partial J/\partial C = 0$ と $\partial J/\partial u = 0$ はそれぞれ次のようになる。

$$u'(C) = v e^{\rho t}, \tag{5.65}$$

$$\mu/v = (A/B) \cdot (1-\alpha) \cdot u^{-\alpha} \omega^{\alpha}. \tag{5.66}$$

条件 $\dot{v} = -\partial J/\partial K$ によって，次式が得られる。

$$\dot{v}/v = -A\alpha \cdot u^{1-\alpha} \cdot \omega^{-(1-\alpha)} + \delta. \tag{5.67}$$

条件 $\dot{\mu} = -\partial J/\partial H$ によって，次式が成立する。

$$\dot{\mu}/\mu = -(v/\mu) \cdot A \cdot (1-\alpha) \cdot u^{1-\alpha} \omega^{\alpha} - B \cdot (1-u) + \delta.$$

(5.66) の v/μ を代入し，簡単化すると，次式が成立する。

$$\dot{\mu}/\mu = -B + \delta. \tag{5.68}$$

(5.65) を時間で微分し，$u(C) = (C^{1-\theta} - 1)/(1-\theta)$ と (5.67) における

$\dot{v}/v$ の式を使用すると，消費の成長に関する通常の式を得ることができる。

$$\dot{C}/C = (1/\theta) \cdot [A\alpha \cdot u^{1-\alpha} \cdot \omega^{-(1-\alpha)} - \delta - \rho]. \tag{5.69}$$

この式は (5.25) に対応している。次に，χ の成長率は (5.69) と (5.62) より決定される。この式は (5.26) で与えられているものである。

$$\dot{\chi}/\chi = \dot{C}/C - \dot{K}/K = \left(\frac{\alpha-\theta}{\theta}\right) \cdot Au^{1-\alpha} \cdot \omega^{-(1-\alpha)} + \chi - (1/\theta) \cdot [\delta \cdot (1-\theta) + \rho]. \tag{5.70}$$

(5.66) を時間で微分し，(5.67) の $\dot{v}/v$，(5.68) の $\dot{\mu}/\mu$，および，(5.64) の $\dot{\omega}/\omega$ を使用し，整理すると次式が得られる[訳注21]。

$$\dot{u}/u = B \cdot (1-\alpha)/\alpha + Bu - \chi. \tag{5.71}$$

この式は (5.27) で表されている。(5.64)，(5.70)，(5.71) によって，変数 ω，χ，u に関する微分方程式系が構成される。ただし，状態変数 ω の初期値は $\omega(0)$ で与えられている。

このシステムの持続状態は 3 つの時間微分を 0 におくことによって求められる。本文と同様に，種々のパラメータの式を次のように定義する。

$$\varphi \equiv \frac{\rho + \delta \cdot (1-\theta)}{B\theta}.$$

持続状態は次のように求められる[訳注22]。

$$\begin{aligned}\omega^* &= (\alpha A/B)^{1/(1-\alpha)} \cdot [\varphi + (\theta-1)/\theta], \\ \chi^* &= B \cdot (\varphi + 1/\alpha - 1/\theta), \\ u^* &= \varphi + (\theta-1)/\theta.\end{aligned} \tag{5.72}$$

これらの値は (5.29) で与えられている。財部門における K の純限界生産物と教育部門における H の純限界生産物に一致する持続状態における収益率は次のようになる[訳注23]。

$$r^* = B - \delta.$$

Y，C，K，H の持続状態における成長率は次のように表される。

5.6 付論5B：宇沢=ルーカス・モデルにおける解

$$\gamma^* = (1/\theta)\cdot(B-\delta-\rho).$$

r^* と γ^* 値は (5.30) と (5.31) で示されている。

z を物的資本の粗平均生産物，つまり，次のように定義しよう。

$$z \equiv A u^{1-\alpha}\cdot\omega^{-(1-\alpha)}.$$

(5.72) によって，持続状態における z の値は $z^*=B/a$ と求められる。次に，(5.64)，(5.70)，および (5.71) で表されている微分方程式系は次のように書き換えることができる[訳注24]。

$$\dot{\omega}/\omega = (z-z^*)-(\chi-\chi^*)+B\cdot(u-u^*), \tag{5.73}$$
$$\dot{\chi}/\chi = \left(\frac{a-\theta}{\theta}\right)\cdot(z-z^*)+(\chi-\chi^*), \tag{5.74}$$
$$\dot{u}/u = B\cdot(u-u^*)-(\chi-\chi^*). \tag{5.75}$$

z の定義によって，次のことが成立する。

$$\dot{z}/z = (1-\alpha)\cdot(\dot{u}/u-\dot{\omega}/\omega) = -(1-\alpha)\cdot(z-z^*). \tag{5.76}$$

$\dot{z}/z$，$\dot{\chi}/\chi$，$\dot{u}/u$ の式は (5.33)〜(5.35) で与えられている。(5.76) を積分すると，次式が得られる。この式は (5.37) である[訳注25]。

$$\frac{z-z^*}{z} = \left[\frac{z(0)-z^*}{z(0)}\right]\cdot e^{-(1-\alpha)\cdot z^* t}.$$

ここで，$z(0)$ は z の初期値である。この式を z について解くと，次式が成立する。

$$z = z^*\cdot z(0)/\left\{z^*\cdot e^{-(1-\alpha)\cdot z^* t}+z(0)\cdot[1-e^{-(1-\alpha)\cdot z^* t}]\right\}. \tag{5.77}$$

(5.77) では，$t\to\infty$ ならば $z\to z^*$ となる。$z(0)>z^*$ であれば，すべての t に対して，$\dot{z}<0$，$z>z^*$ となる。一方，$z(0)<z^*$ であれば，すべての t に対して，$\dot{z}>0$，$z<z^*$ となる。

次に，χ と u の安定経路，すなわち，χ と u がそれぞれ χ^* と u^* に近づいていくような経路の特徴を吟味することにしよう。まず，$z(0)>z^*$ と仮定しよう。そのとき，$z-z^*$ は通時的に単調に減少する。(5.74) は次のよ

うに書き換えることができる。

$$\dot{\chi}/\chi = (\chi-\chi^*) + \left(\frac{\alpha-\theta}{\theta}\right)\cdot\Omega(t). \tag{5.78}$$

ここで，$\Omega(t)=z-z^*$ は時間の単調減少関数である。$\alpha<\theta$ の場合には，(5.78) の右辺の第2項はマイナスの値であり，その絶対値は通時的に減少する。ある有限の t に対して $\chi\leq\chi^*$ が成立するとすれば，上式により，それ以後のすべての t に対して $\dot{\chi}<0$ となる[訳注26]。$\dot{\chi}$ の絶対値は漸近的にある有限値の下界を上回るので，χ は χ^* から発散し，有限時間で0の値に到達する[訳注27]。したがって，安定経路はすべての t に対して $\chi>\chi^*$ という特徴を持っているということができる。さらに，ある t に対して $\dot{\chi}\geq 0$ ということが成立すれば，(5.78) によって，(右辺のマイナスの項である第2項の絶対値は長期的に減少するので) それ以後のすべての t について，$\dot{\chi}>0$ となる。したがって，χ は χ^* から発散していき，無限に増加していく。ゆえに，安定経路上では，すべての t に対して $\dot{\chi}<0$ ということが必要とされる。

$\alpha>\theta$ と仮定される場合，あるいは $z(0)<z^*$ から出発する場合にも，結論は同じようにして求められる。表5.1における $\chi-\chi^*$ と $\dot{\chi}$ の列に結果が要約されている。

表5.1 移行過程における χ と u の挙動

$z(0)-z^*$	$\alpha-\theta$	$\chi-\chi^*$	$\dot{\chi}$	$u-u^*$	$\dot{u}$
>0	<0	>0	<0	>0	<0
>0	>0	<0	>0	<0	>0
=0	--	=0	=0	=0	=0
<0	<0	<0	>0	<0	>0
--	=0	=0	=0	=0	=0

(5.75) によって，χ の挙動を所与として，u の挙動が決定される。たとえば，$z(0)>z^*$，$\alpha<\theta$ と仮定してみよう。そのとき，$\chi>\chi^*$ および $\dot{\chi}<0$ となる。ある t に対して $u\leq u^*$ となるならば，(5.75) によって，それ以後のすべての t に対して $\dot{u}<0$ となる。ゆえに，u は u^* から発散していき，0に近づいていく。したがって，安定経路は，すべての t に対して u

$>u^*$ という特徴を持っているということができる。ある t について $\dot{u} \geq 0$ であるならば、その後のすべての t に対して $\dot{u} > 0$ である。その理由は、(5.75) における $-(\chi - \chi^*)$ という項がマイナスの値を持ち、しかも、通時的に絶対値が減少するからである[訳注28]。したがって、すべての t に対して $\dot{u} < 0$ ということが成立する。表 5.1 では $z(0) - z^*$ と $a - \theta$ の種々の符号の組合せについて、$u - u^*$ と $\dot{u}$ の挙動が示されている。

次に、初期値 $z(0) - z^*$ と状態変数 ω の初期値とがどのような関係にあるかを示すことにしよう。(5.74) を使って、(5.73) における $\dot{\omega}/\omega$ の式に $\chi - \chi^*$ を代入すると、次式が得られる。

$$\dot{\omega}/\omega = (a/\theta) \cdot (z - z^*) - \gamma_\chi + B \cdot (u - u^*). \tag{5.79}$$

$a \leq \theta$ および $z(0) > z^*$ と仮定しよう。この場合、$z - z^* > 0$、$\dot{\chi} \leq 0$ および $u - u^* \geq 0$ となるので、(5.79) において $\dot{\omega}/\omega > 0$ となる。したがって、ここでのシステムは、$\omega(0) < \omega^*$ となる場合に限って、安定経路上に位置することができる。さらに、そのとき、($\dot{\omega}/\omega > 0$ であるので) ω は $\omega(0)$ から ω^* に向かって単調に上昇していく。それゆえ、z の単調減少は ω の単調増加に対応づけられる。この帰結によって、状態変数のより低い初期値 $\omega(0)$ はより高い初期値 $z(0)$ と関連づけられる。同じような論拠によって、$z(0) < z^*$ は $\omega(0) > \omega^*$ に対応づけられ、$z(0) = z^*$ は $\omega(0) = \omega^*$ に対応づけられることになる。

$a > \theta$ というケースを取り扱うために、(5.75) の $(u - u^*)$ の項を (5.73) に代入すると、次式が得られる。

$$\dot{\omega}/\omega = (z - z^*) + \dot{u}/u. \tag{5.80}$$

$a > \theta$ というケースで、この式を利用すると、$z(0) > z^*$ ($z(0) < z^*$) が $\omega(0) < \omega^*$ ($\omega(0) > \omega^*$) に対応していることを示すことができる。

a と θ の関係がいかなるものであっても、$z(0) \gtreqless z^*$ が $\omega(0) \lesseqgtr \omega^*$ に対応しているという結論が得られる。さらに、$\omega(0)$ のより小なる値が $z(0)$ のより大なる値と対応づけられる。したがって、ただ物的資本が人的資本に比べて稀少であるか豊富であるかどうかに依存して、z の値は大となったり、小と

なったりする。表5.1の帰結と上述の結果を使って，ω の関数としての χ と u の政策関数を得ることができる。これらの結果は図5.5で描かれている。

収益率 r は財の生産における物的資本の純限界生産物 $az-\delta$ に一致する。したがって，r は z と同じ方向に動き，ω とは逆の方向に動くことになる。(5.69) によって，C の成長率は次のように与えられる。

$$\dot{C}/C = (1/\theta)\cdot(az-\delta-\rho). \tag{5.81}$$

$\dot{C}/C$ は z と同じ方向に動くので，ω とは逆の方向に動くことになる。
K の成長率は次のように与えられる。

$$\dot{K}/K = \dot{C}/C - \dot{\chi}/\chi = (1/\theta)\cdot(az-\delta-\rho) - \dot{\chi}/\chi.$$

ここで，(5.81) の $\dot{C}/C$ が代入されている。(5.74) の $\dot{\chi}/\chi$ を代入し，$z^* = B/a$ と $\gamma^* = (1/\theta)\cdot(B-\delta-\rho)$ という関係式を使うと，次式が得られる。

$$\dot{K}/K = \gamma^* + (z-z^*) - (\chi-\chi^*). \tag{5.82}$$

この式は (5.42) で表されている。
H の成長率は次のように与えられる。

$$\dot{H}/H = \dot{K}/K - \dot{\omega}/\omega.$$

(5.82) の $\dot{K}/K$ と (5.80) の $\dot{\omega}/\omega$ を代入し，$\dot{u}/u$ を代入するのに (5.75) を使用すると，次式が得られる。

$$\dot{H}/H = \gamma^* - B\cdot(u-u^*). \tag{5.83}$$

この式は (5.41) で表されている。
$Y = AK^a\cdot(uH)^{1-a}$ であるので，産出量の成長率は次のように与えられる。

$$\dot{Y}/Y = a\cdot\dot{K}/K + (1-a)\cdot(\dot{u}/u + \dot{H}/H).$$

(5.82) の $\dot{K}/K$，(5.75) の $\dot{u}/u$，および (5.83) の $\dot{H}/H$ を代入すると，次

式が成立する。

$$\dot{Y}/Y = \gamma^* + \alpha(z - z^*) - (\chi - \chi^*). \tag{5.84}$$

この式は（5.43）で表されている。

広義の産出量は次式で与えられる。

$$Q = Y + (\mu/\nu)B(1-u)H = AK^\alpha(uH)^{1-\alpha} + (\mu/\nu)B(1-u)H.$$

ここで，財の単位による人的資本のシャドウ・プライス μ/ν は（5.66）で与えられている。μ/ν を代入すると次式が得られる。

$$Q = Y \cdot (1 - \alpha + \alpha u)/u.$$

したがって，広義の産出量の成長率は次式で与えられる。

$$\dot{Q}/Q = \dot{Y}/Y - \dot{u}/u \cdot (1-\alpha)/(1-\alpha+\alpha u). \tag{5.85}$$

この式は（5.44）で表されている。

宇沢=ルーカス・モデルの別の分析については，Faig（1995）および Caballe and Santos（1993）を参照せよ。

5.7　付論5C：逆の要素集約度を持っているモデル

ここでは，$\alpha < \eta$ という条件を持っている生産構造（5.12）と（5.13）を検討することにしよう。$p \equiv \mu/\nu$ は財の単位で表された H の価値とする。本文で注意したように，（5.19）は p の不安定な微分方程式であり，p は次のように与えられる持続状態に常に一致することになる。

$$p = p^* = \psi^{\frac{1}{1-\alpha+\eta}} \left(\frac{\alpha}{1-\alpha}\right)^{(\alpha-\eta)/(1-\alpha+\eta)}. \tag{5.86}$$

ここで，

$$\psi \equiv \left(\frac{A}{B}\right) \cdot \left(\frac{\alpha}{\eta}\right)^\eta \cdot \left(\frac{1-\alpha}{1-\eta}\right)^{1-\eta}.$$

したがって，（5.17）により，$vK/\mu H$ は次のように持続状態値に一致するこ

とになる。

$$\frac{vK}{uH} = \left(\frac{vK}{uH}\right)^* = \left[\psi \cdot \left(\frac{\alpha}{1-\alpha}\right)\right]^{1/(1-\alpha+\eta)}. \tag{5.87}$$

したがって，収益率と消費の成長率は次のように与えられる定数である。

$$r = r^* = \alpha A \cdot \left[\left(\frac{vK}{uH}\right)^*\right]^{\alpha-1} - \delta, \tag{5.88}$$

$$\dot{C}/C = \gamma^* = (1/\theta) \cdot (r^* - \rho). \tag{5.89}$$

次に，広義の資産 $K+pH$ と広義の産出量 $Q \equiv Y + p \cdot (\dot{H} + \delta H)$ は γ^* の率，すなわち，C と同じ率で常に成長することを示すことにしよう。家計が広義の資産 $K+pH$ に関して収益率 r を稼得していると考えると，第2章における消費者の最適化の分析が通用可能である。(このモデルでは，本来の労働の賃金率は 0 である。)(2.15) と (2.16) によって，消費が広義の資産の乗数倍であることが示されている。さらに，r は一定であるので，この乗数も一定である。したがって $K+pH$ は C と同じ成長率 γ^* で成長することになる。

(5.14) のハミルトニアンは次のように表すことができる[訳注29]。

$$J = u(C) \cdot e^{-\rho t} + v \cdot (Q - C) - v\delta \cdot (K + pH). \tag{5.90}$$

ここで，

$$u(C) = \frac{C^{1-\theta} - 1}{1-\theta}.$$

最適性の一階の条件から $\dot{J} = -\rho \cdot u(C) \cdot e^{-\rho t}$ ということを証明することができる。(5.90) の右辺を時間で微分し，一階の条件 $v = C^{-\theta} e^{-\rho t}$ を使用し，簡単化を行うと，次の式が成立する。

$$(\dot{v}/v - \delta) \cdot [C + \delta \cdot (K+pH)] + \delta Q = (\dot{v}/v) \cdot Q + \dot{Q}.$$

$\dot{v}/v = -(\rho + \theta \cdot \dot{C}/C)$ を使い，項の整理を行うと，Q の成長率に関する式が次のように得られる。

$$\dot{Q}/Q = (\delta + \rho + \theta \gamma c) \cdot \left\{1 - \left(\frac{1}{Q}\right) \cdot [C + \delta \cdot (K + pH)]\right\}. \tag{5.91}$$

5.7 付論5 C：逆の要素集約度を持っているモデル

$\dot{C}/C$ は一定で，$K+pH$ は C のプラスの定数倍であるので，(5.91) により，$\dot{Q}/Q$ は C/Q に関する線型の減少関数を表している。

(5.91) の1つの解は $\dot{Q}/Q = \dot{C}/C = \gamma^*$ であり，その結果，C/Q は定数 $(C/Q)^*$ になる。そうでなく，$C/Q < (C/Q)^*$ である場合には，(5.91) により，$\dot{Q}/Q > \gamma^*$ となり，$C/Q \to 0$ となる。それに対して，$C/Q > (C/Q)^*$ の場合には，$\dot{Q}/Q < \gamma^*$ となり，$C/Q \to \infty$ となる。したがって，安定経路はすべての時点で $\dot{Q}/Q = \gamma^*$ という特徴を持っていることになる。

(5.16) の u と v の関係を使用すると，(5.87) より，u を $\omega \equiv K/H$ の関数として表すことができる。

$$u = \frac{\eta \cdot (1-\alpha)}{(\eta - \alpha)} - \left[\frac{\alpha \cdot (1-\eta)}{(vK/uH)^* \cdot (\eta - \alpha)} \right] \cdot \omega. \tag{5.92}$$

したがって，u の政策関数は ω に関する明確な線型の減少関数である。切片が1より大であるので，(5.92) により，求まる u の値が内点である，つまり，$u \in (0,1)$ となるような ω の区間が決定される。上の式の形により，この区間の幅は $\eta - \alpha$ が0に近づくにつれて0に近づいていくことになる。

(5.92) とともに，関係 $v = (vK/uH)^* \cdot (u/\omega)$ を用いると，v の式を次のように導出することができる。

$$v = -\frac{\alpha \cdot (1-\eta)}{\eta - \alpha} + \left[\frac{\eta \cdot (1-\alpha)}{\eta - \alpha} \right] \cdot \left[\left(\frac{vK}{uH} \right)^* \right] \cdot \left(\frac{1}{\omega} \right). \tag{5.93}$$

したがって，v は $1/\omega$ の線型の増加関数であり，ω の減少関数である。さらに，$u \in (0,1)$ のときには，v の解は内点，すなわち，$v \in (0,1)$ であることを証明することができる（この帰結は [5.16] より容易に確認される）。

(5.13) と (5.16) より，H の成長率が次のように表される。

$$\dot{H}/H = B \cdot \left[\frac{\eta \cdot (1-\alpha)}{\alpha \cdot (1-\eta)} \right]^\eta \cdot \left[\left(\frac{vK}{uH} \right)^* \right]^\eta \cdot (1-u) - \delta.$$

(5.92) の u を代入すると，次式が得られる。

$$\dot{H}/H = -a_1 + a_2 \cdot \omega. \tag{5.94}$$

ここで，$a_1 > 0$，$a_2 > 0$ は定数である。したがって，$\dot{H}/H$ は ω の線型の増加関数である。

広義の資産 $K+pH$ は一定の率 γ^* で成長するので，次式が成立する。

$$\gamma^*=\left(\frac{\omega}{\omega+p}\right)\cdot(\dot{K}/K)+\left(\frac{p}{\omega+p}\right)\cdot(\dot{H}/H).$$

したがって，K の成長率は次のように表される。

$$\dot{K}/K=\gamma^*+(\gamma^*-\dot{H}/H)\cdot(p/\omega).$$

(5.94) の $\dot{H}/H$ を代入すると，次式が成立する。

$$\dot{K}/K=\gamma^*-a_2\cdot p+p\cdot(\gamma^*+a_1)/\omega. \tag{5.95}$$

したがって，$\dot{K}/K$ は $1/\omega$ の線型の増加関数であり，それゆえ，ω の減少関数になる。さらに，(5.95) を使って，不等号制約条件 $\dot{K}/K+\delta\geq 0$ が拘束的でないような ω の区間を決定することが可能である。

$\chi\equiv C/K$ の動態的挙動を確認するために，$Y=C+\dot{K}+\delta K$ という条件より，次式が成立することになる。

$$\chi=Av\cdot\left[\left(\frac{vK}{uH}\right)^*\right]^{\alpha-1}-\delta-\dot{K}/K.$$

(5.93) の v と (5.95) の $\dot{K}/K$ を代入すると，次式が成立する。

$$\chi=\text{定数}+\left\{A\cdot\left[\frac{\eta\cdot(1-\alpha)}{\eta-\alpha}\right]\cdot\left[\left(\frac{vK}{uH}\right)^*\right]^{\alpha}-p\cdot(\gamma^*+a_1)\right\}\cdot\left(\frac{1}{\omega}\right). \tag{5.96}$$

ここで，$-a_1$ は (5.94) における $\dot{H}/H$ の定数項である。a_1 を代入し，(5.86) における p の式を使用し，それから，横断性条件（[5.88] と [5.89] より得られる $r^*>\gamma^*$ という条件）を使用すると，(5.96) の括弧の中の項はプラスであることを示すことができる。したがって，χ は $1/\omega$ の線型の増加関数であり，それゆえ，ω の減少関数である。

問　題

5.1 物的資本と人的資本を伴う CES 型生産関数　　物的資本 K と人的資

本 H に関する次のような CES 型生産関数を考えることにしよう。

$$Y = A \cdot \{a \cdot (bK)^\psi + (1-a) \cdot [(1-b) \cdot H]^\psi\}^{1/\psi}.$$

ここで，$0<a<1$，$0<b<1$，$\psi<1$。産出量は 1 対 1 のベースで消費と，K と H に関する投資に使われることができる。各タイプの資本の減耗率は δ であるとする。ラムゼイ・モデルと同様に，家計は通常の無限時間視野の選好を持っているものとする。当初，K と H には，非可逆性の制約は存在していないと仮定しよう。したがって，いずれのタイプの資本に対する粗投資もマイナスの値をとることができる。

(a) ハミルトニアンを設定し，一階の条件を求めなさい。

(b) K と H の間の最適な関係はどのようなものになるか。この関係式を所与の生産関数に代入し，Y と K に関する関係式を求めなさい。この縮約型の生産関数はどのようなものになるか。

(c) 人的資本に対する物的資本の比率の持続状態における値 $(K/H)^*$ はどのようになるか。

(d) 初期条件が $K(0)/H(0) < (K/H)^*$ というように与えられている場合の経済の通時的挙動を説明しなさい。0 時点における各タイプの資本についての瞬時的投資率はどのようになるか。

(e) 不等式制約条件 $I_K \geq 0$，$I_H \geq 0$ が課されるとしよう。経済が $K(0)/H(0) < (K/H)^*$ から出発する場合，この制約条件は動態的挙動にどのように影響を及ぼすことになるか。

5.2　人的資本と物的資本についての調整費用　消費財，物的資本および人的資本が同じ生産関数で生産される 5.1 節におけるモデルを考察することにしよう。しかし，2 つのタイプの資本の変化には調整費用が必要とされるものとしよう。3.2 節で議論された定式化と類似の単位調整費用関数が，K については $(b_K/2)(I_K/K)$ によって，H については $(b_H/2)(I_H/H)$ によって与えられているものとする。各資本の減耗率は 0 であると仮定する。

(a) パラメータ b_K，b_H について議論しなさい。どちらの値が大であるように思われるか。

(b) $b_K = b_H$ と仮定しなさい。経済が $K(0)/H(0) < (K/H)^*$ から出発する場合，短期的な動態的挙動について議論しなさい。$K(0)/H(0) > (K/H)^*$ である場合には，どういうことが生じるか。

(c) $b_K < b_H$ と仮定しなさい。(b)の問題を再度行い，結果の主要な差異についてコメントしなさい。

5.3 人的資本における外部性（Lucas [1988] に基づくモデル）　第 i 生産者の生産関数が次のように与えられているものとする。

$$Y_i = A \cdot (K_i)^\alpha \cdot (H_i)^\lambda \cdot H^\varepsilon.$$

ここで，$0 < \alpha < 1$，$0 < \lambda < 1$，$0 \leq \varepsilon < 1$。変数 K_i と H_i は財 Y_i を生産するために企業 i によって使用される物的資本と人的資本の投入量である。変数 H は経済における人的資本の平均水準であり，パラメータ ε では平均的な人的資本が各企業の生産性に及ぼす外部効果の程度が表されている。財部門における産出は消費財 C あるいは物的資本の粗投資 I_K として使用することができる。物的資本は率 δ で減耗する。人的資本の生産関数は次のように表されるものとする。

$$(I_H)_j = BH_j.$$

ここで，H_j は第 j 生産者によって使用される人的資本の量である。人的資本も率 δ で減耗する。ラムゼイ・モデルと同様に，家計は通常の無限時間視野の選好を持っている。ただし，時間選好率を ρ とし，通時的代替性のパラメータは θ とする。最初に，Y と H の生産者が完全な競争者として行動する場合の競争均衡を考えることにしよう。

(a) 持続状態における C，Y，K の成長率はどのようなものになるか。この解は人的資本の外部性の大きさ，すなわち，パラメータ ε にどのように依存しているか。

(b) 持続状態における H の成長率はどのようになるか。どのような状況のもとで，持続状態において H と K の成長率は同じになるか。

(c) 社会的計画者の解は競争均衡とはどのように異なっているか。

訳　注

1) このモデルの設定からして，K と H は同じものでもかまわないが，Y の生産に与える影響のみが異なっている。したがって，後で議論されるが，$\alpha=1-\alpha$ というときには，(5.7) により，$K=H$ となる。

2) $J=\dfrac{1}{1-\theta}(C^{1-\theta}-1)e^{-\rho t}+\nu(I_K-\delta K)+\mu(I_H-\delta H)+\omega(AK^\alpha H^{1-\alpha}-C-I_K-I_H).$

$\dfrac{\partial J}{\partial C}=C^{-\theta}e^{-\rho t}-\omega=0,$　……①

$\dfrac{\partial J}{\partial I_K}=\nu-\omega=0,$　……②

$\dfrac{\partial J}{\partial I_H}=\mu-\omega=0,$　……③

$\dot{\nu}=-\dfrac{\partial J}{\partial K}=-\{\omega\alpha AK^{\alpha-1}H^{1-\alpha}-\delta\nu\},$

$\dot{\mu}=-\dfrac{\partial J}{\partial H}=-\{\omega(1-\alpha)AK^\alpha H^{-\alpha}-\delta\mu\}.$

②と③より，$\nu=\mu$ なので，$\dfrac{\dot{\nu}}{\nu}=\dfrac{\dot{\mu}}{\mu}$ となり，

$\alpha AK^{\alpha-1}H^{1-\alpha}-\delta=(1-\alpha)AK^\alpha H^{-\alpha}-\delta.$

したがって，

$\dfrac{\alpha}{1-\alpha}=\dfrac{(K/H)^\alpha}{(K/H)^{\alpha-1}}=\dfrac{K}{H}.$

3) このケース $K(0)/H(0)<\alpha/(1-\alpha)$ は，付論5Aでは第2番目のケースとして扱われているので注意が必要である。したがって，$\alpha<\theta$ という条件のもとで議論されていると考えるべきである。

4) (5.7) が成立するので，それより2行上の式が成立する。したがって，このことが成立する。

5) $\gamma_K=\dfrac{\dot{K}(t)}{K(t)}$ が単調減少的であるということは付論2Cにより成立する。また，

$Y(t)=AK(t)^\alpha H(t)^{1-\alpha}$

であるので，

$\gamma_Y(t)=\dot{Y}(t)/Y(t)=\alpha\gamma_K(t)+(1-\alpha)(-\delta).$

したがって，

$\dfrac{d}{dt}\gamma_Y(t)=\alpha\dfrac{d}{dt}\{\gamma_K(t)\}<0.$

6) 物的資本の純限界生産物は $A\alpha(K/H)^{\alpha-1}-\delta$ であるので，K/H が上昇すると低下する。

7) $\dfrac{\partial J}{\partial u}=0;\ \nu A(1-\alpha)(\nu K)^\alpha H^{1-\alpha}u^{-\alpha}$

$$= \mu B(1-\eta)[(1-v)K]^{\eta}[(1-u)H]^{-\eta}H. \qquad \cdots ①$$

$$\frac{\partial J}{\partial v}=0; \quad vA\alpha(vK)^{\alpha-1}(uH)^{1-\alpha}K$$

$$= \mu B\eta[(1-v)K]^{\eta-1}[(1-u)H]^{1-\eta}K. \qquad \cdots ②$$

したがって，

$$\frac{1-\alpha}{\alpha}\{(vK)/(uH)\}\frac{H}{K}=\frac{1-\eta}{\eta}\left\{\frac{(1-v)K}{(1-u)H}\right\}\frac{H}{K}.$$

ゆえに，

$$\frac{\alpha}{1-\alpha}\cdot\frac{u}{v}=\frac{\eta}{1-\eta}\cdot\frac{(1-u)}{1-v}.$$

8) 訳注7の①式より，次のように表される。

$$p=\frac{\mu}{v}=\frac{A(1-\alpha)\left\{\dfrac{vK}{uH}\right\}^{\alpha}}{B(1-\eta)[(1-v)K]^{\eta}[(1-u)H]^{-\eta}}$$

$$=\frac{A(1-\alpha)\left\{\dfrac{vK}{uH}\right\}^{\alpha}}{B(1-\eta)\left\{\dfrac{(1-v)K}{(1-u)H}\right\}^{\eta}}.$$

ここで，

$$\frac{1-v}{1-u}=\left(\frac{\eta}{1-\eta}\right)\left(\frac{1-\alpha}{\alpha}\right)\frac{v}{u}.$$

であるので，p は次のように表される。

$$p=\frac{A(1-\alpha)\left\{\dfrac{vK}{uH}\right\}^{\alpha}}{B(1-\eta)\left\{\left(\dfrac{\eta}{1-\eta}\right)\left(\dfrac{1-\alpha}{\alpha}\right)\right\}^{\eta}\left\{\dfrac{v}{u}\dfrac{K}{H}\right\}^{\eta}}$$

$$=\frac{A}{B}\left\{\frac{vK}{uH}\right\}^{\alpha-\eta}(\alpha/\eta)^{\eta}(1-\alpha)(1-\alpha)^{-\eta}(1-\eta)^{-1}(1-\eta)^{\eta}.$$

9) $\dot{p}/p=\dot{\mu}/\mu-\dot{v}/v$ であるので，順次計算を行うことにする。

$$-\dot{v}=v\left\{A\alpha\left(\frac{vK}{uH}\right)^{\alpha-1}v-\delta\right\}+\mu\cdot\eta\cdot B\{(1-v)\cdot K\}^{\eta-1}\{(1-u)\cdot H\}^{1-\eta}(1-v)$$

$$=v\left\{A\alpha\left(\frac{vK}{uH}\right)^{\alpha-1}v-\delta\right\}+vA\alpha\left(\frac{vK}{uH}\right)^{\alpha-1}(1-v)$$

$$=vA\alpha\left\{\frac{vK}{uH}\right\}^{\alpha-1}-\delta v.$$

同様に，

$$-\dot{\mu}=vA(1-\alpha)\left\{\frac{vK}{uH}\right\}^{\alpha}u+\mu\{B(1-\eta)[(1-v)K]^{\eta}[(1-u)H]^{-\eta}\cdot(1-u)-\delta\}$$

$$=vA(1-\alpha)\left\{\frac{vK}{uH}\right\}^{\alpha}u+vA(1-\alpha)\left\{\frac{vK}{uH}\right\}^{\alpha}(1-u)-\mu\delta$$

$$=vA(1-\alpha)\left\{\frac{vK}{uH}\right\}^{\alpha}-\mu\delta.$$

ここで，(5.17) より，

$$\frac{vK}{uH}=\left\{\frac{p}{\phi}\right\}^{\frac{1}{\alpha-\eta}}.$$

したがって,

$$\frac{\dot{p}}{p}=\frac{\dot{\mu}}{\mu}-\frac{\dot{v}}{v}$$

$$=-p^{-1}A(1-\alpha)\left\{\frac{p}{\phi}\right\}^{\frac{\alpha}{\alpha-\eta}}+A\alpha\left\{\frac{p}{\phi}\right\}^{\frac{\alpha-1}{\alpha-\eta}}$$

$$=A\phi^{\frac{\alpha}{\eta-\alpha}}\cdot\left\{\alpha\cdot\phi^{\frac{1}{\alpha-\eta}}p^{\frac{1-\alpha}{\eta-\alpha}}-(1-\alpha)\cdot p^{\frac{\eta}{\alpha-\eta}}\right\}.$$

10) $\alpha \neq \eta$ ならば, (5.17) より, $\partial p/\partial\left(\dfrac{vK}{uH}\right)\neq 0$ であるので, 陰関数定理を適用することが可能である。

11) $\gamma_p=\dfrac{\dot{p}}{p}=\Psi(p)$

とおくと, $\alpha>\eta$ ならば, $\dfrac{\partial \Psi(p)}{\partial p}<0$ であるので, p の持続状態における値 $\tilde{p}$ は安定的である。他のケースも同様に確認できる。

12) $\psi+(\theta-1)/\theta$

$=[\rho+\delta(1-\theta)]/B\theta+(\theta-1)/\theta$

$=\dfrac{1}{B\theta}[\rho+\delta(1-\theta)+B(\theta-1)].$

ところで, 横断性条件より $r^*>\gamma^*$ であるので,

$\rho+\delta(1-\theta)+B(\theta-1)>0.$

したがって, $\omega^*>0$, $u^*>0$, さらに, $\dfrac{1}{\alpha}>1$ であるので, $\chi^*>0$.

13) この部分の説明は明確ではない。安定的サドル経路上で, u は u^* に漸近するということは注意すべき点である。

14) ここでは, 外部性の指数を β とすると, 次のことが成立する。
$\alpha_2=(1-\alpha_1)+\beta.$

15) 本文では, characteristic matrix of the coefficients となっているが, 係数行列の行列式の意味で使用されているので, そのように訳出しておくことにする。

16) (5.51) は内生的成長のための必要条件にすぎないということを注意しておく。

17) $\gamma_\omega=\dfrac{\dot{\omega}}{\omega}=\dfrac{\dot{K}}{K}-\dfrac{\dot{H}}{H}$

$=-\delta-\left\{AK^\alpha H^{-\alpha}-\delta-\dfrac{C}{H}\right\}$

$=-A\omega^\alpha+\dfrac{K}{H}\cdot\dfrac{C}{K}$

$=-A\omega^\alpha+\omega\cdot\chi.$

$r_x=\dot{\chi}/\chi=\dfrac{\dot{C}}{C}-\dfrac{\dot{K}}{K}$

$$= \frac{1}{\theta}[A(1-\alpha)(K/H)^{\alpha} - \delta - \rho] + \delta$$
$$= \frac{1}{\theta}[A(1-\alpha)\omega^{\alpha} - \rho] + \delta - \frac{\delta}{\theta}.$$

18) 次のことより，位相図が描かれる。

$$\frac{d\gamma_{\omega}}{d\chi} = \omega > 0,$$

$$\frac{\gamma_{\chi}}{d\omega} = \frac{1}{\theta}A(1-\alpha)\alpha\omega^{\alpha-1} > 0.$$

ただし，(ω, χ) は内点とする。

19) $\gamma^* = \frac{1}{\theta}[A\alpha^{\alpha}(1-\alpha)^{(1-\alpha)} - \delta - \rho] > 0$ という条件は，次式のように変形される。

$$A\alpha^{\alpha}(1-\alpha)^{(1-\alpha)} > \rho + \delta.$$

一方，

$$\left[\frac{\rho + \delta(1-\theta)}{A(1-\alpha)}\right]^{\frac{1}{\alpha}} < \frac{\alpha}{1-\alpha}$$

という関係式は次のように変形される。

$$\rho + \delta(1-\theta) < \left(\frac{\alpha}{1-\alpha}\right)^{\alpha} \cdot A(1-\alpha) = A\alpha^{\alpha}(1-\alpha)^{1-\alpha}.$$

したがって，$\gamma^* > 0$ であれば，$\bar{\omega} < \omega^*$ が成立することになる。

20) $\alpha > \theta$ という場合では位相図の１つのケースが次のように与えられる。

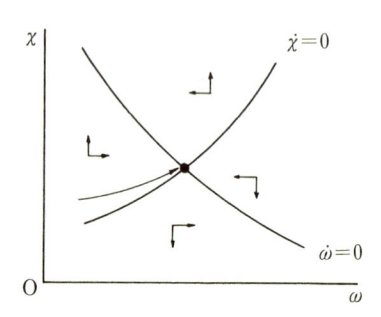

このケースでは，

$$\frac{\partial \gamma_{\chi}}{\partial \omega} = A(1-\alpha)\left(\frac{\theta-\alpha}{\theta}\right)\omega^{\alpha-2} < 0.$$

このケースで，χ が単調に減少するということが成立するか疑問がある。

21) $\frac{\dot{\mu}}{\mu} - \frac{\dot{\nu}}{\nu} = -\alpha\frac{\dot{u}}{u} + \alpha\frac{\dot{\omega}}{\omega}.$

$$\alpha\frac{\dot{u}}{u} = \frac{\dot{\nu}}{\nu} - \frac{\dot{\mu}}{\mu} + \alpha\frac{\dot{\omega}}{\omega}$$
$$= -A\alpha u^{1-\alpha}\omega^{\alpha-1} + \delta + B - \delta + \alpha\{Au^{1-\alpha}\omega^{\alpha-1} - \chi - B(1-u)\}$$
$$= B - \alpha B + \alpha Bu - \alpha\chi.$$

したがって，

$$\dot{u}/u = \frac{(1-\alpha)B}{\alpha} + Bu - \chi.$$

22) 持続状態に対応する χ, u, ω は次式を満足している.

$$Au^{1-\alpha}\omega^{\alpha-1} - \chi - B + Bu = 0, \qquad \cdots ①$$

$$\left(\frac{\alpha-\theta}{\theta}\right)Au^{1-\alpha}\omega^{\alpha-1} + \chi - \frac{1}{\theta}\{\delta(1-\theta)+\rho\} = 0, \qquad \cdots ②$$

$$B(1-\alpha)/\alpha + Bu - \chi = 0. \qquad \cdots ③$$

①, ③ より,

$$Au^{1-\alpha}\omega^{\alpha-1} = \frac{B}{\alpha}. \qquad \cdots ④$$

したがって, ② より,

$$\chi = \frac{1}{\theta}\{\delta(1-\theta)+\rho\} - \frac{(\alpha-\theta)}{\theta}\frac{B}{\alpha}$$

$$= B\left\{\varphi + \frac{1}{\alpha} - \frac{1}{\theta}\right\}.$$

同様に, ③ により,

$$u = \frac{1}{B}\chi - \frac{(1-\alpha)}{\alpha}$$

$$= \varphi + 1 - \frac{1}{\theta}$$

$$= \varphi + \frac{1}{\theta}(\theta-1).$$

さらに, ④ より,

$$\omega^{\alpha-1} = \frac{B}{\alpha A}u^{\alpha-1}.$$

ゆえに,

$$\omega = \left(\frac{B}{\alpha A}\right)^{\frac{1}{\alpha-1}}u = \left(\frac{\alpha A}{B}\right)^{\frac{1}{1-\alpha}}\{\varphi + (\theta-1)/\theta\}.$$

23) 持続状態では (5.66) より,

$$\frac{\dot{\mu}}{\nu} = (A/B)(1-\alpha)u^{-\alpha}\omega^{\alpha} = 一定 \quad (\because \omega = K/H = 一定, u = 一定).$$

したがって,

$$\frac{\dot{\nu}}{\nu} = \frac{\dot{\mu}}{\mu}.$$

ゆえに, (5.67), (5.68) より,

$$\alpha Au^{1-\alpha}\omega^{\alpha-1} - \delta = B - \delta.$$

24) $\gamma_{\dot{\omega}/\omega} = Au^{1-\alpha}\omega^{\alpha-1} - \chi - B(1-u)$

$\qquad = z - \chi - B(1-u).$

持続状態では $\gamma_\omega = 0$ であるので,

$z^* - \chi^* - B(1-u^*) = 0.$

したがって,

$\dot{\omega}/\omega = (z-z^*) - (\chi-\chi^*) + B(u-u^*).$

他のケースも同様に導出される。

25) 次の微分方程式の解を求めることにする。
$$\frac{dz}{dt} = -(1-\alpha)z(z-z^*).$$
したがって，$z \neq 0$, $z \neq z^*$ のケースでは，
$$\int \frac{1}{z(z-z^*)} dz = -\int (1-\alpha) dt.$$
このことから，
$$\frac{1}{z^*} \int \left\{ \frac{1}{z-z^*} - \frac{1}{z} \right\} dz = -(1-\alpha)t + C \quad (ここで，C は任意定数).$$
ゆえに，$(z(t) > z^*$ のケースでは，$)$
$$\log(z(t)-z^*) - \log z(t) = -z^*(1-\alpha)t + z^*C.$$
したがって，
$$\frac{z(t)-z^*}{z(t)} = e^{-z^*(1-\alpha)t} e^{z^*C}.$$
$t=0$ とすると，
$$\frac{z(0)-z^*}{z(0)} = e^{z^*C}.$$
これを上式に代入する。$z(t) < z^*$ のケースについても同じように導出される。

26) 議論は直感的になされているが，議論は妥当なものである。つまり，ある t' で $\chi(t') \leq \chi^*$ とすると，$\gamma_\chi(t') < 0$ となり，以後，χ^* より一層小となる。t' 以後の任意の時点で同様のことが成立するので，t' 以後の任意の時点 t で $\ddot{\chi}(t) < 0$ となる。この直感的なタイプの議論が付論5Bでは繰り返し使用される。

27) 必ずしも有限の下界の存在性は保証されていないように思われる。

28) $\dfrac{d|\chi^* - \chi|}{dt} = \dfrac{d\{\chi - \chi^*\}}{dt} = \dfrac{d\chi}{dt} < 0.$

29) ここで，$Q = Y + p(\dot{H} + \delta H)$ より，
$$p\dot{H} = Q - Y - p\delta H.$$
一方，$\dot{K} = Y - C - \delta K$ であるので，
$$p\dot{H} + \dot{K} = Q - C - \delta(K + pH).$$
したがって，ハミルトニアンは次のように表される。
$$J = u(C)e^{-\rho t} + \nu \{Q - C - \delta(K + pH)\}$$
$$\dot{J} = \dot{C} C^{-\theta} e^{-\rho t} + \left\{ \frac{C^{1-\theta}-1}{1-\theta} \right\}(-\rho)e^{-\rho t} + \dot{\nu}\{Q - C - \delta(K + pH)\} + \nu\{\dot{Q} - \dot{C} - \delta(\dot{K} + p\dot{H})\}.$$
ゆえに，
$$\dot{J} = C^{-\theta} e^{-\rho t} \dot{C} + \left\{ \frac{C^{1-\theta}-1}{1-\theta} \right\}(-\rho)e^{-\rho t} + \dot{\nu}\{Q - C - \delta(K + pH)\} + \nu\{\dot{Q} - \dot{C} - \delta Q + \delta C + \delta^2(K + pH)\}.$$
$\dot{J} = -\rho u(C)e^{-\rho t}$ および，$\nu = C^{-\theta} e^{-\rho t}$ であるので，
$$\dot{\nu}\{Q - C - \delta(K + pH)\} + \nu\{\dot{Q} - \delta Q + \delta C + \delta^2(K + pH)\} = 0.$$
したがって，
$$\{C + \delta(K + pH)\}\{\dot{\nu} - \delta \nu\} = \nu(\dot{Q} - \delta Q) + \dot{\nu}Q.$$

両辺を ν で割ると,
$$\left(\frac{\dot{\nu}}{\nu}-\delta\right)\{C+\delta(K+pH)\}+\delta Q=\dot{Q}+\frac{\dot{\nu}}{\nu}Q.$$

第 6 章

技術進歩：製品のバラエティ拡大モデル

　第4章と第5章では，広義の資本に関する収穫逓減性が少なくとも最終的には成立しなくなるモデルのもとで，内生的成長の可能性が検討された。収穫逓減性が存在しない場合には，技術進歩が存在していなくても，長期的な一人当たり成長が達成される。見方を変えると，（人的資本を含む広義の資本であっても）単なる資本の蓄積だけでは，このような蓄積に伴って結局収益率の顕著な低下が生じるので，長期的な持続的成長は実現不可能であるということができる。このような観点に立つと，長期的に収穫逓減性を回避するには，（生産方法と製品の種類と品質の継続的改良についての）技術進歩を導入しなければならないことになる。

　第1章と第2章のソロー=スワン・モデルとラムゼイ・モデルでは，持続状態における一人当たり成長率は外生的技術進歩率 x によって決定された。本章と次章では，このような技術進歩のプロセスを内生化する試みに関する最近の理論的展開が議論される。すなわち，パラメータ x の要因の説明が試みられる。したがって，これらの理論によって，政府の政策および他の要素が経済における長期的一人当たり成長率にどのように影響を及ぼすかが決定されることになる。

　本章では，技術進歩が製品の種類の数の拡大という形で現れるようなモデルが検討される。この種類の数の変化を新たな産業の出現に類似している基本的イノベーションとみなすことにする。もちろん，技術の状態を製品の種類の数と同一視することは一種の比喩とみなすべきである。そのような措置によって，技術進歩の1つの側面が選択され，長期的成長を研究するための分析が容易なフレームワークが提示されることになる。

次章では，既存の製品の種類を所与として，技術進歩が品質の改良として生じるような別のタイプの比喩が議論される。これらの品質の改良により，確定した産業内で生じる品質改良についての多少継続的なプロセスが表される。したがって，次章のアプローチは本章における製品の種類の拡大についての分析に対する補完的なものとみなされるべきであろう。

6.1 製品のバラエティを持つ基準モデル

このモデルには，3つのタイプの経済主体が存在するものとする。まず，第1に，最終財の生産者は労働と中間財を使用して，それらを結合して最終財を生産する。最終財は単位価格で売却されるものとする。第2に，R&D企業は資源を投下して，新製品を発明する。ひとたび製品が発明されると，イノベーションを行うR&D企業は永続的な特許を取得する。この特許によって，企業は選択する任意の価格で財を売却することが可能となる。この価格は利潤を最大にするように，選択される。第3に，家計は通常の予算制約のもとで効用を最大にしようとする。

6.1.1 最終財の生産者

最終財の生産者は，労働と幾つかの中間財を結合し，最終財を生産する生産技術にアクセスできるものとする。最終財は市場で単位価格で売却されるものとする。Spence(1976)，Dixit and Stiglitz(1977)，Ethier(1982)，Romer(1987, 1990) に従って，企業 i の生産関数を次のように表すことにする。

$$Y_i = A \cdot L_i^{1-\alpha} \cdot \sum_{j=1}^{N}(X_{ij})^{\alpha}. \tag{6.1}$$

ここで，$0<\alpha<1$ とする。また，Y_i は産出量，L_i は労働の投入量，X_{ij} は第 j タイプの特化された中間財の投入量であり，N は中間財のバラエティの個数である[1]。

パラメータ A は生産性あるいは効率性の尺度である。この定式では，生産関数の要素として中間財のバラエティが考慮されている。それとは別に，効用を消費財のバラエティの関数としてモデル化することもできる。

Grossman and Helpman(1991, 第4章) で検討されているこの代替的措置でも類似の結果がもたらされる。

(6.1) の生産関数は各投入物 L_i, X_{ij} に関する限界生産性の逓減性とすべての投入物についての規模に関する収穫一定性を持っている[訳注1]。$(X_{ij})^\alpha$ については加法的分離可能な式になっているので, 第 j 中間財の限界生産性は第 j' 中間財の投入量には依存していない[2]。この意味で, 新たな製品は既存の製品に対する直接的な代替物でも補完物でもないということができる。このような定式化は本章でモデルを展開しようと思っているタイプの技術変化, つまり新発見によるイノベーションについては, 概して妥当性を持っていると考えられる。特定のケースでは, 新製品 j は既存の財 j' の($X_{j'}$ の限界生産物を低下させる)代替物あるいは($X_{j'}$ の限界生産物を上昇させる)補完物であることもある。しかし, 限界生産物の独立性は平均的な状況では成立可能である。新規の財の発見はいかなる既存の財も陳腐化しそうにないので, このような独立性の仮定は重要である。

それに対して, 次章で検討される品質改良のケースでは, 優れた品質の財が品質の劣る財の密接な代替財であるような妥当な定式化が使用される。この想定のもとでは, 品質の優れた財が新たに発明されるとき, 品質の劣っている財は陳腐化する傾向がある。

---

1) バラエティから得られる便益に関する基本的なアプローチは Spence(1976) によって提示されている。ただし, 彼は消費者の選好を取り扱っており, 種々の財に関して, 総和の形ではなく, 積分の形で効用を表している(上記の論文の式 [45])。Dixit and Stiglitz(1975) は Spence の分析を改良し, (6.1) に類似している式を使って財のバラエティに関する消費者の選好を表した。Ethier(1982) はこの式を生産の投入のケースに応用した。Romer(1987, 1990) は, 技術進歩と経済成長に関するモデルにおいて, 生産的投入物のバラエティを持っている Ethier のモデルを使用した。

2) (6.1) と代替的な定式は次のようなものである。

$$Y_i = AL_i^{1-\alpha} \cdot \left[\sum_{j=1}^{N} (X_{ij})^\sigma \right]^{\alpha/\sigma}$$

ここで, $0<\sigma<1$。この場合, α とは異なるパラメータ σ では中間財 j の権利の所有者によって保持される独占力が決定されている。本文で考慮されているケースは $\alpha = \sigma$ に対応している。

(6.1) では，各種の中間財の限界生産物 $\partial Y_i/\partial X_{ij}$ は $X_{ij}=0$ で無限大であり，その後，X_{ij} が増加するにつれて，低下することになる。N 種類の財が現時点で有限値の価格で入手可能な場合には，企業は N 種類のすべての財を使用しようとするであろう。

留意すべき点であるが，技術進歩は生産性パラメータ A の上昇ではなく，利用可能な特化された中間財の個数 N の増加という形で生じる。N の増加による効果を確認するために，中間財はすべて共通の物的単位で測定可能であり，しかも，すべての中間財は同じ量だけ使用される，つまり $X_{ij}=X_i$（このことは均衡では結果的に成立する）[訳注2] と仮定しよう。そのとき，(6.1) により，産出量は次のように表される。

$$Y_i = AL_i^{1-\alpha} \cdot NX_i^{\alpha} = AL_i^{1-\alpha} \cdot (NX_i)^{\alpha} \cdot N^{1-\alpha}. \tag{6.2}$$

N を所与として，(6.2) により，生産関数は L_i と（中間投入の総量）NX_i について規模に関する収穫一定性を持っていることが確認される。L_i と NX_i の量を所与として，項 $N^{1-\alpha}$ により，Y_i は N の増加とともに増加するということができる。一種の技術進歩の形を捉えているこの効果には所与の中間財の総量 NX_i をより広い範囲 N に配分することから得られる便益が反映されている。この便益はそれぞれ個別の X_{ij} に関する収穫逓減性のために生じることになる。

(6.2) では，L_i を所与として，総中間財の量 NX_i の増加が N を所与として X_i の増加（すなわち，X_{ij} のすべてにおける増加）を通じて生じる場合には収穫逓減性が生じることが確認される。しかし，NX_i の増加が X_i を所与として N の増加の形で生じる場合には，収穫逓減性は成立することはない。したがって，N の継続的な増加という形で技術変化が生じる場合には，収穫逓減性の傾向が回避されることになる。生産関数のこの性質により内生的成長の基礎が提示される。

中間財の種類の個数を離散的な数ではなく連続量と考えるほうが好都合である。文字通り，N を使用される中間財の種類の個数とみなす場合には，（N が大であるならば，誤差は僅かであるだろうが，）この仮定は非現実的なものである。より一般的に，N は代表的企業の生産過程の技術的複雑性

を表す分析可能な代理変数，あるいは代表的企業によって使用される生産要素の特化の平均的な程度を表す分析可能な代理変数とみなされるべきである。この広義の N は離散的な量ではなく連続量であろう[3]。

すべての企業によって生産される最終財 Y_i は物的に同じであると仮定することにしよう。さらに，各企業の産出量の総量 Y は種々の用途に完全代替的な方法で使用可能であるとする。具体的には，この産出物は消費に，または中間財 X_j の生産に，さらに，新たなタイプの中間財を発明するために（すなわち，N を増加させるために）必要とされる研究開発（R＆D）に使用可能である。財の同質的フロー Y の単位ですべての価格を測定することにする。

X_{ij} を耐久財がもたらすサービスとしてモデルを展開することも可能であろう。そのとき，企業は基礎的な資本財 K_{ij} を借りることになり，企業 i が借りる資本財の総量 $K_i = \sum_{j=1}^{N} K_{ij}$ は以前のモデルにおける資本投入に類似している[4]。このアプローチが採用される場合には，結局，2つの状態変数（資本の総量 K と財の種類の個数 N）からなるモデルを取り扱うことになる。その場合，モデルは第5章で検討されたものに形式的に類似したものになる。

X_{ij} は非耐久的な財・サービスの購入を表していると仮定するほうが好都合であろう。このモデルと耐久的な中間財のモデルは技術進歩と経済成長の

---

[3] (6.1)における離散的な個数の財の種類についての総計から，次のように，連続量としての財の種類に関する積分に変更することによって，N の連続量としての性質を形式的に正当化することができるであろう。

$$Y_i = A \cdot L_i^{1-\alpha} \int_0^N [X_i(j)]^\alpha dj.$$

ここで，j は財の種類の連続量での指数であり，N は利用可能な財の種類の範囲である。(6.1)のかわりにこの式を使った場合にも本質的に同じ帰結が得られる。

[4] Acemoglu(2002) では，一組の中間財は労働 L を増加させ，別の組の中間財は資本 K を増加させると仮定することによって，バラエティのフレームワークを拡張している。そのケースでは，研究者はR＆D努力を労働増加的イノベーションと資本増加的イノベーションのいずれに投じるかを選択することができる。さらに，彼は，労働と資本の代替弾力性が1より小であれば，技術進歩は次第に労働増加的なものになることを確認している。

決定要因について類似の洞察をもたらすことになる。非耐久的な投入物のモデルのほうが，唯一の状態変数，つまり製品の個数 N のみを含むので，より簡単である。

最終財の生産者の利潤は次のように表される。

$$Y_i - wL_i - \sum_{j=1}^{N} P_j X_{ij}.$$

ここで，w は賃金率であり，P_j は第 j 中間財の価格である。これらの生産者は競争的であるので，w と P_j を所与とみなしている。したがって，要素価格と限界生産物の間の通常の関係式が成立し，しかもそのときの利潤は0である[訳注3]。

(6.1) における生産関数により，第 j 中間財の限界生産物は次のように与えられる。

$$\partial Y_i / \partial X_{ij} = A\alpha \cdot L_i^{1-\alpha} X_{ij}^{\alpha-1}. \tag{6.3}$$

したがって，この限界生産物と P_j との均等式により，次式が成立する。

$$X_{ij} = L_i \cdot (A\alpha / P_j)^{1/(1-\alpha)}. \tag{6.4}$$

この結果により，第 j 投入物の需要量 X_{ij} が価格 P_j の関数として求められる。各中間財について，需要の価格弾力性は $-1/(1-\alpha)$（一定）である。需要関数は図6.1に描かれている。w と労働の限界生産物の均等により，次の式が得られる。

$$w = (1-\alpha) \cdot (Y_i / L_i). \tag{6.5}$$

6.1.2 研究企業

任意の時点で，N 種類の中間財を生産する技術が存在している。個数 N を増加させるには，新たな種類の中間財の生産を可能にする発明という意味での技術進歩が必要となる。技術進歩にはR＆Dという形態をとる意図的な努力が必要であると仮定することにしよう。

R＆D企業は2段階の決定プロセスに直面している。第1に，彼らは資源

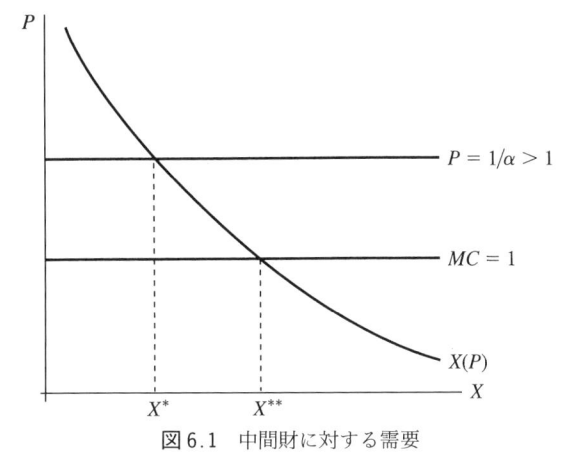

図6.1 中間財に対する需要

中間財に対する需要は弾力性一定で，右下がりの曲線で描かれる。価格が限界費用に一致するとき，企業の需要量は X^{**} である。限界費用を上まわる価格では，需要量は X^{**} より小である。

を投じて，新規のデザインを発明するかどうか決定する。将来の期待利潤の純現在価値が少なくとも（前もって支払われる）Ｒ＆Ｄ支出額以上であれば，企業はこれらの支出を行おうとする。第2段階で，発明者は新規の発明品を最終財の生産者に販売する最適価格を決定する。この価格によって，各時点での利潤フローが決定され，その結果，第1段階で検討された利潤の現在価値が決定される。

モデルをバックワードに解くことにより，議論を進めることにしよう。最初に，新規のデザインが既に発明されていると仮定したうえで，最適価格を導出する。第2に，利潤の現在価格を計算し，それをＲ＆Ｄコストと比較する。現在価値がＲ＆Ｄ費用以上であれば，企業はＲ＆Ｄ支出を行おうとする。最後に，Ｒ＆Ｄビジネスへの自由参入が存在するケースでの均衡を考察する。

第2段階：財が発明されたとした場合の最適価格 研究の動機を与えるために，革新者の成功は何らかの方法で補償されなければならない。基本的な問題は，たとえば第 j 中間財についての新たなアイデアあるいはデザインの創出には費用がかかるが，財 j はそのすべての潜在的生産者によって非競合

的に利用できるということである。すなわち，ある生産者のデザインの使用は，そのデザインを使用する他の生産者によって所与の投入量から生産されうる産出量に何ら影響を及ぼさないであろう。存在している発見物をすべての生産者に自由に利用可能にすることは**事後的には**効率的であるが，このことは，さらなる発見に向けての**事前的誘因**を提供することはできない。パテントに関する通常の分析と同様に，既存のアイデアの使用に関する制限（すなわち，一種の排除性）と発明的な活動に対する報酬の間にはトレードオフの関係が存在している。

注目すべきことであるが，競合性と排除性についてのこれらの論点はThomas Jeffersonによって，およそ200年前に的確に理解されていた。彼はアメリカ合衆国の第3代大統領であり，独立宣言の起草者であり，さらに一時期合衆国の特許局にも勤務していた。彼は，Issac McPherson 宛ての手紙（1813年8月13日）の中で次のように主張している[5]。

　自然があるものを他のいかなるものよりも排除性を許していないとした場合，それはアイデアと呼ばれる思考力の作用である。個人はそれを秘密に保っている限り，独占的に所有することができる。しかし，それが公表されるいなや，余儀なく万人の所有するものとなり，しかもその受領者はそれを所有しないようにすることはできない。その特異な性質は，すべての他の個人がその全体を所有するので，いかなる個人も一部を所有するというわけにはいかない。私からアイデアを受け取る個人は私自身のものを減少させることなく，教訓を得ることになる。……本来所有の対象になり得ない発明については，社会では，効用をもたらすアイデアを追求することを人々に奨励するものとして，それから発生する利潤に独占的な権利を付与する。しかし，いかなる個人からも請求と苦情がない場合，社会の意思と便宜に従って，これが実行されたり，されなかったりする。したがって，私が知りうる限り，英国は一般的な法律でアイデアの独占的な使用について法的な権利を与えた（合衆国がその複製を行うまで）唯一の国であったということは事実である。他の幾つかの国では，このことは，

---

5) この手紙は，合衆国の国会図書館における Thomas Jefferson Papers からインターネットにより入手可能である。(lcweb2.loc.gov/ammem/mtjhtml/mtjhome.html)

一般的なケースで,しかも特別な個人的法令で行われた。しかし一般的に,他の国では,これらの独占は社会の進歩よりも混乱をもたらすと考えられていた。そして,発明の独占を拒否する国が新規の有益な工夫という点で,英国と同じくらい生産性が高いということが観察されるかもしれない。

したがって,Jefferson は発明の推進力として特許の利益の可能性を理解していたけれども,最終的に,アイデアの独占権を維持しようとする制度に反対することになった。

ジェファーソンの見解にかかわらず,財 j の発明者は発明されたデザインを使用する財 X_j の生産と販売について永続的な独占権を保持する制度的状況を検討しよう[6]。そのとき,独占レントが発明のための誘因を提供することになる。独占権は明示的なパテントによる保護あるいは機密の保持を通じて行使されることもできるであろう。いずれのケースでも,発明者の独占的状況は有限時間しか継続せず,通時的に徐々に低下していくことを仮定するほうが現実的であろう。本章の後のほうでこの一般化を検討する。

第 j 中間財の発明から得られる収益の現在価値は次のように与えられる。

$$V(t)=\int_t^\infty \pi_j(v)\cdot e^{-\bar{r}(v,t)\cdot(v-t)}dv. \tag{6.6}$$

ここで,$\pi_j(v)$ は時点 v での利潤であり,$\bar{r}(v,t)\equiv[1/(v-t)]\cdot\int_t^v r(\omega)d\omega$ は t と v の間の平均利子率である。利子率が一定値 r になる場合には(このことは結果的に均衡においては成立する),現在価値因子は単純化され,$e^{-r(v-t)}$ となる。

各時点での生産者の収入は,財の販売量に価格 $P_j(v)$ を乗じた額である。利潤フローは収入マイナス生産費である。ひとたび発明がなされると,第 j タイプの中間財を生産するのに 1 単位の Y の費用がかかると仮定しよう。事実上,財 j の発明者は同質的な最終財のフローに独自のラベルをはり,そ

---

[6] 分析の便宜のために,ここでは,第 j デザインの発明者は第 j 中間財の生産者でもあると仮定されている。この仮定のかわりに,発明者が,財の競争的生産者によるデザインの使用に対して使用料を徴収すると仮定しても同じ結果が得られるであろう。

れによって，この財を第 j タイプの中間財に変換する。形式的には，限界生産費と平均生産費は一定で，1に基準化されていると仮定している。それゆえ，利潤フローは次のように表される。

$$\pi_j(v)=[P_j(v)-1]\cdot X_j(v). \tag{6.7}$$

ここで訳注4)，

$$X_j(v)=\sum_i X_{ij}(v)=(A\alpha/P_j(v))^{1/(1-\alpha)}\cdot\sum_i L_i=L\cdot(A\alpha/P_j(v))^{1/(1-\alpha)}. \tag{6.8}$$

これは (6.4) における各生産者 i についての需要量の総計である。L は労働投入の総量であり，ここでは一定と仮定されている。

生産のサイドに状態変数が存在せず，しかも需要関数に異時点的要素がないので，X_j の生産者は各時点でただ独占利潤フローを最大化するように P_j を選択しようとする7)。したがって，(6.7) と (6.8) より，最大問題は次のようになる。

$$\max_{P_j(v)}\pi_j(v)=(P_j(v)-1)\cdot L\cdot(A\alpha/P_j(v))^{1/(1-\alpha)} \tag{6.9}$$

独占価格は次のように求められる8), 訳注5)。

$$P_j(v)=P=1/\alpha>1. \tag{6.10}$$

したがって，価格 P_j は通時的に一定であり，しかもすべての中間財 j について同じである。独占価格は1である限界生産費に対するマーク・アップ $1/\alpha$ である。生産費用がすべての財について同じで，各財が (6.1) の生産関数で対称的に取り扱われているので，価格はすべての財 j に対して同一な

---

7) ハミルトニアンを設定し，P に関する通常の一階条件を求めることによって，お馴染みの動学分析からこの帰結を導出することもできるであろう。P は制御変数であるので，FOC（一階条件）によって，ちょうどモデルが静学的であるかのように，利潤の微分をゼロとおくことが必要になる。

8) この帰結で確認されていることは，中間投入の要素シェア α がマーク・アップ率の逆数だということである。しかしながら，脚注2で与えられている一般的なタイプの生産関数が仮定される場合，このことはもはや成立しない。この場合，独占価格は $P_j=P=1/\sigma$ になる。

6.1 製品のバラエティを持つ基準モデル

ものになっている。

(6.10) における P_j を (6.4) に代入すると各財の総生産量を次のように求めることができる。

$$X_j = A^{1/(1-\alpha)} \cdot \alpha^{2/(1-\alpha)} L. \tag{6.11}$$

数量 X_j はすべての財と任意の時点で同じである。価格が限界費用より大であるので，中間財が限界費用で価格付けされるケースよりも量 X_j は小である（図 6.1 を参照せよ）。（L が一定であるので，）量 X_j はすべての財とすべての時点で同じである。（X と記される）中間財の総量は次のように与えられる訳注6)。

$$X = NX_j = A^{1/(1-\alpha)} \alpha^{2/(1-\alpha)} LN. \tag{6.12}$$

(6.2) と (6.12) により，総産出水準は次のように表される。

$$Y = AL^{1-\alpha} X^\alpha N^{1-\alpha} = A^{1/(1-\alpha)} \alpha^{2\alpha/(1-\alpha)} LN. \tag{6.13}$$

(6.10) と (6.11) より，P_j と X_j を (6.9) に代入すると，次の利潤フローの式が得られる。

$$\pi_j(v) = \pi = LA^{1/(1-\alpha)} \cdot \left(\frac{1-\alpha}{\alpha}\right) \cdot \alpha^{2/(1-\alpha)}. \tag{6.14}$$

これも通時的にしかも財に関して一定である。

最後に，P_j と X_j の最適値を (6.6) に代入すると，t 時点における発明者の純現在価値は次のように与えられる。

$$V(t) = L \cdot A^{1/(1-\alpha)} \left(\frac{1-\alpha}{\alpha}\right) \cdot \alpha^{2/(1-\alpha)} \cdot \int_t^\infty e^{-\bar{r}(t,v) \cdot (v-t)} dv. \tag{6.15}$$

第 1 段階：R＆D ビジネスに参入する決定 さて，確認されているように，財が発明されると，制度的状況によって，発明者は (6.15) で示されている現在価値 $V(t)$ を手にすることができる。この現在価値が R＆D コスト以上であれば，研究者は R＆D 投資が魅力的であると判断するであろう。それゆえ，R＆D 投資は R＆D コストの性質に依存している。このような研究プロセスを現実的に表現しようとする場合，発明をもたらすのに必要な資源

の量と発明の成功に関する不確実性を導入することが必要である。しかし，ここでは，分析を簡単化して，新製品の成功をもたらすにはある確定的な量の努力が必要とされると仮定することにしよう。（第7章では，研究プロセスが不確実な状況下にあるモデルが検討される。）

新製品の発明に関する確定的なフレームワークのもとでは，結局集計的経済成長の滑らかな経路が得られることになる。新製品の発見に関する不確実性が存在する場合には，集計的なレベルでの滑らかさはなくなり，それにより，長期トレンドの周りでの成長率の変動がもたらされる。これらの変動は実物景気循環モデルで生じる景気変動に類似している（たとえば，Kydland and Prescott [1982] と McCallum [1989] を参照せよ）。ここでは，長期成長の決定要因に主として関心があるので，循環的要素が存在しない確定的なR＆Dプロセスが仮定される。

本章の最初のモデルでは，新製品を創出する費用は η 単位の Y であると仮定することにしよう。この規定では，通常の一部門生産モデルの仮定をR＆Dに対する産出物の使用に適用していることが示されている[9]。一般的に，新規のバラエティの創出コストは関数 $\eta(N)$ によって表されるように，以前に発明されたバラエティの個数に依存していると考えることもできるであろう。新規のアイデアを使い果たしていくという傾向によって，費用は N とともに上昇する，つまり $\eta'(N)>0$ であろうことが示唆される。しかし，既に発見されているアイデアによって新たなアイデアの出現が容易になるならば，費用は N とともに低下する，つまり $\eta'(N)<0$ が成立する[10]。ここでは，これらの効果は相殺し合い，新規の財を発明する費用は通時的に変化しないと仮定する。すなわち，

---

9) Rivera-Batiz and Romer (1991) では，R＆D実験設備モデルと称されているフレームワークのもとでこの定式化が使用されている。
10) 新製品を発明する費用が低下するという仮定は，費用は一定であるが，新製品は古い製品よりも単位当たりより生産的になるという仮定と同値である。第7章では，新製品が古い製品よりも生産的であるモデルが検討される。

$$\text{R\&D コスト} = \eta \quad (\text{一定}). \tag{6.16}$$

この規定により，結果的に，総産出量の成長率の一定性がもたらされることになる。しかしながら，この規定は（後で議論される）規模の効果に関する難問を創出することになる。$V(t) \geq \eta$ ならば，企業はＲ＆Ｄに資源を投じる決定を行う。

自由参入条件 発明者になるというビジネスへの自由参入が保証されており，その結果，誰でもＲ＆Ｄコスト η を支払えば，(6.15) で示されている純現在価値 $V(t)$ を確保することができると仮定することにしよう。$V(t) > \eta$ である場合には，無限の量の資源が時点 t でＲ＆Ｄに配分されるので[11]，$V(t) > \eta$ は均衡では成立不可能である。$V(t) < \eta$ である場合には時点 t でいかなる資源もＲ＆Ｄに配分されず，したがって，製品の個数 N は通時的に変化しないであろう[12]。以下では，プラスのＲ＆Ｄを持ち，その結果，各時点で N が成長しているような均衡について主として議論していく。この場合には，すべての t に対して，次のことが成立しなければならない。

$$V(t) = \eta. \tag{6.17}$$

(6.17) における自由参入条件を時間で微分し，(6.15) の $V(t)$ の式を使用し，条件 $\bar{r}(t,v) \equiv [1/(v-t)] \cdot \int_t^v r(\omega) d\omega$ を考慮すると，次の式が成立する[13]。

---

11) 利子率 $r(t)$ での借り入れに制限が存在しないならば，投資は無限大になるであろう。ここで，この負債は投資額で担保されることができるであろう。
12) 発明の個数 N は可逆的ではない。すなわち，既存のデザインの幾つかを記憶から消すことは不可能であり，したがって，それらのデザインの発見に費やされたＲ＆Ｄ支出について払い戻しをしてもらうことは不可能である。この意味で，N が可逆的である場合には，任意の時点で，$V(t) = \eta$ ということが成立しなければならない。
13) 定積分の微分については，ライプニッツのルールを使用する[訳注7]。数学付論の議論を参照せよ。

$$r(t) = \frac{\pi}{V(t)} + \frac{\dot{V}(t)}{V(t)}. \tag{6.18}$$

ただし，π は (6.9) で与えられた一定の利潤フローである。(6.18) では，債券の収益率 $r(t)$ はＲ＆Ｄに対する投資の収益率に一致することが示されている。Ｒ＆Ｄ収益率は利潤率 $\pi/V(t)$ プラス研究企業の価値の変化からもたらされるキャピタル・ゲイン（あるいはキャピタル・ロス）の率 $\dot{V}(t)/V(t)$ である。η は一定であるので，(6.17) の自由参入条件により，$\dot{V}(t)=0$ となる。したがって，(6.18) より，利子率は一定で，$r(t)=r=\pi/\eta$ に一致する。(6.9) の π を代入すると，次の式が成立する。

$$r = (L/\eta) \cdot A^{1/(1-\alpha)} \cdot \left(\frac{1-\alpha}{\alpha}\right) \cdot \alpha^{2/(1-\alpha)}. \tag{6.19}$$

（N の基礎的成長率がプラスであるという前提のもとで）基礎的技術と市場構造によって，(6.19) で示されている値で収益率は固定されている。したがって，このような議論の状況は技術と投資誘因によって収益率が $A-\delta$ の値で固定されていた第 4 章の AK モデルに類似している。

いまにも発見されかかっている中間財によってちょうどＲ＆Ｄコスト η を賄うだけの独占利潤の現在価値がもたらされることになる。すなわち，(6.15) で $V(t)=\eta$ ということが成立する。旧式の製品も新製品も同一の独占利潤を受け取るので，既存の中間財の利潤の現在価値も η に一致しなければならない。したがって，ある中間財を生産する設計図を保持している企業の市場価値は η であり，これらの企業の市場価値の総額は ηN である。（本節のモデルでは，耐久財は存在していないので，企業は資本を保有していないことを思い出すことにしよう。）

6.1.3 家　　計

以前と同様に，家計は無限視野にわたって効用の最大化を行うと仮定する。

$$U = \int_0^\infty \left(\frac{c^{1-\theta}-1}{1-\theta}\right) \cdot e^{-\rho t} dt. \tag{6.20}$$

ここで，本節のモデルでは，労働の成長率 n は 0 とする。家計は資産から

収益率 r で資産所得を稼得し，一定の総労働量 L に対して賃金率 w で労働所得を受け取ることになる。今までと同様に，家計の総予算制約は次のように表される。

$$d(総資産)/dt = wL + r \cdot (総資産) - C. \tag{6.21}$$

家計は通常の次のオイラー方程式を満足する[14]。

$$\dot{C}/C = (1/\theta) \cdot (r - \rho).^{訳注8} \tag{6.22}$$

通常の横断性条件によって，r は産出量 Y の長期的成長率を上回らなければならないということが示される。

6.1.4 一般均衡

閉鎖経済のもとでは，家計の資産の総額はすべての企業の市場価値に一致する。すなわち，

$$総資産 = \eta N.$$

η は一定であるので，資産の変化は次のようになる。

$$d(総資産)/dt = \eta \dot{N}.$$

(6.5) から，賃金率は次のように表される。

$$w = (1-\alpha) \cdot (Y/L).$$

若干の計算の後，(6.19) で与えられている利子率は次のように表される。

$$r = \frac{1}{\eta} \cdot (1-\alpha) \cdot \alpha \cdot (Y/N).$$

それゆえ，総所得 $wL + r \cdot (資産)$ は $Y - \alpha^2 Y$ に一致する。したがって，(6.21) の予算制約式は次のようになる。

---

[14] 人口 L は一定であるので，消費の成長率は一人当たり消費の成長率に一致する。

$$\eta\dot{N} = Y - C - X. \tag{6.23}$$

ここでは，(6.12) と (6.13) から求められる条件 $X = \alpha^2 Y$ が使用されている．(6.23) 式は経済全体の予算制約である．この条件では，GDP すなわち Y は消費 C，中間財の生産 X，および（それぞれ η だけのコストが必要な）新規の財の創出 $\dot{N}$ に配分されなければならない．

(6.19) における r を (6.22) に代入すると，成長率が得られる．

$$\gamma = (1/\theta) \cdot \left[(L/\eta) \cdot A^{1/(1-\alpha)} \cdot \left(\frac{1-\alpha}{\alpha} \right) \cdot \alpha^{2/(1-\alpha)} - \rho \right]. \tag{6.24}$$

この成長率は，総消費 C と同様に，デザインの個数 N と産出量 Y についても成立する．AK モデルと同様に本節のモデルでは，移行動学は存在せず，上記の3つの変数は一定の同一の率で成長する[15]．

(6.24) は，基礎的なパラメータが $\gamma \geq 0$ をもたらすような場合に限って妥当性を持っている．$\gamma < 0$ ということが示される場合には，潜在的な発明者にとってR&Dに資源を投じるに値するほど充分な誘因が存在せず，したがって，N は通時的に一定にとどまることになる．そのとき，成長率 γ は 0 になる．以後，(6.24) で $\gamma \geq 0$ が成立すると仮定することにしよう．

製品の種類の個数 N はある値 $N(0)$ から出発し，その後，(6.24) で示されている一定の率 γ で成長する．(6.13) における産出の式によって示唆されているように，L を所与として，Y は N に比例している．したがって，Y と N は同じ一定の率で成長する．

消費の水準 C は (6.23) における経済の予算制約式を満足しなければならない．その式は次のように書き換えられる．

$$C = Y - \eta\gamma N - X.$$

ここで，$\eta\gamma N = \eta\dot{N}$ はR&Dに配分される資源の量である．(6.13) における Y，(6.24) における γ，(6.12) における X を代入し，整理すると，次

---

15) ここでは，移行動学をもたない均衡が存在するということを示している．これ以外の均衡が存在しないという証明は第4章でなされた方針に沿って構成可能である．この証明を読者の練習問題として残しておくことにする．

6.1 製品のバラエティを持つ基準モデル 423

式が成立する[訳注9]。

$$C=(N/\theta)\cdot\{L\cdot A^{1/(1-\alpha)}\cdot(1-\alpha)\cdot\alpha^{2\alpha/(1-\alpha)}\cdot[\theta-\alpha\cdot(1-\theta)]+\eta\rho\}. \quad (6.25)$$

(6.25) では，L を所与として，C と N は (6.24) で示されている γ と同じ率で成長することになる[16]。

6.1.5 成長率の決定要因

次に，(6.24) で示されている成長率 γ の決定要因を検討することにしよう。家計の選好を表すパラメータ ρ および θ と生産技術の水準 A は第4章で検討された AK モデルと本質的に同じように決定要因として含まれている。貯蓄の性向が大となるほど（つまり，ρ と θ が低下するほど），および技術が改良されるほど（つまり，A が大となるほど）成長率は高くなるということができる。

新たな効果は新製品を発明する費用 η に付随して生じる。η が低下すると (6.19) における収益率 r が上昇し，その結果，(6.24) における成長率 γ も上昇する。

労働の賦存量 L が大となるほど (6.24) における γ は上昇するという意味で，このモデルにも規模の効果が存在している。このような規模の効果は第4章におけるスピル・オーヴァーを伴うラーニング・バイ・ドゥーイング・モデルおよび公共財のモデルで生じた効果に類似している。これらの以前のモデルにおけるように，プラスの率での人口 L の成長を考慮する場合，経済は一定の一人当たり成長率を伴う持続状態に収束しないであろう。本節のモデルは，発明に η の費用がかかる新製品は経済全体で非競合的に使用可能であるので，規模の効果を持つことになる。L で表される経済が大となるほど，L（あるいは Y）1単位当たりの発明費は低下する。したがって，

---

16) 横断性条件は $r>\gamma$ である。（ここでは，人口の成長率 n は0であることを思い出すことにしよう。）$\gamma=(1/\theta)(r-\rho)$ であるので，横断性条件を $r\cdot(1-\theta)<\rho$ と表すことができる。(6.19) の r を代入すると，$LA^{1/(1-\alpha)}\cdot\alpha\cdot(1-\alpha)\cdot\alpha^{2\alpha/(1-\alpha)}(1-\theta)<\rho\eta$ という不等式が導出される。この式によって，(6.25) の C の水準に関する式がプラスになるということが保証されている。

η の低下のケースと同様に，L の増加は γ を上昇させることになる。

規模が各国の人口あるいは経済活動と同じ意味で使用される場合には，規模の効果は実証的に支持されないということを第4章で既に確認した。しかし，本節のモデルでは，国家という単位は規模を測定するものとして適切ではないかもしれない。本節のモデルで問題になっている規模は次のような2つの側面を持っている。第1に，それは新たなアイデアが非競合的に使用されうる生産の総体を意味している。第2に，それによって，発明者の所有権の範囲が規定されている。アイデアが容易に国境を越えて流布する場合には，国という単位は第1の意味での適切な定義にあてはまらない。（第8章では，技術の拡散という問題が検討される。）パテントによる保護が国際的に成立している，あるいは，機密保持によって独占的状況が少なくとも部分的に外国で維持されている場合には，国という単位は第2の意味でも不適切なものであろう。

世界がアイデアの流布と所有権の保持に関して単一の単位として機能している場合には，L を世界の人口あるいは世界の総経済活動と同一視してもよいであろう。その場合，このモデルにより，世界における一人当たり成長と世界の総人口あるいは世界の総産出量との間にプラスの相関関係が確認されるであろう。Kremer（1993）は，この仮説は非常に長期にわたっては妥当性をもっていると主張している。しかし，通常の見解は，規模の効果という帰結は事実に反しているということである。したがって，多数の経済学者はフレームワークを修整して，この効果を除去しようとしている。これに関する文献の要約については，Jones（1999）を参照せよ。

6.1.6 パレート最適性

社会的計画者の問題 次に，分権経済における均衡状態がパレート最適ではないということを証明することにしよう。以前と同様に，前節の結果（具体的には［6.24］で示されている成長率 γ）と仮想的な社会的計画者による同じ問題から得られる結果を比較することによって，パレート最適性の評価を行うことにする。

社会的計画者は（6.20）で与えられている代表的家計の効用を最大化しよ

うとする。計画者は次のような経済の予算制約式によってのみ制約されている。

$$Y = AL^{1-\alpha}N^{1-\alpha}X^\alpha = C + \eta\dot{N} + X. \quad (6.26)$$

ここでは，(6.1) と同じ生産関数が使用されているが，中間財の量は任意の企業 i と任意の中間財 j に対して同一であるという条件が既に課されている。各 X_{ij} に関する最適化を行うことによって，計画者のケースではこれらの効率的生産の条件が成立することを容易に確認することができる[訳注10]。(6.26) の右辺は産出量の3つの可能な用途（消費，R＆D，中間財）から構成されている。

社会的計画者の問題のハミルトニアンは次のように表すことができる。

$$J = u(c) \cdot e^{-\rho t} + \nu \cdot (1/\eta) \cdot (AL^{1-\alpha}N^{1-\alpha}X^\alpha - Lc - X). \quad (6.27)$$

ここで，シャドウ・プライス ν は $\dot{N}$ に対するものであり，さらに，条件 $C = Lc$ が代入されている。制御変数は c と X であり，状態変数は N である。

分権的な解との比較を行うには，中間財の量 X と N の成長率 γ を求めることが必要である。社会的計画者のケースについて通常の最適化を行うと，X と γ に関する次のような式が得られる。

$$X(社会的計画者) = A^{1/(1-\alpha)} \alpha^{1/(1-\alpha)} LN. \quad (6.28)$$

$$\gamma(社会的計画者) = (1/\theta) \cdot \left[(L/\eta) \cdot A^{1/(1-\alpha)} \cdot \left(\frac{1-\alpha}{\alpha}\right) \cdot \alpha^{1/(1-\alpha)} - \rho \right]. \quad (6.29)[訳注11]$$

(6.28) における X の選択によって，産出量の水準が次のように求められる。

$$Y(社会的計画者) = A^{1/(1-\alpha)} \alpha^{\alpha/(1-\alpha)} LN. \quad (6.30)$$

(6.28) における社会的計画者による選択値と比較すると，(6.11) における X の分権的解には $\alpha^{1/(1-\alpha)} < 1$ が乗ぜられている。それゆえ，分権的経済の場合には，社会的計画者のケースよりも中間財に少ない量の資源しか配分さ

れず,その結果,低い産出水準にとどまっている([6.30]に対する[6.13])。

図6.1では,計画者が生産してほしいと思っている中間財の量はX^{**}であり,それは価格が限界費用に一致する場合の需要量である。中間財が独占価格$1/\alpha$で価格付けされている分権的な経済では,図で示されているように,需要量は少ない値X^*である。X^{**}とX^*のギャップによって,独占による静学的効率性のロスが示されている。

成長率についての分権的解(6.24)では,大括弧の中の最初の項は(6.29)における計画者のケースでの対応する項の$\alpha^{1/(1-\alpha)}<1$倍になっている。(6.24)におけるこの項は(6.19)で与えられている私的収益率に対応していることを思い出すことにしよう。したがって,分権経済では計画経済よりも成長率が低くなっており,この成長率が低いということは社会的計画者によって暗黙的に使用される収益率よりも私的収益率が低いことに対応している。この社会的収益率は(6.29)における括弧の中の最初の項であり,次のように与えられる。

$$r(社会的計画者)=(L/\eta)\cdot A^{1/(1-\alpha)}\cdot\left(\frac{1-\alpha}{\alpha}\right)\cdot\alpha^{1/(1-\alpha)}. \quad (6.31)$$

第4章のスピル・オーヴァーを伴うラーニング・バイ・ドゥーイングのモデルでは,ある生産者が他の生産者にもたらした補償されない便益のために私的収益率は社会的収益率より小であった。新製品の発明とその発明の独占権を持っているモデルでは,社会的収益と私的収益の間のギャップは異なる要因から生じてくる。基礎的な歪みは中間財についての独占価格づけから生じている。(6.10)における価格Pは生産の限界費用,1の$1/\alpha$倍である。政府は,発明者が新製品を創出しようとする適切な誘因を喪失させることなく,限界費用に基づく価格づけをもたらすような課税・補助政策(産業政策の一形態)を考案することができるならば,分権的な状況のもとで社会的最適な状態を達成するように民間部門を誘導することができるであろう。次に,これらの可能性の幾つかを考察しよう。

中間財の購入に対する補助政策 経済は分権化されているが,政府は一括税を使用して資金調達を行い,すべての種類の中間財の購入に対する補助を行

うと想定してみることにしよう。補助率が $1-\alpha$ である場合には，Y の生産者は X の各単位に対してただ αP のみを支払うことになる。したがって，(6.4) における需要 X_{ij} は $(1/\alpha)^{1/(1-\alpha)}$ 倍だけ増加する。均衡価格 P は依然として限界費用，1 の $1/\alpha$ 倍であるが，(6.11) における均衡産出量 X は $(1/\alpha)^{1/(1-\alpha)}$ が乗ぜられており，したがって，(6.28) における社会的計画者の選択値に一致することになる[訳注12]。X の使用者価格プラス公的補助率が 1 に等しくなるので，この帰結が成立する。

中間財の量 X の増加によって，効率的な状態での静学的利得と動学的利得がもたらされる。静学的には，N を所与として，独占価格づけによって，X の限界生産物は生産費用，1 を上回っており，そのため，経済は消費に利用される財を最大化するのに失敗している。より多くの産出量が X に配分されれば，1対1のベース以上に Y の増加がもたらされ，それにより消費が増加可能となる。X の購入に対する政府の補助によって経済はこの静学的利得を確保することができるようになる。

X の水準の上昇によって，通時的に N を拡大しようとする誘因をもたらす動学的効果も生じる。中間財の量の上昇に伴って，$(1/\alpha)^{1/(1-\alpha)}$ 倍だけ (6.6) における独占利潤のフローが増加する。利潤のこの上昇によって，同じ倍数だけ (6.19) における収益率 r の上昇が生じる。その結果，私的収益率は (6.31) で与えられている社会的収益率と一致する[17]。さらに，分権的成長率は (6.29) に示されている社会的計画者の成長率に一致する。したがって，ここでは，N が効率的な率で成長するという意味で公的補助政策によって動学的利得がもたらされている。より一般的なモデルのもとでは，ファースト・ベスト解は中間財の購入に対する補助政策だけでは達成されない。たとえば，発明者の独占的状況が一時的である（後で検討される）モデルでは，研究に対する補助も必要とされるであろう。

最終財に対する補助　　政府は，生産に補助を行うことによって中間財に対

---

17)　厳密な一致は中間財の需要の価格弾力性の一定性に依存している。この性質は (6.1) のタイプの生産関数に由来している。

する需要を刺激する場合にも，社会的な最適状態を達成するように私的経済を誘導することができるであろう。産出量 Y_i に対する必要な補助率は $(1-\alpha)/\alpha$ であり，その結果，生産者は産出量の1単位ごとに $1/\alpha$ 単位の収入を受け取ることになる[訳注13]。

研究に対する補助　妥当性を持っているようにみえるが，本節のモデルにおいて社会的な最適状態を達成することができない政策の1つは研究開発に対する補助政策である。政府がR＆Dの費用の一部を負担する場合には，潜在的発明者にとっては (6.19) における純研究費用 η が低下する。このような変化によって，私的に選択される r と γ の値は社会的計画者の値に一致するように上昇可能である。問題は，(6.12) における中間財の量 X が，社会的な観点からみた場合，独占の価格づけによって依然として適切なものではないということである。したがって，経済は「適切な」率で成長するが，N を所与として中間財に不充分な資源が配分されるので，静学的効率性は達成できない。

　政府の種々の課税・補助政策は配分を改善するために，本節のモデルにおいて機能することは可能であるが，これらの産業政策の遂行を成功させることはなかなか困難なことである。政府は適切に（基本的には，独占価格の状態にある財の需要を増加させるように，）補助を行わなければならないだけではなく，歪みのない課税によって，そのための資金を調達しなければならない。産出量に課税される場合には，この方法は目的に反する結果になるであろう。さらに，より現実的なモデルでは，必要な補助金は，種々の生産要素と最終財の間で異なった値を取らなければならないであろう。言い換えると，政府は，全知全能で，しかも善良な方法で勝利者を選択しなければならないであろう。6.2節では，独占状態にある財と競争状態にある財の区別を考慮することによってこの問題が例示される。

6.1.7　規模の効果とR＆Dの費用

　規模の効果についての帰結を変更する1つの方法はR＆Dの費用に関する定式化を修整することである。ここでの主要な仮定は，新規のバラエティの

発明には産出 Y の一定量 η が必要とされるということであった。この仮定では，$\dot{N}$ は R＆D 支出の $1/\eta$（定数）倍であるということが示されている。したがって，N の成長率は次のように表される。

$$\dot{N}/N = (1/\eta) \cdot \left(\frac{\text{R\&D}}{N} \right). \tag{6.32}$$

(6.13) では，Y/L は N に比例していることが確認されている。それゆえ，(6.32) では，Y/L に対する R＆D の比率と生産性の成長率 $\dot{N}/N$ の間のプラスの関係が示唆される。したがって，R＆D，Y および L に関する通常の共通のトレンドによって，生産性の成長に関するトレンドがもたらされることになる。ほとんどの先進国における時系列データの動きに基づいて，このことは Jones(1995, 1999) によって実証的に批判された。その理由は R＆D，Y および L の水準に関する上昇トレンドにもかかわらず，生産性の成長率は比較的安定していたからである。

データにより一層適合する別の定式化は，Y に対する R＆D の比率と $\dot{N}/N$ がプラスの関係にあるとすることである。その場合，生産性の成長にトレンドが存在しないことは GDP に対する R＆D 支出の比率にトレンドが欠落していることに対応している。実際，合衆国では，この R＆D 比率は 1970 年以来ほとんど変化していない（その比率は 1970 年の 2.6 パーセントから 1996 年の 2.5 パーセントに推移した）。連合王国では，その比率は 1972 年の 2.0 パーセントから 1997 年の 1.8 パーセントに僅かに低下した。それ以外の OECD 諸国では，一定の期間にわたって R＆D 比率の緩慢な上昇がもたらされた（日本では，R＆D 比率は 1970 年の 1.7 パーセントから 1997 年の 2.8 パーセントへ；ドイツでは，1970 年の 2.1 パーセントから 1998 年の 2.3 パーセントへ；フランスでは，1970 年の 1.9 パーセントから 1997 年の 2.2 パーセントへ；イタリアでは，1970 年の 0.8 パーセントから 1996 年の 1.4 パーセントへ；カナダでは，1970 年の 1.2 パーセントから 1998 年の 1.7 パーセントへ推移した）[18]。

---

18) これらのデータの出所は世界銀行 World Development Indicators (2002) と National Science Foundation (http://www.nsf.gov) である。

このデータは公式のＲ＆Ｄ支出に関するものであるが，理論で問題になる研究の概念はもっと広義のものである。（妥当であるように思われるが，）測定されたデータにおける真のＲ＆Ｄ支出の割合が経済の発展に伴って上昇傾向を辿る場合，幾つかのOECD諸国では，真の比率は上昇しなかったかもしれない。したがって，GDPに対するＲ＆Ｄの比率の安定性は先進国の状況に対する良好な近似になるであろう。その場合，生産性の成長 $\dot{N}/N$ がGDPに対するＲ＆Ｄの比率とプラスの固定的関係を保っていると仮定することは第一次近似として満足のいくものであろう。

理論モデルでは，上述のことに対応する仮定は新規の中間財のバラエティを発明する費用は新規のバラエティによって創出される追加的産出に比例するということである。(6.13)において産出 Y は N に比例しているので，この仮定はＲ＆Ｄコストは Y/N に比例すると表現される。(6.13)によって，次のことが示されている。

$$Y/N = A^{1/(1-\alpha)} \alpha^{2\alpha/(1-\alpha)} L.$$

したがって，新たな定式化は結局もとのモデルの η を項 $\eta A^{1/(1-\alpha)} \alpha^{2\alpha/(1-\alpha)} L$ で置き換えたものになる。以前と同様に，新たな項は一定であるので，以前導出されたタイプの帰結は直ちに成立する。それゆえ，収益率と成長率は (6.19) と (6.24) から次のように単純化される。

$$r = \frac{\alpha \cdot (1-\alpha)}{\eta}. \tag{6.33}$$

$$\gamma = (1/\theta) \cdot \left[\frac{\alpha \cdot (1-\alpha)}{\eta} - \rho \right]. \tag{6.34}$$

新たな主要な要素は，収益率と成長率はもはや L あるいは A とともに上昇しないことである。それゆえ，この経済では，以前と同様に内生的成長は可能であるが，もはや規模の効果は存在しない。

さらに，この修整された定式化では，産出の成長率の上昇をもたらすことなしに，人口の成長を考慮することができる。$L(t)$ が一定の率 n で増加する場合，中間財のバラエティに関する独占権の現在価値は (6.15) から次のものに修整される。

$$V(t) = A^{1/(1-\alpha)} \cdot \left(\frac{1-\alpha}{\alpha}\right) \cdot \alpha^{2/(1-\alpha)} \cdot L(t) \cdot \left(\frac{1}{r-n}\right).$$

ここで，（結果的に成立することであるが，）r は通時的に一定であると仮定されている．新たな特徴は，n が上昇するほど中間財の将来の需要水準は増加するので，$V(t)$ は n とともに増加するということである．

自由参入条件は次のように表される．

$$\eta A^{1/(1-\alpha)} \alpha^{2\alpha/(1-\alpha)} L(t) = A^{1/(1-\alpha)} \cdot \left(\frac{1-\alpha}{\alpha}\right) \cdot \alpha^{2/(1-\alpha)} \cdot L(t) \cdot \left(\frac{1}{r-n}\right).$$

ここで，左辺は（$L(t)$ に比例している）イノベーション・コストであり，右辺は $V(t)$ である．自由参入条件を単純化すると，次のような均衡収益率の式が導出される．

$$r = n + \frac{\alpha \cdot (1-\alpha)}{\eta}. \tag{6.35}$$

以前と同様に，成長率は $\gamma = (1/\theta) \cdot (r-\rho)$ と表される．したがって，r と γ は L の水準と無関係であるが，n とともに上昇することになる．

6.1.8　逓増的なＲ＆Ｄコスト

次に，Ｒ＆Ｄコストが以前に発明されたアイデアの数の増加関数，つまり，$\eta = \eta(N)$, $\eta'(N) > 0$ となるケースを考察することにしよう．N の増加からもたらされる主要な効果を，所与の総数の潜在的なアイデアの費消とみなす場合，このケースは妥当性をもっている．次のような一定の弾力性をもつ単純な関数型を使用することにしよう．

$$\eta(N) = \phi N^\sigma. \tag{6.36}$$

ここで，$\sigma > 0$ と $\phi > 0$ は外生的な定数である．

まず，財が発明されたとして，その後に生じる価格付け戦略はＲ＆Ｄコストのタイプに依存していないことに注意しよう．したがって，以前と同様に，最適価格は独占価格 $P = 1/\alpha$ であり，各中間財の量は再び（6.11）で与えられ，利潤フローも（6.14）で表される．以前と同様に，自由参入条件は次のようになる．

$$V(t)=\eta(N).$$

以前の議論との主要な相違は，N が増加するにつれて，それゆえ $\eta(N)$ の上昇につれて，現在価値 $V(t)$ も上昇しなければならないことである。$\dot{V}(t)$ はもはやゼロではないので，(6.18) により，利子率は一定でないことが示される。次のことが成立する。

$$r(t)=\frac{\pi}{\phi N^\sigma}+\sigma\cdot\left(\frac{\dot{N}}{N}\right). \tag{6.37}$$

$\dot{N}/N$ に依存している最後の項は既存の中間財の使用に関する独占権を保持している企業の価値の成長率を表している。イノベーション・コストは上昇し，既存の中間財は新規のものと同じくらい良質であるので，この価値は通時的に上昇することになる[19]。

(6.37) の $r(t)$ を (6.22) に代入すると，次の式が成立する。

$$\frac{\dot{C}}{C}=\frac{1}{\theta}\cdot\left(\frac{\pi}{\phi N^\sigma}+\sigma\cdot\frac{\dot{N}}{N}-\rho\right). \tag{6.38}$$

したがって，消費の成長率はもはや一定ではなく，N が増加すると低下傾向を示し，$\dot{N}/N$ の上昇とともに上昇する。この問題を解決するために，$\dot{N}/N$ の式が必要である。(6.36) の R&D コストの式を（以前と同様に (6.23) で与えられる）資源制約式に代入すると，次の式が得られる。

$$\frac{\dot{N}}{N}=\frac{\psi_1}{\phi}\cdot N^{-\sigma}-\frac{C}{\phi}\cdot N^{-(1+\sigma)}. \tag{6.39}$$

ただし，L が一定である場合には，$\psi_1\equiv(1-\alpha^2)\cdot A^{1/(1-\alpha)}\alpha^{2\alpha/(1-\alpha)}L>0$ は一定である。

(C, N) 空間における位相図を構成することによって，モデルをグラフで解くことができる。$\dot{N}=0$ 線は原点から出発する直線 $C=\psi_1 N$ である。図 6.2 で図示されているように，この線の上方の点では矢印は左方を指している。

---

19) 自由参入条件が常に等号で成立するときには，この帰結は成立する。この場合，イノベーションの費用は上昇しても，新規のイノベーションは引き続き生じることになる。

(6.39) を (6.38) に代入すると，次のように，$\dot{C}/C$ の式が得られる。

$$\frac{\dot{C}}{C}=\frac{1}{\theta}\cdot\left\{\left(\frac{\pi}{\phi}\right)\cdot N^{-\sigma}+\sigma\cdot\left[\left(\frac{\psi_1}{\phi}\right)\cdot N^{-\sigma}-\frac{C}{\phi}\cdot N^{-(1+\sigma)}\right]-\rho\right\}. \qquad (6.40)$$

このとき，$\dot{C}=0$ 線は次のように与えられる。

$$C=\left(\frac{\pi}{\sigma}+\psi_1\right)\cdot N-\frac{\rho\phi}{\sigma}\cdot N^{(1+\sigma)}. \qquad (6.41)$$

この式によって，次の点で最大値をとる逆 U 字型の曲線が描かれる。

$$N^{\max}=\left(\frac{\pi+\sigma\psi_1}{\rho\phi\cdot(1+\sigma)}\right)^{1/\sigma}.$$

図 6.2 で示されているように，この曲線の上方の点での矢印は下方を指している。図において，2 つの線の交点で決定される N の持続状態値は次のように与えられる。

$$N^*=\left(\frac{\pi}{\rho\phi}\right)^{1/\sigma}=\left(\frac{LA^{1/(1-\alpha)}\cdot\left(\frac{1-\alpha}{\alpha}\right)\cdot\alpha^{2/(1-\alpha)}}{\rho\phi}\right)^{1/\sigma}. \qquad (6.42)$$

$N^*<N^{\max}$ ということに注意しよう。したがって，持続状態は $\dot{C}=0$ 線の最大値の左方に位置している。

　持続状態ではサドル経路安定性が示されており，しかも経済は消費とバラエティの個数の成長を伴う右上がりの経路に沿って収束する[20]。しかし，長期的には，L が一定である限り，アイデアの個数は一定に留まる。L が一定率 n で成長するならば，持続状態では N もこの率で成長することになる。それゆえ，このモデルでは，持続状態の成長率に関する規模の効果は存在しない。（L の水準が高くなると，N の水準も高くなり，その結果，y と c の水準も高くなるという意味では，このモデルには規模の効果が存在してい

---

20) 第 2 章の非可逆的投資を持つモデルにおいてそのような経路を除外したのと類似のやり方で，安定軌道の上方に位置している経路を除外する。（ここでは，発明されたアイデアを忘れることは不可能であるので，非可逆性が生じることになる。つまり，$\dot{N}\geq 0$ が成立しなければならない。）これらの経路に沿って，特許の価格は有限期間でマイナスになり，その結果，自由処分の仮定は成立しなくなるであろう。より詳細な議論については，第 2 章付論 2 B を参照せよ。

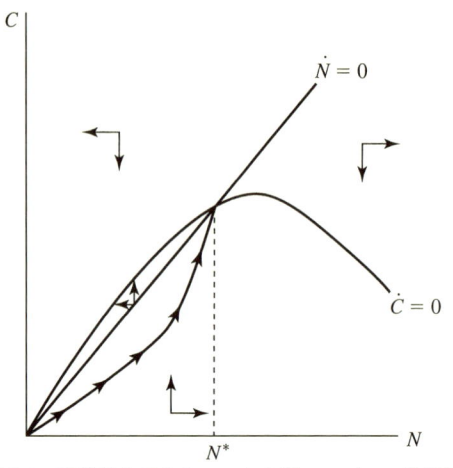

図 6.2　逓増的なR＆Dコストを持つモデルの位相図

$\dot{N}=0$ 線は原点から出発する直線 $C=\psi_1 N$ である。この線の上方の点では矢印は左方を指している。$\dot{C}=0$ 線は次のように与えられる。

$$C=\left(\frac{\pi}{\sigma}+\psi_1\right)\cdot N-\frac{\rho\phi}{\sigma}\cdot N^{(1+\sigma)}$$

この式によって，次の点で最大値をとる逆U字型の曲線が描かれる。

$$N^{\max}=\left(\frac{\pi+\sigma\psi_1}{\rho\phi\cdot(1+\sigma)}\right)^{1/\sigma}$$

この曲線の上方の点での矢印は下方を指しており，曲線の下方の点では矢印は上方を指している。$N^* < N^{\max}$ ということに注意しよう。したがって，持続状態は $\dot{C}=0$ 線の最大値の左方に位置している。持続状態ではサドル経路安定性が示されており，しかも，経済は消費とバラエティの個数の成長を伴う右上がりの経路に沿って収束する。

る。）さらに，長期的成長率は貯蓄パラメータ θ およびR＆Dのコスト・パラメータ η に依存していないことに注意しよう。持続状態の成長率に影響を及ぼす唯一の要素は人口の成長率 n である[21]。

6.2　独占力の低下と競争

以上では，各中間財の発明者はその財の使用に関して永続的な独占を保持

---

[21]　これに関連する文献における他の幾つかのモデルでは，非ゼロの一人当たり産出の長期成長率は非ゼロの人口の成長率に依存しているが，2つの成長率は必ずしも一致しない。Jones(1995)，Segerstrom(1998)，Peretto(1998) を参照せよ。

するということが仮定されていた。より現実的には，競争相手が新製品（あるいは新技術）を学習し，それを模倣し，あるいはそれと密接な関係にある代替品を創出するにつれて，独占的状態は通時的に低下していくことになる。さらに，独占力は特許の保護がただ一時的であるので，通時的に低下するかもしれない。

独占力の漸次的な低下をモデル化する処理可能な方法は，ポアソン過程でもたらされる確率で，財が独占状態から競争状態へと変化するという仮定を設けることである[22]。すなわち，中間財 j が当初独占状態にある場合，この財は次の期間 dT では確率 $p \cdot dT$ で競争的なものになる。ここで，$p \geq 0$ である。したがって，財が時点 t で発明され，当初独占状態にある場合，それが将来の時点 $v \geq t$ でも依然として独占状態である確率は $e^{-p(v-t)}$ になる。（パラメータ p は第3章の有限視野モデルで使用された死亡確率とちょうど同じような働きをする。）

独占状態にある中間財は以前と同様に独占価格 $1/\alpha$ で売却される。独占状態にある各中間財の需要量 X^m は以前と同様に，(6.11) で与えられる。

$$X^m = LA^{1/(1-\alpha)}\alpha^{2/(1-\alpha)}. \tag{6.43}$$

独占状態では利潤は次のようになる。

$$\pi^m = \left(\frac{1-\alpha}{\alpha}\right) \cdot X^m. \tag{6.44}$$

それに対して，均衡状態では，利潤は 0 である。したがって，t における（当初，独占状態にあった）中間財の発見から得られる期待現在価値は確率の項 $e^{-p(v-t)}$ を含むように (6.6) を修正した次のような式である。

$$E[V(t)] = \int_t^\infty \pi^m e^{-[p+\bar{r}(t,v)]\cdot(v-t)} dv. \tag{6.45}$$

以下，潜在的発明者はこの期待値のみに関心があると仮定する[23]。

---

[22] 類似のモデルの議論については Judd(1985) を参照せよ。
[23] リスクは純粋に特異であり，企業の所有は多様であるので，この帰結は個人の危険回避的性向と矛盾しない。

(6.45) の式を時間に関して微分を行うと，次のような (6.18) に類似した次の式を得ることができる．

$$r(t) = \frac{\pi^m}{E[V(t)]} + \frac{dE[V(t)]/dt}{E[V(t)]} - p. \qquad (6.46)$$

右辺の最初の項は利潤率 $\pi^m/E(V(t))$ である．独占状態が成立していると仮定して，第2項はキャピタル・ゲインの率である．最後の項 $-p$ では，独占状態を喪失する単位時間当たりの確率が説明されている．この喪失が生じるとき，損失額は企業価値 $E(V(t))$ である．その理由は，独占状態を喪失することによって，将来利潤の現在価値はゼロまで低下するからである．この喪失が単位時間当たり p の確率で生じるので，収益率に及ぼす効果は $-pE(V(t))/E(V(t)) = -p$ で与えられる．

次に，R&Dコストが定数 η である状況に立ち戻ることにしよう．（プラスのR&Dをもつケースの）自由参入条件によって，$E(V(t)) = \eta$ となり，その結果，$dE(V(t))/dt = 0$ となる．これらの結果を (6.46) に代入すると，次の式が成立する．

$$r(t) = \frac{\pi^m}{\eta} - p.$$

この式の右辺は一定であるので，$r(t)$ は定数 r になる．上式に π^m を代入すると，次のようになる．

$$r = (L/\eta) \cdot A^{1/(1-\alpha)} \cdot \left(\frac{1-\alpha}{\alpha}\right) \cdot \alpha^{2/(1-\alpha)} - p. \qquad (6.47)$$

(6.47) における結果は，右辺でパラメータ p が差し引かれている分だけ，(6.19) が修正されたものになっている．したがって，独占状態が永続的なものではないという性質によって，r が以前の値より p だけ低下している．(6.19) で示されている収益率は (6.31) で与えられている社会的収益率を既に下回っていたということを思い出すことにしよう．したがって，革新者の独占状態が永続的なものでないという性質によって，社会的収益率と私的収益率のギャップは一層拡大する．その理由は，社会的観点から見た場合，発見がもたらす利得は永続的なものであるが，私的な観点からは，このモデルでは報酬は一時的なものだからである．

(6.47) で決定される一定の収益率によって，通常のように，次のような消費の一定の成長率が求められる[24]。

$$\dot{C}/C = (1/\theta)\cdot[(L/\eta)\cdot A^{1/(1-\alpha)}\cdot\left(\frac{1-\alpha}{\alpha}\right)\cdot\alpha^{2/(1-\alpha)}-p-\rho]. \tag{6.48}$$

中間財の個数 N の成長率と産出水準 Y の成長率はもはや一般的に $\dot{c}/c$ に一致するわけではない。これらの他の成長率を検討するために，独占状態の部分と競争状態の部分への N の分割を分析しなければならない。

競争的なものになっている中間財の個数を N^c で表すことにしよう。したがって，$N-N^c$ は独占状態に留まっている個数である。独占状態にある各中間財の産出量はそれぞれ (6.43) で示されている量 X^m である。限界費用，1 で価格づけされている各競争的財については，産出量は (6.4) より次のように与えられる。

$$X^c = LA^{1/(1-\alpha)}\alpha^{1/(1-\alpha)} > X^m. \tag{6.49}$$

総産出量の水準は，(6.1)，(6.43)，(6.49) より，次のように求められる[訳注14]。

$$Y = A^{1/(1-\alpha)}\alpha^{2\alpha/(1-\alpha)}LN\cdot[1+(N^c/N)\cdot(\alpha^{-\alpha/(1-\alpha)}-1)]. \tag{6.50}$$

したがって，N を所与として，$(0<\alpha<1$ であるので) $N^c>0$ である場合には，Y は (6.13) で示されている値を上回ることになる。さらに，N を所与として，Y は N^c/N が上昇するにつれて増加する。既存の中間財の供給のもとで，この効果は独占状態から競争状態へのシフトに伴う静学的利得を表している。

各独占財は 1 単位時間当たり p の確率で競争的なものになっていくので，N^c の通時的な変化は，$(N-N^c$ が大である場合には) 次の式によって近似的に表すことができる。

---

[24] (6.48) で $\dot{c}/c<0$ ということが示される場合には，$\dot{c}/c=\dot{N}/N=\dot{y}/y=0$ となる端点解が成立する。

$$\dot{N}^c \approx p \cdot (N - N^c). \tag{6.51}$$

最後に，次のように経済における予算制約式を使って消費 C の水準を決定することにより，モデルの展開は完結する。

$$C = Y - \eta \dot{N} - N^c X^c - (N - N^c) \cdot X^m. \tag{6.52}$$

すなわち，消費は，産出量 Y マイナス R＆D 支出 $\eta\dot{N}$ マイナス競争的中間財の生産量 $N^c X^c$ マイナス独占的中間財の生産量 $(N-N^c)X^m$ に一致する。

本項のモデルは 2 つの状態変数 N，N^c を持っており，しかも，比率 N^c/N は持続状態値 $(N^c/N)^*$ に近づいていく移行動学の特徴を持っている。この点で，本項のモデルは第 5 章で議論された二部門モデルに類似している。そこでは，2 種類の資本財の比率 K/H が $(K/H)^*$ に向かって徐々に調整されていた。本項のモデルでは，移行動学に関する分析は厄介なので，持続状態の特徴についての分析を行うことにする。

持続状態では，N，N^c，Y，C はすべて (6.48) で示されている率で成長する。以下，この成長率を γ^* と記すことにする。それゆえ，(6.51) によって，次式が成立する。

$$(N^c/N)^* = \frac{p}{\gamma^* + p}. \tag{6.53}$$

したがって，競争状態の割合は財が競争状態になっていく率 p の上昇に伴って上昇するが，新たな（独占的）中間財が発見される率 γ^* の上昇とともに低下することになる。

(6.53) における N^c/N を (6.50) に代入すれば，次のように，持続状態の経路に沿って成立する産出量の式を求めることができる。

$$Y^* = A^{1/(1-\alpha)} \alpha^{2\alpha/(1-\alpha)} LN \cdot \left[1 + \left(\frac{p}{\gamma^* + p}\right) \cdot (\alpha^{-\alpha/(1-\alpha)} - 1)\right]. \tag{6.54}$$

（Y^* は N と同じ率で成長することに注意しよう。）$p=0$ である場合には，$(N^c/N)^*=0$ となり（[6.53] を参照せよ）Y^* の式は純粋独占モデルについて (6.13) で確認されているものと同じになる。$p\to\infty$ である場合（したがって，中間財は瞬時的に競争的なものになり，それゆえ，$(N^c/N)^*=1$ となる

場合), Y^* の式は (6.30) における社会的計画者の式に近づいていくことになる. しかし, $p \to \infty$ の場合には, $\gamma^*=0$ となるということが困難な点である[25]. 言い換えると, p が常に無限であったとすると, 何も発見されなかったであろうし, そして, N は意図的なR&D活動がなされる以前の賦存値 $N(0)$ に一致しているであろう.

純粋独占モデルでは, 政府が一括税で資金を賄って中間財の購入に $1-\alpha$ の率で補助を行う場合には, 社会的最適状態が達成可能であるということが示された. 本節のモデルでは, このような補助は独占状態にある中間財の購入に限定されなければならない. (財は完全な独占状態にあるか, 完全な競争状態にあるかは観察可能であるので,) どの財を補助の対象にすべきかを選択することはモデルの中では実行可能であるが, 実際には, それほど容易ではないであろう.

いずれにしても, 独占状態にある中間財に対する $1-\alpha$ の率での補助政策によっては, 社会的な最適状態は達成されることはない. その理由は, 項 p の存在によって, 社会的収益率 ([6.31]) と私的収益率 ([6.47] において $\alpha^{2/(1-\alpha)}$ が $\alpha^{1/(1-\alpha)}$ によって置き換えられたもの) のギャップが維持されるからである. 社会的な最適状態を達成するには, さらに, 政府はR&Dに対する私的収益率を p だけ引き上げるために研究支出に対する補助を行わなければならない. 言い換えると, ここでは, 2つの政策手段 (独占状態にある中間財の生産を奨励する政策とR&Dを刺激する政策) が必要になる.

さらに, 政府は, たとえば独占禁止法の施行あるいはパテントの保護の制限を通して, 独占力を抑制することによって, パラメータ p に直接影響を与えることもできる. p の引き上げには, 最適パテント政策のモデルで発生する通常のトレード・オフ (新製品の成長率の低下から生じる動学的ロスに対する競争の増加に伴う静学的利得) が付随して生じてくる (たとえば, Reinganum [1989] を参照せよ)[26]. この分析はタイム・コンシスタンシー

---

[25] p の値が大である場合には, (6.47) において $r<0$, (6.48) において $\dot{C}/C<0$ ということが成立する. そのとき, 均衡は (マイナスの量の支出は不可能であるので) 発明者によってR&Dに0の支出がなされる端点解になる. その結果, N は一定にとどまり, しかも, $\gamma^*=0$ となる.

(time-consistency) の問題に遭遇するので困難である。すなわち，政府はすべての既存の独占力を除去したいと思っているが（つまり，N 個の既存の製品を競争価格で利用可能にしたいと考えているが），将来の発明については所有権を保護したいと望んでいる。もちろん，そのような約束は信頼されそうにはない。分析を進めていく可能な1つの方法は，政府は既存の製品については確率 p を変更しないという態度をとるが，やがて発明されることになる財については，この確率を選択することができると仮定することである。

6.3 技術進歩に関するローマー・モデル

Romer(1990)では，内生的成長のモデルの構築に対するバラエティ構造の本格的な最初の適応が提示された。彼の定式化は新たな種類の財の発見には，最終財ではなく，η 単位の労働が必要とされるということであった[27]。したがって，（産出と労働の限界生産物を上昇させる）N の上昇によって，実質賃金率が上昇し，そのため，R＆Dの財コストも上昇することになる。この観点から，ローマー・モデルはR＆Dコストが N の増加に伴って上昇する6.1.8節で展開されたモデルに類似している。このモデルから既に確認されていることだが，(Romer が仮定しているように) L が一定であれば，成長はやがて止まり，持続状態では N は一定になるであろう。それゆえ，一人当たり産出 Y/L も長期的に一定になるであろう。

Romer(1990) のモデルでは，別の定式化によって内生的成長がもたらされている。そこでは，製品の個数 N によって表されるアイデアが社会でより多く蓄積されるにつれて，新製品を発明する費用は低下すると仮定されている[28]。具体的に，労働の割合 λ が生産に使用され，$1-\lambda$ の割合がR＆D

---

26) 本節のモデルでは，イノベーション率の低下によって社会的ロスがもたらされる。第7章で検討される他のモデルでは，イノベーション率の低下は望ましいという可能性がある。

27) Romer(1990)では，中間財は非耐久財ではなく無限期間耐久的とされているが，この相違は主要な帰結に影響を及ぼすことはない。

に使われると想定しよう。ローマーの仮定は，N の変化は η/N で割られた R＆D 労働の量 $(1-\lambda)L$ に依存するということである。したがって，次のことが成立する。

$$\dot{N}/N = (1-\lambda) \cdot L/\eta. \tag{6.55}$$

Jones(1995, 1999) はこの種の定式化を批判している。その理由は，このような定式化によって，R＆D に従事する労働の絶対量 $(1-\lambda)L$ と技術進歩率 $\dot{N}/N$ の間のプラスの関係が示されているからである。合衆国および他の先進国では，R＆D に従事する科学者と技術者の人数は通時的に充分増加したが，生産性の成長率はそれほど上昇していないので，それらのデータはこのモデルの帰結と矛盾していると Jones は主張している。たとえば，合衆国では，R＆D 科学者と技術者の人数は 1970 年の 544,000 人から 1991 年の 960,000 人に増加している。他の主要な OECD 諸国では，それ以上の増加が生じていた。日本におけるその人数は 1970 年の 172,000 人から 1992 年の 511,000 人；ドイツのその人数は 1970 年の 82,000 人から 1989 年の 176,000 人；フランスにおけるそれは 1970 年の 58,000 人から 1991 年の 129,000 人；連合王国のその数は 1972 年の 77,000 人から 1992 年の 123,000 人へ増加している[29]。既に注意しておいたように，R＆D への GDP の配分シェアと生産性成長の間のプラスの固定的関係が仮定されるモデルにはこの種の批判は当てはまらない。

ジョーンズの妥当な異論にかかわらず，(6.55) のイノベーション過程の定式化で議論を進める場合，確認されているように，発明のコストが w/N に比例することになる。((6.5) と (6.13) から) w が N に比例しているので，新製品を発明する費用は財の単位で通時的に一定に留まるということが最終的な帰結である。したがって，この定式化は N と Y/L の持続状態の成長率の一定性と矛盾しないことになる。

均衡では成長率は一定であるけれども，分権経済における成長率の決定に

---

[28] Grossman and Helpman(1991，第 3 章) も類似の仮定をしている。
[29] これらのデータの出所は National Science Foundation (www.nsf.gov) である。

付随して新たなタイプの外部性が生じる。R&Dを行おうとする，したがって，N を増加させようとする個人の決定によって次の発明の際に必要とされる労働量は減少する。したがって，現在の研究によって，将来の研究の生産性にプラスのスピル・オーヴァーが生じる。分権経済のもとでは，このスピル・オーヴァー便益については研究者には補償がなされないので，もう1つの歪みが生じる。したがって，パレート最適解に向けて分権経済の舵取りをしようとする政府の政策立案者は，中間財の独占価格づけに加えて，このスピル・オーヴァー効果についても配慮しなければならない。

ローマー・モデルにおける自由参入条件は次のように修整される[訳注15]。

$$r = a\lambda L/\eta. \tag{6.56}$$

それゆえ，(6.55)と通常の一階条件 $\dot{c}/c = (1/\theta)\cdot(r-\rho)$ によって，次の式が成立する。

$$(1-\lambda)\cdot L/\eta = (1/\theta)\cdot(a\lambda L/\eta - \rho). \tag{6.57}$$

この条件を使うと，λ，それゆえ，r と γ（N の成長率）について解を求めることができる[訳注16]。

$$\begin{aligned}\lambda &= \frac{(\theta L + \eta\rho)}{L\cdot(\theta+a)}.\\ r &= \frac{a\cdot(\theta L + \eta\rho)}{\eta\cdot(\theta+a)}.\\ \gamma &= \frac{(aL - \eta\rho)}{\eta\cdot(\theta+a)}.\end{aligned} \tag{6.58}$$

成長率 γ についての帰結は，R&Dコストが労働ではなく財の点で固定されているときの分権経済について (6.24) で得られたものに，多くの点で類似している。第1の類似点は，家計の貯蓄の性向が高いほど（つまり，ρ と θ が低いほど）γ は高くなることである。第2の類似点は，R&Dコスト η が低いほど γ は高くなるということである。第3の類似点は，L が高いほど γ が高くなるという意味で規模の効果が存在する点である。

それらの帰結の一つの相違は，(6.58) における γ が財の生産関数

([6.1]) に存在している生産性のパラメータ A に依存していないことである。このことは，研究部門では投入物として中間財が使用されないということを仮定したために生じている。研究部門において中間財が生産的投入物として使用される場合には（たとえ，財部門よりも集約的でないとしても），A の上昇によって，γ の上昇がもたらされるであろう。

ローマー・モデルにおける歪みを明確にするために，社会的計画者の問題を検討することができる。社会的計画者は，次のような制約条件のもとで，代表的家計の効用を最大化しようとする。

$$Y = A \cdot (\lambda L)^{(1-\alpha)} N^{1-\alpha} X^\alpha = C + X,$$
$$\dot{N}/N = (1-\lambda)L/\eta.$$

制御変数は C, X, λ であり，状態変数は N である。通常の最適条件を使用すると，次のように解が求められる[訳注17]。

$$\begin{aligned}\gamma(\text{社会的計画者}) &= (1/\theta) \cdot (L/\eta - \rho), \\ \lambda(\text{社会的計画者}) &= (1/\theta) \cdot (L - \rho\eta)/L.\end{aligned} \quad (6.59)$$

(6.59) における γ の値は L/η という暗黙の社会的収益率に対応している。

(6.59) における社会的計画者の成長率は (6.58) における分権的成長率を上回っている。両者の成長率の差異には社会的計画者の研究に配分される労働 $(1-\lambda)L$ の選択値が私的に決定された値を超過していることが反映されている。生産と研究の間の不適切な労働の配分には基礎的な歪み（独占価格づけと研究のスピル・オーヴァー）が反映されている。これらの歪みの性質を明確にするために，分権的均衡値を社会的計画者によるパレート最適な選択値と一致させるような政策を検討することができる。

さて，政策立案者は，一括税を使用して $1-\alpha$ の率で中間財の購入に補助を行うことによって，再び，独占価格づけの直接的効果を中立化することができる。この補助によって，(6.58) で示されている値を上回る収益率と成長率の分権的値の上昇がもたらされる。それにもかかわらず，成長率は社会的計画者の値を下回った状態に留まっている。その理由は，研究のスピル・オーヴァーが内部化されなければならないからである。

残りの歪みを除去するには，直接に研究に適用される別のタイプの補助が必要になる。R＆D支出に対する必要な補助率は，結局，$(1/\theta)[1-(\rho\eta/L)]$ になる。この補助によって，分権的成長率が (6.59) で示されている社会的計画者の成長率に一致するのに充分な研究に対する誘因が提供される。同様に，私的収益率は，γ を決定する際に社会的計画者によって暗黙的に使用された収益率 $r=L/\eta$ に一致することになる。

プラスのスピル・オーヴァーの存在のために研究に補助を提供することは，第4章の生産に関するプラスのスピル・オーヴァーを持っているモデルにおける資本財や産出量の購入に対する補助についての議論に類似している。実際には，補助政策を首尾よく履行することは困難である。その理由は，相当なスピル・オーヴァー便益をもたらす有望な研究領域を政府が確認する必要があり，しかも，必要な国家財政は，スピル・オーヴァーの内部化から生じる便益を上回る歪みを持った影響を蒙らないという仮定がなされていたからである。次章では，研究補助から生じる別の潜在的な欠点が考察される。イノベーションからの私的便益は，既存の独占者から革新者へのレントの移転を含んでいるので，高すぎる可能性がある。このようなタイプの効果は競争的な研究者が新製品あるいは新プロセスを発見しようと競いあっているようなモデルでも生じる可能性がある（議論のサーヴェイについては，Reinganum [1989] を参照せよ）。

6.4 結　語

本章では，生産者によって使用される中間財の種類の増大として技術進歩のモデルが展開された。研究者は，独占利潤を期待して，新製品を発明するために資源を投じようとする。（生産は財の種類の個数に関する収穫一定性を示しており，しかも，それぞれの発明には一定の財の支出が必要だという費用構造になっているような）検討されてきた主要なモデルでは，経済において内生的成長は達成可能である。成長率は選好と技術に関する種々の特徴に依存している。それらの特徴には，貯蓄の性向，生産関数の水準，R＆Dのコスト，（本来の労働あるいは人的資本のような固定的な要素の量で測定

された）経済の規模が含まれている。

　均衡で成立する成長率（および，生産で使用するための中間財の量についての関連する選択値）は一般的にパレート最適ではない。課税と補助政策によって均衡状態を改善する可能性が議論された。確かに本章のモデルではこれらの可能性は存在しているが，このような産業政策はより現実的な状況において履行するのは容易ではない。

　本章のモデルの均衡成長率は第1章と第2章のソロー=スワン・モデルとラムゼイ・モデルにおける外生的技術進歩率 x に対応している。したがって，本章の分析では，パラメータ x の内生化がなされており，それにより，理論における著しい欠陥が解消されている。たとえば，ある国から他の国へのアイデアの拡散のスピードが非常に早い場合には，このモデルによって，すべての国の技術が通時的に何故改善されるかが説明されることになる。したがって，このモデルによって，世界の一人当たり実質GDPの長期的成長率が何故プラスであるかが説明可能となる。

問　題

6.1　**バラエティ・モデルにおける移行動学**　6.1節のモデルでは，N，Y，C が同一の一定の率で成長し，収益率 r が一定であるような均衡が存在するということが示された。

(a)　それ以外の均衡は存在しないことを示しなさい。すなわち，このモデルには，移行動学が存在しないということを示しなさい。（ヒント：第4章における関連した状況の分析を検討しなさい。）

(b)　(6.24)で示されている成長率がマイナスであると想定してみよう。この場合の均衡はどういうものか。この状況が成立するには基礎的パラメータに関するどのような条件が必要であるか。

6.2　**バラエティをもつ生産関数の別の定式化**　(6.1)ではなく，生産関数が次のように表されているとしよう。

$$Y_i = AL_i^{1-\alpha} \cdot \left[\sum_{j=1}^{N}(X_{ij})^\sigma\right]^{\alpha/\sigma}.$$

ただし，$0<\sigma<1$。このケースでは，αではなく，パラメータσが各種の中間財の需要の弾力性を決定することになる。

(a) 独占状態にある中間財はどのように価格付けされ，各中間財の量X_jはどのようになるか。

(b) R＆Dの自由参入条件はどのようになり，収益率はどのように決定されるか。

(c) 持続状態におけるN, X_j，および総産出量Yの成長率はどのような値か。

6.3 バラエティ・モデルの政策上の含意　生産的中間財のバラエティに関する最初のモデルを検討することにしよう。そのモデルでは，経済の均衡成長率は（6.24）で与えられている。

(a) 政府が一括税を使用して中間財の適切な補助の資金調達をする場合，政府はファースト・ベスト均衡を保証することができることを示しなさい。必要とされる補助率はどういうものか。より優れたモデルでは，必要なタイプの政策を実行することが何故困難であるか。

(b) （再度，一括税によって資金調達されるとして）政府がR＆Dに対する補助のみに依拠している場合，政府はファースト・ベスト解を保証することができるか。それについて説明しなさい。モデルに対するどのような修正があると，政府が研究に補助をすることが重要になるか。

6.4 耐久財としての中間的投入物（Barro and Sala-i-Martin (1992) に基づくモデル）　中間的投入物X_{ij}が無限に存続する耐久財であると想定することにしよう。これらの耐久財の追加的1単位は1単位の最終生産物から製造可能であるとする。第jタイプの中間財の発明者はレンタル・プライスR_jを請求し，最終財の競争的生産者はR_jを所与として取り扱うことになる。

(a) R_jはどのようにして決定されることになるか。

(b) 持続状態では各タイプの中間財の量X_jはどれだけか。

(c) 持続状態における経済の成長率はどのような値か。中間的投入物が耐久財でないケースについて本文で論じられたものとはこの解はどのように異なっているか。

(d) 中間財が耐久財である場合には、持続状態への移行過程でどのようなタイプの動学的効果が生じるか。

6.5 独占状態の存続期間
独占状態にある中間財が1単位時間当たり確率 p で競争的なものになる 6.2 節のモデルを検討することにしよう。

(a) p を変化させるとモデルの持続状態の特性はどのように影響されるか。

(b) このモデルでは、政府によるどのようなタイプの政策介入によって、ファースト・ベストな状況がもたらされるか。特に、独占化している中間財の購入に対する補助政策のみによって、ファースト・ベストな状況を達成することができるか。

(c) 政府が（独占禁止法とかパテント保護のような）種々の手段を通して p に影響を及ぼすことができる場合、望ましい政策についてのモデルの含意は何か。

6.6 規模の効果

(a) 6.1 節の技術変化のバラエティ・モデルでは、成長率は総労働量 L の増加とともに上昇するという意味での規模の効果が何故生じるか。実証的な意味で、L を各国の人口と同一視することは妥当であるか。

(b) 人口 L がプラスの一定の率で成長する場合には、このモデルでどういうことが生じるか。

(c) モデルをどのように修正すれば、規模の効果が除去されるか。

訳　注

1) $F(L_i, X_{i1},...,X_{iN}) = A \cdot L_i^{1-\alpha} \{X_{i1}^{\alpha} + X_{i2}^{\alpha} + ... + X_{iN}^{\alpha}\}$ とおくことにする。そのとき、任意の $t>0$ に対して、
$F(tL_i, tX_{i1},...,tX_{iN})$

$$= A \cdot t^{1-\alpha} L_i^{1-\alpha} \{t^\alpha X_{i1}^\alpha + ... + t^\alpha X_{iN}^\alpha\}$$
$$= tA \cdot L_i^{1-\alpha} \{X_{i1}^\alpha + ... + X_{iN}^\alpha\}$$
$$= tF(L_i, X_{i1}, ..., X_{iN}).$$

2) (6.1) で，X_{ij} の指数として同一の α が使用されているので，最終財の生産者の立場に立った場合，$X_{ij}(j=1,2,...,N)$ が同一の値をとらない理由は存在していない。

3) 生産関数 (6.1) は規模に関する収穫一定性を持っているので，このことが成立する。

4) 労働市場の需給の均衡をも考慮されているということに注意せよ。

5) 簡単な計算により，$B=(P_j-1)P_j^{\frac{1}{\alpha-1}}$ を最大にするような P_j が求められる。
$$\frac{dB}{dP_j} = P_j^{\frac{1}{\alpha-1}}\left\{1+(P_j-1)\frac{1}{\alpha-1}P_j^{-1}\right\}.$$
$$\frac{dB}{dP_j}=0 \text{ より，} P_j=\frac{1}{\alpha}.$$

6) この新版では，$X=NX_j$ と定義が変更されており，若干注意が必要である。

7) 一松信『解析学序説』(下) 裳華房，25 ページを参照。ここでは，$r(t)=$ 一定となることを確認しておく。
$$I=\int_t^\infty e^{-\int_t^v r(\omega)d\omega}dv = \text{一定}.$$
$$\frac{dI}{dt}=r(t)\int_t^\infty \{e^{-\int_t^v r(\omega)d\omega}\}dv - 1 = 0.$$
したがって，
$$r(t)=1/I=\text{一定}.$$

8) $C(t)=Lc(t), S(t)=\eta \dot{N}(t)$ であるので，
$$Lc(t)+\eta\dot{N}(t)=w(t)L+r\eta N(t),$$
つまり，
$$\dot{N}(t)=rN(t)+\frac{L}{\eta}w(t)-\frac{L}{\eta}c(t).$$
したがって，$w(t)$ の経路を所与として，ハミルトニアンは次のように表される。
$$H=\frac{c^{1-\theta}-1}{1-\theta}e^{-\rho t}+\nu\left\{rN+\frac{L}{\eta}w(t)-\frac{L}{\eta}c\right\}.$$
最大値原理を適用すると，
$$c(t)^{-\theta}e^{-\rho t}=\frac{L}{\eta}\nu(t), \qquad \cdots ①$$
$$\dot{\nu}(t)=-r\nu(t). \qquad \cdots ②$$
① より，
$$-\theta\frac{\dot{c}(t)}{c(t)}-\rho=\frac{\dot{\nu}(t)}{\nu(t)}. \qquad \cdots ③$$
②，③ より，
$$\frac{\dot{c}(t)}{c(t)}=\frac{1}{\theta}(r-\rho).$$

9) $C=Y-\eta\gamma N-X$
$$=NLA^{1/(1-\alpha)}\alpha^{2\alpha/(1-\alpha)}-\eta\frac{1}{\theta}\left\{\frac{L}{\eta}A^{1/(1-\alpha)}\left(\frac{1-\alpha}{\alpha}\right)\alpha^{2/(1-\alpha)}-\rho\right\}N-NLA^{1/(1-\alpha)}\alpha^{2/(1-\alpha)}$$

$$= \frac{N}{\theta}[LA^{1/(1-\alpha)}\{\alpha^{2\alpha/(1-\alpha)}\theta - (1-\alpha)\alpha^{(1+\alpha)/(1-\alpha)} - \theta\alpha^{2/(1-\alpha)}\} + \eta\rho]$$

$$= \frac{N}{\theta}[LA^{1/(1-\alpha)}\{(1-\alpha^2)\alpha^{2\alpha/(1-\alpha)}\theta - (1-\alpha)\alpha^{(1+\alpha)/(1-\alpha)}\} + \eta\rho]$$

$$= \frac{N}{\theta}[LA^{1/(1-\alpha)}(1-\alpha)\alpha^{2\alpha/(1-\alpha)}\{\theta(1+\alpha) - \alpha\} + \eta\rho]$$

$$= \left(\frac{N}{\theta}\right) \cdot [LA^{1/(1-\alpha)} \cdot (1-\alpha)\alpha^{2\alpha/(1-\alpha)}\{\theta - \alpha(1-\theta)\} + \eta\rho].$$

10) 最適なケースでは,この点については厳密な証明が必要である.

11) $\dfrac{\partial J}{\partial X} = 0$ より,

$$AL^{1-\alpha}N^{1-\alpha}\alpha X^{\alpha-1} = 1.$$

したがって,

$$X = LA^{1/(1-\alpha)}\alpha^{1/(1-\alpha)}N.$$

ハミルトニアンの特性を考慮すると,r は次のように簡単に求められる.

$$r = \frac{1}{\eta}\{(1-\alpha)AL^{1-\alpha}N^{-\alpha}X^{\alpha}\}$$

$$= \left(\frac{L}{\eta}\right)A^{1/(1-\alpha)}\alpha^{1/(1-\alpha)}(\alpha^{-1} - 1).$$

したがって,通常の議論により,γ が求まる.

12) Y の生産者は X の1単位に対して αP しか支払わないので,αP を前提として,最適化を行うことになる.したがって,(6.4) において,P_j のかわりに αP_j を代入すると,X_{ij} は前の水準の $(1/\alpha)^{1/(1-\alpha)}$ 倍になる.

13) このケースでは,限界収入は (6.3) の $1/\alpha$ 倍になる.この限界収入と P_j との一致により,(6.4) の X_{ij} は $(1/\alpha)^{1/(1-\alpha)}$ 倍になる.

14) $Y = AL^{1-\alpha}N^c(X^c)^\alpha + AL^{1-\alpha}(N - N^c)(X^m)^\alpha$

$$= AL^{1-\alpha}N^c\{LA^{\frac{1}{1-\alpha}}\alpha^{\frac{1}{1-\alpha}}\}^\alpha + AL^{1-\alpha}(N - N^c)\{LA^{\frac{1}{1-\alpha}}\alpha^{\frac{2}{1-\alpha}}\}^\alpha$$

$$= LA^{\frac{1}{1-\alpha}}\alpha^{\frac{\alpha}{1-\alpha}}N^c + LA^{\frac{1}{1-\alpha}}\alpha^{\frac{2\alpha}{1-\alpha}}(N - N^c)$$

$$= LA^{\frac{1}{1-\alpha}}\alpha^{\frac{2\alpha}{1-\alpha}}N\left[\frac{N^c}{N}\alpha^{\frac{-\alpha}{1-\alpha}} + 1 - \frac{N^c}{N}\right].$$

15) このケースでは,発明者の利潤の純割引現在価値は次のように表される.

$$V(t) = \lambda LA^{1/(1-\alpha)}\left(\frac{1-\alpha}{\alpha}\right)\alpha^{2/(1-\alpha)}\left(\frac{1}{r}\right)$$

また,財の単位での発明の費用は $w\eta/N$ である.ここで,

$$w = (1-\alpha)A^{1/(1-\alpha)}\alpha^{2\alpha/(1-\alpha)}N.$$

したがって,$V(t) = w\eta/N$ より,次式が成立する.

$$r = \alpha\lambda L/\eta$$

16) この導出は非常に容易である.まず,(6.57) より λ を求める.それを (6.56) に代入して,r を求める.また,(6.57) の左辺に代入して γ を求める.

17) ハミルトニアンを次のように設定する.

$$J = \frac{C^{1-\theta}-1}{1-\theta}e^{-\rho t} + \nu\left(\frac{(1-\lambda)L}{\eta}N\right) + \phi\{A(\lambda L)^{1-\alpha}N^{1-\alpha}X^{\alpha} - C - X\}.$$

$\frac{\partial J}{\partial X} = 0$ より，$\alpha A(\lambda L)^{1-\alpha}N^{1-\alpha}X^{\alpha-1} = 1$. したがって，

$$A(\lambda L)^{1-\alpha}N^{1-\alpha}X^{\alpha-1} = \frac{1}{\alpha}. \qquad \cdots ①$$

つまり，$XN^{-1} = (\lambda L)\{\alpha A\}^{\frac{1}{1-\alpha}}.$ $\qquad \cdots ①'$

$\frac{\partial J}{\partial \lambda} = 0$ より，

$$\nu\frac{1}{\eta} = \phi(1-\alpha)A(\lambda L)^{-\alpha}X^{\alpha}N^{-\alpha}. \qquad \cdots ②$$

$\frac{\partial J}{\partial C} = 0$ より，

$$C^{-\theta}e^{-\rho t} = \phi. \qquad \cdots ③$$

さらに，

$$\dot{\nu} = -\frac{(1-\lambda)L}{\eta}\nu - \phi\{A(\lambda L)^{1-\alpha}(1-\alpha)N^{-\alpha}X^{\alpha}\}. \cdots ④$$

ここで，①′ より，

$$XN^{-1}(\lambda L)^{-1} = (\alpha A)^{\frac{1}{1-\alpha}} = 一定. \qquad \cdots ⑤$$

したがって，② より，

$$\frac{\dot{\nu}}{\nu} = \frac{\dot{\phi}}{\phi}. \qquad \cdots ⑥$$

③ より，$\dfrac{\dot{C}}{C} = \dfrac{1}{\theta}\left(-\dfrac{\dot{\phi}}{\phi} - \rho\right). \qquad \cdots ⑦$

①，④ より，

$$\dot{\nu} = -\frac{(1-\lambda)L}{\eta}\nu - \phi\left\{\frac{1}{\alpha}N^{-1}X - N^{-1}X\right\}$$

$$= -\frac{(1-\lambda)L}{\eta}\nu - \phi\left\{\frac{1-\alpha}{\alpha}\right\}N^{-1}X.$$

また，② より，

$$\nu\frac{1}{\eta}(\lambda L) = \phi(1-\alpha)A(\lambda L)^{1-\alpha}X^{\alpha}N^{-\alpha}$$

$$= \phi\frac{1-\alpha}{\alpha}XN^{-1}.$$

したがって，

$$\dot{\nu} = -\frac{(1-\lambda)L}{\eta}\nu - \frac{1}{\eta}(\lambda L)\nu = -\frac{1}{\eta}L\nu.$$

つまり，

$$-\frac{\dot{\nu}}{\nu} = \frac{L}{\eta}.$$

⑥ を考慮に入れて，これを ⑦ に代入すると，成長率 γ が導出される。次に，λ が次の式より求められる。

$$\eta = \dot{N}/N = (1-\lambda)L/\eta.$$

〈訳者紹介〉

大住　圭介（おおすみ・けいすけ）

1947 年　福岡県に生まれる．
1970 年　九州大学経済学部卒業．
1975 年　同大学院経済学研究科博士課程修了．
現　在　福岡女子大学国際文理学部教授・九州大学名誉教授．
　　　　理論経済学・数理経済学専攻．経済学博士．
著訳書　『長期経済計画の理論的研究』（勁草書房，1985 年）／ Economic Planning and Agreeability : An Investigation of Agreeable Plans in a General Class of Dynamic Economic Models（Kyushu University Press, 1986）／『経済計画分析』（経済の情報と数理シリーズ第 10 巻）（牧野書店，1994 年）／ G. M. ヒール『経済計画の理論』（訳，九州大学出版会，1995 年）／『マクロ・エコノミックス』（共編著，有斐閣，1995 年）／ R. J. バロー＝ X. サラ-イ-マーティン『内生的経済成長論（初版）』（訳，九州大学出版会，1997 年（Ⅰ），1998 年（Ⅱ））／ G. M. グロスマン＝ E. ヘルプマン『イノベーションと内生的経済成長』（監訳，創文社，1998 年）／『現代マクロ経済学』（共編著，勁草書房，2000 年）／ R. J. バロー『経済成長の決定要因』（共訳，九州大学出版会，2001 年）／『経済成長分析の方法』（九州大学出版会，2003 年）／ A. S. ゴールドバーガー『計量経済学入門』（監訳，学文社，2003 年）／『グローバリゼーションと地域経済・公共政策 2』（実証・マクロ政策分析）（共編著，九州大学出版会，2003 年）／『エッセンシャル・マクロ経済学』（中央経済社，2005 年）／『経済成長と動学』（共編著，勁草書房，2006 年）／ E. ヘルプマン『経済成長のミステリー』（訳，九州大学出版会，2009 年）／ Mathematical Principles of Multi-Sector Economic Growth Analysis（Kyushu University Press, 2009），ほか．

内生的経済成長論　Ⅰ

1998 年 5 月 20 日初版発行
2006 年 9 月 20 日第 2 版発行
2013 年 8 月 20 日第 2 版 2 刷発行

　　著　者　R. J. バロー
　　　　　　X. サラ-イ-マーティン
　　訳　者　大　住　圭　介
　　発行者　五十川　直　行
　　発行所　㈶九州大学出版会
　　　　　　〒 812-0053　福岡市東区箱崎 7-1-146
　　　　　　電話 092-641-0515（直通）
　　　　　　URL http://kup.or.jp
　　　　　　　　　印刷・製本／大同印刷㈱

ⓒ Keisuke Osumi, 2006　　　　　ISBN978-4-87378-911-8

経済成長のミステリー

エルハナン・ヘルプマン／
大住圭介・池下研一郎・野田英雄・伊ヶ崎大理 訳

A5判 180頁 2,800円

アダム・スミスの時代から経済学の重要な関心事である経済成長の問題について，様々な側面から論じる。経済成長に関する理論研究および実証研究の成果を，数式を用いずに平易な文章と首尾一貫した論理構成で提示し，経済学についての専門的知識なしに経済成長理論に関する研究動向を知ることができる。

Mathematical Principles of Multi-Sector Economic Growth Analysis

大住圭介

B5判 380頁 5,800円

近年，経済成長理論においては数理的ロジックの厳密な展開が必要とされている。本書は多部門から構成される動学的均衡モデルに内在するロジックの厳密な展開を企図し，数理的基礎に関する考察のもとで動学的経済問題について首尾一貫した形で整合的な議論を展開するものである。

経済成長分析の方法
―― イノベーションと人的資本のマクロ動学分析 ――

大住圭介　〈経済工学シリーズ・第2期〉　B5判 332頁 3,200円

国際競争力を回復させる構造改革は長期的かつ動態的なパースペクティブに立った経済分析の確立を必要としている。本書ではイノベーションと人的資本のマクロ動学分析が試みられる。理論と実証に関する分析を含んでおり，本書を通読・読了すれば最近の成長論に関する包括的な知識と素養を習得することができる。

経済成長の決定要因
―― クロス・カントリー実証研究 ――

R. J. バロー／大住圭介・大坂　仁 訳　A5判 132頁 2,400円

本書は経済成長の実証分析に関するものである。まず，第1章では，約100ヵ国における1965年以降の経済成長に関する実証分析を行い，経済成長の要因を探求している。第2章では，経済成長と民主主義に関する実証分析が行われている。第3章では，インフレと経済成長の関連が実証的に検討されている。

（表示価格は本体価格）　　　　　　　　九州大学出版会刊